阎锡山
和他的幕僚们

雒春普 —————— 著

团结出版社

图书在版编目（CIP）数据

阎锡山和他的幕僚们 / 雒春普著 . 一北京：团结
出版社，2012.1（2023.10 重印）
ISBN 978-7-5126-0719-4

Ⅰ . ①阎… Ⅱ . ①雒… Ⅲ . ①阎锡山（1883～1960）
一人物研究 Ⅳ . ① K827=7

中国版本图书馆 CIP 数据核字 (2011) 第 261056 号

出　版：团结出版社
　　　　（北京市东城区东皇城根南街 84 号　邮编：100006）
电　话：（010）65228880　65244790（出版社）
　　　　（010）65238766　85113874　65133603（发行部）
　　　　（010）65133603（邮购）
网　址：http : //www.tjpress.com
E-mail：zb65244790@vip.163.com
　　　　tjcbsfxb@163.com（发行部邮购）
经　销：全国新华书店
印　装：三河市东方印刷有限公司

开　本：170mm×240mm　16 开
印　张：23.75
字　数：327 千字
版　次：2012 年 1 月　第 1 版
印　次：2023 年 10 月　第 2 次印刷

书　号：978-7-5126-0719-4
定　价：68.00 元

再版前言

2001 年 9 月，岳麓书社推出近代名人幕府丛书一套五卷，拙著《三晋有材——阎锡山幕府》忝列其中。另外四卷是《人才荟萃——李鸿章幕府》《执政幕影——段祺瑞幕府》《伪府群奸——汪精卫幕府》《胡帅班底——张作霖幕府》。

时光荏苒，转眼之间十年过去了！十年来，《三晋有材——阎锡山幕府》这本小书受到了广大读者的错爱，不仅广销国内，而且远销海外。时至今日，虽早已售罄，但仍常有联系索求者。与此同时，反响热烈，好评不断。

《博览群书》2002 年第 7 期发表一组特别推荐的书评文章。

编者的话指出：军阀是中国 20 世纪前期的特殊产物，但在中国近代史研究中，军阀史研究明显地存在着特定时代的局限性。《三晋有材——阎锡山幕府》一书力求新意，在对历史人物——特别是曾经被否定过的历史人物评价上，保持了较为冷静的态度，在恢复历史真相方面，有努力的探索，对于处在复杂历史条件下的历史人物和他们的政治选择，有持平之论，给人以耳目一新之感。

散木《认识阎锡山》一文认为：说到幕府，这是一个重要的历史现象，近年来史学界中对此多有关注（清朝权势人物的幕府和绍兴师爷等都有专著出版）。雒女士条分缕述阎锡山"用人之道"、他统治山西的基本"班底"和幕僚侍从人员以及分领政治、军事、经济各方面的人才，取材丰富，要言不烦，显然是经过长久的写作准备的。雒女士曾与人合作出版有百万余字的

《阎锡山全传》，同她的新作一样，都是力图摆脱陈旧意识形态窠臼、以史实说话、评骘人物务求公允的力作，有这部书的"垫底"，再细致研究传主的"用人之道"，可以说是水到渠成。

赵诚《往日不可谏　来者犹可追》一文则强调：阎锡山执政三晋近四十年，使山西成为全国的模范省，一定聚集了相当多的人才。笔者作为晋人，阎锡山的传记读过几本，其中包括美国人写的。但从他周围人才群体的角度来看阎锡山的为人、处事和作为，该书是第一本。而且，近年大陆关于阎锡山的评传只涉及政治和经济层面，未能使人洞悉其思想和文化渊源，也未能更多地涉及他与人共事的相处之道。这本书在相当程度上填补了这方面的欠缺。阎锡山是近现代历史上一个著名政治人物，这本书在对阎锡山的描述上，多少有些跳出特定意识形态和政治纷争的迷雾，本色还原的味道。

此外，智效民《寓史德于史实之中》（《往事知多少》，云南人民出版社2004年版）一文进一步指出：阎锡山能够在山西建立一个独立王国，是依靠相对封闭的地理环境。这种说法有失皮相。因为在那战乱不已、政争不止的年代，要想在一个地区有所作为，没有自己的"主义"即政治主张不行，没有一批各有所长且堪当重任的人才更不行。纵观这本书，给我印象最深的，就是作者在大量占有资料的基础上，对于它们的准确把握和巧妙运用。特别是书中那些逸闻趣事，为展现人物形象、烘托人物性格起了画龙点睛的作用。

如此等等，不一而足。欣慰之余，不免诚惶诚恐。读者的推崇不代表自身的完美无缺，评论者的肯定掩盖不了存在的瑕疵。个人水平与历史原因所限，原版不尽如人意之处在所难免，一直希望能有机会修订。

阎锡山是中国近代史上一个饱受关注的人物。其人的影响力使然，从民国初年开始，学界对于阎锡山的研究差不多延续了近一个世纪。其间，出版面世的相关论著与资料洋洋洒洒，汗牛充栋。仅民国年间印行的阎锡山言论汇编性质的文集，诸如《村政汇编》《六政三事汇编》《言论类编》《治晋政务全书》等，累计即达千万字之多。1978年以来，随着意识形态领域的进一步开放，学界对民国历史的认识更加趋于客观，从而带来了近代历史人物的研究热潮。鉴于阎锡山这个历史人物的典型性，阎锡山研究也就成了热潮中的热点，出版发行的研究性著作相当可观，粗略统计，当有数十种之多。《阎锡山统治山西史实》《阎锡山评传》《山西王阎锡山》《阎锡山研究》《大三角中的阎锡山》《蒋介石与阎锡山》《阎锡山全传》《阎锡山与晋系》《阎锡山与西北实业公司》《阎锡山与山西抗战》《阎锡山与同蒲铁路》等著述相继出版。

阎锡山

然而，需要指出的是，研究一如既往地围绕阎锡山本人展开。换句话说，就是研究的着眼点还只局限于阎锡山自己的作为与定位，对于在阎锡山统治山西时期起过重要作用的幕僚群体的研究仍然少有涉猎。与此同时，海峡两岸关系的交往日益密切，一批尘封的相关资料得以交流；由于有了互联网的便利，信息的传递日益变得容易与快捷。研究的进一步深化具备了客观基础。

适逢其时，团结出版社拟将旧著《三晋有材——阎锡山幕府》改版为《阎锡山和他的幕僚们》，重新印行。不胜荣幸之至！于是，以此为契机，在翻阅新见旧有资料、充分利用互联网的先进与便利、广泛吸收阎锡山研究最新成果的基础上，对旧作进行了一些必要的修订和补充：其一，关于阎锡山的"用人之道"，过去主要强调的是它的地域性，客观地讲应该分阶段考察，不能忽视其在特定时期的"五湖四海"。是故，在这方面增加了一些笔墨。其二，对旧作中概念化、脸谱化的用语进行了必要的打磨。其三，对一些所谓的反面人物历史地认识，不作全盘否定。其四，对旧作中囿于资料所限造成的信息不完全，作了尽可能的补充。其五，第十章中增加了"文坛重镇郭象升"一节。其六，加配了一部分相关图片，以收图文并茂之效。

对历史负责与对读者负责，是著史者的出发点。学识所限，错讹与不当之处仍然不可避免，还望识者不吝赐教。

《阎锡山和他的幕僚们》得以出版，团结出版社的领导与责编付出了辛勤的劳动，做了许多工作，在此表示诚挚的谢意。

雒春普

2011 年初冬

目录

盖棺论定"山西王"

（一）阎锡山的一生这样走过

山西省境之北，忻定盆地边沿，五台山侧，滹沱河畔，坐落着一个美丽的村落——河边村（原属五台县，今属定襄县）。弯弯曲曲的滹沱河水，宛如一条玉带从村东流过，滋润着一方水土，哺育着世世代代的河边人，创造了"（五台）县不如（东冶）镇，镇不如（河边）村"的传奇历史。然而，河边村在中国近代史上成为一个引人注目的地方，却不是得之于她的美丽和富饶，而是因为被称为"山西王"的阎锡山从这里走出。

1883 年农历九月初八，阎锡山（字伯川）出生于山西省五台县河边村一个亦农亦商的小康之家。父亲阎书堂（字子明），承继祖上经商致富的传统，既在河边有几亩薄地，又在五台县城经营着一爿小店——吉庆长，兼做杂货生意和出"钱帖子"。

阎锡山系家中独子，从小娇宠有加。5 岁丧母，6 岁入村中私塾开蒙。他先后接受了近十年的旧学教育，《诗经》《礼记》《春秋》《左传》《纲鉴易知录》及宋明理学等无不涉猎，并习作八股文。15 岁到 16 岁期间，曾辍学习商，在吉庆长学徒，从待人接物到打理生意，样样上心。17 岁以前的经历，不仅为阎锡山初步奠定了旧学基础，而且使他对社会有了一个粗略的了解。

1899 年末，吉庆长经营金融投机买卖失利，累亏合银六七千两，难以为继。阎锡山的人生道路因此发生变化。初涉世事即受挫折，青年阎锡山饱尝了世态的炎凉,"有为于时"、出人头地的思想油然萌发。于是,经过一年多复读私塾和认真反思后,1901 年春节过后,阎锡山随父离乡,到了山西省城太原。先落脚"裕盛"商号,边当伙计边学习。随即,应山西武备学堂试,考中入学,研习军事。就读三年,成绩优秀。

1904 年,阎锡山被山西省选派赴日公费留学。先入东京振武学校,继入弘前步兵第三十一联队,再进陆军士官学校。在此期间,1905 年,加入孙中山领导的同盟会,成为早期的同盟会会员之一;1907 年,参加"铁血丈夫团",成为革命党的军事中坚。

1909 年,阎锡山于日本陆军士官学校第六期毕业,结束留学生活返回山西,任职山西新军。初任山西陆军小学教官,继升陆军小学监督。同年 11 月参加清廷举办的归国士官学生会试,名列上等,得赏步兵科举人。12 月,山西新军编为暂编陆军第四十三协,下辖第一标、第二标两标,随即改称第八十五标、第八十六标。1910 年,阎锡山升任第八十六标标统。

1911 年 10 月 10 日,革命党在武昌起义,辛亥革命爆发。同年 10 月29 日(农历九月初八),经过长期的准备发动,阎锡山率领所部参与起义,光复太原,并被推举为山西都督,组织军政府,开始了他执掌山西大权近四十年的历史。

太原地处京师肘腋,光复后的山西革命力量处于清廷的严重威胁之中。为了变不利为有利,阎锡山与奉清廷之命进军山西、镇压革命的第六镇统制吴禄贞密组"燕晋联军",筹划以山西民军开赴石家庄,截断京汉路,直接威胁北京。在燕晋联军因吴禄贞的被刺宣告失败,山西的东大门娘子关又被曹锟第三镇攻陷之后,阎锡山作出分兵决定,与副都督温寿泉各带一路人马,分赴北南。北路民军由阎锡山亲自率领,一路北上,过黄河,攻陷包头、萨拉齐、托克托等重镇(清时这一带属山西的四道之一——归绥道管辖)。

1912 年 4 月,在南北议和达成,孙中山让位袁世凯,南京临时政府迁北京的政治形势下,阎锡山率北路民军返回太原,继续行使山西都督的职权。

此后的一个长时期内，在袁世凯的控制下，阎锡山从维护既得利益、保持山西安定的目标出发，韬光养晦，多方肆应，甚至不惜拥戴袁世凯称帝，从而使山西成为在袁世凯执政时期唯一没有被撤换都督的省份。

1916年6月，袁世凯帝制败亡，北洋政府对山西的控制逐步减弱。1917年6月，阎锡山以督军（1914年都督改称同武将军，1916年7月再改称督军）兼省长（先护理，后特任），集山西军政大权于一身，成为名副其实的"山西王"。

兼掌山西军民两政后，阎锡山一面倡导"保境安民"，置身于军阀纷争的旋涡之外；一面推行"六政三事"（"六政"系指水利、种树、蚕桑、禁烟、剪发、天足；"三事"包括种棉、造林、畜牧），实施"村制"和"村本政治"。在改良农林水利以及畜牧等业的同时，鼓励发展实业；在推动国民经济发展的同时，扩充军事实力（扩充军队和发展军事工业齐头并进），为山西在20世纪20年代前后赢得了一个难得的和平发展时期。这个时期，由于经济的发展和行政管理、文化教育诸方面的成就，山西被誉为"模范省"。

1924年，第二次直奉战争爆发，挟数年蓄积之锐气，站在孙（中山）、段（祺瑞）、张（作霖）三角联盟的立场，阎锡山出兵石家庄对直军作战，牛刀小试。1926年春，奉、直、直鲁联军展开"讨赤"（即对冯玉祥国民军作战）之役。鉴于冯玉祥的国民军扩充迅速，图谋向山西发展，已对山西形成包围之势的事实，阎锡山默许吴佩孚、张作霖，参与"讨赤"。是年5月，国民军分数路进攻晋北地区。晋军（其时，阎锡山属下的军队已扩充到十余万，成为颇具实力的地方武装，晋军由此得名）依事先部署投入作战，战斗异常激烈，双方你争我夺，胶着于大同及其附近地区。8月，国民军不支，开始撤退，晋军乘胜追击，一举占领归绥（今呼和浩特），把阎锡山的势力范围扩展到绥远地区（此前归绥系国民军亦即西北军所有）。1927年4月1日，阎锡山宣布废除北洋政府所任命之山西"督军"，改称"晋绥军总司令"，将所部改编为晋绥军。

1924年1月，中国国民党召开第一次全国代表大会，大革命爆发。1926年7月，广东国民政府誓师北伐。此后，北伐军势如破竹向北挺进。1927年6月，阎锡山接受蒋介石"北方国民革命军总司令"的委任，悬挂青天白日旗，改晋绥军为北方国民革命军，加入讨奉序列。声称："本总司令因所处之环境，至为恶劣，所挟之势力，至为微弱。且民众亦缺乏组织与训练。吾苟显明其主义与政纲，无异自树一的，以待此等敌人之共同进攻。而环绕吾人之左右者，日夜思颠之覆之，欲置吾人于死地。为保留大河以北微弱之革命势力，与三民主义设障碍者虚与委蛇，十四载于兹矣。设使孤军转战，其失败必无疑也。"9月29日，阎锡山以"扫除三民主义之障碍以达救国救民之目的"为题发表讨奉通电。随即，指挥所部北方国民革命军从指定位置向奉军发起进攻。是为阎锡山的第一次北伐讨奉。

晋绥军的第一次北伐因准备不足，蒋介石的宣布下野，以及奉军的集中优势兵力等主客观原因而遭遇严重挫折，不得不暂时撤回山西省境，拒险固守。1928年1月，蒋介石复任国民革命军总司令；3月，下令各集团军进行北伐。晋军再次改编，称为第三集团军，加入北伐军序列，阎锡山就任总司令。同年4月4日，阎锡山指挥调整后的第三集团军从正太路发起进攻，矛头直指北洋军阀的最后堡垒北京。一路攻平山，占石家庄，下保定。在奉军向关外撤退的形势下，6月6日，进占北京（后改称北平）。随即，和平接收天津，克复察、绥。北伐一役，阎锡山是最大的赢家，势力范围由晋绥一举扩大到平、津、冀、察。

北伐胜利是四个集团军协同作战的结果。战后，冯玉祥的第二集团军、阎锡山的第三集团军、李宗仁的第四集团军各据一方，与蒋介石的第一集团军形成分庭抗礼之势。蒋介石从"统一"出发，力主编遣，并由此引发了与各实力派之间的矛盾，中原大战爆发。阎锡山与冯玉祥联合反蒋，演成了国民党历史上参战人员最多、规模最大的内战。中原大战失败后，阎锡山被迫下野，避走大连。

1931年8月，阎锡山从隐居的大连秘密回到五台河边村。同年9月18日，日军进攻北大营和沈阳城，九一八事变爆发。1932年2月，阎锡山就任太原绥靖公署主任，负晋绥绥靖之责。

复出后的阎锡山以"自强救国""造产救国"相号召，一方面"以政治为中心，注重扫除建设障碍"，一方面"以经济作中心，以完成'自足为目标'"，发起"山西十年省政建设"。创办西北实业公司，修筑同蒲铁路，创设四银行号——山西省银行、绥西垦业银号、晋绥地方铁路银号、晋北盐业银号，实行统制经济，开展土货运动。同时提倡"公道主义"，主张"土地村公有"，极力抵制共产主义。随着民族矛盾的进一步加深，阎锡山再以"守土抗战"相号召，成立抗日救亡团体，组训民众，发动绥远抗战。

全面抗战爆发以后，阎锡山就任第二战区司令长官，组建第二战区司令长官部，部署晋绥抗日军政，负责指挥晋绥军编成的第六、第七两个集团军，以及中国工农红军改编的第十八集团军（亦即国民革命军第八路军）。

抗战初期，阎锡山出兵南口，督战岭口；部署大同会战，组织太原保卫战；同中国共产党建立抗日民族统一战线，扶持"牺牲救国同盟会"，批准成立"第二战区民族革命战争战地总动员委员会"，组建"青年抗敌决死纵队"，开办"民族革命大学"，颁布抗日法令。第二战区因此而被誉为"模范战区"。

抗日战争进入相持阶段后，阎锡山一度与共产党领导的抗日武装发生摩擦，并以反共的十二月事变把蒋介石发动的第一次反共高潮推向巅峰。20世纪40年代，抗日战争进入最艰苦的时期，阎锡山属下的第二战区司令长官部偏处晋西一隅，其军队所能控制的地区只有晋西六七个完整县。外部日军封锁，内部财政极度拮据，供给严重不足，困难重重。阎锡山提出"克难求存"的口号，开展"克难运动"，发动"大生产"，实施"新经济政策"和"兵农合一"。同时，组织"三三铁血团"，加强内部控制；秘密与日本军方接触，缓解外部压力。

抗战胜利，举国同庆。阎锡山率部径返太原，接收政权。与此同时，指挥所部迅速占据临汾、运城、大同、上党等山西主要城市。在八年敌后抗战一朝得胜之后，阎锡山继续坚持他的反共立场，决计与昔日的同盟者共产党一争高下。岂料事与愿违，上党战役，损兵折将，长治及其周边地区得而复失；晋南、晋北、汾孝、正太诸战役，留下的仍是一页页失败的记录。不到两年时间，阎锡山的辖区即只剩下太原、大同、临汾等几座孤城，以及一些零星县份。江河日下，彻底失败已成定局，即使他整肃内部，实行白色恐怖，也无济于事。1948 年 5 月，兵败临汾；1948 年 7 月，晋中平原尽失，不得不退踞太原孤城，进行最后的挣扎。太原城破之前，阎锡山据代总统李宗仁"关于和谈大计，深欲事先与兄奉商"的电文，乘专机飞抵南京。1949年 4 月 24 日，以太原城被攻破为标志，阎锡山失去了在山西的最后堡垒，"山西王"的历史画上了一个黯淡的句号。

此后，败军之将阎锡山在蒋（介石）李（宗仁）矛盾的夹缝中"因祸得福"，于 1949 年 6 月 13 日出任国民政府行政院长，兼国防部长，入主中枢，为国民党苦撑残局。国民党退守台湾后，阎锡山激流求退，于 1950 年 3 月 15 日卸"行政院长"任，归隐山林。从此居于台北阳明山之菁山草庐，十年如一日，从事著述，写成《大同之路》《三百年的中国》等书，计三百余万字。

1960 年 5 月 23 日，阎锡山因急性肺炎、冠状动脉硬化性心脏病医治无效，病逝于台北台大医院，终年 77 岁。

（二）经略山西的阎锡山

1. 阎锡山既饱读经史，又涉猎近代科学，在他身上体现了中西文化交汇的特点。

阎锡山 6 岁开蒙，入村私塾，从《论语》《孟子》《大学》《中庸》学起。三年以后，转入村义塾，研读《诗经》《书经》《易经》《礼记》《春秋》《左传》及《纲鉴易知录》等。到 15 岁习商止，"四书五经多能随口道出，纲鉴大事亦知概略"，传统文化的根基由此奠定。1899—1900 年间，因生意受挫，又不得不辍商求学，再入村义塾，一边温习经史，一边选读子书，进而"注意研究程朱陆王之异同，摘抄古圣贤修己治人之名言，自题曰补心录"。通过前后十年的村塾学习，阎锡山对经史子集广泛接触，博闻强记，具备了较为坚实的旧学基础。自幼奠定的童子功，弥久不衰。1950 年夏初，阎锡山"初由台北市移居阳明山菁山时，随从人员集体读诵经史，谈说进度时，先生随口说四书孟子文较多，不过 34680 余字"，就是最好的佐证。

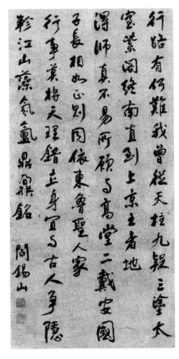

阎锡山书法作品

阎锡山虽然从小受传统文化的熏陶，但对传统文化派生出来的八股取士制度却深恶痛绝，认为，"为笼络才智而开科取士，亦为维护君位的一个重要政策。这一政策发展到八股文时代，可谓极尽控制人思路、耗竭人脑力的能事了。我就读私塾时，尚习作八股文，深感其在人脑中是悬崖绝壁，有时苦思终日，写不出一个字来，不同于研究科学之有道路，有阶梯。所以我常说：假如把作八股文的精神用于研究物质科学，其成效不知有多少倍"。也正因为如此，在以后的学习生活中，他对自然科学与近代军事兼收并蓄。进入山西武备学堂后，阎锡山在学习军事科目的同时，开始接触数学、理化、史地等学科，自然科学的声、光、电、化给青年阎锡山展现出了一个五彩缤纷的新世界，引起了他浓厚的学习兴趣。由于勤奋刻苦，经武备学堂三年的学习，阎锡山学、术均佳，尤擅操典。

留学日本的经历，更使阎锡山得以走出国门看世界，亲身体验明治维新以后日本的近代文明，进一步涉猎西方文化。一踏上日本的土地，阎锡山首先感受到的是日本先进的社会秩序。他说："日本的员工做甚务甚，谦虚和蔼，人少事理，与我们中国的做甚不务甚，骄横傲慢，人多事废，显然是一个进步与落后的对照。"其次是接受了孙中山倡导的资产阶级革命思想。由于对清廷腐败和中国积贫积弱的现状不满，"感到清政府误国太甚"；由于了解了外面的世界，认识到"政治不可失时，若不能适合时代的需要，一定要被时代所抛弃"，他毅然参加同盟会，并成为"铁血丈夫团"的一员。

三个时段的学习，不仅奠定了阎锡山中国传统文化的深厚基础，而且使他得以接触"新学"，掌握自然科学知识和近代军事。二者的矛盾与统一，构成了阎锡山具有强烈时代特色的典型形象——他的精神世界植根于中国传统文化。阎锡山毕生奉行"中"的哲学，主张"执两用中"，"不偏，不过，不不及"，就是源于中国传统文化中的"中庸之道"。他极力提倡"大同主义"，追求所谓"大同世界"，其思想武库无疑是孔子的"大同思想"。他的物质世界，亦即他的"用"则仰赖西方近代文明。阎锡山在山西注重发展近代工业，大批引进先进的机器设备，着力于培养自己的科学技术人才。同时，把教育放在重要的位置，提出"国民教育为人群之生命""欲决胜于疆场，必先决胜于学校"的口号，在普及国民教育上下功夫。这一切无不是吸收近代文明的结果。

2. 阎锡山早年参加同盟会，在发动武装起义、光复太原的过程中起了重要作用。

1905 年 8 月 20 日，中国第一个资产阶级革命政党同盟会在日本东京宣告成立。同年 10 月，阎锡山宣誓入会，成为最早的同盟会会员之一。他随即加入同盟会的军事核心"铁血丈夫团"，参与谋划将来发动全国性武装起义时的"南响北应"战略。1906 年夏，他借从日本振武学校肄业，准备入日本弘前步兵第三十一联队实习的间歇，接受同盟会总部发动革命的任务回国探亲，随身携带两枚炸弹，以备日后武装起义之用。在三个月的探亲期间，阎锡山花费大量的精力在五台山周围各县和雁门关内外商人、僧侣、教师、学生中宣传革命，鼓吹反清。

1909 年，从士官学校毕业返回山西后，阎锡山利用职务之便——先是陆军小学教官、监督，再是第八十六标教练官（副职）、标统，与其他同盟会员一道开展兵运，并通过推行征兵制、建立模范队、让一批有文化的同盟会员下连队当兵、深入兵棚、发动新军士兵等，为武装起义做了必要的准备。正如他自己后来所说：到太原起义前，"我的第八十六标的三个管带张瑜、乔煦都是我们的坚强同志，其余下级军官，都很可靠。…… 骑炮营是些老军人，不赞成也不会反对，且炮兵中有不少下级军官和头目是我们的同志，可能控制该营"。

武昌起义爆发后，山西巡抚陆钟琦急电驻在平阳府的总兵谢有功，调集所部马步七旗，集中平阳府待命；并令加强黄河河防，饬令亲自部署巡查；电到即行遵办，不得稍有迟延。又于 10 月 25 日（农历九月初四）在太原召集军政官员开会，决定将分驻各地的巡防队调集太原，震慑省城；将第八十五标黄国梁部开往蒲州，第八十六标续调代州。面对突然事变，阎锡山与温寿泉、赵戴文等同盟会骨干及黄国梁等革命的同情者紧急会商，决定于第八十五标领到弹药准备开拔之前一举发动起义。

1911 年 10 月 29 日（农历九月初八），第八十五标首先起义，攻入巡抚衙门。按照事先部署，阎锡山的第八十六标随后发动，负责守护军装局，击散守卫抚署的巡防马队，并协同第八十五标攻打新满城。随着新满城的攻克，太原宣告光复。随即，阎锡山被推举为山西都督。

3. 阎锡山推行"村本政治"，实施"六政三事"，倡导"厚生"，客观上促进了山西社会的稳定和经济的发展。

阎锡山兼长山西军民两政后，以"保境安民"相号召，为山西赢得了一个休养生息的外部环境。20 世纪 20 年代前后，近十年的时间里，山西省省内没有发生过大的战事。

在此期间，阎锡山首先推行"行政之本在于村"的"村本政治"，一方面首创村一级行政建制（后在县与村之间又设置区），把行政管理的立脚点放在编村（相当于后来的行政村），统一与健全了行政管理网络；另一方面推行"用民政治"，从所谓"民德、民智、民财"三者着手，"然后能用之而有效"。通过整理村范（将村中包括贩卖吸食金丹料面、窝娼、盗窃、忤逆不孝、打架斗殴、游手好闲等"危害人群"的十种人进行管教、劝导，甚至处罚，抑恶扬善，达于"仁化"），村民会议（阎锡山设想中的村级民意机关，职权是选举村长、村副及村监察委员，议定村中有关事项等，意在进行"民治之训练"），村禁约（阎锡山称之为村宪法，即由村民自己订立、共同遵守的条约，对全体村民皆有约束力），息讼会（阎锡山称之为村司法，由村中选举年高德劭能主张公道的人组成，专事调解村民之间发生的纠纷，亦即村民调解委员会），保卫团（阎锡山称之为村武力，由村中18岁以上、35岁以下的壮年男子组成，专司村中治安保卫之职），实现了所谓"把政治放在民间"，以达于"训政"。村本政治促进了用民政治，用民政治稳固了村本政治，二者相辅相成，奠定了山西地方自治的基础，农村基层政权设置得以规范，农村社会得以安定，广大农民在一定程度上获得了选举权。

民国初年的阎锡山

与村本政治并驾齐驱的是六政三事的实施。以水利、种树、蚕桑、禁烟、剪发、天足、种棉、造林、畜牧为主要内容的六政三事是阎锡山对山西社会经济（主要是农村经济）进行初步改造的重要举措。虽然由于各种主客观因素的制约，没有达到预期的目的，但其成效还是显而易见的，"六政则剪发最好，天足、水利、种树、蚕桑次之，禁烟又次之；三事则种棉最好，造林次之，畜牧又次之"。——截至 1918 年底，全省各县男人发辫已剪尽；1921 年全省 105 个县中有 87 个县 10 岁以下的女子"已全数天足"，101 个县 16 岁以上的缠足女子"已全数解放"；水利方面，通过开渠、凿井、筑蓄水池等共新增水浇地二百余万亩，全省人均2 分（按全省人口 1000 万计）；种树实栽 51521985 株，人均 5 株，成活 29455834 株，人均近 3 株；共栽实生桑 121291777 株，人均十余株，养蚕 7866219553 头；戒烟方面，据统计截至 1921 年，戒除烟瘾的人数达 12 万人次；全省棉花产量，1918 年为 17703753 斤，1921 年为37612720 斤，四年翻了一番多；造林方面，1919—1921 年播植面积合计 6742 亩，1920 年、1921 年两年造林面积合计 244124 亩，造林株数合计 42141642 株。

在实施六政三事、兴利除弊的基础上，1925 年初阎锡山又进一步提出了"厚生计划"，在山西进行实业建设。一方面制定炼油、炼钢、机器、电气、农业、林业六大计划案，兴建官办工业，发展兵工；另一方面制定了一些有利于实业发展的政策，采取了一些奖掖工业的措施，鼓励开发实业，以厚民生。从而使 20 世纪 20 年代的山西官办近代工业开始勃兴，军事工业初具规模，私营资本主义进入一个发展的"黄金时代"。

4. 在民族危机面前，阎锡山倡导"自强救国""造产救国"，发起"十年省政建设"，奠定了山西近代工业的基础，增强了山西的经济实力。

阎锡山首先主持制订了堪称详尽的《山西省政十年建设计划案》。计划案以"力图自强，以为挽救，冀立国于世界"为出发点，详述了政治经济的既定目的。规定：在政治上应确定均权制度，以期共治；树立廉洁负责政府，积极训练人民政治知能，并促进政治经济合一之地方自治，以推进民主政治之实现。在经济上尤应大规模开发物产，如矿产之开发，工业之振兴，农业之改良，以及交通之建设，凡可以增加输出、减少输入者，均须就其范围，俾人尽其力，地尽其利。计划拟前三年以政治为中心，注重扫除建设障碍，确立民主政治基础；后七年以经济作中心，以完成自足为目标。关于政治建设，计划案列举了改善现行政治必成期成的十七大事项，包括警政、财政、教育、文化诸方面。关于经济建设，计划案中农业、矿业、商业、交通无不涉及，各个门类都提出了必成期成的具体指标。如水利，要求十年后增加水田800万亩为期成量，400万亩为必成量；如交通，把修筑同蒲铁路列在首位。同时还提出扶助社会办理之实业事项和发展公营事业等项，前者主要发展毛纺织业、酿造业、化妆品工业、造纸工业等，后者则包括整理山西省银行、壬申制造厂、育才各厂等，创办炼钢、肥料、毛织、纺纱织布、卷烟、苏打、洋灰、印刷八厂等。作为山西省历史上第一个省政建设计划，计划案无疑有它的积极意义，对于指导省政建设不无裨益。

在计划案的指导下，1933年2月21日，晋绥兵工筑路总指挥部成立，同年5月1日，同蒲铁路正式开工，以太原为起点，分别向南北推进。同蒲铁路是山西地方政府主持修筑的第一条铁路，全长850公里，南段长500多公里，北段长300多公里，且地形复杂。建设如此浩大的工程相对于当时山西的财力而言显得力不从心，阎锡山从以有限的财力获取尽可能大的经济利益考虑，决定同蒲铁路采用窄轨，同时起用兵工筑路，因陋就简，土法上马。南同蒲1936年元旦全线通车，北同蒲于抗战爆发前基本完工，通车至雁北怀仁。同蒲铁路在阎锡山的亲自主持下以最经济的办法修成，其建筑费全线为1650万元，以长850公里计，平均每公里2万元，不及预算普通标准轨铁路的20%，也只有事先预计费用的

阎锡山"造产救国"题字

一半，同时也大大低于同期国内其他路段的造价——浙赣路之浙江玉山县至江西南昌市段，全长905公里，历时6年，每公里平均费用7万余元；江南铁路之南京至孙家埠段，全长178公里，历时22个月，每公里平均费用3.98万元。是故，南京政府铁道部称同蒲铁路费用之省、进度之快，创了世界铁路开支史之纪录。

同蒲铁路贯通山西南北，北可以联络平绥，南可以衔接陇海，东经正太以通平汉，西由太碛以达黄河，是为山西的交通大动脉。它的开通大大方便了山西省内交通，以及山西与周边地区的联系，对山西政治、经济、军事，尤其是经济的发展影响至大。

在十年建设计划中，经济建设是重心，发展公营事业是重中之重，而公营事业的集大成者则是西北实业公司。西北实业公司酝酿于1932年初，正式成立于1933年8月1日。西北实业公司以"开发西北各种实业为宗旨"，由于阎锡山的高度重视和知人善任，迅速发展，从初创到抗日战争爆发，短短几年中由原有的几个分厂一跃成为拥有2万员工、33个工矿企业的大型集团公司，其经营门类涉及兵工、冶金、化学、煤矿、洋灰、造纸、纺织、火柴、卷烟等。据南京国民政府对"1928—1936年全国最重要工业"的统计，西北实业公司的工人数（18597人）占到全国产业工人总数（405509人）的4.6%；全国2826家最重要工厂共有资本3.129亿元，厂均资本11万元，西北实业公司1936年所有的33厂共有资本0.22亿元，厂均资本66.66万元。西北实业公司不仅门类齐全，而且有较高的技术含量，其产品不仅供应省内市场，而且还远销他省。西北实业公司的发展壮大，使山西逐步形成一个规模可观、门类齐全的基础工业体系，从而在钢铁工业、机械工业、化学工业、纺织工业、卷烟业诸方面为山西近代工业起了奠基的作用。山西地方在西北实业公司时期形成的以重工业、机械工业为主的工业格局一直延续到中华人民共和国成立以后。

同蒲铁路的修筑，西北实业公司的设立和迅速发展，以及这一时期阎锡

西北实业公司大门

山主持进行的其他省政建设，对于山西摆脱中原大战造成的负面影响，恢复和推动地方经济的发展，增强抵御外侮的能力，以至坚持八年抗战都起着不可忽视的作用。

5. 在中华民族面临生死存亡的危急关头，阎锡山坚持了抗日立场，其间虽然出现过一些曲折，但是大方向始终没有改变。

就在阎锡山一门心思进行省政建设的同时，日本发动了旨在进一步侵略中国的华北事变，直接威胁到山西的安全。日本在政治上以重掌华北军政为诱饵，策动山西"自治"；在经济上以商品倾销剥夺山西商品的市场。阎锡山从日本直接威胁山西安全的现实中感受到寇深祸亟迫在眉睫，从民族立场和山西地方利益出发，接受中国共产党抗日民族统一战线的主张，选择了抗日、联共的道路——1936年9月，他同意成立"牺牲救国同盟会"，与以薄一波为代表的共产党人"共商保晋大业"，同中国共产党结成特殊形式的统一战线；1936年11月，面对日伪军的频繁挑衅，他组织发动绥远抗战，是为华北抗日的先声。与此同时，他在全国独树一帜，明确提出"守土抗战"，动员民众，准备抗日。正如著名爱国将领续范亭所说："山西以一隅之地，进行了守土抗日，收罗进步青年，成立牺盟会，解放思想自由，允许开设生活书店。我看到山西有了光明，虽然是仅仅点出一支土蜡烛来，光明不大，但我却和许多爱国的青年一样，像灯蛾似的，围着这一点儿光明，不肯他去了。"

全面抗战爆发后，阎锡山以第二战区司令长官职衔总领晋绥军务，礼迎八路军进入山西开辟敌后抗日根据地。抗战初期，阎锡山亲临作战第一线指挥督战，平型关会战、忻口战役，艰苦卓绝。在娘子关陷落、太原不守的严峻形势下，撤兵晋南，转战晋西敌后，一直到抗战结束。1939 年底到 1940 年初，因十二月事变与共产党及其抗日武装摩擦加剧，统一战线险遭破裂，终由于中共的主动议和而得以维持。1941 年前后，在日军加紧封锁，政治、经济严重困难的情况下，虽然阎锡山响应日本方面的和谈要求，多次派员与日本军方接触议和，但双方始终只停留在协议上，关系并没有实质性的进展。山西的抗战局面一直维持到日本无条件投降。

（三）坚持反共立场的阎锡山

20 世纪 20 年代，世界风云变幻。1914—1918 年的第一次世界大战几乎席卷了整个欧洲；1917 年的俄国十月革命在世界资本主义的链条上诞生了一个社会主义的苏联。十月革命一声炮响给中国送来了马克思列宁主义，中国革命的知识分子开始探索新的民主主义道路。1919 年中国爆发了闻名于世的五四运动。面对新的世界潮流，阎锡山看到的却是由资本主义弊病而造成的社会主义潮流所形成的新的弊端。为了寻求一种介于资本主义与社会主义之间的"适中"制度，他召集山西学政各界及社会贤达，在督军府进山上的"邃密深沉之馆"举行进山会议。每周两次、每次两小时的例会一直进行了两年又四个月。会议议题由"人群组织怎样对？"进一步及于"人生与家庭的研究""经济制度的研究""教育的研究""政治的研究"等。会议得出的结论是资本主义之弊在"资本生息""金银代值"，"所谓人群欲成于制度者何也？金银代值，资本生息是也。自金银代值资本生息以来，人皆贱布帛菽粟而贵金银，是以人皆不存布帛而争聚金银，舍耕织而专以淘金挖银是务矣！"共产主义否定了资本主义的资生息、金代值，要实现"各尽所能""各取所需"，是"违背人性，反乎人情，不适合生产，不利于人生"，是"强人作圣贤，又强人作禽兽"。唯有实行"资公有""产私有""按劳分配"的"公平制度"，使"劳享合一"，才能既克服资本主义的弊端，又预防共产主义之流传。进山会议为阎锡山治理山西奠定了以预防共产主义为直接目的，以抵制共产主义运动为出发点的理论基础，使阎锡山成为当时为数很少的几个从理论上否定共产主义的地方实力派代表人物之一。

阎锡山对于反共理论的探索在进山会议后继续深入。集数年研究之心得，1928 年 9 月，他在北平对法国记者提出"劳资合一"问题；1929 年 9 月 24 日，在太原成立"劳资合一研究会"；1930 年 1 月 25 日，在劳资合一研究会提出"公平制度之研究标准"。1931 年，他在中原大战失败下野避居大连后，"乃与随行人员及陆续远来相访外客旧属等，屡作研究问答，记录为《各尽所能、各取所需与各尽所能、各取所值，孰好孰坏、孰难孰易之研究》"，提出了"资公有""产私有""物产证券"和"土地村公有"的阎氏理论。他进一步主张"物产证券"，亦即以票券的形式证明物产价值，充当现行的纸币，既用来衡量人的劳动，多劳多得，少劳少得，又用来作为交换媒介，持券按物的价值来兑物；"土地村公有"，亦即由村公所发行无利公债收买全村土地为村公有，然后划分为若干份地，再分配给耕作年龄（18—58 岁）内的农民耕种，政府通过按规定收取各种税款作为担保。前者的出发点在于彻底否定"按劳分配"的马克思主义分配观，后者则既标榜奉行孙中山的"耕者有其田"，又与共产党的土地革命争夺民心。

九一八事变后，随着民族危机的日益加深，阎锡山一步步感受到了存在的威胁。然而，他首先奉行的是"攘外必先安内"的反共政策。

因此，在政治上倡导"公道主义"，组织好人团（官办团体，亦称公道团）。他说："共产党号称有主义，有组织，其目的在推翻现社会。他们的组织很严密，所以与官军对抗时十分顽强。我们要剿除共产党，不能和剿除流寇一样。他有主义，我们也要有主义，我们的主义是'公道主义'；他有组织，我们也要有组织，我们的组织是好人团。"在阎锡山看来，公道主义既是调整人群生活中人与人之间各种复杂关系的道德准则,又是解民于倒悬的"济世良药",还是对人群实施管理的精神约束,是为政者必须具备的素质和条件。即所谓:"无仁爱公道,食衣住用即失其保障,是仁爱公道一贯为人类之生命。""公道为政治枢纽,合之则治,离之则乱。""官当以公道制人,不可以权力擒人。"

在军事上实施"防共""剿共"。1935年9月议决办理"防共保卫团"、划分防共区、防共区内各县联防、沿河各要隘建筑碉堡等。随即把全省划分为12个防共保卫区,并设立带有军事性质的基层防共组织"山西防共保卫团",其职责是"平时好像宪兵警察,维持地方治安,红军来时用他们前去抵御"。在此之前,1934年冬,即派出第七十一师方克猷旅进驻河东之离石军渡和河西之宋家川、绥德等地,配合陕军之井岳秀、高桂滋部"围剿"陕北红军。随后,又任命正太护路军司令孙楚为"陕北剿匪前敌总指挥",进驻晋西重镇柳林,指挥所辖孟宪吉旅、陶振武旅、马延守旅,以及临时附属之陈长捷旅、方克猷旅,参加陕北"剿共"。

1935年,中央红军长征到达陕北后,阎锡山的反共军事改为以防为主,除以原河防部队继续实施防御外,又进行了纵深配置——任命第三十四军军长杨爱源为总指挥,把晋绥所有七个师的兵力,编为四个纵队,各纵队均附设炮兵一个团,并以炮兵副司令刘振衡为炮兵总指挥,随时准备应战。

1936年2月20日,中国人民红军抗日先锋军渡河突破阎锡山的河防工事和碉堡封锁线,实施东征。阎锡山一面调兵遣将,全力阻击;一面急电蒋介石中央速派援兵。3月6日,阎锡山下达总攻击令,发起汾孝会战。他调集14个团的兵力,在汾阳、孝义一带,与红军激战,迫使红军变更战略,兵分两路,转向晋西北、晋南挺进。3月21日,在蒋介石派出的10万援军陆续赶到后,阎锡山再次向红军发动进攻,指挥晋绥军各部及中央军援晋部队,在晋西北、晋西、晋西南以至晋南的广大地区与红军展开激战。战斗一直持续到红军回师陕北。

在经过准备抗战时期和全面抗战爆发初期的合作抗战阶段之后，在山西，中国共产党及其领导的抗日武装迅速发展、日益强大，主要表现为：

其一，抗日民族统一战线性质的组织"山西牺牲救国同盟会"和"第二战区民族革命战争战地总动员委员会"的影响与日俱增，并在广大的战区和敌后实际起着政权的作用。

其二，以抗敌决死纵队为代表的山西新军不断壮大——1938 年冬，仅决死纵队各部即发展到 43 个团，4 万多人。此外还有大约 20 个团的游击队、自卫队等非正规部队。与此同时，南京政府给山西的军队编制番号共150 个团，阎锡山给了新军 50 个团的番号。旧军（指原晋绥军）从雁门关一带溃败下来，只剩下名额不足的四五十个团。实际上当时新军的数量已占到了山西军队的二分之一左右。

其三，由红军改编而成的八路军三大主力第一一五师、第一二〇师、第一二九师，通过山西挺进敌后，迅速开辟了晋察冀、晋绥、晋冀鲁豫三块抗日根据地。与此相反，阎锡山的旧晋绥军在经过南口、平型关、忻口、娘子关、太原守城诸战役后，损兵折将，不得不一路南撤，退居晋西南一隅。

面对近在咫尺由秘密而公开，迅速壮大起来的共产党及其所领导的抗日武装，阎锡山感受到了前所未有的威胁。于是，从 1938 年 2 月临汾失守后，开始改变策略，限制新派、扶持旧派。其扶旧抑新的做法，随着时间的推移愈演愈烈，并进而演成十二月事变。

1939 年 1 月，国民党第五届中央执行委员会第五次全体会议在重庆召开，会议通过了《限制异党活动办法》，并决议成立防共委员会，严密限制共产党的思想、言论和行动。以此为标志，蒋介石策划的第一次反共高潮拉开了帷幕，反共摩擦在相关地区时有发生。与此同时，阎锡山的扶旧抑新政策初见成效，经过一年多的整顿扶植，旧军已恢复到战前的建制，无论人数还是装备都大大超过新军。在上述背景下，阎锡山与国民党中央政府议定，待新军问题解决之后，国民党中央给山西提供 30 万法币的军费和 2 万新兵；

反之，就撤销阎第二战区司令长官的职务。1939年底，蒋介石发动了一场几乎遍及整个正面战场的"冬季攻势"。这次攻势的重点置于豫南、晋南及皖南地区，以阎锡山的第二战区为主负责"攻略晋南三角地带"。阎锡山在根据国民党中央军事委员会的作战命令进行相应部署的同时，集中晋西的晋绥军六个军，密谋策划先"解决"决死二纵队；得手后北上进攻驻扎在晋西北的决死四纵队、工卫旅、暂一师等；同时借助中条山地区的中央军"解决"决死三纵队；对于决死一纵队则相机而动。

1939年12月1日，阎锡山向驻扎在晋西的决死二纵队发出向同蒲路霍县至灵石段进攻，实施"冬季攻势"的命令。此举有把决死二纵队放在第一线，而以旧军第六十一军、第十九军为第二线，在决死二纵队发起对日军的进攻后，由旧军从背侧包抄之嫌。在作出如上分析后，决死二纵队断然拒绝执行"冬季攻势"的命令，并于12月7日向阎锡山发出电报，指责旧军的进攻行为，表示不能不实行"自卫"。阎锡山据此宣布二纵队政治部主任韩钧（中共党员）"叛变"，通电讨伐。接着，向新军展开大规模进攻，十二月事变爆发。

十二月事变从1939年12月初开始，到1940年3月结束，前后持续了一百天左右。期间，晋西、晋西北、晋东南都发生了新旧军之间的军事冲突。冲突的结果是决死二纵队被迫从晋西撤出，转移到晋西北与八路军和新军其他部队会合；旧军第七集团军赵承绶部骑一军、第三十三军等部在新军决死四纵队、工卫旅、暂一师以及八路军彭八旅的联合反击下，撤离晋西北原驻地，转向晋西；晋东南的决死三纵队损失严重，不得不分散转移，于1940年3月重组。鉴于新旧军各有损失、战略态势发生变化的现实，阎锡山接受中共"以汾阳经离石至军渡的公路为晋西北、晋西南的分界线，晋西南为晋绥军的活动区域，晋西北为新军和八路军的活动区域"的建议，与中共划路而治。此后，阎锡山与中共的统一战线裂而不破，一直维持到抗战结束。

1945年8月15日，日本宣布无条件投降，中国人民的抗日战争取得了最后的胜利。随着抗战的结束，在"大敌当前，一致对外"前提下形成的抗日民族统一战线不复存在，国民党以执政党地位急于"统一"军令、政令，共产党则坚持新民主主义要求独立性，昔日的同盟者互为敌手，第三次国内革命战争爆发。在抗战胜利第二次国共合作面临解体的历史关头，阎锡山进一步高举反共旗帜，并且一直顽固到底。

1945 年 8 月 16 日，日本宣布无条件投降的次日，阎锡山即命令二战区部队配合行政接收全面挺进，与共产党八路军争夺山西地盘——派第八集团军副总司令楚溪春率一个军分五路向太原挺进；派第七集团军总司令赵承绶赴太原组织前进指挥所；派第六集团军总司令王靖国督率第三十四军、第六十一军分别向临汾、运城挺进；派第十九军军长史泽波率所部及第二挺进纵队、第五区保安团向长治（上党）挺进。15 日，第六十一军占领运城；16 日，第三十四军占领临汾；同日，楚溪春所部占领太原；23 日，史泽波所部进入长治，并先后占领长子、屯留、襄垣、潞城、壶关五县城。

"太行山、太岳山、中条山的中间有一个脚盆，就是上党地区。在那个脚盆里有鱼有肉，阎锡山派了十三个师去抢。"对此，八年来一直坚持敌后抗战的共产党不答应。中共中央和中央军委决定：集中太行、太岳优势兵力首先歼灭进入长治的阎锡山军队。9 月 10 日，共产党晋冀鲁豫军区太行纵队首先向屯留的晋绥军发起攻击，上党战役打响。阎锡山一面命令所部坚持，一面急派援军长途驰援。晋冀鲁豫军区部队集中优势兵力，围城打援，仅十天的时间，长子、屯留、襄垣、潞城、壶关五城失而复得，并将长治城团团包围。10 月 8 日，在援兵被围的情况下，长治城中的晋绥军不得不兵分三路实施突围。围城部队乘胜追击，晋绥军全部被歼。作为抗战胜利后反共战争的第一个回合，上党战役给阎锡山留下的是一页失败的记录。

上党战役后，阎锡山不遗余力地准备新的战争。为此他不惜借助日军的力量，搞所谓的"日本寄存武力于中国"，亦即所谓的日军"残留运动"。其具体做法是：以日本军人的自愿为原则，办理就地退伍手续，然后重新编制，置于阎锡山的指挥之下；留用的日本人享受军官待遇，在现有级别上一律提升三级；合同期暂定为两年，届时由山西地方负责其归国事宜。据此残留下的日本人先被编为六个护路大队，兵力大约 5000 人，分驻太原、榆次、阳泉等地，负责守护、抢修铁路交通线和掩护运输。接着又组织"特务团"，随即改为第十总队。这些部队都参与了同共产党军队的作战。

就在阎锡山积极准备与共产党决战到底的时候，1946 年 6 月 26 日，国民党军队对中共领导的中原解放区发动大规模进攻，全面内战爆发。合着全面内战的节拍，山西的局部战争迅速升级。1946 年 7 月初，阎锡山以打通同蒲南段，席卷晋南，寻歼中共军队主力于洪洞、赵城地区，与胡宗南争夺晋南（此前胡宗南部东渡黄河，占领了晋南解放区的 460 个村镇）为目的，与中共晋冀鲁豫部队进行晋南战役。经过洪赵、临浮诸役，至 9 月 24 日，晋绥军的三个师各一部约 2.5 万人被歼。此后，晋北战役、汾孝战役、正太战役相继发生，却又是一页页失败的记录。到 1948 年来临之际，阎锡山及其晋绥军所能控制的地区只剩下临汾、大同、太原几座孤城。最后的关头，阎锡山收缩兵力据守城池，直到 1949 年 4 月太原城破之前。

因战场上的彻底失败而成为光杆司令的阎锡山，在失去军事反共的资本后，并没有就此偃旗息鼓。1949 年 5 月，不甘寂寞的阎锡山在广州倡议成立"反共救国大同盟"，并被推举为主席。接着又出任行政院院长，拟订《反共救国实施方案》。下野赋闲后，阎锡山念念不忘的仍然是反共，先后出版了《世界和平与世界大战》《共产主义的哲学》《共产主义共产党的错误》《收复大陆与土地问题》《反共复国的前途》等著述。

（四）从同盟者的共同谋划与辅佐配合到广泛吸引有用之才的过渡——阎锡山幕僚班底的形成过程

辛亥革命，太原光复，阎锡山可以说是在一夜之间由一个小小的标统摇身一变成了引人注目的山西都督。革命的酝酿和准备是漫长和曲折的，革命的爆发却是瞬间发生的。太原起义发生之前，阎锡山只是一个对山西新军第八十六标负有指挥之责的带兵官，一个秘密的同盟会会员、革命的参与者。他不会预料到革命之后所发生的一切，也就是说起义成功之后由谁来做山西都督是在此之前所来不及想也难以预料的。因此，在起义发生前，阎锡山不可能也来不及组织自己的幕僚班底。

起义爆发、太原光复，在地位比较高的姚鸿发（原任协统，后任督练公所总办）拒绝出山——起初，起义者们想效法武昌起义拥戴黎元洪的做法，推姚鸿发为山西都督，姚以其父姚锡光为清廷陆军部侍郎，自己如果出任山西都督将陷于不忠不孝的境地，而坚辞不就——在第八十五标标统黄国梁和打响起义第一枪的姚以价只是革命的同情者而非同盟会会员的情况下，阎锡山被推举为都督。在这个过程中，阎锡山可能做过一些努力，但是并没有十分的把握。所以，阎锡山在登上都督宝座的初期，一方面其精神准备和物质准备都是很欠缺的，这当然也包括干部的准备；另一方面革命发生后形势的急转直下又不允许从长计议，从容安排一切。面对突然而至的地位和责任，他所能做的就是一如革命发生之前那样，广泛听取同盟者的意见，与同盟者共同谋划。这样，这些昔日的同盟者（这里的同盟者是广义的，并非专指同盟会会员，革命的同情者和参与者都包括在内）也就在实际上充当了阎锡山幕僚的角色。但是由于这个过程比较短暂，这些同盟者由于政见、个性、历史诸方面的原因，最终一个个背他而去，只起了一个过渡的作用，所以一般不把他们作为阎锡山的幕僚来看待。然而，在阎锡山幕僚班底的形成过程中，这一笔是不能忽略不计的。

在阎锡山幕僚班底形成过程中起着过渡作用的人物，也就是在阎锡山对山西的统治建立的初期曾经起过襄赞作用的，除了贯穿始终的赵戴文之外，还有姚以价、景梅九、续西峰，以及前边提到的黄国梁等。他们才华横溢，文韬武略，饱读诗书，学贯中西。正是由于他们的存在和鼎力相助，太原起义才得以一举成功，阎锡山才得以化险为夷，一跃而成为一省都督。

姚以价，字维藩，山西河津人，生于1881年。1902年考入山西武备学堂，与阎锡山同年；1904 年再与阎锡山一起被选送日本留学（在山西所有五十名留日学生中，考取公费的只有三名，分别是阎锡山、姚以价、张维藩），1909 年学成归国，任山西陆军督练公所教练员；1910 年升任山西新军第八十六标一营管带，后调任第八十五标管带。姚以价虽非同盟会会员，但同情革命，加之带兵有方，深孚众望。鉴于上述原因，1911 年 10 月 29 日太原起义发动之前，在标统黄国梁奉命先期离开部队南下的情况下，姚以价被营内的同盟会会员杨彭龄等推举为起义军总司令，指挥第八十五标起义部队攻入巡抚衙门。太原光复后，革命党人、参加起义的将领以及原咨议局成员等各方人士齐集省咨议局，推举山西都督。姚以价虽然在起义中起了关键性的作用，但对阎锡山出任山西都督并无异议，阎锡山得以顺利地当上山西都督。山西军政府成立，阎锡山决定三路出兵，分别从东、北、南三个方向防堵清军。姚以价自告奋勇，担任东路军总司令，亲率民军前往娘子关、固关一带据险设防，据守山西东部门户。吴禄贞接受清廷命令，率所部第六镇第十二协进军山西，11 月 1 日抵达石家庄。随即，借口"宣抚"民军，派人前往娘子关与姚以价接洽，商讨联合进军北京之事。姚以价摸清了吴禄贞的来意后，立即向阎锡山作了汇报，同时着手安排阎吴会晤。11 月 4 日，阎锡山到达娘子关。是日下午，姚以价陪同阎锡山在娘子关车站迎候吴禄贞一行，议定组织燕晋联军，截断京汉路，挥师北上，直捣北京。其后吴禄贞遇刺身亡，清廷重兵压境，在娘了关破之前，姚以价弃队出走，先赴天津，后辗转到江西，任李烈钧的参谋长。1914 年回山西，受到冷遇，再次出走，后参与反阎活动，1947 年病逝。

景梅九，本名定成，字梅九，以字行，山西安邑（今运城）人，生于 1882 年。1903 年考取官费留学，负笈东瀛。留日期间，参加革命活动，成为早期的同盟会会员；创办《第一晋话报》和《晋乘》，进行革命宣传。太原光复时，景梅九正在北京主持《国风日报》（同盟会在北京的主要喉舌）。得到山西民军发动起义的消息后，景梅九迅即动身返晋。正当阎锡山因对外界

景梅九

形势缺乏了解，而在与吴禄贞的合作问题上举棋不定之时，景梅九回到山西。关键时刻景梅九传递了这样的信息："我出京之时，南方各省独立者纷纷，清廷无力兼顾。吴统领是革命同志，绝不打山西！我可以去见他，协定一切，此次革命成功可操左券。"阎锡山疑惑顿释，遂以景梅九为使者前往石家庄面见吴禄贞。燕晋联军的计划因吴禄贞的不幸遇刺功败垂成后，景梅九认为事已到此，阎锡山有必要以山西都督的名义致函武昌革命政府，表明山西民军之革命决心，以期取得支持，并欣然命笔，以阎锡山的名义草成一篇致黎元洪的革命文告："锡山本山右武夫，不识天下大计；唯念炎黄神胄，沦于异族凡三百年！古云：'胡无百年之运！'兹乃过倍，斯诚汉族男儿之奇耻大辱，无面目以见天下者也！……锡山不敏，亦且躬率晋军，偕同秦豫之师，西出燕郊，据其腹心，务使虏众首尾不相顾，则成功真旦夕间事也！……兵贵神速，亦贵果决。若迟疑不断，则晋军孤悬一隅，师久无功，将使中原父老，望断汉家旌旗也！"文告一出，广为传诵，不仅赢得一片叫好之声，而且使阎锡山民军领袖的形象为之一树。接着，鉴于吴禄贞被刺后迅速恶化的形势，袁世凯遣第三镇曹锟部到石家庄，准备攻晋。景梅九进一步向阎锡山指出："娘子关终不可守。一旦失败，非南退必北进，今不速图，恐将来北不能过雁门关，南不能逾霍山，我辈必进退失据，奈何！"对此阎锡山亦有同感，遂分派兵力于南北，于是也就有了娘子关失守后分兵南北的举动。南北分兵后，景梅九随温寿泉南下。南北议和民国成立后，景梅九本其父"革命本无功，即云有功，亦在死者"的训示，不求高官厚禄，退出政坛，致力于经营《国风日报》和在太原新创办的《山西民报》及其他文化教育事业。1961年病逝于西安。

续西峰，名桐溪，字西峰，号寒泉，以字行，山西崞县人，生于1880年。1902年入山西大学堂肄业。1905年同盟会在东京成立后，即函告友人，代为申请加入。后回乡创办川路学校，宣传革命，教授兵法。同时，委派同盟会会员王建基、徐翰文、弓富魁等到绥包地区联络塞外豪杰，开展革命活动。太原光复后，续西峰借到省城议事之机，向阎锡山建议："革命之举，有进无退，徒守适坐困耳。昔彭越以游兵绝楚粮道，遂以复楚。假我以一旅

续西峰

之师为君之彭越可乎？"其时，起义甫成，一切均处于无序状态之中，三路出兵计划实施之后，山西民军可以说已无机动部队，莫说一旅之师，就是一个营也难以抽调。听了上述建议，阎锡山以库存之旧枪械数百支交给续西峰，令其成立"忻代宁公团"。太原之行后，续西峰凭借多年宣传发动的深厚基础以及在群众中广泛的号召力，很快就组织起一支千余人的队伍。11月23日，忻代宁公团宣告成立，续西峰自任团长。随即，续西峰率忻代宁公团，驰援大同起义，并在清军压境的困难局面下，坚守大同城四十余天。1912年10月，忻代宁公团撤销，续西峰出任山西巡警道。续西峰思想激进，对阎锡山肆应袁世凯的种种做法极其不满。后官制改变，巡警道撤销，遂弃官不做，返里兴办实业。1914年包头驻军兵变，欲驱孔（孔庚，时任包头镇守使兼第一师师长。其时，经陆军部核定，山西军队统编为一师半，即一个整师，外加一个混成旅。一师分驻大同、包头一带）迎续。阎锡山深恐威胁到自己的地位，下令捕续。续西峰被迫化装出逃，从此离开山西，以反袁（世凯）为职志，并进而反阎。1926年病逝。

　　从太原城头首举义旗，到娘子关前布防御敌，再到穿针引线促成燕晋联军，姚以价迅速完成了从革命的同情者到积极参与者的转变，在结束清廷在山西的专制统治、实现太原光复大业的历史画卷上写下了浓重的一笔。另一方面，他的举动也在实际上对阎锡山成为山西都督，以及应付光复之初纷繁复杂的局面起了重要的辅佐配合作用。对此，阎锡山这样评价："姚以价其人英勇机智，善于团结部下，能以身作则，协同动作，为新军各营之表率。"在推举都督时，"姚以价能以大局为重，见识远大，不居功自负，在发言中强调自己不是同盟会会员，但却是一个汉人，'驱除鞑虏，建立民国'责无旁贷。他这番话对平息当时会议上的争论，起了稳定作用，充分表现了他的磊落胸怀"。景梅九在太原光复后局面混沌的特殊时期，不仅大胆提出南北分兵暂避敌锋的谋略，而且行文以昭告天下，充当阎锡山的文胆智囊，实际上起着幕僚的作用。续西峰于阎锡山就任山西都督后，主动请缨，组建民军武装"忻代宁公团"。忻代宁公团一经成立，即在大同光复而义军力量薄弱，面临不守的情况下，孤军深入，及时稳定了大同局势。在清军围城、援兵不至的四十多个日日夜夜里，坚守城池不动摇，独当一面，牵制了清军兵力，对阎锡山北上归绥、光复绥包地区无疑起了重要的配合作用。

　　在姚以价、景梅九、续西峰等昔日同盟者的参与谋划和辅佐配合下，阎锡山从初涉政坛的茫然中走出。1912年4月，阎锡山重返太原，复任山西都督。他总结经验教训，清醒地认识到，要在政治上进一步有所作为，必须广泛吸收各方面的有用之才，为我所用。于是，几乎与阎锡山返省视事的同时，在黑龙江巡抚衙门做幕僚的贾景德返回山西，被聘为都督府秘书监（秘书长）；1914年，杨爱源、周玳、孙楚等从保定军校毕业加入晋军；1916年商震率部投靠山西……经过前后五年的经营，到1917年9月阎锡山终于独掌山西军政大权时，以赵戴文、贾景德、南桂馨为代表的文官集团和以商震、杨爱源为代表的军事集团已基本形成。

二

知人善任与相互制衡——阎锡山的用人之道

（一）由阎锡山"感想录"中概括出的"用人之道"

客观地讲，阎锡山算得上一个注重理论的实践者，在他的一生中，"理论"无处不在。关于用人之道，阎锡山亦有着一套堪称"完备"的理论。一部《阎伯川先生感想录》，其用人之道贯穿始终，归纳起来可以概括为如下几个方面。

其一，行政取决于人才，人才的有无取决于行政是否为"第一当为之事"。阎锡山认为，"行政须为当时第一当为之事"，亦即要注意抓主要矛盾。只有如此，才能最大限度地吸引各种人才。反之，若"失了第一当为之事，则一等人才离。失了第二当为之事，则二等人才亦离。一等人才离则危，二等人才亦离则亡"。不能为"第一当为之事"是行政的致命弱点，是为政者之大忌。

其二，"知人善任"和"善用人为"。对此，阎锡山作了反复论证，他说："使人，对人之智能不可高看，高看则有求备于人之病。处人，对人之品格不可低看，低看恐遭藐视轻侮之祸。使人必须知其所长，知其所短，然后用其所长，避其所短。用非其当，非特无功，且失其人。自欺应当

民国初年的阎锡山

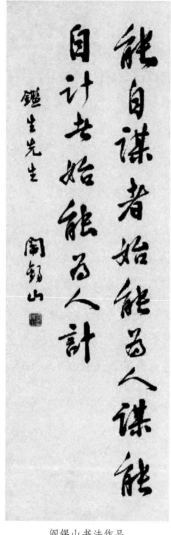

阎锡山书法作品

不器，使人必须以器。"他认为成功者共同之性能二十项，其中最重要的一项就是"知人善任"。"使人如使器，用其所能，弃其所不能。言事亦如此，说其才之所能懂，置其才之所不能懂，在人则得益，在己则省言。"另一方面，"聪聪明明的坏人，与糊糊涂涂的好人，皆不可使之任要职。""用人智，用人技，宁用一个高等的，不用一个平常的。""知人善任，执简御繁，是为政之道。"在"知人善任"的同时，要"善用人为"。他说："为政者当善用人为，不可善自为。善用人为则人皆能者，善自为则人之能者亦将无所用其能矣。""为政要自己用心，使人用力。自己不用心人不乐用其力，自己若用力人无所用其力。"

其三，矜式人之所长，赏罚严明。所谓"矜式人之所长"就是用人要做到扬其所长，避其所短，不能求全责备。阎锡山认为，"用人做事，应矜式人之所长，不可常视人之所长。大学说，人之有技，若己有之，是用人做事之好道理。管人当宥其错，惩其恶，言其限，密其则。宽以待之，专以责之，节以使之，明以考之，秘以察之，当以赏罚之。"成功者的共同之点应该是"信赏必罚""识中知对""通情达阴（世有通情达变之语，是指处事而言，达阴是指处人而言）"。为政者用人要力求做到"动之以情，明之以理，绳之以法"。

其四，令人各负其责，职责相关。"做甚务甚"是阎锡山对其部属乃至对其治下的全体省民最基本的要求。早在他漂洋过海赴日求学的途中，就反复思考过这样一个问题，"人家船上的员工做甚务甚，谦虚和蔼，人少事理，与我们中国人的做甚不务甚，骄横傲慢，人多事废，显然是一个进步与落后的对照"。因此，在他执政山西后，即以"做甚务甚"相号召。他说："知己知彼，作战当如此，外交当如此，依人用人均当如此。""用得其人，作得其事，两者兼备，始能成功。用非其人，作非其事，有一于此，亦必失败。""用人多，无专责，事则乱。"反过来说，"用人多，有专责，事则治"。既知己知彼，又用人以专，使每个人都能做到"做甚务甚"，社会的进步就是不言而喻的了。

其五，人才的选拔和培养同样重要。阎锡山说，"没人的困难比没钱的困难还大。人才之难，十倍于木材"。"今欲建设，木材尚感缺乏，何况人才"。正因为人才难得，所以要注意选拔和培养。"人才为事业之母，欲得人才，须选择与培养并重"，不可偏废。"兵非练不精，子非训不成，练兵在选将，训子在择教"，人才则重在培养。"盼望人对，不如指导人对有效果。"

其六，为政者要严于责己。阎锡山认为："有诸己而后求诸人，无诸己而后非诸人，始有效果。若无诸己而求诸人，有诸己而非诸人，非特无效，且招反声。"如果一味地"向外责人"，"向内为己"，则"学荒世乱"。反之，若"向内责己"，"向外为人"，则"学励世治"。正确的做法是："与人处，我以善始，不能强人以善终，必是我决心能与其善终时，始可与其善始也。否则，冀人善终，我轻与其善始，因人不能善终，致彼此交恶，甚至酿成祸害，世上不少，诚堪忌也。"只有"平时留下余地"，才能"临时处置裕如"。

（二）阎锡山用人之道的理论基础——"唯中哲学"

"二的哲学""唯中哲学"，核心就是一个"中"字，亦即所谓"中"的哲学。什么是"中"？阎锡山认为，中国儒学传统之道即是"中"，中与仁合在一起，就是儒道。而儒道就是"人的生存继续归宿上一贯的完成之道"。

儒道的传统，是尧创之，舜继之，禹承之，孔子集其大成，孟子阐发之，后人奉行之。尧以帝位传舜，舜以帝位传禹，均属"允执厥中"。能执中，人事即有对无错，人生即有福无祸。

孔子先后对子贡、曾子说："吾道一以贯之。"而子贡、曾子未问这"一"是个什么？孔子至死亦未说这"一"是什么？阎锡山说："假如二子当时再问孔子'一'是个什么？孔子可能答'一'是个'中'。何以说是'中'，因为'中'是宇宙的本体，万象的来源，由是贯彻万物的始终。万物万事，无不是得中则成，失中则毁，'中'是万物的成就律。欲以一贯万物，只有'中'。

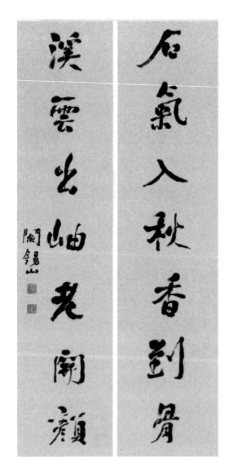

阎锡山书法作品

孔子日：'中也者，天下之大本也'，即是时、地、人上事事得'中'。无边大的空间，无限长的时间，无数多的人事，如能时时得'中'，即能使万事皆对而无错，皆成而无毁。"他又说："儒道是中国独尊之道，纯属客观的情理，毫无主观的意念。是以宇宙万象来源的'中'，与成就万物的'仁'，为处理人事之道，即是'中仁合一'之道，此正是中国由尧舜至今四千余年中治人治事之道，国以公为'中'，君以贤为'中'。"

这世间虽有万事万物，但"中"只有一个，这个"中"就是"恰好处"。"独是'中'有一而不'中'者则甚多。""盖自己有一'中'，凡物亦无不各有一'中'，世上无论何事，均只有一个恰好处，此恰好处即是'中'。""若一旦舍偏而取'中'，去万而存一，则趋向既正，操纵由我。"是故，为政者讲的就是一个"中"字。"一人在上能用其'中'，即政平讼理"，"中国历史延长四千年纯粹是'中'之效也"。"政治之原动力，而在此一'中'字"。"为官吏者，有权衡处置人民之权，第一先须将此'中'字明白了解之，然后能执两端用其'中'于民"。

这里所说的"中"不是折中，而是适中。他说："怎样找'中'，在不对的中间找对。"事物的"中"只有一个，其余都是不"中"，因而也就是不正确的。"中"就是适中，既无过也无不及。"我们可以无论拿哪一件事来作一个例子，譬如三加五，必须等于八，等于九以上、七以下皆错，这就可以说对在不对的中间。再就人事上看，我们极平常的吃饭，吃个食量与胃量正好，是对的，是有益于人的；比这正好多或少，皆是不对的，皆是无益于人的。不只吃饭为然，人类上无论哪一件事都是如此。"这也就是所谓的"恰好处"。

承继传统儒学的"中"，阎锡山进一步阐发出了"母理""子理"与"矛盾对销""三一权衡"的定律。

阎锡山把世间的"事理"区分为"母理"和"子理"。在他看来，"母理"是"超时空"的、永恒不变的，能够"创造理论""改造环境"；"子理"则只能"顺从环境"，是随时随地而变的，是合乎母理而变的。亦即所谓的"母理不变，子理变"。

依据"母理""子理"的说法进一步推演下去，阎锡山认为，事物都有矛盾对立的两个方面。怎样解决矛盾，并进而在矛盾中求对呢？他说，"对"的位置不在"不对"的反面，而在"不对"的中间。如果让矛盾着的一方去克服另一方，那就是"以错纠错"或者"以不及纠过量"，"以过量纠不及"。正确的做法只能是设法使矛盾"对销"。"凡事均含有矛盾的两方，必须促矛盾之不矛盾，事始能成。这'矛盾之不矛盾'即为事之平。故处事必须是使矛盾对销以得'中'。"只有这样才符合"互助互爱的人类原则"。反之，如果从不对的反面去找"对"，那就是"走极端"，就是"互争互杀"，就会酿成祸乱，就会造成人类的不幸，就会阻碍社会的发展。如果把矛盾双方看作两个"一"，那么，这两个"一"对销以后就产生了第三个"一"，一个真"一"。只有"三一"才是唯一正确的，是权衡事物的准绳。这就是"三一权衡"。

阎锡山从"中的哲学"出发，"中仁合一"在用人之道上派生出的是"知人善任""矜式人之所长""严以责己"的理论命题；而在"母理""子理""矛盾对销""三一权衡"理论指导下，进入操作程序的用人之道则只剩下实践的意义。心得体会和具体操作既有其必然的联系，又有着不容忽视的差异。

（三）阎锡山用人之道的具体操作——"知人善任""善用人为"和"相互制衡"交替使用

阎锡山有句名言："存在的就是真理，需要的就是合法。"因此，他主政山西近四十年，在用人问题上一贯的做法是从需要出发，只要现实需要，就可以"知人善任"，不拘一格。

太原光复之初，燕晋联军的计划因吴禄贞被刺而功败垂成，清廷大军压境，山西东大门娘子关陷落，民军分撤北南，阎锡山率部向（归）绥包（头）转移。危难时刻，吴禄贞旧部孔庚、何遂、李敏等投晋。正当用人之际，阎锡山不拘一格委以重任，以何遂（福建侯官人，保定陆军随营军官学堂毕业，同盟会会员）为敢死队参谋长，负责训练新兵；李敏（云南人，日本士官学校毕业）先为民军参谋，后任都督府参谋长；孔庚（湖北蕲水人，1904 年赴日留学，日本士官学校六期，与阎锡山同期。1909 年毕业回国，先任职于军咨府，后任职于吴禄贞第六镇）先为朔方兴讨使，统一指挥晋北军事，继任北上民军总司令、第一师师长（其时晋军正规编制仅一个师）兼包头镇守使、晋北镇守使，被视为民初时期山西的一方诸侯。

这方面的例子还可以举出许多，重用黄国梁就是其中之一。黄国梁，字绍斋，陕西洋县人，早年在太原四海店做伙计，与阎锡山有金兰之谊。

1902 年入山西武备学堂，1904 年留学日本。太原光复前任山西新军第八十五标标统，作为革命的同情者参与起义。袁世凯控制北京政府时期，阎锡山是全国十八行省革命党都督中唯一没有被罢免者。出于韬晦的需要，阎锡山曾一度十二分地重用黄国梁，使其以山西军政司司长、督军府参谋长兼第十二混成旅旅长的身份主持山西军政。为了表现自己的碌碌无为，他军事上总是把黄国梁推到前台，事无巨细多委诸黄国梁，山西军队的编制也一减再减，最后只剩下了黄国梁的第十二混成旅。

阎锡山用人从需要出发可以说是不拘一格。在这方面典型的例子是"边尔旺修隧道"的故事。边尔旺，山西五台人氏，半路受戒出家。边氏孤寡一生，致力于修桥补路积德行善。五台窑头一带盛产煤炭，唯道路崎岖行走不便，边尔旺自备干粮，义务修路不辍，深得民心。后阎锡山出资整修该路，即聘边为领工，一条炭道如期修成。修筑同蒲铁路时，北同蒲段家岭隧道（全长 384.7 米）由于地质状况复杂，拖延工期。阎锡山再次想到了他的和尚同乡。年逾花甲的边尔旺接手工程后，不辞劳苦，以身垂范，不负"厚望"，在规定的时间内顺利完工。隧道修成后，阎锡山说："出家人不赚钱，给他留个名吧！"随即，把段家岭隧道命名为"尔旺洞"，并命秘书宁武超捉刀代笔题字，镌刻成碑，嵌于隧道南出口，一时传为佳话。

采取"二的做法"，使矛盾对销，从而为我所用，是阎锡山用人路线在实践中的具体体现。

阎锡山使用干部，总的方针是"二的做法"。

一是他将干部分成两类：一类是不归他直接领导的中下级干部（包括县长区长村长等）。对于这一类干部，定有专门的考试、训练、归班任用办法，以及定期考核、奖惩的具体条例，交由各主管部门按章行事，其运行程序可以说是比较规范的。另一类是归他直接领导的各部门负责干部。对于这一类干部，则完全由长官意志决定，阎锡山一个人说了算。

由阎锡山直接领导的各部门负责干部的任用基本上是按比例分配，山西

任事虑危只须
谋其事之所当为
尽其力之所能为
勇往直前实破
危难若考虑成
败则离流事无成
自损其成
阎锡山题

阎锡山书法作品

地区北、中、南三路各占一定的份额，再点缀几个外省籍干部。这样做的结果是，在将人事大权操于一人之手的同时，强化了干部中的地域观念，从而使干部通过地理上的结合，自然形成派系。各派为争权夺利，互不相让，互相掣肘，彼此不能合作，哪一派都不可能有大的发展，哪一派都企图依靠阎锡山这棵大树。如果一派有异动，另一派自然会予以牵制，没有一派会造反。这样做的好处在于有效地防止了尾大不掉情况的发生。假如说各派干部是前台表演的木偶，那么阎锡山就是隐蔽在幕后的牵线人，表演者的一举一动尽在牵线人的掌握之中。久而久之，在山西官场上形成了一个不成文的规矩：一个单位总是设有一正一副两个职位，正的是一派，副的必委另一派；用甲办某事，一定派乙协助（名为协助实则监督）。因不相信县级行政人员，派有常驻县的视察员；又怕视察员日久生情，徇私舞弊，另设有密查委员考察视察员；在明委、密委之上又设有政治检查委员，巡回检查。从而使干部时时存有戒心，即使不能全部恪尽职守，也大多循规蹈矩，这也就从体制上对干部进行了最大限度的约束。

二是善于利用干部之间的矛盾，使之相互制衡。阎锡山常说："任人不可不专，防人不可不密，要在密防之下专任。"他平素很注意手下干部之间的相互关系，对彼此的情况可以说是了如指掌。以此为前提，他安排干部多采取有违常理的办法，这就是同时使用两个有矛盾的干部，为此甚至不惜设置职能相近的两个部门。这样既可以使矛盾的双方卖力地工作，又可以使彼此互相竞争，互相制约。矛盾着的两个"一"对销以后，剩下的就只有效忠阎锡山这个"三一"了。

赵戴文从留学日本与阎锡山定交开始，四十年如一日忠心耿耿，鞠躬尽瘁。南桂馨亦称得上是山西的辛亥元老，执掌山西警务，办理对外交涉鞍前马后、不遗余力。然而，赵、南却凡事多有分歧，久而生隙，对此阎锡山不会一无所知。一个有趣的现象是阎锡山兼省长后，山西各县县长（20 世纪30 年代以前称作县知事）多系赵戴文所主持的育才馆出身，各县警官则皆由南桂馨所辖之警务传习所学员充任。于是警官不听县长指挥，甚至与县长大起摩擦。县长向赵陈述，赵亦无可奈何；南因深知这样做并不违背阎的干部政策，所以他在明知赵阎关系非同寻常的情况下，仍然敢于与赵对抗；阎锡山则听之任之，一如既往。

20 世纪 30 年代初，面对共产党组织的不断壮大和九一八事变后民族矛盾的日益加深，为了在政治上取得主动，阎锡山在山西发起组织，大办各种官办团体。1932 年春，他先授意李冠洋自树旗帜，组织"中国青年救国团"，在山西、绥远、北平等地展开活动，除吸收青年学生数千人外，并组织农工妇女等民众团体和改进教育、地方自治、人民监政、倡用国货等社会团体。待"中国青年救国团"有了一定程度的发展之后，他又支持邱仰浚创办"建设救国社"，并自任社长。建设救国社除在一般公务员中发展组织外，还在各校学生中进行组织活动，后来居上，很快壮大起来。同时，"植社""文山读书会"等团体也相继出现。这些组织，同时发展，势均力敌，摩擦由此而起，李冠洋的青年救国团与邱仰浚的建设救国社尤甚，摩擦几至动武。一般不知内幕的人，觉得不可思议，同为官办团体，为什么要内讧呢？岂知是阎锡山故意为之。正因为是阎锡山御人之道的需要，这种社团组织上合下分的状况一直持续到1936年春，为"自强救国同志会"所统一。

三是选用干部必须适中。阎锡山用人讲究"矜式人之所长"，扬长避短，不求全责备。在这里"二的哲学"体现为既不选尖子，也不选蠢材；既不用不听话的人才，也不用听话的奴才。阎锡山曾不无得意地说："我治理山西三十多年始终掌握这么一条原则，要把山西三个道（其时山西的行政区划分为冀宁、雁北、河东三道）能跟我共事的人才都用上。"他所说的"能跟我共事的人才"，就是指既非尖子又非奴才式的人物。他眼里的人才第一要听话，也就是要绝对服从阎锡山个人，不论职位有多高，也不论身在何方，都不能有任何改变，这里突出的是一个"忠"字。然而，要成就一番事业，只有听话的奴才是不行的。所以，他眼里的人才第二要有能力，虽然不能个个出乎其类、拔乎其萃，但也要能"做甚务甚""做甚会甚""做甚成甚"，亦即要有一定的办事能力。这样，效忠长官和有办事能力就成为阎锡山选用干部的两个不可或缺的条件。纵观阎锡山近四十年的政治生涯，围绕其左右数以百计的辅弼人物，文职官员如赵戴文、贾景德、南桂馨、薄毓相等，高级将领如杨爱源、赵承绶、孙楚、王靖国等，这一特点无一例外地兼而有之。也正因为如此，阎锡山才对他们一直信任有加。

四是恩威并重。如果说在阎锡山身上既有传统文化的烙印，又有近代文明的影响的话，那么封建意识也是不可避免地存在着的。阎锡山的封建意识体现在工作方式上是比较典型的。在山西以及抗日战争期间的二战区，阎锡山无愧于"土皇帝"的"雅号"，他的讲话叫"训话"，他看过的信批"上阅"，他要亲复的信批"上复"，他的手批称"手谕"，冠之以天干地支和电报韵目，这就有了所谓的"申东手谕""壬寒手谕"等。

由此及彼，他对待干部的态度也仿效帝王，恩威并用。在秘书室收到的

"亲启"信件中，大体上有如下几类：一是组政军教经人员的表态信、决心书；二是工作的建议意见；三是反映人事情况；四是申请补助、救济，要款、要药、要照片、要题字。对于前三类，一般按工作程序处理，而对于第四类则一般请示阎锡山本人后，以阎锡山的名义酌情给予答复。抗战时期药品紧缺，阎锡山甚至主动给一些高级将领批送药品，如盘尼西林等，以示优渥。同时，秘书处洗印了大量的阎锡山戎装半身或全身照，凡有请赠之高中级干部，均由阎本人批给，对一些特定赠送人员甚至由阎锡山本人题字，内容不外乎"不容人不""革命干部""铁的战士""忠贞干部"等。

　　恩的反面是威，无恩不能笼络人心，无威难以震慑属下。如前所述，阎锡山使用干部首要在于忠，在于服从，否则绝不饶恕。李生达之死就是一例。李生达，山西晋城人，保定军校第五期步科毕业，与同为晋军名将的傅作义、王靖国、李服膺等有同年之谊。1928 年北伐胜利后，官至晋绥军第五军军长。之后，因不满阎锡山的一些做法，图谋向外发展，而开始靠拢蒋介石。1934 年 8 月李生达奉派前往江西参与"剿共"，蒋介石出于拉拢的需要，对李优礼有加。在此前后，蒋李之间的函电往来，早为阎锡山所掌握。

1936 年 5 月东征红军回师后，蒋介石亲自任命李生达为晋军"剿匪"总司令，让李生达带领晋军 15 个团取道山西柳林前往陕北"剿共"。在这个节骨眼上，李生达突然神秘地死去。李生达的猝死招致了外界的种种猜测，一个普遍的说法是因犯了阎锡山之大忌（不允许将领自成局面或私下与省外有势力的集团往来），被阎锡山派人暗杀，以儆效尤。

阎锡山签名照

　　浓重的地域观念是阎锡山用人之道的一个不容忽视的倾向。曾几何时，知道阎锡山的人同时也都知道"学会五台话，能把洋刀挎"这句民谣。"学会五台话，能把洋刀挎"可以说是阎锡山在用人问题上表现出的浓重的地域观念的形象写照。阎锡山用人除了着重考虑"忠"与"能"两个因素外，对干部的籍贯也是比较重视的，一个不成文的做法是外省人与本省人相比宁用本省人，省内其他地区人与（五）台、忻（县）、定（襄）地区人（包括崞县〔今原平〕及周边其他地区）相比宁用台忻定人，台忻定人与五台人相比宁用五台人。就像蒋介石喜用浙江人一样，阎锡山亦把他的家乡五台视为人才的摇篮，对五台籍的干部格外信任。久而久之，在山西官场上籍隶五台及其周边地区的干部占到了绝对多数的比例，五台话几乎成为山西"官话"。阎锡山幕府之中的核心人物可以说是以五台人为主的，文职元老中的赵戴文、赵丕廉、徐一清等，后起之秀方闻、朱点等；高级将领中的杨爱源、赵承绶、王靖国等，都是阎锡山的五台小同乡。其他核心人物则多来自五台周边地区，如徐永昌（崞县）、南桂馨（宁武）、张树帜（崞县）、周玳（代县）、梁汝舟（忻县）、梁化之（定襄）、吴绍之（定襄）等，不胜枚举。

　　说到阎锡山在用人问题上的地域观念，不能不提他的川至中学。川至中学是阎锡山在他的家乡五台县河边村创办的一所私立中学，1918 年建校。学校根据"百川归至"（阎锡山字伯川，谐音百川）、百川汇海之义取名川至，由阎锡山个人出资兴建。学制四年，培养目标的一个重要方面就是政府的秘书、机要等幕僚人员。在川至中学中，五台籍的学生最多（其中尤以籍隶河边村者为甚），其次是定襄、崞县人，来自周边其他地区的学生则只是一个点缀。川至中学的毕业生有一大批先后进入阎锡山幕僚班子，其中的一些人甚至成为核心人物，如梁化之——十三高干之一，省政府代主席；吴绍之——十三高干之一，二战区长官部秘书长，太原绥靖公署秘书长；薄毓相——十三高干之一，山西省教育厅长等。

　　由于阎锡山在用人问题上热衷于"相互制衡"，长期以来，山西军政两界，可以说是派系林立，政界与军界、政界与政界、军界与军界，互有矛盾和斗争。仅晋军之中就明显地分为四个不同的派别：第一是以商震为首的外省籍将领派；第二是以徐永昌为首的国民三军派；第三是以傅作义为首的南部势力派；第四是以杨爱源为首的嫡系将领派。这四派势力之间由于利益关系的不同和与阎锡山的亲疏之别，始终存在着矛盾和斗争。这种矛盾和斗争在中原大战失败、阎锡山被迫下野后进一步激化，最终导致了商震的离晋投蒋。

同时，需要特别指出的是，对阎锡山的用人之道必须用发展的眼光去看，也就是说由于客观形势的发展变化，其侧重面也在相应地发生变化。纵观历史，可以说始终贯穿着"知人善任""善用人为"和"相互制衡"的交替使用，区别在于侧重前者还是侧重后者。总的来看，前期倾向于五湖四海，后期则相对狭隘一些。政界多用本省人，军界则不拘一格。

民国初年，可以说是阎锡山用人最广泛、最开明的一个时期。这首先是因为执掌一省军政机关，他手下没有那么多可以胜任的人才。其次是因为辛亥起义之后，他曾与吴禄贞共组燕晋联军，阻挠袁世凯乘车经石家庄北上就任清廷内阁总理大臣。袁世凯对他们恨之入骨，除派人收买吴的卫队长将吴刺死外，还违约进攻山西，迫使阎锡山转战归绥道。南北议和告成，清帝退位，袁世凯即将接任中华民国临时大总统时，仍不让阎锡山率民军回太原。后来，在孙中山的力争及各方面的支持下，才不得不任命阎锡山为山西都督。在此情况下，阎锡山用人就不得不考虑如何得到袁世凯的首肯。

清朝规定，本省人不能在本省担任县知事、道尹、巡抚等主要官职。因此，民国初年，除起义的少数县份为同盟会会员出任知事外，大部分县份服从民国政令，仍用原

孙中山给阎锡山的题字

宁超武赠孙奂仑的一方砚台

班人马。其时，担任各路观察使和各道道尹的多为外省籍人士——曾任中路观察使、冀宁道道尹朱善元，字复初，浙江杭县人；曾任冀宁道道尹徐之荣，字戟门，浙江建德人；曾任冀宁道道尹孙奂仑，字药痴，直隶（今河北）玉田人；曾任北路观察使贾景德，字煜如，山西沁水人；曾任北路观察使、雁门道道尹邹道沂，字申府，山东聊城人；曾任雁门道道尹单晋如，字味仁，江苏江都人；曾任雁门道道尹方贞，字千周，河南商城人；曾任河东观察使马骏，字君图，山西晋城人；曾任河东观察使高景棋，字养祉，河南人；曾任河东观察使杨葆昂，字伯驹，江苏武进人。十人中只有贾景德与马骏籍隶山西。

1916 年，袁世凯帝制败亡。1917 年，阎锡山以山西督军兼任省长之后，将原有的第十二混成旅（袁在位时由师缩编而成）与山西巡按使金永的警备队改编为四个旅。各旅旅长分别为商震——第一旅旅长，字启予，浙江绍兴人；马开崧——第二旅旅长，字子乔，浙江嵊县人；孔繁霨——第三旅旅长，字云生，山东滕县人；赵戴文——第四旅旅长，山西五台人。四个旅长中除了赵戴文之外都是外省籍人士。

从 1911 年辛亥起义到 1949 年山西全境解放 38 年间，历任高级参谋、参谋处长九人，分别是：赵戴文（山西五台人）、李敏（云南人）、台寿民（安徽人）、朱绶光（湖北人）、辜仁发（湖北人）、石荣熙（湖北人）、楚溪春（河北人）、郭宗汾（河北人）、赵世铃（山西山阴人）。只有前后两任是山西人。

此外，如果说阎锡山在其执政山西的前期和中期总的看来还是能够基本做到"知人善任""善用人为"的话，那么，越到后期则越看重干部之间的相互制衡，以致其用人之道逐渐演变成为加强内部控制的驭人之术。

"七七"事变前后，面临亡国灭种的危险，在中国共产党抗日民族统一战线主张的影响下，一贯奉行反共政策的阎锡山暂时改弦更张，与共产党实行合作，共同抗日。鉴于旧派势力不能适应形势的发展而无所作为的现实，他改变过去用人着重服从性和相对保守的做法，一度广泛吸收新人，组织新军，为其所用。后来，由于新派势力发展迅速，他感到有失去"平衡"，危及自己"存在"的可能，于是，又积极扶植旧派势力，限制新派发展，制造反共摩擦，进而演成十二月事变。

十二月事变后，随着处境的日益艰难（与共产党交恶、被日军围困），阎锡山在与共产党协商妥协、与日军展开谈判拉锯战、实行"新经济政策"（"对内扩大生产，充裕物资，稳定物价；对外深沟高垒，严密经济封锁，抵抗敌人经济侵略"）的同时，开始进一步加强对干部的内部控制，实施特务统治。1939年岁末，在阎锡山授意下，被称为"三三铁血团"（谐音"山山"，寓意阎锡山的山西）的铁军组织成立。参加者歃血为盟，发誓"誓以至诚，亲爱团结，用铁血拥护会长阎伯川先生"；共守"铁血主公道，大家如一人，共生死利害，同子女财产"的约定。阎锡山为铁血团规定了"铁"的纪律，凡触犯下列各条之中的一条者处死：一、脱离组织、背叛组织者；二、阴谋破坏组织者；三、不服从组织决议及指示者；四、泄露组织秘密者；五、有诬蔑会长之言论和行动者；六、诬蔑同志破坏亲爱团结者；七、不积极努力组织工作者、致组织受重大损害者；八、犯烟、赌、赃、欺之一者。

在此之前的1938年2月，"民族革命同志会"成立，阎锡山自任会长，指定赵戴文为副会长，以下设立十三高干委员，负一切事务的集中决定权。第一届高干有杨爱源、贾景德、朱绶光、楚溪春、王怀明、邱仰浚、王尊光、李冠洋、陈长捷、续范亭、梁化之、薄毓相、彭毓斌等。不久因工作调动及其他原因，其中的贾景德、朱绶光、陈长捷、续范亭停止了高干职务，遗缺由时任集团军总司令兼行署主任的孙楚、赵承绶、王靖国以及参谋长郭宗汾递补。以后又屡有变动，总计先后在同志会中担任过高干的有21人。一时

阎锡山便装照

二战区内部流传着这样一句顺口溜："抗战抗战，黄河两岸，十三个高干哄得一个老汉，一个老汉又哄着十三个高干。"再下为干部委员（简称干委），负一切事务的民主和检举、弹劾、监察之责。1940年2月，阎锡山进一步加强"同志会"组织，使之逐渐成为统一领导二战区组、政、军、教、经的政治组织，具有总裁一切的权力。同时通过在高、中级干部中指定所谓"基干"的办法，实施控制。这种内部的政治控制不仅一直延续到阎锡山在山西统治的终结，而且随着时间的推移愈演愈烈。

早在1941年10月，阎锡山就把同志会下的"敌工团"改组为山西省"保安委员会"，并在各地方部队中建立政治保卫系统，在县团以上军政部门派所谓的"服务士"（借"服务"之名，行监视之实，负有密报之责）。同时提出"时时怀疑，事事怀疑，人人怀疑"的口号，推行"怀疑一切"的用人路线。1947年，"太原绥靖公署政卫总队"成立，专门负责领导"肃伪"工作。与此同时，"三三铁血团"的组织由军官扩展到士兵，加入者被称为"铁军基干"，担任军队中的"肃伪"和监督军官的任务——当场打死倡议缴械投降的人，并互相监督。之后，阎锡山又先后通过"净白阵营"（亦即肃清内部的所谓伪装分子）、"自白转生"（主要针对被俘返部人员，要求主动交代被俘情况，求得所谓"新生"）、"雪耻奋斗"（被俘返部人员经过自白转生，组成"雪耻奋斗团"）等，进一步加强其特务统治，搞得全省上下人人自危，惶惶不可终日。当特务统治取代一切，用人之道只剩下加强内部控制的时候，阎锡山在山西的统治也就走到了尽头。

阎锡山在山西执政近四十年，其用人之道中既有成功的经验，也不乏失败的教训。然而，可以肯定地说，其幕僚班底汇集了组、政、军、教、经各式人才。赵戴文说："山西应当把山西的人才都用起来。只能楚材晋用，不能晋材楚用。"阎锡山深谙其中三昧，多方网罗人才，因而一步步地形成了自己的幕僚班底。阎锡山对山西近四十年统治的得以维持，与此不无关系。

三

亦师亦友——首席辅弼赵戴文

赵戴文，字次陇，生于 1866 年——清同治五年（亦说 1867 年，中国台湾的一些出版物即持此说），卒于 1943 年。赵戴文是民国时期山西历史上唯一可以与阎锡山相提并论的人物，在山西官至省政府主席，也曾有过任职蒋介石国民政府中枢的经历——由国府委员、代理内政部长，而内政部长、监察院长。然而，不论他身在何处，官居"几品"，却始终没有改变其阎锡山首席辅弼的基本角色。关于赵戴文与阎锡山的关系，赵尝与人言："我与伯川（阎锡山字）君臣名分已定。"阎锡山的说法则是："次陇与吾相交三十年，公私事件饱经波涛，虽有危及身家之虑，亦未尝忧形于色。""动念不对，次陇负进言之责。"

（一）从饱学之士到民主革命者，从同乡挚友到共举义旗

1. 家世与出生

坐落在山西五台县境内的五台山，因其 3058 米的海拔被誉为"华北屋脊"，又因佛教圣地的缘故而闻名于世。发端于五台山东北的滹沱河由北向南缓缓流去，给它的身后留下了一片沃土，在南北两岸造就了东冶、河边两个繁华的集镇，孕育出了一文一武、文武合璧，在山西的政治舞台上活跃了三十余载的两个历史人物——阎锡山、赵戴文。

大约在明朝初年，马上得天下的新朝开国皇帝朱元璋面对元末战乱带来的人口锐减、民生凋敝，采取与民生息的移民政策，作为官方行为的移民活动由此而生，因此，"要问祖先何处来，山西洪洞大槐树"的民谣经久流

传。在此起彼伏的移民潮中，久居山西朔县马邑地区的赵姓人家，离开了世代相袭的家园，南越蜿蜒的内长城，举家迁徙至滹沱河岸边的五台重镇——东冶。

东冶镇濒临滹沱河北岸，是前往佛教圣地五台山拜佛游览的必经之地，地势平缓、气候宜人，既有灌溉之利，又有交通之便，经济繁荣，文风兴盛，这些都是晋北僻壤的马邑所无法相比的。迁到东冶的赵家，受这里优越的自然人文环境的影响和熏陶，入乡随俗，逐渐养成了"耕读相传，代有隐德"的家风。

这样日复一日，年复一年，由明季而清末，赵家代代相传，传到了赵良槐（字选三）这一辈，仍是一个平平实实的普通人家。

赵良槐少失怙恃，由其姑母抚养成人。稍长，即入商号学徒，并因此业商，由铺伙而掌柜。成年后，娶白姓女子为妻。据说选三公"勤俭过人，生计渐裕，生平扶危济困，乐善好施，义侠著乡里；欧阳文忠公所谓'积德成仁，宜享其隆'者，维公有焉"。白氏夫人"贤明勤劬，恪尽相夫教子之责"。

公元1866年12月9日（清同治五年十一月初三）是赵家的添丁之日，赵良槐的第一个孩子呱呱坠地，这个孩子就是赵戴文。

17年后的1883年10月8日（清光绪九年九月初八），阎锡山诞生在河对岸以河得名的河边村。

2. 以"儒""佛"为行志

赵戴文的父亲赵良槐虽因父母早亡，不得不弃农学商，走上了一条与父辈们不尽相同的人生道路，但却不能忘怀那"耕读传家"的祖训。因此，在度过无忧无虑的童年之后，9岁的赵戴文被送入村塾，与他的同龄人一起，开始接受启蒙教育。从《三字经》《千字文》发蒙，幼年的赵戴文一步步学下去，到14岁时，已经可以自己阅读经史著作了。因"读松阳讲义，知有圣贤之学"；又读同里徐继畬《瀛环志略》，"晓然世界形势"。其间，因仰慕清初学者陆陇其之为人，自号次陇。

徐继畬是清末著名学者，系赵戴文之同乡——山西五台东冶镇人。他的代表作《瀛环志略》共十卷，刊行于 1848 年（清道光二十八年）。《瀛环志略》撮录中外有关著作，对各国风土人情、史地沿革及社会变迁均有论述，被认为是中国较早的世界地理志，与魏源的《海国图志》等著作一样，是我国早期放眼看世界的一代知识分子奉献给国人的一份厚礼。对于魏源，地处山西腹地的五台人可能不甚了解，但同乡学者徐继畬的大名连同他的《瀛环志略》却是妇孺老少耳熟能详的。正是缘于此，当地的读书人常常把徐氏的著作用来作为奖掖子弟的礼物。阎锡山留学东洋时就是怀揣着祖父阎青云所赠之《瀛环志略》起程的。也正是缘于此，赵戴文在读"圣贤"之书有了一定的基础之后，顺理成章地细心研读了徐继畬的《瀛环志略》，在知"圣贤之学"的同时，透过同乡先贤开出的一扇窗户，看到了国门以外的世界。

赵戴文既是家中的长子，又"生而颖异"，自然被寄予厚望。如同那个时代所有读书人一样，赵戴文开始走的是一条科举之路。

入塾启蒙只是他在这条道路上走出的第一步。由于在私塾打下了较好的国学基础，19 岁即应书院试而得中，负笈省城太原晋阳书院。在晋阳书院，青年赵戴文师从李菊园（亦说应为李菊圃）先生，整整度过了五个年头。李菊园师极为推崇程朱理学。有鉴于此，赵戴文在可塑性极强的青年时代饱受宋明理学的熏陶。传统的儒学教育、科举取士的刻板轨迹并没有磨灭青年赵戴文的志向和抱负，相反外面的世界却使他已不能满足于将自己的终身消磨在田垄之间，因而言行之中时时显露出脱俗与不凡。当时的晋阳书院山长江西王之墀先生这样评价他的学生——"蛟龙得云雨，终非池中物"。

1890 年，24 岁的赵戴文自晋阳书院肄业。

三年之后的 1893 年，赵戴文在经过十数年的文化积累之后，正式参加科试。扎实的旧学功底使他的应试之文被"学使王梅岑擢为今古第一文，列一等第一"。接着，依惯例调入"令德堂"继续学业。

"令德堂"系19世纪末山西的最高学府。堂长称作"山长"，由巡抚聘请全国名士充任，学生则由学台从新中秀才中挑选（对于赵戴文的秀才功名，众说不一，有言之凿凿者，有矢口否认者。依三段论推断——令德堂学生由秀才中挑选，赵戴文于科考后，入令德堂，那么，他自然是中过秀才的了）。堂中所学主要是八股、诗赋，以适应科举考试的需要。据说，其时乡试（三年一试）山西全省中举名额为72人，拥有百名学生的令德堂就占有20余名。赵戴文得入令德堂，无疑意味着仕途的进一步顺畅。然而，令人费解的是，他从此再没有应试。究其原因只能归结于业师的影响。

在令德堂，赵戴文受业于屠仁寿先生。屠系"维新学者，讲学以汉宋诸儒为主，以西洋科学为用，裁育晋省人才甚多"。赵戴文多年潜心苦读，于经史之外，亦涉兵学，嗣后又研读经世与衡运之学。此类书籍，俱系反映我国原始朴素的宇宙观历史观之典籍。其学习态度，以术数经纬为主，而抽象其理论；以人事经验为证，观察历史。由此深切认识到当时中国已处于革故鼎新的时代，清王朝之君主专制，必将趋于崩溃，从而奠定了其一生的思想基础。令德堂屠仁寿先生对赵戴文的评价是："魏徵之流亚"。

另外的说法是青年赵戴文，因开始涉猎"经世致用"而"深研宋儒程朱之学，撇开科举的制艺，不再随众进取功名，全力追寻圣贤的门径，一直到39岁东渡日本始终沉浸于儒家理学里，修养身性，在自身上做'明明德'（朱子曰：明德者，人所得乎天，而虚灵不昧，以具众理，而应万世事。他说：大学之道，在明明德，在亲民，在止于至善）的工夫"。

无论如何，现实的结果是令德堂非但没有成为赵戴文向仕途迈进的阶梯，反而给他的科举之途画上了句号。进入令德堂的赵戴文并没有沿着举人、进士的路子一直走下去，而是从此再不应试，一心只做他的学问。如果不是以后的留学日本，赵戴文毫无疑问会成为一个学问家，一个学者。

令德堂卒业后，赵戴文开始应用他二十余年来所学所得，赴祁县就家馆。同时，在精治儒学经典、博览群史诸子的过程中，又发现佛典的深义，于是中年以后，更潜心于佛学典籍，在宗教领域里，积极进行哲学探索，进而悟出儒佛的共性。由此，可把赵戴文一生的治学划分为三个阶段——前段是着重身心，中段是着重经世致用，后段是着重宇宙和人生哲学的探讨。他自己则将其归结为"志佛家之所志，行儒者之所行"。

对中国传统文化几十年如一日的精心研读、仔细探讨、深入了解，一方面成就了他的"道德文章"——建立在对儒家学说和佛学深入研究的基础上，赵戴文一生著述颇丰，要者有《孟子学说足以救世界》《禅净初谭》《唯识入门》《周易序卦说》《读藏录》《宇宙缘起说》等；另一方面则成为他后半生处于与阎锡山的"亦师亦友"之间，作为阎锡山首席辅弼而终其一生的资本与阶梯。

3. 与阎锡山的交情这样开始

19 世纪和 20 世纪之交，是中国历史上一个激烈动荡的时代。

1900 年，在帝国主义列强瓜分中国的狂潮中，中国的北方地区掀起了声势浩大的反对帝国主义的义和团运动。这时，尚在外县家馆教书的赵戴文起程返里，回到故乡东冶，组民团，任团长，卫乡里。虽然几丧性命，却使一贯侧重于学理的赵戴文经受了他平生第一次实践的考验。

义和团运动在清政府的妥协下，被八国联军残酷地镇压了。为卫乡而返里的赵戴文，重操旧业，继续做他的教书先生——先赴宁武中学任教，再受聘于山西大学堂。

赵戴文一生的重大转折发生在 1905 年。

"落后就要挨打"，这是 19 世纪末 20 世纪初，中国朝野逐步认识到的一个重要命题。得之于此，其时在神州大地刮起了一股不小的留学狂潮。大约在 1904 年秋，山西巡抚张曾敡根据 1901 年（光绪二十七年）各省可以"选派学生出洋游学"的"上谕"，以晋省"学识未尽开通，兴学则无堪教习之人，练兵更少精习新操之士，自非选派生徒出洋就学，无以开风气而育人才"为由，请准派学生 50 名到日本留学——其中 20 名入普通学校学习各门课程，10 名入速成师范学习教授管理等法，20 名学习陆军。上奏得准，生员派定，学文者由师范学校、山西大学堂出之，习武者选自武备学堂。其时，赵戴文正任教于山西大学堂，遂作为山西公派留日学生中的一员，肩负着学习教授管理等法，"以备开办师范学堂之用"的使命，漂洋过海东渡扶桑，进日本东京宏文师范学习深造。

20 世纪初叶的日本在某种意义上可以说是中国资产阶级革命的策源地。以孙中山为首的革命党人，正在以日本为基地，积极进行筹组革命政党的工作。与当时众多留日学生一样，肩负清廷使命负笈东瀛的赵戴文，到日本后却走上了一条完全相反的道路。1905 年 8 月 20 日，中国同盟会在东京正式成立，同年，赵戴文即投身其中，成为山西最早的同盟会员之一。

在日本的学习期限只有一年，时间转瞬即逝。在学习师范教育的忙碌中，在参与政治活动的兴奋中，在亲聆孙中山先生教诲（近水楼台先得月，在日本期间，赵戴文不仅多次听过孙中山先生的讲演，而且直接拜会过孙中山先生）的喜悦中，赵戴文结束了他的学习生活。

1906 年秋，赵戴文由东京宏文师范肄业，准备归国。适逢阎锡山准备利用学习间隙归国探亲。这时，孙中山及其同盟会总部鉴于"北方民风顿塞，急需做好革命的发动工作"的现实，拟派骨干分子回国开展革命发动工作。于是，二人相约接受组织任务，结伴同行。赵戴文与阎锡山携带同盟会总部发给的作为发动革命武器的两枚炸弹由东京起程，踏上了归国之路。

关于这段经历，阎锡山回忆说："民国纪元前六年（1906 年）奉中山先生之命，偕盟友赵戴文各携炸弹一枚返国布置华北革命。至上海港口时，因知海关检查甚严，乃将赵君所携之炸弹亦集于己身，并和赵君说：'如检出来，我一人当之，你可不承认是与我同行之友。检查时，我站在前列，你站后列。'赵君说：'我站前列，你站后列如何？'我说：'站后列有畏惧检查之嫌，易被注视，仍我站前列为宜。'果然检查人员检查后列较前列细密，我遂得渡此难关。其后，我向赵君说：'愈危难处愈不可畏缩，畏缩则引人生疑。'行抵汉口，在一家旅馆中，很凑巧地看到墙壁上有墨笔写的两行字：'事到难为宜放胆'，'人非知己莫谈心'，我想那一定是革命党人所题，若非革命党人，脑筋中就不会动此感想。"

私携炸弹过海关这一关，由于阎锡山的临阵沉着和正确判断，有惊无险地闯了过来。然而，两人在危险时刻所表现出的争相承担责任的精神却永远地留在彼此的记忆之中，从而为他们日后长期合作共事、相知相交奠定了良好的基础。

4. 终于举起了义旗

1906 年，赵戴文已年届不惑。和阎锡山携带两颗炸弹同行回国后，他先后在太原农林学校、晋阳中学等校担任教员、庶务长、斋务长等职，同时根据同盟会组织安排，利用职务之便在学生及知识阶层中开展组织发动工作。

同盟会成立后，即决定在各地建立支部和分会。1905 年那一年，同盟会山西分会就在东京正式成立。赵戴文既是山西最早的同盟会员之一，也就自然参与了其中的工作。

在赵戴文回国前后，同盟会山西分会与孙中山先生一起确定了"南响北应"的革命策略。所谓"南响北应"，就是吸取"洪杨倡义南方，虽说据了天下一半，北方到底没有一省响应，所以清政府能够缓缓地用北方财力、兵力，去平灭他"的教训，设想"革命军若从南方举义，不知何时才能到北京；我们从山西陕西下手，出来一支兵，出井陉截取京汉铁路的中心，一支兵出函谷直据洛阳，与南师握手中原，天下不难立定"。

为实现这一策略，事先在省内宣传革命、扩大组织就成为十分必要的事情了。据此，赵戴文等便首先在省城太原开展工作。到 1906 年底，已先后介绍后来成为革命骨干的杨沛霖、李嵩山、张树帜等多人入会。与此同时，同盟会山西分会负责人之一的荣福桐回省传达总部关于"加紧革命活动，准备实行武装起义"的指示。为避免行动暴露，传达会议在赵戴文老家东冶镇的同志王建基家中召开。赵戴文参加了这次会议（辛亥前后，山西的革命党人主要集中于赵戴文的家乡五台定襄一带，此外还有一些晋南籍人士）。之后，他们的组织发动工作进一步展开。

1909年，同盟会山西分会在省内的力量加强了。这主要得益于阎锡山等一批军事人才的学成归来。

如前所述，阎锡山是与赵戴文同时加入同盟会的，在与阎锡山同期留日学习军事的山西籍学生中，许多人先后入盟。这些人回省后，便着手在任职的军队中发动革命，从而使山西的革命活动通过文武两个渠道同时展开。一切都在暗中秘密地进行着。

时间一天一天地过去，日历翻到了公元1911年，农历辛亥年。这年10月10日，武昌起义爆发。在革命一触即发的时刻，山西的举义也迫在眉睫。这时，赵戴文与阎锡山已经分别在文武两条战线上取得了举足轻重的地位，赵戴文任晋阳中学斋务长，不仅有满园"桃李"，而且有亲自介绍加入组织的一批同盟会同志；阎锡山担任山西新军第八十六标标统，是山西同盟会员中军职最高者。两人在举义之前，多次暗中相商，交换意见。在发布新军开拔令之前，为进一步把两标新军革命化，赵戴文和阎锡山、温寿泉、南桂馨等同盟会员秘密商定，成立军人俱乐部，以此集合革命同志，伺机举义。赵戴文多次到新军军营，宣传"革除帝制，创建民国"的思想。接到巡抚调令后，他和阎锡山又紧急召集黄国梁、温寿泉、南桂馨、乔熙、张瑜等人在黄国梁家中商议，一致决定在太原发动武装起义。阎锡山在后来的回忆中，对此作了详尽的描述，他说：

"我没有等到革命军到河南，就紧跟着湖北武昌之后，在太原起义（据阎说，他曾与孙中山先生约定，革命军到河南时，山西出兵石家庄，接援革命军北上）。这并不是既定计划，而是受了事实的逼迫，使我不得不提早行动。

"在这时候，有两件事逼迫得我实在不能等候。一件是山西有五千支德国造的新枪，要借给河南三千支，随带子弹，且已运走一部分。一件是要把一、二两标（指山西新军第八十五标、第八十六标）分别开往临汾与代州，而由巡防部队接替太原的防务。

　　"我从督练公所回来，赵戴文同志就在家中等我，一见面就问我说：'公子来干什么？'（指时任山西巡抚陆钟琦之子陆亮臣应其父之召到太原，向留日同学、山西的同盟会员说项之事）我说：'他也是计划响应武昌。'他说：'可靠么？'我说：'我们今天不研究他可靠不可靠，我正要找你研究由他来得到的感想，作我们决策的依据。'他接着问：'你看他究竟来作什么？'我说：'顶好也是敷衍住我们，完成运枪开兵的事，然后静观革命情势的发展，如果革命有过半成功的成分时，拥戴上他的父亲，联合上大家，作一个突变，与响应武昌起义是不会有丝毫实际效用的。'他说：'事既如此急迫，是不是要和大家商量个办法？'我说：'革命是个危险事，与大家谋，不易成功，反易泄露。'

　　"这段谈完之后，我就与赵戴文同志估计了一下我们在新军可能使用的力量，认为我的二标的三个管带（营长）张瑜、乔煦都是我们的坚强同志，只有瑞墉是个旗人，其余下级军官，都很可靠，行动的时候，只要把瑞墉一个人囚禁起来，即无其他顾虑。骑炮营是些老军人，不赞成的，也不会反对，且炮兵中有不少下级军官和头目（班长），是我们的同志，可能控制该营。工辎队虽不同情，亦不会有急剧的抵抗，且人数又少，关系不大。需要特别注意的，只有一标，因为一标的黄国梁标统与我私交虽好，但不是同志，他的三个管带白和庵、姚以价、熊国斌亦然，故只能从下边运用，因为队官（连长）与头目之间，我们的同志还不少。研究到这里，赵戴文同志说：'姚以价不是你的同学么？他虽然是保皇党，但保皇党已无前途，你是不是打算在他身上用力？'我说：'是的。但按他的性情，不加逼迫，他不愿冒险，他所以不参加同盟会，而参加保皇党，就是因为不愿冒险，不过逼迫他的路子还有。'"

由于形势的急剧变化，山西的革命党人提前举义，于 1911 年 10 月 29 日光复太原。赵戴文作为一介书生，由清廷腐败的切肤之痛中认识到革命的必要，毅然加入同盟会，几年如一日，参与发展会员，谋划行动，虽没有振臂高呼，也不可能跃马扬鞭、阵前冲杀，但襄赞之功当不可没。

（二）儒者从政，在矛盾中求统一

1. 奔走于阵前敌后

历史的发展是一个缓慢的过程，剧变却往往发生在眨眼之间。一夜的暴风骤雨，山西省城太原一切都变了样，龙旗换成了五色旗，威严的巡抚衙门不见了昔日的主人（巡抚陆钟琦被起义军开枪击毙），街衢之上到处都是戴着义军标识的兵士……剧变中，赵戴文最后完成了由学者向政坛要人的转变，正式登上了政治的舞台。

太原光复的当天——1911 年 10 月 29 日，28 岁的阎锡山凭借其归国两年中培植起来的力量、一标之统的地位、起义中发挥的作用及其影响，做了山西都督。阎锡山做都督，赵戴文是忠实的拥戴者之一。在起义发生后短暂的权力真空中，赵戴文理所当然地参加了阎锡山等谋划填补空白的一切活动。

阎锡山上任都督后，马上号令成立山西军政府，决定首先扩充武力，光复全省，防范清军反扑。随即，派出以姚以价为总司令的东路军，出兵娘子关御敌。考虑到娘子关系山西东大门的重要性，赵戴文被任命为东路军参谋长，随军开往前线。

太原光复之初，以阎锡山为首的山西民军（对起义军队的称呼，区别于清廷的官军）面临的形势是很严峻的——一方面内部尚不统一，另一方面又要应付清廷的反扑镇压。为了扭转不利局面，阎锡山决定与清政府派来镇压起义的新军第六镇统制吴禄贞联合组织"燕晋联军"，合兵直捣京师。

1911 年 11 月 4 日，娘子关车站，两军阵前，赵戴文与山西副都督温寿泉、东路军总司令姚以价一起，陪同阎锡山迎候事先约好前来协商联合事宜的吴禄贞。与吴禄贞的会面在十分融洽的气氛下进行。双方共同议决：组建燕晋联军，吴禄贞任大都督兼总司令，阎锡山为副都督兼副总司令；山西民军派两个营开赴石家庄，归吴指挥，共同执行截断京汉路的任务。

不料风云突变，功败垂成。吴禄贞的行动引起了乘机出山收拾残局的袁世凯的忌恨。11月7日，吴禄贞在石家庄车站办公室被杀。吴禄贞事未竟而身先卒，第六镇遂成一盘散沙，其直接后果是燕晋联军偃旗息鼓，不了了之。

接踵而至的是袁世凯派其精锐曹锟第三镇主力进发山西，重兵压境，山西民军寡不敌众，兵败娘子关。

娘子关失守后，总司令姚以价弃队而逃，民军残部在赵戴文等人带领下退回太原，省城上下一片混乱，内部意见纷呈，有人主张毁灭太原，付之一炬；有人主张保全省会，以图再举；还有人主张集合全军，占据晋东，待清军入太原后，断其后路，后发制之；甚至有人主张全军入陕，协助陕西起义者。在众说不一的纷乱情况下，阎锡山力主"分退南北，发动人民，再次合攻太原"。赵戴文在几十年穷经究典的过程中，也曾涉猎大量的兵书要籍，深知以退为进的道理，因此成了阎锡山"分退南北"主张的坚决支持者。

在赵戴文等关键人物的积极支持下，阎锡山的意见占了上风。成立不久的山西军政府决定，暂时放弃太原，组成南北两路军，分退晋南晋北，北路军由都督阎锡山统领，南路军由副都督温寿泉指挥。赵戴文随阎锡山的北路军北上绥包。

情势紧急，不容迟疑，决定既出，立刻成行。12月中旬的一天，阎锡山偕赵戴文一行撤离太原，向北而行。阎锡山称："乘马出北门后，我与偕行之总参议赵戴文、总司令孔庚（孔庚是后来才与北路军会合的）、兵站司令张树帜诸同志振辔而行，我自起义至退出太原，历时近五十日，未脱衣，未就床，今日有如释重负之感。"赵戴文的心情大概也与阎锡山相类似。

怀着"如释重负"的心情，赵戴文伴随阎锡山向绥远包头敌后转进。

在滴水成冰的严冬，北路军一边收容队伍，一边向北进军。1912 年 1 月初旬，集结而成 3000 余人的队伍，从晋西穿过伊盟准格尔、达拉特两旗界，踏冰渡过黄河。过河后，山西民军顺势而下，在试图与绥远当局谈判和平收复绥包未果后，武装攻占了包头。

攻克包头的次日——1912 年 1 月 13 日，阎锡山率民军总部进驻包镇。据说，民军进驻包头的时候，为防不测，赵戴文曾骑着阎锡山的高头大马，行进在队伍的前列，伪装了一回山西都督。这个说法是否属实，已无从考证，但从阎锡山凡事都有几分提防的习惯，赵戴文前后一贯的对阎锡山的忠心，以及当时的复杂局势分析，是不无道理的。

2. 陪同阎锡山进京和主持将校研究所

就在山西民军攻包头、陷萨拉齐、克托克托的同时，南北议和达成，袁世凯承认山西为起义省份（袁世凯曾借口都督离省，否认山西起义的事实。在以孙中山为代表的革命党人的力争下才被迫承认），答应从山西撤军，孙中山将临时大总统之位让给袁世凯。

面对变化了的形势，在山西咨议局代表的敦促下，阎锡山率部南返。经过一番折冲樽俎，1912 年 4 月 7 日，阎锡山返抵省城太原，回到山西都督的位子上。

阎锡山复任都督后，赵戴文先任都督府秘书监（其间一度由贾景德充任）兼将校研究所所长，继任督军公署参谋长。在阎锡山肆应袁氏、韬光养晦的一系列行为中，过从机密，出谋划策。

阎锡山虽然恢复了都督之位，但是，他参加光复起义、筹组燕晋联军的一段历史却一直为袁世凯所忌。1913 年 10 月袁世凯正式据有了中华民国"大总统"宝座，随即便电召阎锡山进京述职。其时，袁世凯已经迫不及待地开始向革命党人开刀——下令解散国民党，借故罢免起义省份的都督……

在山雨欲来的形势下，接到大总统召见的电令，阎锡山心中不免忐忑，忧心忡忡，又不得不去，遂偕都督府秘书监赵戴文进京。

赵戴文陪同阎锡山住在京城的大同公寓内，等待着袁世凯的传见。袁世凯的威仪是出了名的，加上明显表示出来的猜忌，阎锡山是怀着无比畏惧的心情面见袁大总统的。第一次会面时，袁氏果然声色俱厉，据说阎锡山竟吓出了一身冷汗。回到寓所，仍心有余悸地连声对赵戴文说："真是可怕！"接着，主官与"军师"之间少不了一番筹谋，依阎锡山后来的做法观之，当时得出的结论应该是以庸碌、懦弱的面貌示人。由于依计而行，通过后来的两次接见，袁世凯终于开始改变了对阎锡山的态度。

在此期间，特别值得一提的是将校研究所的创办。

阎锡山返省复位后，面对错综复杂的局面，依据其对政治的认识，首先把注意力集中在军队建设上。为了尽快培养自己的军事骨干，切实掌握军队，巩固既得地位，决定加强军事教育机构。

山西近代意义上的军事学校起始于培养出阎锡山等一批留日军事人才的山西武备学堂。遗憾的是早在辛亥革命之前，武备学堂就因故停办了。这样，成立于1905年的山西陆军小学就是当时山西唯一的军事教育机构了。陆小作为辛亥革命时山西唯一存在的军事学校，曾为革命输送过一批骨干——投身起义队伍的续范亭、李生达、赵承绶等都是当时的陆小学生。但是，少年得志、心高气盛的阎锡山（一度表现得碌碌无为，只是一种韬晦）不能满足于陆小的初级水平，他要筹组一所高层次的军事学校。

1912年冬，取名为"将校研究所"的军事教育机构应运而生。赵戴文多年从事教育，堪称学界耆宿，加之兼通兵学，被阎锡山特委为首任将校研究所所长。

将校研究所在赵戴文的主持下，首先吸收了太原起义后整编军队时编余的军官一百余人，致力于军事理论和军队操典方面的研究，以为改良军队和训练军事干部的基础。

将校研究所被视为阎锡山军事教育的滥觞，后来陆续举办的"山西军事教育团""学兵团""山西军官学校"等，都是由这里繁衍而来的。故有论者在谈到赵戴文的"建树"时称"晋绥军将校多出其门"。

3. 智夺权将兵符

做了山西都督的阎锡山，在袁世凯咄咄逼人、起义省份当初的都督一个个落马的严峻形势下，全然没有了昔日的"革命精神"，表现出的完全是一副庸碌无为的样子——军事上将军政司长黄国梁推到前台，大小事务表面上听任黄国梁处置；军队主力则相对集中于南北两个镇守使手中，自己做起了"甩手掌柜"。

1916年，袁世凯因帝制自为，国人共愤，千夫所指，忧病而亡。与阎锡山有"师生"之谊的段祺瑞以国务总理操纵了北京政权。阎锡山的政治处境由劣势转为优势，于是一改往日形象，一方面对外积极发言，参与政争；另一方面整肃内部，着手统一事权。

在阎锡山的一系列集权行动中，赵戴文不仅参与谋划，而且亲往实施，其中的一个典型事例就是褫夺晋北镇守使孔庚的兵权。

孔庚是吴禄贞旧部，燕晋联军失败，投靠山西后，不断被委以重任，北进绥包途中受委朔方兴讨使，到包头后又被委为山西陆军第一师师长，驻节包头。在包头时，孔庚因为想用日本武士道精神训练军队，激起兵变。兵变发生时，军需正在孔庚房间里算账，他嫌算盘子吵人，躲到别的房间里去了。变兵把军需当成师长，连开十几枪，军需稀里糊涂做了替死鬼，孔庚本人侥幸逃过一劫。事过之后，孔庚调任晋北镇守使，驻守晋北重镇大同。阎之对孔也可称得上信任有加。

作为晋北镇守使，孔庚手中握有一个混成旅的兵力。一个时期之中，归山西都督掌握的所有两个混成旅分别隶属于南北两镇守使。两个镇守使一南一北各握有一个混成旅的兵力，逐渐形成两个相对独立的军事集团，呈尾大不掉之势。这本来已是阎锡山所不能容忍的，加之孔庚其人思想较为激进，袁世凯称帝时，曾通电反对，与阎锡山肆应帝制推波助澜的做法相左。这样，重兵在握，独掌山西北路门户、位及"封疆"的孔庚就自然由昔日的重臣变成了眼中的"钉子"，成为阎锡山统一事权，收回旁落的军事指挥权的首要目标。夺孔庚的兵权，赵戴文起了重要的作用。

孔庚的晋北镇守使是 1915 年 1 月 24 日实授的。之后的 1916 年 5 月曾因故由赵戴文代署过一段，有一个多月的时间。因此，对于晋北镇守使署的情况，赵戴文是比较熟悉的，也就自然成了在这里为阎锡山排除异己的合适人选。

1917 年 3 月 3 日，阎锡山声称"据报大同驻军中的旧巡防队，受人勾惑，有不稳情形"，急令参谋长赵戴文前往处理，将"异动"消灭在萌芽状态。

赵戴文衔命轻车简行，星夜驰赴大同，急匆匆赶到晋北镇守使署。下车伊始，先晤镇守使孔庚，接谈片刻，自然是先以"据报"晓之。

接着，责成孔庚召集营长以上军官会议。会上，赵戴文沉着冷静，代督军阎锡山训话，绝口不谈"异动"之事，只是大讲阎锡山的"保境安民"宗旨和军人职守，同时冷眼旁观军官们的神色。

赵戴文话音刚落，团长张树帜等人就站出来表态："誓死服从命令，敢有不轨者，请镇守使下令处死。"

对军官们的效忠，赵戴文多加慰勉，随即回省复命。孔庚仍领镇守使兵符，所谓"异动"之事归于平静。

表面看起来，赵戴文的大同之行，只是奉命行事，安抚军队。然而，事实上却并非如此简单。首先，阎锡山所说的"不稳情形"，只是"据报"，并无具体的内容，这就不能排除"借口"的嫌疑；其次，赵戴文在军官会议上不谈他的具体使命，"王顾左右而言他"，实际上是在进行心理战，摸清晋北驻军中层军官底牌；最后，张树帜从辛亥起一直对阎锡山忠心耿耿，后来以日记的形式写的回忆性文字中亦对阎锡山多有褒扬。当时由张树帜出面带头示忠，颇有上演"双簧"之意味。凡此种种，赵戴文此行的意义也就不言自明了。

赵戴文大同之行后不几日，阎锡山就借故免除孔庚的晋北镇守使之职，强制其交出兵权。遗缺先由赵戴文暂代，继由团长张树帜接任。前因后果联系起来，实情自然更加清楚了。赵戴文急往大同，无疑是阎锡山夺取孔庚兵权的重要步骤，是整个实施计划的铺垫和试探。这样，赵戴文的行动就带有了"入虎穴"探虎子的色彩，因此，他也就赢得了"智夺权将兵符，只身独往，视若无人"的赞誉。

4. 倡导"洗心"，主持国师

袁世凯败亡后，阎锡山瞅准机会，上下其手，实现了他集山西军政大权于一身的凤愿。为了巩固既得地位，打出"保境安民"的旗号，避开军阀纷争的旋涡，推行"村政"和"六政三事"，实施政治统御，埋头发展，壮大自己。

阎锡山的"村政"和"六政三事"起于他独掌山西军政之后的 1917 年，迄于 20 世纪 20 年代中期。在此期间，赵戴文发挥其所长，倡导"洗心"，主持国民师范，从意识形态教育方面做了积极的配合。

阎锡山有一句名言，叫作"为政当从人心上入手"。这句话的意思是说，精神统御是当权者必须首先注意的问题。为此他发明了"洗心"与"洗心术"，要求人人"攻恶克己"，"好善恶恶"。

对于"洗心"，赵戴文可以说是一个积极的倡导者和身体力行的推动者。

1917 年 3 月 11 日，赵戴文牵头组成了一个实施"洗心"的社团——"洗心社"。洗心社设于省城太原文庙宗圣总会内，特聘阎锡山担任社长，赵戴文则亲自主持社务。"洗心"二字的别具一格，省府两位头面人物的担纲主持，社址地点的神秘性，三位一体构成了洗心社这个社团的与众不同和特殊地位。

洗心社成立当天举行的第一次集会，在一种肃穆的气氛下拉开帷幕。"届辰齐集，鸣钟开会。莅会人士，雁行肃立于棂星门内，由赵次陇、柯定础、高雄梁三先生导行，鱼贯而入，恭诣大成殿阶下，肃立如前，一致行礼毕。仍由赵、柯诸先生导行，趋明伦堂，中设讲席，以次就座，首由赵次陇先生升台报告，大众起立致敬，秩序谨严，气象肃穆，而精神上别具一种愉快欣幸之感觉。到社者约百数十人，以学校之中为多数，军伍中次之，仕宦中又次之"。

会上，赵戴文以主讲的身份阐述了洗心社的主旨和他对"洗心"的认识，他说：

"今日为洗心社社员首次研究学问之期，本社宗旨首宜宣布于吾人。盖本社为尊重道德，补助学术，力矫社会陋习，以来复日（一星期为一来复，星期日为来复日。源自阴阳八卦，《易·复》曰：'七日来复，利有攸往。'坤卦六爻皆阴；复卦六爻，其第一爻为阳，二至六爻皆为阴。坤卦表示纯阴，复卦则已有一阳，表示阳气由剥尽而复，所以称来复）集合，收摄吾人身心之一种团体也。

"兴学以来，欧洲星期安息之习惯挟新学以俱东，中国译之曰星期，又耶教中名之曰礼拜日。欧洲人士之于此日也，余事悉置不问，而专心诵经讲道，课诵既毕，即群往公园或风景佳胜之所在，优游怡旷，以舒七日之积懑，法因良嘉。返顾吾国京沪诸繁盛之区，凡学校林立军伍齐布者，其于来复日，则街衢之上，游人如织，马迹车尘奔走骇汗迥异恒时何？莫非我国高尚之军人学子获此余暇，于讲授教练之隙，而自觅所谓肉体欢场者耶？究其极百里冶游者有之，呼庐喝雉者有之，征逐歌舞沉湎酒肉者亦有之，形形色色莫可纪极。此心一放，较剧于洪水横流，决堤溃防，而不知所止。不啻举七日中所受于师长之谆谆提命，一旦委诸无何有之乡，而固有之道德与之沦丧，人格与之堕落。其中干名犯义之行，坏品丧身之事，已酝酿于不自知觉。是中国适受星期休息之巨害，而无以救药也，呜呼！

"同人等窃见及此，敬敢发起洗心社，以期尽一分心收一分效，订立简章，力求平易，集合大众于来复日，恭诣圣殿前行礼，偕入明伦堂讲习，互相砥砺，时时以谒圣之心提醒良知，束身敬事，俾免陨越。人人以法律为范围，时时以道德为制裁，共保天真，庶免沦溺，则不背本社发起之初衷。"

洗心社成立后，每礼拜（来复日）集会一次。由于宗旨及其洗心理论和思路与赵戴文的一贯主张一脉相承，也由于他是社中实际的主持者（阎锡山的社长职务只是名誉性的，不过偶尔到会讲讲话而已），所以赵戴文几乎每会必到，并不时发表演讲，讲"良知"，讲"至善之心"，讲"明明德"，讲所谓"公而忘私，国而忘家，为人群求乐利，为社会谋安全"……赵戴文在这里找到了宣传自己政治主张和人生哲学的讲坛。

与此同时，基于对教育重要性的深刻认识，阎锡山执掌山西民政之初，即开始着手实施国民教育。

按照国民政府民国元年学制，小学分初等、高等两级，民国初年改初等小学为国民学校。民国七年，阎锡山主持的山西省公署颁行了《山西施行义务教育程序》，要求从民国七年七月到民国十二年二月，全省普及义务教育——凡满五十户的村庄必须设立（不满五十户的须联合设立）国民学校。计划的实施需要有足够的师资相匹配。有鉴于此，赵戴文受阎锡山的委派，主持办起了能容纳2400名学生的国民师范学校。

国民师范学校正式创办于1919年。国师建成后，赵戴文以督军公署参谋长、第四混成旅旅长兼任校长，军务、政务之余，悉心于学校校务及教育诸事。由于国师校长是赵戴文而不是别人，所以学校的一些大事，山西省教育厅管不了，必须由他直接过问。

服务于国民教育的特殊作用，加上赵戴文的亲自主持，国民师范学校很快发展起来，迅速成为省内规模最大、经费最多的一所师范专科学校——不仅拥有初建时的初师班，而且开办了五年制的完全科和三年制的普通科，开

赵丕廉任过校长的国民师范学校旧址

设了二部师范、体育专修科、雅乐专修科、俄文专修科等。

赵戴文对国师的影响仅举一例即可证明。大约在 20 世纪 20 年代中后期，他由儒学皈依佛法，影响所及，国师高师部因此而开设佛学课程。

1925 年开始，赵戴文推荐赵丕廉接替他做了国师校长，自己改任监督，只对特殊情况下的某些大事予以过问。

国民师范学校在当时的山西是有相当高的地位的，它的学生几乎遍及政府各个部门，赵戴文亦因此而被官场中人尊崇为"先生"。

5."官身不由己"的无奈

从 1911 年辛亥起，到 20 世纪 20 年代中期北伐之前，屈指算来，赵戴文活跃于政坛已经有十几年的时光了。总参议、总监、参谋长，一个一个的头衔，加上与阎锡山二十年的生死之交，在山西这块土地上，也可以称得上"一人之下，万人之上"，地位不能不谓之显赫。然而，从本质上看，赵戴文仍然是赵戴文，他生活简朴随便一如既往，他的思想方法言谈举止给人的印象，仍然是一个学者。这一切无论于他本人，抑或于事业，都是一种无奈，这种无奈不是个体的孤立的，而是一代在"革命"大潮的裹挟下走上政坛的"儒者"学人所共有的。

　　1926年前后发生在他与徐永昌之间的几次会见可作为这方面的绝好注脚。

　　徐永昌在他的《求己斋回忆录》中谈到他与赵戴文的几次交往，他说：

　　"我在太原第一次与赵次陇见面时，他向我上下打量地说：'儒者气象，儒者气象。'我听说后非常不安，因为我实在没有多读过什么书，对'儒者气象'一语，使我有受宠若惊之感。"

中年徐永昌

　　"有一次，次陇请我吃饭，只有四碟花生鸡蛋之类的小菜，一大壶潞安红酒，吃包饺子。他说他作秀才时，曾请客如此。'今仍以作秀才时的办法请你。'只请一位陪客是赵公庵（名三成，五台人，次陇远门长辈，是我于民国五六年在北京代郡会馆相识的朋友）。这一顿饭吃得格外痛快，我竟大醉。因我离开山西以来，即未曾吃过像这样的家乡饭。

　　"有一天，次陇来寓看我，因相识已久，说话不拘形迹，我与他说：'以次陇先生读书的渊博，理解力之强，山西的政事，已有像阎先生这样的人作首长，次陇先生如放弃政事而讲学，其成就一定不在傅青主、郭林宗之下。'我当时的意思，即阎先生虽作督办省长，将来亦不能与那些人比，当今之世，赵先生如讲学，一定很有成就。我的确是诚意，赵先生听了肃然起立，拱手说：'你真是我的畏友，畏友！'听话音是接受，看神气是很惊疑的。我因为他惊疑得很厉害，接下去竟使我再说不出什么话来。"

　　"畏友"两个字，道出了赵戴文对徐永昌与他心灵感应的深刻理解，道出了对徐永昌所谈之事的由衷认同；而神气"很惊疑"则除了一个花甲老人的诸多顾忌之外，剩下的只是"上"固然不易，下去则更难，身不由己，以及"既来之，则安之"的感叹和无奈。

无奈，无奈，无奈"官身不由己"，60岁的赵戴文，还要打起精神，在政坛风云中，随着他的主官阎锡山升降沉浮。

经过近十年的发展与积蓄力量，山西的阎锡山已今非昔比——军队由2万人增至13万人；地盘扩大到绥远，晋绥连为一体；经济上也有了一定的积蓄。"保境安民"与"武力统一"是那个时代各军事集团惯常使用的两个武器——弱者声言"保境安民"，强者高倡"武力统一"，成为定式。力量积蓄到一定程度时，向外发展就是势所必然。

在阎锡山埋头发展的同时，国内情势大变——在北方，北洋政府的统治，因军阀混战不断，民不聊生，越来越不得人心；在南方，广州国民政府在国共合作的基础上，誓师北伐，兵锋直指北洋军阀。自认有了一定力量的阎锡山，再次瞅准机会，于蒋介石发动四一二事变、国共合作破裂之后的1927年6月6日，就任"国民革命军北方总司令"，宣布"易帜"北伐（阎锡山自辛亥起义成功，做了山西都督之后，日益疏远了与昔日同志盟友的关系，虽然国民党成立时仍隶籍党内，但基本上没有组织联系，后来发生的二次革命、护法讨袁战争，阎锡山与山西均置身事外。他自己的解释是奉孙中山之命，"保持北方之革命据点"，论者则多以"脱离革命"予以指责）。

阎锡山把山西绑在蒋介石的战车上，自然有他自己的考虑和打算。赵戴文却不管内心如何，只有追随的份。阎锡山就任国民革命军北方总司令后，晋绥军也随之改称"北方国民革命军"，赵戴文再担军师之责，就任北方国民革命军总参议。

6. 入佐中枢

在大势所趋下，1927年7月，由晋军主力改编而成的北方国民革命军出兵北伐，分左右两路军沿京绥路、京汉路攻打张作霖的奉军。赵戴文作为总参议，坐镇后方。

开战之初，阎锡山企图以外线作战，掌握主动，集中兵力，突然袭击，一举击溃奉军，乘势控制京津。然而，进展并不顺利，一方面问题出在军事上——张作霖以相对优势兵力拼死抵抗；另一方面则可以归结为政治的影响——8月13日，蒋介石迫于各方面的压力，宣布辞去国民革命军总司令职务，通电下野。失去依恃的"北方国民革命军"孤掌难鸣（虽冯玉祥的西北军也在陇海线上坚持，但却难以彼此协调），遇上优势兵力的奉军，战略企图自然难以达到，在张作霖所部的抵抗与反击下，不得不于出兵两个月后，陆续撤回省境，凭险据守，等待时机。

在中国近代政治舞台上，许多政治人物的辞职下野往往只是以退为进的手段。蒋介石的下野更是如此。在各种政治力量的重新组合中，1928年1月蒋介石宣布复任国民革命军总司令，继续北伐。随即，统一北伐军序列，编成第一、第二、第三、第四共四个集团军，晋军由北方国民革命军改编为北伐军第三集团军，赵戴文随任第三集团军总参议兼政治训练部主任，继续扮演着非他莫属的角色。

一切准备就绪后，1928年3月，蒋介石下令各集团军进行"北伐"。根据统一部署，第三集团军奉命京绥线及平汉线以西地区前进，实现与各集团军会师平津的战略企图。

在发动战事的同时，阎锡山充分调动他的政治谋略——其中自然也有赵戴文参与策划的成分——派专人到天津活动，疏通日本驻军（天津自1894年甲午战争后，即成为日本侵略中国的重要基地。从此，日、法、英、美、德五国租界在海河西岸连成一片，形成了帝国主义侵略中国的大本营。日租界内不但有大批"驻屯军"，而且建立了形形色色的特务机关）。

第三集团军主力，借各集团军同时发动，北洋势力分别被牵制在各条战线上的良好战机，出娘子关，经石家庄，沿平汉线，攻克保定。然后，挟一路传檄之余威，以张荫梧部直捣北平。之后，又根据事先约定，由傅作义在时机成熟时直接出面负天津卫戍之责，和平接收天津。

由于不失时机地在两条战线上作战，北伐之役，第三集团军成了最大的赢家，地盘由晋绥扩展到平、津、冀、察，势力范围及于两市四省，阎锡山兼任平津卫戍司令，由"山西王"摇身一变成了"华北王"。

北伐"成功"后，论功行赏，张荫梧、傅作义分任北平（"北伐军"进入北京后，蒋介石宣布改北京为北平）、天津警备司令，商震任河北省主席，徐永昌任绥远都统，赵戴文也同时得到了察哈尔都统的任命。

不知是从什么时候起形成的这样一个惯例，凡是有较强实力的政治、军事集团就必然要在中枢谋取一定的席位，这是政治中心的一种平衡，是各派系各集团所要求的一种政治待遇，也是中央与地方、全局与局部关系的缓冲之所在。第三集团军既是"北伐"的最大赢家，那么在中枢自应占有相应的席位。赵戴文依其资历、地位，以及与阎锡山的关系，成为代表第三集团军利益、贯彻阎锡山意图，入佐中枢的最佳人选之一。于是，从1927年底到1929年8月近两年的时间里他先后接受了南京国民政府的一系列任命：

1927年12月9日，选任国民党中央特别委员会委员；

1928年10月8日，任国立北平故宫博物院理事；

1928年10月24日，代理内政部长（部长阎锡山）；

1928年12月4日，任赈灾委员会常务委员；

1928年12月13日，特派晋察冀绥赈灾委员会委员；

1928年12月27日，特任内政部长；

1929年1月，任导淮委员会委员；

1929年2月9日，特任国民政府国防会议委员；

1929年3月，国民党三大选任第三届中央执行委员；

1929年3月，国民党三届一中全会增选中央政治会议常委；

1929年8月29日，推选监察院院长（继蔡元培之后）。

（三）一损俱损，一荣俱荣

1．尝试消弭战患

"北伐"之后，赵戴文就任察哈尔都统（随即改任察哈尔省主席兼察省民政厅长）。1928 年 11 月 27 日，因已代理国民政府内政部长而免职，遗缺由杨爱源接替。

1928 年 12 月 27 日，赵戴文正式被任命为内政部长。1929 年 8 月 29 日，又被推选为监察院长。因此，一个时期中，他一直在南京履职。只是由于后来发生的阎冯联合反蒋之役——中原大战，才打破了这种格局。

众所周知，"北伐"结束后，蒋介石不能听任各军事集团坐大，企图通过编遣会议，削弱异己势力，真正统一军事。而这却是各实力派所不能接受的。因此，编遣会议没有结果；也因此，而不得不再动干戈。1929 年 2 月，蒋桂战争首先发生；接着，蒋冯反目，蒋介石以"银弹"分化西北军，并下令革除冯玉祥的一切职务；是年底，讨伐唐生智之役烽火再起。在此期间，阎锡山虽然左右逢源，上下周旋，力图自保，但是亦难免唇亡齿寒之感。在蒋介石的步步紧逼下，犹豫再三，权衡得失，反反复复，终于树起了反蒋大旗，积极准备联合冯玉祥、李宗仁，与蒋介石一战。

源于几十年传统文化的熏陶，赵戴文的思想深处有着浓厚的忠君爱民意识，他既忠于他的主官阎锡山，又不愿意阎锡山"称乱"犯上，更不愿意战火弥漫，父老生灵涂炭，故想尽其所能止乱息争，消弭战患。是故，在此期间，赵戴文不厌其烦，竭力做阎锡山的工作。

1929 年 4 月 9 日，赵戴文由南京电报阎锡山，对其"偕冯出洋"表示赞同："集密佳已电敬悉。为免战祸计，拟力偕焕章（冯玉祥，字焕章）出洋，将军队交由中央编遣，诚属善举。但冯之为人，恐难办到。即用再召集第二次编遣会议的办法，焕章万不肯到，亦不过中央师出有名耳。文近日对此事日夜思维，恐终不免一战。如总座与汉卿有同样的决心，于最短时间将某方打败，已为国家之福。即不能全数消灭，他亦不能混在国府中，养他的势力，于国家亦算有益。惟僻处西北，与晋为邻，我方不无可虑。通盘筹划，还是偕他出洋为好。但欲使他出洋，似不能不多费周折也。"

同年9月30日和10月5日，赵戴文又就此事两次电报阎锡山，剖析时局，晓以利害。

9月30日的电文对局势作了详细的分析："（一）近日观察政府方面的情形，似欲用大部军队讨伐广西。（二）一两个月南方战事如不能息，西北方面亦恐发生变化。（三）豫、皖、鲁所驻各军队，恐中央亦无甚把握。（四）到了这个时候，中国又成了割据现象，外交上恐不止无胜利，结果将吃大亏。（五）此次定国，全凭的中山主义，现在中山旗帜之下，已有左派、桂派、共派之分，俨然而分了家了，阋墙之祸，几不知至于何地。（六）文再三研究，既以中山为国父，则中山所亲生的三个儿子，应当合作，不可分开。介公功高当领全国，汉民当领政治，精卫长于教育，当领中央党部。（七）自去年至今年，我钧座即以'和平运动'为首倡。西北方面已有过半数的效果，若扩而充之，再运动'全国的和平'，则战争或可解免。（八）运动'全国和平'有大利，亦恐有大害，失时固不可，及时亦不可，到什么时候方是恰好处？文再三研究不出来。（九）钧座长于运思，善于识时，文甚望钧座以深刻的研究，挽回此将大破之局。（十）如能得了一个办法，可否将此意密电介公，作为联络之预备。"

10月2日，阎锡山复电："自上而下天下定于一，三派分当国家，恐不易为。我之第一义，在介公求治要稍缓，使人民与政府黏合起来，顺自然而行无为之治。如此不能望到，希望第二义，在介公要使党、政、主义三者都走通一条路，使之不成转磨循环捣乱不已之状，则督促在职人员行励精图治之道，亦甚好。此我之素志也。执事既有此种意见，容我观察观察，再看应当如何挽救。"

10月5日，赵戴文再电阎锡山："三派分当国事，恐不易为，诚然。文回忆前日所陈的意见，似太迂阔了。钧座所持的第一义，就眼前看来，恐无此希望。就走第二义，不陷于转磨循环捣乱之状，亦非钧座镇静的态度作到万分，亦恐难以挽回此局也。昨日广西杨腾辉、吕焕炎已有电讨张发奎、俞作柏，看来恐广西事可以政治方法解决，惟焕章方面代表在上海者，仍造阎冯合作。文思钧座此次既欲以和平解决中国的问题，则对于焕章方面亦可劝其不要乘此有事之时对于政府有过量的要求。近两三日，刘郁芬有要求河南、山东地盘之说，介公甚不如意。倒不如要求上稍松一步，反取信也。谭、胡、戴、何诸公对焕章均有怀疑。如焕章果欲应张发奎、俞作柏之共产也，则无可言矣。不然，则不如放松一点，都有好处。"阎锡山则在复电中解释道："当即照你的意思于闲谈间告焕章，焕章初谓中央待之不公平，二集团中早有闲言；末云：唯当此时机，不可要求过甚，反有乘机之嫌。当即嘱其秘书长转电宋明轩（哲元）矣。此时大局能否和平，我亦甚为焦虑，但能有益大局，必力为之。至冯阎合作空气，焕章方面实到处言之，非自今日始也。前在太原时，各处代表来者，我亦明白告之'实行编遣，拥护中央'八字，我与焕章朝夕相从，彼方则偏于合作之宣传，近日北方渐见明了。"

1929 年冬，唐生智联合阎锡山反蒋，赵丕廉奔走其间，太原已盛传其事。过了不几天，阎锡山突然来了一个 180 度的大转弯，在太原张贴标语，大造反对唐生智的声势，这个戏剧性的变化，是由于赵戴文专程由南京赶回，力劝阎锡山不可助唐反蒋，而要与改组派断绝关系，助蒋讨唐而促成的。据冯玉祥的专使薛笃弼回忆："冯派薛见赵，陈述联唐倒蒋意见。赵一听之下，怒气勃发，由座椅上站起来，把一个细瓷带盖茶杯，猛掷于地，大声吵着说：'你们要害蒙（五台方言，"我"之意）阎伯川哩。'在屋内走来走去，怒气不息。薛说：'冯无意为自己，为的是阎先生。'赵大声说：'打了唐生智再说。'"

1930 年初，阎锡山开始与蒋介石"电报论战"，战事如箭在弦，一触即发。赵戴文在南京日夜焦虑，夜不能寐，多次谈话表示："我不忍看见中国

再打内战。如果再打内战，我就要跳长江。"南京各报大字刊登。随即，赵
戴文携蒋介石的亲笔信再回山西。

在太原，赵戴文与阎锡山进行了一次不愉快的谈话。

两人一见面，他便声色俱厉地责问阎锡山："听说你要造反，有这事吗？"

阎则表现得心平气和，不紧不慢地说："次陇，你干什么这样大的火？坐
下来慢慢地说，关于讨蒋的事是大家的意见。"

没等阎锡山说完，他就接上话茬说："总座（指蒋介石）率军北伐，已成
功地统一了中国，威信已孚。他是政府，你们都是他的部属。你要领头打他，
这不是造反吗？"

说话间，贾景德与薛笃弼有事找阎，一进门就撞到枪口上，被赵戴文劈
头教训道："我听说全是你怂恿总司令造反，以后你再说，我要打你的头。"
慑于他的威望，贾与薛都不敢作任何辩护，只好不声不响地退了出去。

贾、薛退出后，赵戴文继续着原来的话题，语重心长地说："全国人民都
很厌战，希望过太平日子，你这样做就不怕挨天下人的骂吗？再看我在南京
一年多，深知蒋的内部已经成了铁桶子，军队力量也很强大，你以为联合的
人不少，其实都是乌合之众，这些人见利则争，遇害则避，打起仗来，哪能
靠得住？你要打他，不是自招失败吗？你太原的这些人（指当时聚集在太原
的改组派、西山会议派及各军事集团代表），不是流亡政客，就是失意军人，
你能听他们的鬼话吗？"

这边赵戴文越说越激动，至于涕下；那边阎锡山实已骑虎难下，不好更
改。谈话的结果，只能是徒费口舌。尽管赵戴文语重心长，动之以情，晓之
以理，阎锡山只以一言相对："你被蒋介石收买了。"说得老先生好不伤心，
掩泪而去。

赵戴文辅佐阎锡山近二十年，可以说，在一些大问题的看法上基本上是
"君"唱"臣"和。这一次意见相左至此，世人都感意外。徐永昌就曾这样说：
"有一件事使我感觉奇异，即当决定放冯回陕（为了要挟蒋介石，阎锡山曾

一度将冯玉祥软禁在他的老家河边村），此一顿午饭前之很短时间内，赵次陇问阎先生：'你一定要放他？'阎答：'不放他二集团即跑了。'赵闻之，义形于色，大哭而去。可见此老实不愿有此战事，亦为我所仅见渠坚决反对阎先生之一次。"

2. 随侍出走大连

交往共事二十多年，赵戴文不可能不了解阎锡山的作为，也不是不清楚"箭在弦上"的含义，也许他当初回晋，只是想最后"尽一言"，表示一种态度，并不指望事成于"万一"。

在说服不了阎锡山的情况下，赵戴文没有重返南京，而是继续留在太原。旋即，接替周玳再做阎锡山的总参议，表示出与阎氏共进退的决心。有人说赵戴文"愚忠"，这似乎可称得上一个典型的例子。

赵戴文试图消弭战患没有结果，历史的"惯性"还是把民国时期战线最长、投入兵力最大、代价最沉重的一次混战——中原大战推上了"舞台"。

赵戴文不幸言中，"流亡政客""失意军人"的"乌合之众"，到底不是握有中央政权的蒋介石的对手。和此前此后的一次次反蒋战事一样，中原大战从1930 年 5 月发动开始，持续了整整 5 个月，虽然联军一开始有过胜绩，在陇海线甚至差点活捉了到前线督战的蒋介石，但在蒋中央"银弹"的攻击下，最后仍然是以失败告终。

胜者王侯败者寇，中原战后，失败了的阎锡山被迫将原有的华北地盘交由关键时刻入关支持蒋介石的张学良处置，接受"下野""出洋"的惩罚。一损俱损，阎锡山"下野"后，赵戴文的监察院长随即被

阎锡山——《时代》周刊 1930 年
5 月 19 日的封面人物

免，遗缺由国民党元老于右任继任。

阎锡山"下野"本属无奈，"出洋"更非真心，只想避避风头。迫于情势，他先于 1930 年 11 月底秘密由河边出发，潜到天津。一个月后，再由天津转赴海滨城市大连。

阎锡山当初不听也不可能听得进赵戴文的劝告，终于落得个身败名裂，背井离乡。面对眼前的事实，赵戴文仍然一本"忠心"，先紧跟到天津（阎锡山生性多疑，在宣布出洋后，又怕蒋介石、张学良从中作梗生出意外，故先于向外界通报的日期两天，轻车简从秘密离省。安全到达天津，稍事安顿后，各路人马才陆续跟进），再辗转随抵大连。赵戴文对阎锡山一跟到底，固然有所谓"全始全终"之意，但亦不能排除共同利害之所在，紧跟在"一损俱损"后面的还有"一荣俱荣"。

到达大连时，距中原大战落幕已两月有余，时过境迁，阎锡山"出洋"之事竟无人提起。这样，阎锡山和他的随行人员就在大连住了下来。

在大连，赵戴文随侍阎锡山住在黑石礁的一座小楼内。阎锡山在那里寓居得暇，乃与随行人员及陆续远来相访的外客旧属等，屡作研究问答，记录为"各尽所能、各取所需与各尽所能、各取所值，孰好孰坏、孰难孰易之研究"，探讨其"物产证券按劳分配"的理论。赵戴文则利用此"无官一身轻"的难得时光，"独居"（不带随从家眷，是老先生的一贯作风，及至抗战时期，以 70 岁高龄在战区长官部仍然坚持如此）小楼二层侧屋，时常静坐研读《易经》。阎锡山不时前来相晤，他也常常陪同阎锡山海滨散步，水面泛舟，诗赋唱和，寄情山水，优哉游哉。一时间竟成为新闻界的聚焦点。

1931 年 4 月 6 日，又是一个风和日丽的春日，景色宜人的大连海滨暖风徐徐。下午 5 时，赵戴文与交际处长梁汝舟、秘书宁武超以及孙央仑、张熙南等一起陪阎锡山来到海边，在凉爽的海风中同登小舟泛游海面。在享受了一番海上颠簸的刺激之后，弃船上岸，行至海滨一日本料理馆——明月楼晚餐。

游海之后聚餐，众人兴致都很高，阎锡山受大家的感染，也显得格外有情绪，不迭声地说："今日良会，有酒有肴，且饮且谈，且饮且谈。"

大家兴致愈加高涨。于是，有人提议："今日良会，似不可无诗。"

众人连声附和，并公推阎锡山出首句。

阎锡山当仁不让，脱口而出："明月楼上观潮来"。

首句既出，赵戴文在力推孙奂仑吟出次句"龙虎风云气壮哉"后，若有所思地接上了第三句："上下四围通彻底"。

话音刚落，只见宁武超一步上前，顿首曰："海天一色云雾开"。

"明月楼上观潮来，龙虎风云气壮哉。上下四围通彻底，海天一色云雾开。""君""臣"联句，触景生情，有情有感，有禅有机，既描述了明月楼观潮的美景佳境，又抒发了"龙虎风云"的志趣和"云雾开"的期盼，既是对斯时斯地斯情斯景的客观反映，又是当事人心境的如实写照。此诗嗣后由《大连日报》刊出，国内各大报相继转载，传诵一时。

3."损"与"荣"的轮回

大连的日子，对赵戴文来说堪称闲适，这毫无疑问是他一生中最为放松的几个月光阴。

阎锡山则不同。阎锡山虽然在同蒋介石的政治争斗和军事较量中败下阵来，不得不宣布下野，出走他乡，然而，作为一个在政治舞台上滚打了二十年的地方实力派代表人物，他决不甘心就此作罢。寄情于山水之间，进行一些空泛的理论探讨，只反映了他在大连期间的一个侧面。掩盖于这一切背后的是他对于山西军政的一直没有间断的操纵控制。正如《我所认识的阎锡山》一文所说："民国以来，军阀混战，打胜了就称霸，打败了就下台，宣布下野，出洋考察，这是司空见惯的事。1930 年山西阎锡山的下野是他的唯一的一次下野，但阎锡山的下野又与别的军阀的下野有着很大的不同，那就是阎虽然下野，暂时离开山西，但阎锡山的统治势力，盘根错节，根深蒂固，并未发生动摇。特别是因为当时山西的军事统制权都掌握在他的亲信同乡和心腹手中，即阎锡山赖以存在的军事力量，基本上并未受到损失。"

经过一段时间的蛰居、观望、等待，1931 年 8 月 5 日，阎锡山在出走 8 个月之后，借口副官刘升由五台河边村带来口信，并接到"表兄曲容静手书"，称其父阎书堂自 7 月 20 日后，"屡感身体不适，饮食渐减，思子之心益切"，以尽孝道为由，包租一架日本小型飞机，经大同秘密潜回五台河边。

阎锡山返晋，因是秘密行动，所以随侍大连的人马基本未动，赵戴文在其后的一个短时期，仍然住在大连黑石礁寓所内，继续着晨起早读，间或漫步海滨的赋闲生活。由于阎锡山终于得以离开日本人控制的大连，赵戴文的心境较前更显得平和，与人谈及阎回晋问题时，如释重负地说："这下我就放心了，甩掉了邪魔歪道（阎锡山到大连后，日本关东军即派人前往拉拢煽动，赵戴文对此一直忧心忡忡，这也可以说是他在大连期间闲适之外的主要担心之处）。"

回到山西的阎锡山，一边以侍奉父疾为名，住在河边的村中别墅，应付蒋介石、张学良及其他各方的责难；一边展开"公关"。一个多月后，九一八

阎锡山与蒋介石、张学良合影

事变爆发。在新的形势下，蒋介石适时地调整了他的内外政策，在"捐弃前嫌，团结御侮"的共识下，与阎锡山达成谅解，先于 1931 年 10 月 3 日，以国民政府令的形式，宣布"阎锡山免于通缉"；再于 1932 年 2 月，委任阎锡山为"太原绥靖公署主任"。

阎锡山回晋，作了必要的安排铺垫，复出初见端倪时，赵戴文及其他留在大连的随行人员方才陆续返抵太原。

正如名著经典《红楼梦》中的"护官符"所说的那样，"贾史王薛""一损俱损"，"一荣俱荣"。当初阎锡山战败下野，赵戴文不可避免地连带罢官，免除一切职务，落得个"无官一身轻"。而今，阎锡山东山再起，"荣任"太原绥靖公署主任，在九一八事变后的新形势下，受命负"晋绥绥靖之责"，赵戴文随之亦相继被安上了一个个新的头衔——1931 年 12 月，在国民党四大上选任中执委；同月 25 日，任北平政务委员会委员；同月 28 日，选任国民政府委员……

1934 年 3 月 7 日，蒋介石政府（以行政院的名义）致函赵戴文，称依"蒙古地方自治办法，中央积数十次之讨论，始于今晨决定：以蒙人为地方自治政务委员会委员，而由在中央特简大员为指导长官，随时加以指导，庶使蒙人既得地方自治之机会，又不致与中央及省政府相乖违"，特设指导长官正副二人，"拟请何敬之（何应钦）为正，次陇先生为副"相商。并考虑"次陇兄年事渐高，艰于远行，蒙古苦寒，起居尤虞不适"，"许推参赞一人代表办事"。赵戴文遂应所请，于即日就任"蒙古地方自治指导长官公署副指导长官"。

与此同时，作为阎锡山的首席辅弼，赵戴文再任太原绥靖公署总参议。

4．讨论"智、仁、勇"

1934 年 12 月 17 日，阎锡山之父阎书堂（子明）年老久病不治而逝。阎锡山因循"古礼"，为尽孝道，摒弃杂务，庐墓守制。

1935 年 1 月 20 日，刚刚安葬完父母的阎锡山（阎锡山 6 岁丧母，当地风俗，妻先夫死，只能另地暂圹，不得正式下葬。夫死之后，方起圹合葬）修书赵戴文，称："顷清斋兄（阎氏表兄）来云，你欲来村劝我回宅居住，请你勿来。我此次庐墓非循礼，亦非尽心。其动机有二：一因宅中一切房舍用物几尽为先严生时所住用，触目伤心，离宅居住稍可减少感痛。二十余年从政非特无暇读书，亦且无暇思过，每觉名牵物诱，应事接物常处于被动地位。向思欲成自由、自主、自动的生活，非痛加克伐割断牵诱不可。然快刀利器惟智仁勇，山生来不足，只有求补之一道。同声相应，同性相辅，补之之法只有借他人之智仁勇，以补自己之不足。山欲于此守制期间，处于凄凉惨淡之境，痛思己过，加以克伐。盼你日与我一信，就我之所缺而深切言之，并盼日抄古人智仁勇之事略一段，随函寄来。我虽不敢希望能成一不惑不忧不惧之人，然心窃慕之耳，专此。想你近好。"

赵戴文接阎锡山手书后，于1月22日立复一函："总座礼鉴：接奉手谕，展读数过，如泣如慕之忱不禁令我目触心惕。古人云：至诚而不动者未之有也，于兹益信钧座此次庐墓之举。文概未起往劝回宅之心，亦并未曾有此项语言。今诵尊谕，尤信文不往劝之为合理也。

"谕示动机二款，一因宅舍什物均为子明老伯生前建置，见之触目伤心，离宅稍可减少痛感，诚然诚然。二欲于守制期间处凄凉惨淡之境，痛思己过加以克伐。欲文日陈一函，并日抄古人智仁勇事略一段，随函寄阅。希望成个不惑不忧不惧之人，文三读之愈觉钦佩无已。

"高宗谅阴恭默思道与上帝通，得传说于版筑之间，而中国大治者数百年忧乎尚矣。由此以来，历周及汉唐而下，其间圣君贤相暨历代诸大儒，在守制时内其悟到未有天地前及有天地后，并研究到天地之末日。

"而在有人时代，莫如以孝治天下为实在者，古人中已属不可胜数。明代杨来如先生罢官后，庐墓守制百日之间，即受观音大士接引，而创为在理教，以戒烟忌酒为戒条。由山东、河北、东三省传衍至大江南北，现在教徒已不下数千百万。此之影响皆由庐墓中得来。

　　"夫孝何以能治天下，就一人之身而竖论之，由本身而溯及父母，由父母而溯及曾祖高祖父母，再上而至无始以来民族初生之父母。就此而言，孝之为德可以竖穷三际。再就一人之身而横论之，为亲父母所生者，即为同胞兄弟。再推至诸伯叔父母所生者，则为从兄弟，为再从兄弟。再推至远祖父母及天地初生之始祖父母所生衍者，则宇宙间之人类皆为吾兄弟矣。就此而言，孝之为德又可以横遍十方。

　　"钧座实施孝道，影响所及，定可惊醒已死之人心，其裨益于国家非浅鲜矣。至于希慕作个不惑不忧不惧之人，高深道理文未敢妄谈。唯事之来于前，无论大小先要不作惑、忧、惧之事，不作惑事就能不惑，不作忧事就能不忧，不作惧事就能不惧。作下惑、忧、惧之事，那就无可如何了。

　　"文近来兢兢于事上做工夫者，正为排遣惑、忧、惧三者耳。今以钧座之聪明，辱承下问，诚惶诚恐，而又不敢不勉为报命用备采择，再日抄古人事略一段，从此继续邮呈外，先此陈述诸，唯珍卫不尽。"

　　阎锡山对赵戴文的阐述表示理解，复函说："次陇如晤，二十二日函悉。所云欲不惑不忧不惧，须要不作惑、忧、惧之事。不作惑事就能不惑，不作忧事就能不忧，不作惧事就能不惧。若作下惑、忧、惧之事，则不能不惑、不忧、不惧，云云，易而切。只能事前检点，即有把握当以此作住心所。"

　　赵戴文进而回复："总座礼鉴：今晨捧读手谕，对文第一禀不作惑、忧、惧之事就不惑、不忧、不惧，云云。蒙批示'易而切'，'只能事前检点，即有把握当以此作住心所'等谕。中庸上说，凡事豫则立，不豫则废，事前定则不困，言前定则不跲，行前定则不疚，道前定则不穷。钧座之事前检点，即此道也。"

　　此后，根据阎锡山的设计，两人在太原与五台河边之间，鸿雁往来，引经据典，谈古论今，儒佛周易无所不涉，由"不惑、不忧、不惧"，进而论及"智、仁、勇"——"孔子为鲁政，齐人归女乐以离间之，三日不朝孔子行，这就是智者不惑；在陈绝粮，从者病莫能兴，孔子弹琴而歌，七日不辍，这就是仁者不忧；宋向魋欲杀孔子，子曰：'天生德于予，桓魋其如予何。'这就是勇者不惧。""我们若欲到智仁勇的地位，当用何法？曰好学近乎智，力行近乎仁，知耻近乎勇。"

阎锡山不耻下问，虚心请教，俨然一个好学上进的后生之辈；赵戴文娓娓道来，诲人不倦，完全是一副讲经说道的架势。

在信函来往的同时，赵戴文遵嘱为阎锡山先后抄录了《左忠毅公事略》《廉颇蔺相如事略》《屈原事略》《孔子会夹谷事略》《子贡出使说各国事略》《大学章句序》《中庸章句序》《春秋传序》等"古人智仁勇事略"数十篇。

这样的切磋一直持续到是年四月，阎锡山结束了他的"庐墓百日"为止。

（四）在抗日战争的激流中

1. 促进"联共抗日"

1936年5月27日，年届古稀的赵戴文在各种矛盾的复杂交织中就任山西省政府主席（接替徐永昌）。

赵戴文上任之时，阎锡山在对日问题上正处于首鼠两端的境地。九一八事变后，日本侵略势力的触角继续延伸，先是侵占热察，又从1935年开始策动"华北事变"、策划蒙古族上层在绥远地区搞所谓"自治"运动，在政治、经济上直接威胁到山西的存在和发展。形势如阎锡山在日记中写到的那样："华北何计良，国是无主张，二次（赵戴文与徐永昌，赵字次陇，徐字次辰）伤国泪，疚心亦断肠。"与此同时，一方面是中国工农红军高张"开赴抗日前线"的旗帜，于1936年2月渡河东征，一举摧毁阎锡山苦心经营的黄河防线，与晋军发生激烈的军事冲突，不仅使阎锡山付出了损兵折将的代价，而且使复杂的政治局面雪上加霜；另一方面，蒋介石中央政府借协助拦阻红军之机，对山西实行渗透政策。在复杂的政治局面下，何去何从？这是摆在阎锡山面前，也是摆在新上任的省主席赵戴文面前的一个首当其冲的问题。

还在 1935 年春，中国共产党为了影响山西的上层人士，推动抗日救亡运动，就曾陆续派一批左派教授、名流学者到山西"讲学"。在此前后，一些山西籍的学子，如留德的杜任之（共产党员）等也回到山西省署任职。鉴于赵戴文礼贤下士的儒雅之气、平易近人的君子之风，进步人士与他多有接触，潜移默化地对他产生着影响和作用。杜任之曾就黑格尔、康德的哲学与他进行过开诚布公的讨论，使他不由自主地对共产党人有了几分信服。

红军东征以劣势兵力打得晋军丢盔弃甲，这就给阎锡山提出了一个问题："红军英勇善战，是什么精神在支持的？"他问赵戴文说："次陇，红军中的小娃娃，打着红旗占山头。前赴后继不怕死，红旗插到哪里，就打到哪里。这是咋回事？"

赵戴文说："说起来也怪。我也正在想这个问题，还没有得出答案。我去问问杜任之他们，看看大家怎么说。"

赵戴文去问杜任之。杜任之说："红军东渡，主要的口号是抗日救国。日本人已经侵占到华北；今天，中国不愿当亡国奴的，都要求抗日救国。谁能抗日，人民就拥护谁。共产党一再提出停止内战，一致抗日，这是深得人心的。山西广大青年也不例外。只要总司令（指阎锡山）高举抗日旗帜，大家都愿做抗日的先锋，万死不辞。"

"这个道理，要给总司令讲讲。"赵戴文说："看来，抗日是非提不可了。"

杜任之说："这是全民族的要求，总司令不能逆此潮流而行。"

赵戴文又说："今年二月末，红军东渡，到达汾阳县，总司令和我叫王怀明（秘书）去看望在狱中的黄敬斋（王若飞）。问他，共产党来山西究竟要干什么？"

"他怎么答？"杜问。

"王若飞说：自从九一八事变以来，我们共产党人就主张全国一致抗日，现在红军来到山西和绥远，也当然是为了达到这个目的。你们如果抗日，就是杀了我，我也甘心。你们如果仍然'防共反共'不抗日，是免不了要当亡国奴的。我就是活着也没有意思。"转述王若飞的话，赵戴文神情肃然，若有所思。

进步人士、共产党人的影响与赵戴文从中国传统文化中几十年如一日所汲取的爱国主义的精髓，交汇在一起，自然形成一个简单的共识——"抗日救国"，"不做亡国奴"，并以此决定着他对于阎锡山，进而对于省政决策的影响。

由此再回到"何去何从"的问题上，由于阎锡山以清醒的头脑认真地分析了山西所面临的严峻形势，同时也由于赵戴文等的主张（阎锡山自1917年统一山西军政起，无论省主席是否由他兼任，山西省政皆出于他一人之手。省主席只是做一些辅助性的工作，负一些礼仪和程序性的责任，徐永昌时如此，赵戴文时更是如此），进一步提出了"守土抗战"的口号，放弃以往的反共政策，确定了"联共抗日"的方针，同意成立了救亡组织——"牺牲救国同盟会"，发动了"绥远抗战"。

1936年九一八事变纪念日，由进步青年救亡积极分子发起的"山西牺牲救国同盟会"成立，阎锡山任会长，赵戴文任副会长。为了使山西的救亡工作搞出一点声色，赵戴文提出"楚材晋用"的方针，并以此影响阎锡山，用"共策保晋大业"的名义，从北平请回了共产党人薄一波，由他来实际主持牺盟会的工作。

赵戴文在与薄一波的一次谈话中，这样阐述他的观点："你看，我们师范学校也出人才。这次请你回来，是想叫你帮助阎先生做点事。阎先生已决心要抗敌救亡。我们生于斯、死于斯，保卫桑梓有责。山西应当把山西的人才都用起来，只能楚材晋用，不能晋材楚用。"

2.晋军败在哪里

在组训民众、整饬吏制的忙碌工作中，赵戴文转眼之间在山西省主席任上过了一年。

1937 年 7 月 7 日，伴随着卢沟桥的枪声，中国全民族抗日战争爆发了。

抗战爆发后，为了便于指挥，赵戴文以山西省主席兼二战区长官部政治部主任。

抗日战争一爆发，国民党正面战场即遭到日军来势凶猛的进攻。就全国而言，丢北平，失天津，沪宁危急，一退再退。从山西来看，先是盘山天镇不守，大同会战泡汤；再是平型关失利，军队悉数后撤。从而导致失败主义论调盛行，民情激愤。身为二战区长官部政治部主任的赵戴文，一反温文之气——赵戴文"自 30 岁即学佛学"，一生对佛学坚持不辍，一度兼任山西佛教协会会长。抗战前，还在太原文瀛湖自设禅堂，以居士身份吃斋念佛。他在太原自省堂（为配合"洗心"而设立的用来"悔过自新"的场所）大厅设坛公开讲演，表示"不作亡国奴，坚决死守太原，与城共存亡"，指出"轴心必败"，用以坚定抗战信心。

阎锡山就任第二战区司令长官后，随即便率各路人马由太原出发，将指挥部设在代县雁门关东的太和岭口，亲自督阵。一个多月的前线督战换来的只是一次次败绩，一声声怨言。沮丧之情由衷而至，溢于言表。

一日，愁眉不展的阎锡山找来他的老搭档赵戴文促膝长谈，一起探讨失败的原因。

在失败情绪的笼罩下，阎锡山一脸的不高兴。赵戴文先以轻松的口气安慰道："太和岭口衣不解带马不卸鞍，一气儿就是一个多月，长官真是辛苦了（多年来，赵戴文对阎锡山总是以职衔相称，阎锡山则称他作次陇）。"

阎锡山心里窝着一肚子火，没好气地说："辛苦又能怎么样呢？"

"我觉得问题不能这么看。"赵戴文接言："依我看，在雁门关打到这个份上，已属不易，平型关再从容布兵就更不用说了。纵览国中，像长官这样坐镇前线指挥作战的战区主官能有几人？"

赵戴文的款款而谈，把阎锡山的委屈一股脑勾了起来："察哈尔之战后，我主力九个师损失几乎过半，晋绥一线两千里战线布防实属不易。天镇不守，败局已定，放弃大同会战是不得已而为之。破釜沉舟，在勾注至恒山一线与敌决战，把晋绥军全部家当 30 个团一字摆在了战场上。岂料日军进攻方向有变，茹越口失陷，后路被抄，内长城防线后撤也是情势所迫呵！"

"长官的苦衷我怎么会不知道呢？问题在于外界的看法，舆论不能不顾。现在的舆论已经把长官抨击得不成样子，看起来是得好好宣传一下了。"赵戴文对答着。

"舆论怎么说？"阎锡山焦急起来。

见火候已到，赵戴文方不紧不慢地分析道："有的讲，晋军之败败在战略。从南口到雁门，呆板的阵地战，单纯的防御战略是很危险的。敌人的战术还是攻南口的老调，先当头一拳，然后拦腰一脚。我们则把军队摆得像一条长蛇，首尾不能相顾，击首尾不动，击尾首不动，或者干脆抱着头叫人家打。偶尔踢几脚，手却用来抱头，不能相帮。结果正好给了人家各个击破的机会，击破一点，全线动摇，死守变成守死。不是想办法考虑打，而是指望老虎不张口。"

阎锡山心有不服，一句话顺口溜出："他们就不说中央军的屡屡败北，不说山西的被动由何而来？"言下之意分明是替中央军背了黑锅。

赵戴文却不接这个茬，继续说："也有的说，晋军之败败在士气上。山西之于华北乃至全国战局关系至大。战略固然是关键，但士气亦不能小视，战略再好，将士不能用命，也难以奏效。晋北沦为察北第二，雁门关变成了张家口，士气很重要。如果少几个李慕颜（第六十一军军长李服膺，曾是晋军中的一员干将，因弃守天镇一时成为众矢之的，被阎锡山以军法处死），晋绥局势何至于此？纵观察哈尔、晋北、绥东几个战役，虽情形各有不同，但有一点却是相同的，这就是敌为主动，我为被动，致敌每占优势。"

话说到这里，阎锡山也不能不接受眼前的事实，"一方面是战略，另一方面是士气"。他万般无奈地追问："还有呢？"

"还有的说，晋军之败败在政略上。"赵戴文不管不顾，索性把话说完：

"去年杜任之他们就说，谁能抗日，人民就拥护谁。常言道'得人心者得天下'，时下山西危在旦夕，谁能领导抗战谁就能得到人心。还是要在人心上下功夫。"

阎锡山终于有些心悦诚服了："民众确是一种不可忽视的力量。没有民众的勠力同心，确实很难取胜。"同时又不无担心："但这个力量不是那么好掌握。群众不发动是个空子，发动起来又是个乱子。"

赵戴文似有同感地摇摇头，半晌不语。

"晋军之败败在战略"，"晋军之败败在士气"，"晋军之败败在政略"，赵戴文借舆论之口总结出的这三点教训，无疑切中了问题的要害，给抗战初期的阎锡山敲了一记警钟。

此后，阎锡山在忻口重新布防，在忻口以北的弧形阵地上摆开战场，在接受中央军增援的同时，依靠共产党八路军的配合，在关键时刻以一天一个团的代价换取阵地二十三天不动摇。

3. "卑宫室，恶衣服，菲饮食"

忻口激战犹酣，胜负难分。日军故伎重演，以偏师攻破晋东门户娘子关。娘子关一失，忻口侧背受敌。在阎锡山"当时若非娘关败，忻口岂止二十三"的哀叹声中，晋军再蹈覆辙——全线撤军，导致省城太原门户洞开，呈不保之势。1937年11月8日，华北重镇、山西省城太原沦陷。赵戴文与他的山西省政府，偕第二战区长官司令部在城陷之前先行撤离，一路南行，暂驻晋南临汾。以后，随着寇锋的南指，先移吉县，再转陕西宜川。

斗转星移，在晋西、陕北黄河两岸坚持"华北抗战"中，抗日战争进入了第四个年头。1940年春，乘"西线无战事"之机，第二战区长官部、山西省政府机关再一次从陕北迁回晋西，在吉县的南坡村安营扎寨长期住了下来。为了讨个吉利，同时也表示一种精神，阎锡山将南坡村易名为"克难坡""克难城"。

初到克难坡时，部队和机关面临着严峻的考验，一方面是贫瘠的晋西一

抗战时期第二战区司令长官部——克难坡克难室

隔，只有几户人家的克难坡，相对于庞大的军政（约四五十万人）机构，明显地不敷支出；另一方面则是日军经济封锁的接踵而至。一时，军食民用都成了问题。为了解决眼前的困难，阎锡山发起"克难运动"，要求长官部以及各机关一律实行克难生活。规定：凡党、政、军、经、教人员，不论官兵，均穿粗布料军服；一日两餐，以素食为主；住的问题自己动手，开挖窑洞解决。同时，开展生产运动。

对于阎锡山倡导的"克难运动"，赵戴文是一个积极的响应者。他不但身体力行，"不置家产，不藏私蓄"，一套布军装，一孔土窑洞，粗茶淡饭一如既往——赵戴文虽然历任军政要职，但一生勤俭，淡泊名利，宣称"家有丧事，不发讣文；有婚嫁不收幛礼"。不做寿，不请客——自己"卑宫菲食"。而且利用各种场合，讲"明明德"，讲"亲民"，讲"止于至善"，倡导人人从"卑宫室，恶衣服，菲饮食"上下功夫，以弘扬传统文化，共渡难关。

在一次 600 人的集会上，赵戴文以讲经的形式，进行他的演说：

大家说现在社会上一般人，统是想食求饱，居求安不是？（答是）

尤其是前清的官场里边，就是当千总把总的小官，也要想住间好房子，吃点好的，穿些好衣服，甚至以为不如此，就不配官样。经书上则反是，乃是要"食无求饱，居无求安"。孔子是"饭疏食饮水，曲肱而枕之，乐亦在其中矣！不义而富且贵，于我如浮云"。颜子是"一箪食，一瓢饮，在陋巷，人不堪其忧，回也不改其乐"。你们看经书是和当下的习惯性冲突不冲突？（答冲突）

你们看，现在社会上富贵、有钱的人，骄傲欺负穷人、没钱的人，谄媚有钱的人，打仗时贪生怕死、作俘虏当汉奸，是这个样子不是？（答是）

你们再反过来看看经书上，则是"贫而无谄，富而无骄"，"临财毋苟得，临难毋苟免"，"见利思义，见危授命"，"志士不忘在沟壑，勇士不忘丧其元"。岳夫子也说："不怕死，不爱钱。"你们看现在社会上的现象，是整个的与这经书和岳夫子的话冲突的不是？（答是）

所以今天我讲经书，一定要教大家把心开了，真得有孔子的疏食饮水和颜子的箪瓢陋巷精神，然后才可以承受经书。

我现在问问大家，是想作同流俗而污世的人？抑愿登君子之室，当一个君子？（答愿当君子）

既然如此，经书真可以讲吧？（答可以）

我知道我快要死了，但我真想和大家讲，真想教我们二战区，甚至全世界的二十万万人，统能生为名人，殁为明神，不与草木同朽。今天我与大家讲经书，就是要大家改变我们的为人，切实要在不怕死，不爱钱，卑宫室，恶衣服，菲饮食上下工夫。

我刚才所讲的，大家以为是讲经书不是？（答是的）

今天以时间说，我可以讲一句书，现在我念一句，大家跟住念一句："大学之道，在明明德……"（反复念三次）。

大家看，我们的声音，真是上达天，下达地；我们的气色，真是光焰万丈，至大至刚，真是"以直养而无害，则塞于天地之间"！过往诸神，真知道大家今天奉了会长之命，读经书，要登君子之堂哩！

"卑宫室，恶衣服，菲饮食"，语自《论语·泰伯》，原意用来称赞大禹治水的精神，后被一些所谓的"圣君明主""良相贤臣"用来进行自我标榜。赵戴文在抗战的关键时期将其大力提倡，却有他的良苦用心，作为一种精神号召，对于安定人心，鼓舞士气，不无作用。

由于这一切，赵戴文在当时颇得赞誉，1942年的一篇新闻稿中这样说：

"年登76岁高龄的赵主席，银髯飘飘，在清晨的朝会上很少间断过出席，除非他老人家病了。他说话的声音永远是那么样宏大，霹雳似的惊醒了每一个人的痴心邪念。他拄着的一根手杖磨得光亮，显出它也有了悠久的历史光彩。每当说至兴起处，手杖蓦地举起，当空劈下，棒喝了多少条心，凝成了一股不可抗拒的伟力，纵横在华北的战场上，团结在民族革命的大纛下，向着胜利目标迈进。

多少人恳切地请求他老人家朝会时坐个椅子，冬季穿件皮衣，吃饭加点补养品，但是他都拒绝了。他始终是一套布军装，屹立不动地在洪炉台上，亲切训示，点化作育这一班年轻的人们。这种伟大的毅力，我没法比拟与形容，只有被感动的夺出两眶热泪。"

4．"我的坟墓就在黄河边"

1939年3月25日至4月22日，阎锡山在秋林镇召开了二战区师长及独立旅长以上军官、各区专员及保安司令以上行政干部、公道团主要领导干部、牺盟会各中心区及部分县特派员等参加的军政民高级干部会议，亦即有名的"秋林会议"。这是阎锡山限制新派势力发展的一个重要步骤。会议的中心内容总起来说只有一条：取消新军中的政治委员制，文官不能兼任军职。会上阎锡山特别强调，这是蒋委员长的命令，我不能不执行。马拉松式的秋林会议围绕取消新军政委制这个中心内容，讨论了取消战动总会（第二战区民族革命战争战地总动员委员会）、限制牺盟会活动、缩小专员权限等具体问题。然而，取消政委制的提议只是阎锡山的一厢情愿，一经提出即受到新派势力的抵制。决死二纵队政委张文昂激昂慷慨，说："你不要我们就算了，我们搬上铺盖就走。你不让行政官员带兵，我现在就辞掉专员，留下政治委员。"薄一波则表态说，"政委制不能取消。山西搞了这么些时候，就是搞了些新军，帮助了阎先生抗战。现在这样不行。"

　　由于薄一波等的坚决抵制，取消政委制的决议不能顺利通过。关键时刻，赵戴文作为救兵被阎锡山搬了出来。其时，赵戴文正以国民党山西省党部执行委员会主任委员的身份住在陕西三原（国民党山西省党部成立于第一次国共合作时期。"清党"运动以后，受阎锡山所代表的山西地方势力的排挤而无所作为。中原大战后，一度卷土重来。不久，即因轰动一时的"穆光政事件"，亦称一二一八血案——1931 年 12 月 18 日，省党部对进行抗日请愿的学生开枪，打死学生穆光政，而演成的流血事件——被阎锡山下令查封。直到 1939 年 1 月 1 日才在陕西省三原县东里堡召开代表大会，宣布恢复，赵戴文以山西省主席兼省党部主任委员）。专程赶到二战区长官部所在地秋林后，他与被阎锡山特意从重庆召回的赵丕廉一起出面，以国民师范学校前后任校长的名义找薄一波、张文昂谈话（薄、张均毕业于国师）。谈话进行了整整一个上午。据薄一波回忆，话"谈得很和蔼、亲切，似有难言之隐。最后，赵戴文对我俩说：'阎先生碰到了困难，只要你们现在帮帮他的忙，渡过困难，日后他会报答你们的。'阎还表示，要我担任山西省建设厅厅长，主持省政府工作。这样软缠硬磨了几个月，最后还是要按照'蒋委员长的决定'办"。

　　当初，赵戴文积极主张"联共抗日"，支持山西新派。而后，又附和阎锡山限制新派的做法，尽力促成取消新军政委制。其中的变化完全是利益使然。然而，与阎锡山不同的是，在赵戴文看来，对新派"限制"是必要的，大打出手则不适时。他认为进攻新军势必造成和延安的决裂，既使自己腹背受敌，又影响抗日大局。阎锡山则坚持，时既至此，新军已成为心腹之患，如同孙悟空钻进牛魔王的肚子里，不去不行。并在心中暗暗责怪赵戴文缺乏政治头脑，不懂得"冬天穿皮袄，夏天穿布衫"的道理。

阎锡山不听赵戴文的逆耳忠言，在"冬季攻势"发动之时，以"讨叛"为名，攻打新军决死队，却并没有达到预期的目的，落得个以汾（阳）军（渡）公路为晋西南、晋西北的分界线，旧军（阎锡山的旧晋绥）、新军分区而治的结果。

阎锡山发动十二月事变搬起石头砸了自己的脚，非但没有达到预期的目的，而且使自己处于内外交困的地步。正在这时，日本军方加紧了其诱降手段。为了利用日方的诱降，缓和形势，摆脱困境，走出低谷，从1940年开始，阎锡山恢复了与日军的谈判接触。1942年4月，又亲自在一个叫作安平村的地方与日酋岩松举行了会晤。尽管这些接触或是议而不决，或是决而不行，基本没有实质性的进展；尽管这些活动都是在暗中进行的，然而，在日方别有用心的宣传（将经过特技处理合成的阎锡山与日军代表握手的照片印成传单，广为散发）下，阎锡山与日本军方频频接触、准备降日的口风不胫而走，传播开来。

舆论哗然中，二战区的一些高级干部找到赵戴文，叙述了他们对阎锡山"和日"做法的担忧和不满。这时（1942年）的赵戴文已是76岁高龄，年老体衰，疾病缠身（患有严重的肝病），深居简出（有一种说法是：十二月事变后，阎锡山对他实行实际上的软禁，"以卫兵守赵院门，不许任何人见赵；借口关心赵病，日必数问赵的动态，实际就是监视"），外边的消息自然不很灵通。

通过一些高级干部之口得知了阎锡山的秘密行动后，赵戴文以为大谬不然，决定亲自出面说项。在梁化之陪同下，赵戴文面见阎锡山。一见面，老先生便开口询问"妥协"真相，阎低头不语，只有梁化之敲着边鼓答非所问地说："一般青年，绝不妥协。"他见问不出个究竟来，只好以"今日一旦打败，仍是成功。不成功退往河西，也是成功。要回太原当下流汉奸，你如何吃得下"的言语，强调了一番之后，默默退出。

以后风声日紧，一班将领干部再找赵戴文。他当即表示："我向来是一切都服从他的，这件事不能再和他含糊了。"于是再见阎锡山。

又是一次不愉快的谈话。

赵戴文首先询问："外传与日妥协这件事，到底有没有？如果有，大家是反对的。你回太原去，大家都不愿跟你去。"

阎不动声色，反问："你的意见如何？"

赵不假思索，掷地有声："我也反对！"

阎显得很不耐烦："我如果投降，你将怎么样？"

赵戴文仍然是不假思索地说："我一定跳黄河而死！"

阎锡山竟然拍了桌子，表现出另有隐情的样子，以当家人的口气疾言厉色道："次陇！再不许你这样说话。今天是你和他们都不对。你告大家说，山西的事如何办，只有我配主张，到不得已时，黄河也只有我配跳。你们都不该提主张，也不配跳黄河！"

话既至此，不能再谈下去了，赵戴文浑身颤抖，两行热泪禁不住流了下来，为阎锡山的盛气凌人，不可理喻；为苦口婆心地劝说不被理解；为几十年相交而不能相通；为自己这个省主席的徒有虚名……老先生伤透了心。

虽然阎锡山表现得极不通融，赵戴文却是矢志不渝，一本初衷。后来，有人问他："抗战开始，你曾经公开表示不做亡国奴，坚决死守太原，与城共存亡；那时候你声名显赫。来到晋西已经退了一步。现在会长要回太原，也就是要去当大汉奸。这样他就会遗臭万年。你是不是同他一起回太原去？"他立即坚定地回答："我是有民族气节的人。我决不回太原当汉奸！要回，他回去；我的坟墓就在黄河边！"

"我的坟墓就在黄河边！"字字铿锵，掷地有声，把柔中有刚的赵戴文的风骨表现得淋漓尽致，给赵戴文的晚节画上了一个闪光的句号！

（五）最后的期望

1. 遗言"大同"

1943 年，世界反法西斯战争由于同盟国已经取得了战争的主动权而胜利在望。在有利的国际背景下，中国人民浴血奋战坚持了六年的抗日战争透出了胜利的曙光。

这一年，赵戴文的肝病发展到了晚期。自知不久于世的老先生，对世界的未来充满着不尽的期望，对一些问题的看法如骨鲠在喉，不吐不快。遂于 9 月 30 日草就《希望世界和平之遗言》一文。文章从中国传统的"大同"思想出发，为未来的世界进行了一番堪称美妙的设计：

此次战后世界和平问题，时贤论者多矣。或作全面探讨，或作专题研究，或举出大纲，或制成方案。当此侵略国家势衰力竭之际，政论一出，震动随之。观察世界将来，盗主时代行且过去，民主时代即将来临，所谓民主时代即由小康入大同之阶段也。我国艰苦奋斗，不仅为自身求存在，且更为人类谋和平，战时贡献固多，战后贡献责任尤重。中国之命运有言："须知此次世界大战最后的效果，无疑地归结于文化，所以此次战争，亦可说是文化战争。欧美三百五十年来民族主义民生主义与社会主义的成败兴亡，皆在此一役。中国五千年悠久的文化及其道德精神之兴废，亦以此役为试金石。此战若不失败于侵略主义者的魔手，则人类文明即将刮垢磨光，而中国文化亦必发扬光大。"足证欲求世界人类和平幸福，必须发扬光大中国文化。然则我国文化当先发扬光大者为何？曰大同是也。夫大同景象详载礼运，实为中国文化之最高理论，吾党已奉为指针矣。兹先将小康必要条件，就吾人习闻常见，条列于后，期备参考：

1. 国际联合行政机构之组织（国联）。此次战后，全世界各国必将重新建设国际联盟，组织公共政府，惟基本上当采用孔子所说"天下有道，则礼乐征伐自天子出"之义旨。

2．国际信用之互保（国信）。侵略时期，各国最重国防，战后各国必须确立互信共信，始能进入小康时代，惟基本上自当采用孟子所说"域民不以分疆之界，固国不以山溪之险，威天下不以兵革之处"之义旨。

3．国家立国基础之建设（国本）。世界各国大小不同，要必须自固国本，方能独立生存，欲达此目的，基本上自当采取孔子所说"足食足兵民信之矣"之义旨。

4．国家生活习尚之节制（国制）。小康时期阶级未泯，国之贫富亦不相同，生活水准虽难齐一，惟执政人士，务当豪奢必戒，贪污必除，基本上均必须具有大禹"菲饮食而致孝乎鬼神，恶衣服而致美乎黻冕，卑宫室而尽力乎沟洫"之作风。

5．国家土地问题之解决（国土）。国家之土地肥瘠不同，阶级未泯之时，国民土地之多寡有无亦不同，欲解决此问题，基本上必须师法井田制度之精神，平均地权，公匀分配，期达到孔子所说"均无贫，和无寡，安无倾"之义旨。

6．国际正义之确立（国力）。侵略时期，小役大，弱役强，最为险恶无理，此次战争结束，国际间之正义，必将重新建树，基本上当采用孟子所说"小德役大德，小贤役大贤"之义旨，进而实现孔子所说"兴灭国，继绝世，举逸民"之愿欲。

7．国家军备之限制（国军）。全球各国兵役日增，民生日蹙，皆由侵略战争而生。此次战后各国人人自必确信孟子所说："杀人之父，人亦杀其父；杀人之兄，人亦杀其兄；灭人之国，人亦灭其国，然则非自杀之也。"当此人心悔过之时，必将促成国际普遍裁军，使世界各国陆海空军及所有兵器，皆有限制，以保证人类之安宁，惟基本上当采取周礼限军之意，大国几军，次几军，次几师，次几旅。

8．国家经济制度之改造（国财）。生产事业，应在民生上设施，不当追求利润。此次战后，世界各国将必以自给自足为原则，商业交易其次也，基本上至当采用大学上所说"生财有大道，生之者众，食之者寡，为之者疾，用之者舒"之义旨。

9. 国家外交政策之确立（国交）。邦交为有国界时代之要事，得其道则国存，失其道则国亡。此次战后，世界各国必将重新整建邦交，基本上至当采用孟子所说"交邻国之道，以大事小者，乐天者也；以小事大者，畏天者也。乐天者保天下，畏天者保其国"之义旨。

上列九条，皆致小康以进大同之要道，乃吾人所常闻习见者，人同此心，心同此理，愿由常闻习见而喜闻乐见，共业感召，实现小康，以期大同世界之景象早日到来。至于详细方案及实施步骤，自有当代各大政治家，各就国情同异，精密研究，以明明德于天下。

接着，他向行政院建议四案：恢复从祀孔庭之制，扶助陕西三原之清麓书院，奉清鸿儒任启运从祀孔庭，聘太虚上人代表佛教为参政员。

10月29日上蒋介石书，重提以上各事中的后两项。

2. "中国国民党党员赵戴文"

在做完上述一切之后，赵戴文开始安排自己的后事。

12月25日，他正式立下"临终遗言"：

天地人物，无生不终，故儒者言："乾坤毁则无以见易。"释氏云："山河大地，有成住坏空，身非我有，命不久存。"智者无不作如是观，我之知见，亦复如是。兹已届舍寿，欲有数语，告诸同志，书列于下：

甲、平生有三件不做的事：

1. 不做寿。先父母与自己总没有做过寿。

2. 婚丧事故不收缎幛。先父母丧葬与儿女等完婚总未收过亲友的缎幛。

3. 不送讣文。先父母殁，与友戚只送哀启，从未送过讣文。

此三者是我校正风俗之志也。

　　乙、平生遵守的两件事：

　　1．行儒者之所行。

　　2．志佛家之所志。

　　儒者以明明德于天下为愿力。佛家对十二类生皆欲令人无余涅槃而灭渡之。光大和平，自无始以来，莫尊于斯二者。乃自物质科学发达后，兵器精巧，残杀之酷，目不忍睹，于是助成侵略者之雄威，无不畏服。遂使全球学者无不崇拜物质之学，宗教家无论矣，即东西哲学家，对于科学，亦树降旗，因对儒佛二者之学，竟亦视为无用矣。吾为此惧，遂立志欲将儒佛二者所遗之经典，不只从文字上求，要在行为上表现，以为儒佛二家吐气，故对儒佛行为愿毕生以守之。

　　丙、佛前明誓受十戒：杀、盗、淫、妄、酒、财、色、名、食、睡。

　　此十者是我将我无始以来及现在所有做过的诸恶业，均在佛前明白忏悔，得此十戒，愿生生世世以守之也。

　　与此同时，"遗嘱"如下：

　　七十余年，事多愆尤，生期报尽，岂堪再留。

　　1．我殁之日，当日就要棺殓，灵枢上书"中国国民党党员赵某"，并筹备祭纸祭仪祭席，二日公祭，三日出殡掩埋。

　　2．掩埋之地点，在西新沟。生圹附近找一窑洞教王梅去住（其侍从副官）。

　　3．电赞甫（其弟）告三原全家眷属（抗战期间其眷属一直住在陕西三原县，夫人姚松贞于1941年病逝三原），一个也不必来克（指克难坡）奠祭，合家人在三原公祭一回就好了。

　　4．电外戚张复之杨式达崔丕承（三人均为先生之女婿）统不必来克祭我，只各在家私祭私哭就好了。

5．再我殁后只电国民政府与中央党部，其余统不必电告。

6．三日掩埋后登报声明丧事已办毕了，俾众周知。

在此之前，赵戴文即亲自监督刻成"中国国民党党员赵戴文之墓"墓碑一通。

"中国国民党党员"是赵戴文给自己留下的唯一的头衔。对此，他生前没有作任何的解释与说明。百年之后，人们纷纷根据自己的理解进行诠释，于是就有了各种版本——或曰：老先生一生"宁静致远，淡泊明志"，实在只一介书生，于名利地位无所求，不喜加谥官衔；有说：在老先生看来，一切官衔都是别人给的，只有加入"国民党"（包括同盟会），才是他自己选择的；抑或称：表示他早年参加同盟会，投身资产阶级革命，终为国民党人；更有认为是表示了对阎锡山不听劝导、与日勾搭的一种情绪。仁者见仁，智者见智，莫衷一是，不好断言，权且作为他的"无字碑"吧！

1943年12月27日上午9时40分，赵戴文走完了他的人生旅途，在克难坡的窑洞里静静地离开了人间，终年77岁。无巧不成书，小他17岁的阎锡山于17年后的1960年病逝台北，享年也是77岁。

在阎锡山幕僚之中，赵戴文是一个特例，介乎师友与长官僚属之间的特殊身份，他的地位、影响以及作用都是其他人所不能企及的。从留学日本参加革命活动开始，到1943年病逝，将近40年的漫长岁月里，赵戴文之于阎锡山几乎形影相随，阎不离赵，赵不离阎。在此期间，阎锡山所经历的每一次重大事变都离不开赵戴文的谋划和参与。

作为首席辅弼，赵戴文在阎幕之中充当着"救火队员"的角色。历数赵戴文所任职务——都督府秘书监、督军署参谋长、将校研究所所长、第四混成旅旅长、总参议、代理晋北镇守使、国民师范校长等——答案不言自明。太原光复之初，来自东大门娘子关的威胁最大，赵戴文便以秘书监兼东路军参谋长，代表阎锡山到娘子关前线督军；将校研究所成立，他又转而从事军

克难坡赵戴文旧居

事教育，为阎锡山培养急需的军事人才；阎锡山要排除异己，统一事权，他就孤身前往智夺权将孔庚之兵权，并暂代镇守使；阎锡山实施发展教育计划，师资成为瓶颈，他就发挥所长，出长国民师范……一个个关键时刻，一次次紧要关头，扭转时局，化险为夷，赵戴文责无旁贷。

九一八事变后，民族危机日益深重，赵戴文首先接受中国共产党的抗日主张，并以此影响阎锡山，最终促成了山西地方实力派与中国共产党的合作抗日。抗日民族统一战线在山西的首先实现赵戴文功不可没。

此外，特别需要指出的是赵戴文的思想方法及其个人品德对于阎锡山本人所产生的影响。从年龄和资历来讲，赵、阎系忘年之交。对于赵戴文深厚的儒学功底，属于后生之辈的阎锡山由衷佩服。这不仅表现在他们相交之初的凡事主动相商上，而且表现在"君臣名分"确定之后。几十年中，阎锡山在某种程度上是把赵戴文作为师长来看待的，因此也就有了"庐墓百日"期间，讨论"智、仁、勇"的一段佳话。赵戴文一生尊崇孔孟，期望世界"大同"；阎锡山推崇"中的哲学"，倾心于所谓"大同之路"，二者可以说是一脉相承的。这固然与阎锡山年少时期所接受的中国传统教育密不可分，然则不离左右的赵戴文对其所起的潜移默化作用也是不能低估的。

提到赵戴文，阎锡山感慨良多，他在日记中写道："次陇由连（大连）归，深感外患而内部不能团结之危险。"（1931年10月25日）"动念不对，次陇负进言之责。"（1932年3月7日）"次陇与吾相交三十年，公私事件饱经波涛，虽有危及身家之虑者，亦未形忧色。昨言及人心瓦解，国将于应付中亡之，痛哭失声，非有所惧，乃有所伤也。"（1935年7月13日）"华北何计良，国是无主张，二次（次陇、次辰）伤国泪，疚心亦断肠。"（1935年12月5日）

1944年12月27日，是赵戴文逝世一周年纪念，阎锡山缅怀他的师、友和首席辅弼，对赵戴文作了一个"总体评价"，他说："赵先生一生的精神与行为，可资大家效法者甚多。据我平日了解，赵先生值得受人推崇的有八个'没有'：一没有瞒过一文钱，清清白白廉正自持；二没有瞒过一个人才，有一点长处的人，总想说出来；三没有偷过一次懒，凡请他办的事，一定尽心竭力去办；四没有畏过难，无论多难的事，认为该办就办，不怕得罪人；五没有显自己才能的意思，即根本未宝贵过自己；六没有轻视过人，对什么人也不轻视，即对差役也如此；七没有厌过学，虽在病中，也不曾间断用功；八没有倦过教诲人，对任何人，不惜三番五次地教诲。他本人虽谦诚和蔼，但对人也很严肃，尤其对不好的人，毫不留情面地予以教训和指责。"感念赞赏之情溢于言表。

四

内襄外助——生死之交贾景德、徐永昌

在阎锡山幕僚班底之中，除了首席辅弼赵戴文之外，还有两个重要角色必须专门介绍，这就是与阎氏有相交至终之谊的贾景德、徐永昌。贾景德擅长文秘，徐永昌先军后政，贾、徐一文一武，文武合璧，内襄外助，相得益彰，堪称阎锡山的左膀右臂。

（一）秘书长的不二人选贾景德

1. 出身与入世

贾景德，字煜如，号韬园。1880年生于山西沁水县端氏镇的一个书香门第。长阎锡山3岁。父贾作人，1879年（光绪五年）己卯举优贡第一名，旋中同科举人。1889年（光绪十五年）登己丑科进士，当即用知县，分发直隶候补，五年未授实缺，弃职还乡。后应聘主讲于汾州府（今汾阳）西河书院。叔父贾耕，乙酉拔贡，辛卯举人，先后主讲潞安府（长治）的上党书院和令德堂（山西大学堂的前身）。辛亥革命后，相继出任北洋政府总统典礼官、约法会议山西议员、段祺瑞"安福国会"议员。

1893年，13岁的贾景德随叔父贾耕到太原，先入书院（清代教育，中央有国

贾景德

子监，地方则有府、州、县学。山西州、县亦然。但府、州、县学实为科考之基地，失去了教育之本旨。故学校之外又有书院，书院以官立为多)，后来就读于山西大学堂中斋。1904 年（光绪三十年）中甲辰科进士，放山东招远知县，继放山东郯城知县。1911 年，母病逝，报丁忧返里。旋应黑龙江巡抚周树模函邀，入幕巡抚衙门。

贾景德的家乡端氏镇系沁水第一重镇，秦汉始设县，五代时方与沁水合为一县。端氏位于沁河、端氏河交汇处，土地肥沃，气候温和，人文荟萃，代有获取功名者。生于斯长于斯的贾景德得天独厚，既得端氏风水之滋养，又受饱读诗书、先后博取功名的父辈的熏陶，加上少年开蒙接受传统文化教育，以科举为第一要义，练就了一手道德文章。承转启合，罗列排比，下笔有神，妙手华章。同时，早期为官的经历，又使他对于官场人事有所了解。这一切都是初登都督之位，雄心勃勃，决心干一番事业的阎锡山所需要的。因此，辛亥革命之后不久，与革命可以说是毫无瓜葛的贾景德便被委以重任，并且成为阎锡山的股肱之臣。

1911 年 10 月 29 日（农历九月初八）太原城头响起起义的枪声时，贾景德作为一个局外人，还远在冰天雪地的黑龙江做他的巡抚幕僚。时局瞬息万变，太原光复，清军入晋，阎锡山率部北撤，转战绥包，南北议和，阎锡山返并复任山西都督……这一切只发生在眨眼之间。1912 年 4 月，随着阎锡山的复任都督山西的局势归于平静，各省先后光复，咸与共和。也就在这时，贾景德从东北返回山西，为亟须号令三晋的都督阎锡山做起了秘书监（秘书长）。

初入阎幕，贾景德唯命唯谨，很快得到阎锡山的信任。其时省政初创，得力之人不敷使用，贾景德文牍之余兼及行政。1913 年 3 月 5 日被任命为山西省北路观察使兼晋北执法处处长，一直做到 1914 年 4 月 10 日。阎锡山兼长山西民政后，又于 1917 年 9 月 15 日任命贾景德为山西省行政公署政务厅厅长，截至 1919 年 6 月 7 日。

2. 筹设中国公民党山西支部

1913 年，中华民国为北洋政府所替代，参众两院作为共和的装点而被选出。时值选举正式大总统之预备时期，临时大总统袁世凯的秘书长、交通银行总经理梁士诒为争取国会议员来拥护袁世凯当选，创立以自己为党魁、以叶恭绰为副党魁的中国公民党。公民党成立之时，政坛要人如段祺瑞、段芝贵、姜桂题、江朝宗等纷纷加入，气势之盛，超过以汤化龙为首的共和党、以王揖唐为首的统一党、以梁启超为首的进步党。公民党以每月 200 元的津贴吸引和利诱了国会议员百人以上。尽管如此，梁士诒仍不能满足，乃选择各省留京人士分向各省发动组织公民党支部。贾景德的山西大学堂同学王家驹被推举回省筹设公民党山西支部。

王家驹带着梁士诒给阎锡山的亲笔信到太原见阎。其时，阎锡山正怯于袁世凯的威胁，试图寻找出路，并将梁士诒视为靠山，故对公民党支部的筹设表现得尤为热心，当即责成贾景德、崔廷献筹商进行。鉴于阎锡山的支持，贾、崔二人都表示要鼎力襄助。特别是贾景德，因没有参加过任何党派（辛亥革命后的山西政界大部分为同盟会同志，小部分为立宪派，无党无派者为极少数，贾景德就是其中之一。贾加入国民党是后来的事，并多少有点因事而党的意味），将公民党之筹设视为己任，用心去做。除派专人选定地址（布弓街），即日成立山西公民党筹备处外，并指派其胞弟贾进德为筹备主任。筹备处所属秘书处、总务科、交际科、宣传科等应有尽有。他不仅亲自委派各科人员，而且不时到筹备处指导。为扩大影响，他还发起上党留省同人（沁水属上党地区）在太原海子边召开欢迎王家驹大会。

在贾景德的积极配合下，从 8 月开始，截至 9 月底，一个多月的时间，山西正式填写入党志愿书者达到 300 余人，首先是贾景德、崔廷献等政府要员带头参加，接着是省议会议员、各司科长以及各学校教员等依次加入。

在前述之基础上，10 月 1 日召开成立大会，中国公民党山西支部宣告正式成立，贾景德被公推为部长。随即电报北京本部备案，梁士诒来电祝贺，各界人士互相谈论，一时大有后来居上、捷足先登的况味。相比之下先一年成立的国民党则显得默默无闻，黯然失色。

中国公民党山西支部在短短一个多月的时间里发展到 300 多人，可谓创造了一个奇迹，甚得梁士诒之欢心。贾景德等奉命筹设中国公民党山西支部，成绩卓著，为阎锡山挣足了面子。因此，是年 11 月初阎锡山偕贾景德到京朝贺袁世凯时，梁士诒在公民党本部举行欢迎大会，在京公民党党员全体出席，有 500 余人。梁士诒亲致欢迎词，对阎锡山支持公民党山西支部表示衷心感谢。阎锡山则以谦恭逢迎之词回谢。阎梁关系由此奠定了坚实的基础，阎锡山在袁世凯左右得到了一个有力的支持者。

1913 年 10 月，袁世凯派亲信组成公民团包围国会，迫使议员选举他为中华民国大总统。各省都督分别电贺拥护，袁世凯地位渐趋稳固。随即，袁世凯下令解散国民党，撤销国会中国民党籍议员的资格；进而废除临时约法，解散国会。公民党的历史使命宣告结束。

大约在 1913 年底到 1914 年初，公民党山西支部悄然消失。贾景德一手包办成立的中国公民党山西支部，虽然仅存在了不到半年的时间，但是因此而缔结的阎锡山与梁士诒的关系却一直发展下去。在以后的一个时期中，梁士诒一直充当着阎锡山在袁世凯政府中的保护伞。有资料表明，袁世凯在地位开始巩固后，陆续剪除了非北洋系的南方各省都督，不久除西南地区之外，北洋势力几乎遍布全国各地。阎锡山以老同盟会会员、革命党人身份任山西都督，一直为袁世凯所忌。阎锡山尽管极力肆应，仍不能取得袁的完全的信任。袁世凯一度打算调虎离山，让阎锡山改任黑龙江都督。阎锡山闻讯后，即刻派人与梁士诒取得联系，请求代为疏通。因梁士诒一力承担，在袁世凯面前替阎美言与担保，调任之事才不了了之。

3. 为阎锡山兼长山西民政斡旋

辛亥太原光复后的一个长时期中，阎锡山在山西只是一个握有军权的都督。依据北洋政府的有关规定，各省民政长由大总统任命。山西行政公署的民政长像走马灯一样换了一个又一个——先后由李盛铎、周劢、谷如墉、张瑞玑、赵渊、陈钰等递任。由于袁世凯不可避免的戒心，阎锡山一直与民政长无缘。不仅如此，随着形势的发展，在握的军权乃至原有的地位都发生了动摇。操纵总统选举、废除临时约法、解散国会只是袁世凯走出的前三步，之后，袁氏为进一步完成个人集权，于 1914 年 5 月 23 日明令撤销各省民政长，改设巡按使，并改各道观察使为道尹。山西第一任巡按使金永是个旗人，其人相当骄悍，是袁世凯特别派来制约民军势力的。金永以巡按使主持省政，并积极成立警备部队，初为七营，后不断增加，对阎锡山形成极大的威胁。袁世凯在撤销民政长的同时，将各省都督之制也予以废除——无论中央与地方将领，均授予将军或上将军官职。在中央者上冠一"威"字，在地方者上冠一"武"字，阎锡山遂由都督改任"同武将军督理山西军务"，方面大员变成了中央政府的督理军务人员，实际权力大大削弱。对于这一切，阎锡山心中惶惑，却无可奈何。从保存现有实力、维护既得权力出发，阎锡山不惜韬光养晦，装出一副庸庸碌碌的样子。军务诸事多委于黄国梁，听凭山西军队编制一再缩减。

袁世凯死后，北洋集团分裂成直皖两系，内部政争日趋激烈，对各省的控制相对削弱。阎锡山乘机改变策略，一边采取支持段祺瑞的立场，拥戴段氏执掌国务总理大印，出兵讨伐张勋复辟；一边排除异己势力，逐步收回一度旁落的军权。与此同时，在贾景德、南桂馨等的参与策划下，阎锡山兼长山西民政的设计亦进入操作层面。

如前所述，袁世凯时期北洋政府曾实行过一次改制。袁之后，黎段体制形成（黎元洪由副总统继任总统，段祺瑞任国务总理）。北洋政府于 1916 年 7 月下令，在官制未定以前各省督理军务长官改为督军，民政长或巡按使改为省长，署内组织及一切职权均应暂照其旧。随即，派沈铭昌为山西省省长。与此同时，阎锡山由同武将军改任督军。7 月 6 日，沈铭昌的任命一下，山西的民意机关省议会就纷纷提案反对。沈铭昌刚到山西，座椅还没有焐热，在阎锡山势力的排挤下就不得不拍屁股走人。见沈铭昌在山西不能立足，北京方面又于10月14日任命孙发绪为山西省长。孙发绪到任后，立即着手办理地方自治。任命下达的当月，山西省地方自治促进会成立，省议会议长杜上化兼会长，另设两名副会长，贾景德是其中之一。尽管孙发绪尽力摆出拥护山西地方势力的姿态，首先致力于山西的地方自治，仍不能见容于阎锡山。阎锡山要省长自为，已是"司马昭之心"。适逢督军团会议的一个电文中，载有不利于孙的材料，阎锡山便加以利用，借故攻击。经过几年的培植，阎锡山在山西已有相当的势力，省议会议员绝大多数有拥阎倾向，议长杜上化则完全为阎所用，孙发绪作为外来势力根本无法与之匹敌。1917年6月5日，孙发绪被迫离职。孙发绪离职时正值"府院之争"激烈之际，乘北京政府无暇顾及地方事务之机，阎锡山便以护理（代理）的名义，擅刻印信，自兼了山西省长。

掌握了军事实权，"护理"了省长职务，阎锡山一步一步地接近了兼长山西军民两政的目的。然而，护理毕竟不是中央实授，对于这个名不正言不顺的护理省长，阎锡山心里不踏实，贾景德等幕僚近臣更不能罢手。于是，八仙过海，各显神通。据参与其事的南桂馨回忆："初，阎兼省长系暂兼性质，并无'真除'之令。复辟剧终，冯国璋以副总统正位，段祺瑞再为国务总理，阎拟乘此机会实任省长，因遣我入京，疏通段祺瑞下一命令。我通过陆军部军需司长罗仲芳（段在小站时的旧属，与段关系至深）的关说，得到段的允许。段并且说：'各省军政都系一人兼任，山西当然不必例外。'但在我回省复命以后，而阎真除省长之命迟迟未发。"

多方活动不能奏效，问题的解决系于贾景德一身。原来阎锡山"真除"省长之命迟迟未发的症结在于内务部总长没有副署，而时任内务部总长汤化龙、次长蒲殿俊都是晚清进士出身，与贾景德有同年之谊（汤化龙不仅与贾景德"同年"，而且曾应山西学政宝熙之聘，任山西大学堂国文教习）。于是，贾景德主动承担使命，自请入京疏通。到北京后，贾景德先侧面了解了内务部不副署的原因，再面见汤、蒲，极力为阎锡山说项。结果汤等要求给方贞（和汤有私交）以雁门道尹一缺，方可副署。贾景德在征得阎锡山同意后，答应了对方的要求。在贾景德的主动斡旋下，死结终于解开。1917年9月3日，北京政府特任阎锡山"兼山西省长"。贾景德不辱使命，阎锡山好梦成真。

4. 谋划征收房税

阎锡山兼长山西军民两政后，从增强山西实力的目的出发，开始实施扩军计划。到1925年，晋军从两个混成旅扩充到11个步兵旅，外加手掷弹旅和一个迫击炮团。与此同时，厚生计划、六政三事、教育诸项一起投入，财政开支由700万元增至2000万元。庞大的军政费用使得省财政不堪重负。

阎锡山有一句名言，"当兵、纳税、受教育是国民的三大义务"。他认为越是经济发达的国家，纳税越多。换句话说，就是国民越自觉纳税，多纳税，国民经济就越发达。循着这个思路，为了解决财政困难的问题，满足军需，1925年春，省公署秘书长贾景德与财政厅长杨兆泰、山西省银行行长徐一清共同谋划，建议估价征收房税。为此特做了一个估算，按估算价格值百抽九，如果连马棚、猪舍、厕所都算上，一年所收税款，除去军需，还有盈余。其具体办法是：

甲、验契。即检验房产契。通过检验，（1）有地无契者，补契；（2）字迹模糊，残破不全的旧契，一律另换新契；（3）连头的（几块地一张契），应予分开，各补各的新契；（4）清代和民国初年的契约，未经验契处用印的，另换新契；（5）兄弟已分居，仍用老契者，应依新户主，各补各契。以上各种或补或换的契约，都要根据当时地价核实，按价格的百分之五征税。

乙、估价。即将全省城乡所有的民房，无论平房、窑洞，还是马棚、厕所，一律按构造形式、间架大小，由专人负责评估，定出价格。

丙、征税。无论房屋好坏，一律按照估定房产价格，值百抽九。

丁、责成各县公署主持，并对各县知事（山西自辛亥起一直沿用县公署知事制。1933 年，阎锡山根据南京国民政府公布的《县组织法》，开始推行县长制，县公署改称县政府）定有奖惩办法，如期完成成绩显著者奖，办理不力者撤职。

乡村房屋本不值钱，而官定价格几乎都和城市房价相等。原来山西各县城镇房屋买卖，都按房价百分之九缴纳契税。至于乡村的房产，不论祖遗或自建，多无契据，购买房产，白纸黑字，画押为证。习惯如此，从无所谓契税之说。加上征收房税过程中，有的县长急于求成，不顾一切地强制推行，致中产以下的房主因一时拿不出税款而不得不变卖产业，高利借贷；甚至因告贷无门，而被传讯押迫。闹得人人恐慌，家家不安。

由于征收房税直接影响到老百姓的切身利益，且涉及面广，不仅下层群众不能接受，就是拥有田产者也极力反对。于是，征收房税的政策一出台，立刻引起上自官绅、下至百姓的普遍不满，全省上下民怨沸腾。以此为契机，在中共太原支部和团地委的发动和领导下，爆发了轰动一时的群众抗税运动。

1925 年 5 月 18 日，太原各大中学校的数千名学生举行示威游行。示威学生先是冲进省议会，吓跑了议长和议员，接着又包围了督军府。在派去交涉的代表迟迟不见出来的情况下，激愤的学生一哄而起砸了督军府的牌子。

迫于情势，阎锡山不得不收回成命，手谕："房屋估价补契办法，着即取消。关于此项税款，如有收起者，立即退还，以昭公允。"在达到目的、撤退返程途中，示威学生把怨气一股脑撒在贾景德等出谋划策者身上。贾景德及杨兆泰、徐一清寓所被余怒未消的学生打砸，内外一片狼藉。

征收房税，满足军需，克服困难，贾景德为阎锡山画了一个圆圆的大饼，孰料事与愿违，非但没有收到成效，反因违背了民意，激发了一场群众运动（当然与中共地下组织的发动领导不无关系）。同时，引火烧身，成了学生攻击的对象，心中难免歉疚。阎锡山的态度则是公开下达《罪己令》和《宽恕令》。《罪己令》主动承担责任，表示自责："本省长承乏晋疆十有四载，德薄能鲜，成绩毫无。近以四境多故，妄思竭其绵力，保卫治安。凡财政会议决行事件，均系本省长所特交。唯我貌躬，德不足以服众，诚不足以感物，遂令莘莘学子，疑障横生。咎在己身，责无旁贷，抚衷循省，渐仄良深。"《宽恕令》在对学生的过激行为进行指责的同时，表示既往不咎："本月 18 日午前，有学生数千人，经过省议会，捣毁门窗。随后群集署前，请求收回估价征收房税命令。我为了服从民意，当即允予停办。学生出署后，竟以道路传闻不符事实之词，群至杨兆泰、贾景德、徐一清寓所，撞门入室，捣毁财物。民商惊慌，秩序紊乱，于地方治安，妨害实大。本应按法究办，姑念各校学生尚在青年，不忍以法相绳，从宽一律免于深究。着于各校校长严加训诫，以资警惕。"

5. 督办山西铁路

贾景德从政的经历可以上溯到民国初年，然而由于幕僚地位使然，在过去的很长一个时期中并没有什么正式的官衔。北洋政府时期，只在一个短时期内担任过山西省北路观察使和山西省行政公署政务厅长，前后加在一起还不到三年时间（前者从 1913 年 3 月 5 日到 1914 年 4 月 10 日，后者从 1917 年 9 月 15 日到 1919 年 6 月 7 日）。列入南京国民政府职官序列的第一个职务是阎锡山任主席的国民党中央政治委员会太原分会委员，时间是 1928 年 2 月到 1935 年 12 月。

1930 年贾景德被任命为铁道部正太铁路管理局局长。正太铁路始建于 1902 年，系当时山西省境内唯一的铁路干线（此外只有位于北部的平绥铁路过境线），是山西东出娘子关的主要通道。正太铁路管理局局长实际负责的是山西省铁路的建筑和管理。因此，在 20 世纪 30 年代以及之前的一个时期，贾景德主要致力于铁路建设。也就是说，铁路建设是贾景德作为阎锡山幕僚所从事的第一项实际工作。

还在正太铁路管理局局长的任命下达之前，贾景德就奉阎锡山之命，开始插手铁路事宜。20世纪初的正太铁路建设时期，领风气之先的山西籍京官，包括翰林院庶吉士解英格、吏部主事李廷扬等就向当时的山西巡抚张曾敔建议：由本省绅商召集股本，自造一条贯通南北的同蒲铁路，造福桑梓。张曾敔奏请朝廷获准后，随即成立山西同蒲铁路有限公司，并动工测量。后因政局动荡、筹款困难，几起几落。1928年，北伐完成，阎锡山势力达于华北五省、市之后，基于"交通是现代经济发展的枢纽"的认识，在贾景德等幕僚高参的建议下，阎锡山决定筹资修筑同蒲铁路。随即，贾景德开始负责为同蒲铁路筹款，同时建议发行公债。据1928年12月1日阎锡山（驻节北平）致杨兆泰（山西省政府常务委员，受阎锡山委派代主省政）电报称："近密育堂（指冀贡泉）来述执事意，拟极力筹修铁路，甚合我意。惟进行筑路，以筹款为第一要事。煜如（指贾景德）在平专筹此事，颇费力量，尚无把握。兹由此间会商拟决由发行公债办法，筹现款七百五十万元为购买外物之用，其余本省银行纸币即可。拟由山西政府发行赈灾筑路公债三千万元，以路作抵，由各县担任现款七百五十万元，分两年交。其余交由省银行承受。如此则路工可以进行，工赈亦可立办，国家地方灾民并受其利。希速筹办妥为要。"

1929年春，贾景德因平绥铁路交接之事在南京办理交涉。阎锡山电报指示："促成统一是我夙志，前铁道部派王次长北上，接收平绥路时，正值平汉危机四伏，迭据密报，某方确有袭击平津之酝酿。我方以军运关系，至为重要，未将该路交出，此种苦衷，在当时亦未便道及。现在北平大局已无问题，急应将平绥路交出，以遂初服，希往谒宋部长（指宋子文，时任财政部长）将此原委说明，并代我道歉。至我在京时，拟交路时向部（所指当为铁道部）请求协饷，仍应照原议办理。希执事于未回晋以前，将此事办理妥贴为要。"

1933年，阎锡山于复出就任太原绥靖公署主任后，实施山西省政十年建设计划，正式动工修筑同蒲铁路。2月21日，议定成立晋绥兵工筑路总指挥部，阎锡山自兼总指挥，以秘书长贾景德、总参议赵戴文、参谋长朱绥光、总参赞孔繁蔚为襄办。在四名襄办中，贾景德以秘书长负责核阅相关资料。为便于分工合作，展开竞赛，兵工筑路总指挥部下设南北两个工程局，分别负责南北两段的施工任务。指挥部每周二、五各开一次筑路会议，会议多由阎锡山主持。遇阎锡山回乡省亲时，则由贾景德对会议记录即晚核阅后，再由秘书朱点专车送达河边村，交阎锡山进行最后核定。

在同蒲铁路修筑期间的 1933 年到 1937 年，贾景德既是铁道部正太铁路管理局局长，又是晋绥兵工筑路总指挥部襄办，一直以双重身份参与其事。同蒲铁路以山西一省之力，用最经济的办法在四年之内基本完成，阎锡山的主持之功不可没，其中自然离不开贾景德等的参赞作用。

6．敦促冯玉祥赴晋

1928 年的讨奉之役，使阎锡山得以逐鹿中原。然而好景不长，取得平津，北伐胜利后，蒋介石以统一相号召，召集编遣会议，筹划"削藩"。冯玉祥、阎锡山、李宗仁三大集团军面临被蒋介石中央各个击破、分头瓦解的危机。于是各派势力由拥蒋而反蒋，一时战云密布。1929 年 2 月，蒋桂战争爆发，桂系反蒋失败。同年 5 月，冯玉祥与蒋介石反目。冯玉祥违抗蒋介石的命令，拒不进京供职，并在华阴召开军事会议，决定收缩战线，集结兵力。国民党中常会决议，革除冯玉祥一切职务，永远开除党籍，下令查办。5 月 15 日，冯部将领通电指责蒋介石，并公推冯玉祥为"护党救国西北军"总司令，准备讨蒋。蒋冯之战一触即发。

听其言察其行，阎锡山对蒋介石鸟尽弓藏、兔死狗烹的做法洞若观火。唇亡齿寒，兔死狐悲，不保之虞迫在眉睫。于是，阎锡山迅速调整战略，改捧蒋压冯为对冯玉祥曲意维护，甚至不惜以与冯"共进退"要挟蒋介石。一时与冯玉祥函电往来，密切之至。

为了实现挟冯以自重的目的，5 月 30 日，阎锡山偕秘书长贾景德、参谋长朱绥光，以及眷属一行由太原抵达运城。随即，贾景德衔阎锡山之命，与朱绶光同行，从芮城风陵渡过黄河，前往第二集团军（西北军）驻地华阴，面见冯玉祥，交涉相关事宜，敦促冯玉祥赴晋。

在华阴，贾、朱谨遵阎锡山的旨意，极力说项，一番为党国计、为民众计的大道理之后，自然是设身处地从对方出路考虑，使冯玉祥为之动容。在达到预期效果后，5月31日，贾景德、朱绶光偕冯玉祥所派代表曹浩森、邓哲熙由华阴返运城。除转述冯玉祥愿意知难而退，答应下野出洋，赴山西的意思外，对所部之安置、撤销通缉之成命、将领之保全、军食之维持等事，进行商酌。随即，曹、邓回华阴向冯复命，阎锡山先期偕朱绶光返回太原，贾景德则奉命留在运城，迎候冯玉祥。

回到太原的阎锡山继续与各方周旋。他电呈蒋介石，剖陈利害，一再表示"冯出洋，山必偕行；冯爽约，北路军事山负责"的决心。同时，一面向正在召开的国民党三届二中全会发出就河北省党部干涉省政情事"请严定党政权责"的抗议电；一面指使河北省主席商震和新任北平市长张荫梧严格限制国民党各级党部的活动，作出联冯抗蒋的姿态。

贾景德在运城一等就是20天。6月19日，冯玉祥夫人李德全"及公子三女随员四，并冯总司令岳丈舅妇暨女工等十一人，行李多件"，于午前11时抵运城。贾景德作为阎锡山的迎候使节，自然少不了一番忙碌。6月21日，冯玉祥为阎锡山的"至诚"所感动，力拒部属的劝阻，继夫人子女之后，携随员二十余、汽车三辆，由风陵渡渡河入晋。贾景德心里的一块石头终于落地。随后，在贾景德等山西政界要员的陪同下，冯玉祥起程北上。6月25日，阎锡山亲往介休迎接。阎、冯见面，抚今追昔，不禁百感交集，抱头痛哭。旋抵太原，冯玉祥客随主便，先被阎锡山安排到太原城郊之名胜晋祠小住，后转到五台县建安村。

阎锡山邀冯赴晋，无疑增加了自己手中的筹码。因此，不仅敢于出头和蒋介石相抗衡，而且有了对反蒋各派的号召力，进而取得了反蒋联合阵线的盟主地位。从这个意义上说，邀冯赴晋是一场谋略战。贾景德参与了这场谋略战的全过程，不仅出谋划策，而且参与实施，充当了其中的一个重要角色。

与以赵戴文为代表的山西上层反战派的态度相反，贾景德可以说是阎锡山发动中原大战唯一的赞成者。据徐永昌回忆："赵次陇（戴文）先生头脑清楚，对于阎先生这次企图（指发动反蒋战争）绝不赞同，因此其十八年以来对赵芷青（丕廉）有时联络杂牌军队，及对薛子良（笃弼）代表冯焕章来说山西合作，都表示反对。及至阎锡山最后骑上虎背，又作坚决反对。贾煜如则一心要佐阎先生成一国家元首，所以贾阎之间，是利用一条仅通两人之电话以交换意见。忆十三年之政变（指冯玉祥发动的北京政变），首谋当是续西峰（桐溪），而成之于冯（玉祥）、胡（景翼）、孙（岳）。今次大战，首谋是阎先生，而成之于贾煜如。"

贾景德支持阎锡山发动反蒋战争，当然希望自身成为辅弼元勋，成就大业，而结果却相反。战后，贾景德无可奈何地把败因归之于阎锡山的用人不当："阎先生遇事取巧而寡断。如津浦线彼自任总司令，既属非是，而张荫梧、傅作义学历相等（一为天津警备司令，一为北平市长，同为保定军官五期生），不确分权限，乃令张为副总司令，傅为总指挥，阎先生不在任所时，又派辜达岸（仁发）参谋长为行营主任，于是真个一国三公，无所适从。济南下后，只好令张向胶济线，傅向津浦线，两线兵力不能活用，胶济兵等于闲置，各不相关，同沦于败溃。"

7. 草拟致张杨电文

阎锡山拥冯以自重，联合各反蒋势力，高张反蒋大旗，咄咄逼人。冯玉祥在羁留山西8个多月后，于1930年3月8日携一致反蒋协议，与阎锡山话别，返回所部，部署反蒋军事。5月11日，蒋介石下达对阎、冯的总攻击令，中原大战爆发。在此期间，贾景德曾肩负阎锡山的秘密使命，到郑州往见冯玉祥。中原大战失败，阎锡山下野，贾景德一度淡出政坛。

1932年2月，阎锡山出任太原绥靖公署主任后，贾景德复出，就任非他莫属的绥署秘书长。1934年12月17日，阎锡山之父阎书堂（字子明）病逝。阎锡山在回河边村守孝服丧期间，为表姿态，报请中央开去本兼各职，所有太原绥靖公署公务，着由秘书长贾景德代拆代行。也就是在这一年，贾景德在他家乡沁水端氏大兴土木建筑"贾府"，翻修祖茔，并自撰墓志铭。1936年，又在太原汇刻《沁水贾氏茔庙石刻文稿》出版。

　　斗转星移，时间的年轮定格在了1936年12月12日。这一天，西北"剿总"司令张学良、陕西绥靖公署主任杨虎城二将军为逼蒋抗日，在西安临潼发动兵谏，扣押蒋介石，震惊中外的西安事变爆发。西安事变爆发的次日，张、杨一面以其抗日救国的"八项主张"通电全国，一面分别致电各地方实力派，"共商抗日救国大计"。

　　阎锡山在收到张杨两电（一是致各地方实力派的"靖机电"，二是张学良专致阎，说明并非因蒋，乃请其容共团结、一致对日的"元未电"）后，当夜召集军政要员会议协商，赵戴文、徐永昌、贾景德、朱绶光、杨爱源、孙楚、周玳、王靖国、赵承绶等出席。会议的中心议题是何以自处。阎锡山先为会议定调："汉卿（张学良）、虎城，是个傀儡，此事幕后必为中共所指

1936年10月31日蒋介石、宋美龄等国民党军政大员摄于洛阳

使。"少顷，阎锡山两手交叉于背后，边走边交代贾景德拟一封给张杨的复电。这边会议继续进行，众人你一言我一语，议论纷纷，或指责张杨扣押领袖，是冒天下之大不韪；或分析事变背后之隐情；或主张讨伐；或主张调解。那边贾景德，揣摸阎锡山的心思，命笔成文：

"两兄靖机电及汉兄元未电均诵悉。环读再三，惊痛无似，弟有四个问题，质诸兄等：第一，兄等将何以善其后？第二，兄等此举，增加抗战力量乎？减少抗战力量乎？第三，移内战为对外战争乎？抑移对外战争为内战乎？第四，兄等能保不演成国内之极端残杀乎？前在洛阳时（指是年 10 月 31 日在洛阳为蒋介石祝寿时，阎锡山曾与张学良就停战抗日向蒋介石进谏之事），汉卿兄曾涕泣而道，以为介公有救国之决心。今兄等是否更以救国之热心，成危国之行为乎？记曾劝汉卿兄云，今日国家危险极矣，不洽之争论，结果与国不利，当徐图商洽。不洽之争论，尚且不利国家，今兄等行此断然之行为，增加国人之忧虑，弟为国家，为兄等，动无限之悲痛，请兄等亮察，善自图之。"

阎电发出，一连五个"乎"，语惊四座，引起各方关注。张杨立即回电，一面表示对"绥远抗战的佩仰"，一面解释"请蒋暂留"的目的——"只为贯彻抗日救国主张，既非内争，亦不赤化。"并派李金洲为代表，赴并见阎，面陈详情。南京方面亦把阎锡山视为重要角色，时任行政院长、主持南京政务的孔祥熙明确指出："阎伯川的地位很重要，无论讨伐和调停都要派人去问他的意见，同他商量或请他调停。"阎锡山因此而再一次处于举足轻重的地位。尽管时间很短——随着 12 月 25 日张学良亲送蒋介石返南京，西安事变和平解决，而风光不再——但那种万众瞩目的感觉着实让阎锡山过了一把瘾。真可谓一支秃笔，胜过十万毛瑟。

8. 流产的《亚盟宣言》

1937 年，抗战军兴，太原绥靖公署改称第二战区司令长官部。然而，不管机构如何变化，只要阎锡山做长官，贾景德的秘书长地位就不会改变。

11月，太原失守，贾景德随二战区长官部撤退到临汾。1938年春，日军南下，临汾陷落，阎锡山率部再退晋西，并一度驻于陕北宜川。贾景德奉命率领省政府的部分人员和物资先撤退到西安，后来又以陕西三原东里堡为基地。

1941年，远在重庆的蒋介石亲笔致函阎锡山，"国家危难已极，只要你我两人精诚合作，必能转危为安。请派玉（煜）如先生常驻中央，加强联络，随时晤谈。"阎锡山则这样评价他的秘书长："煜如日夜在公，公尔（而）忘私者。"是年12月27日，贾景德被任命为国民政府考试院铨叙部部长。同时，任国民政府稽勋委员会常务委员、国民政府法规委员会委员，常驻陪都重庆，沟通蒋阎关系。

在贾景德赴重庆任职前后，阎锡山开始了与日本军方的接触谈判。早在1938年6月，日本大本营陆军部就制订了一套所谓的"谋略计划"，规定对中国各派地方军进行瓦解和诱降工作，阎锡山作为其瓦解诱降的主要目标，被列为"狸工作"。1939年，日本中国派遣军总部成立后，鉴于"对第二战区司令长官阎锡山进行的怀柔招抚工作，在分裂瓦解重庆将领的工作中是有可能的，而且对其他方面的影响很大"的分析，责成华北方面军专负其责，改称"伯工作"。此后，日本军方加紧了对阎锡山的诱降活动。

1939年岁末发生的十二月事变后，阎锡山及其二战区面临着空前的困难。对此，阎锡山这样说："目前咱们的处境很不好，蒋介石要借抗战的名消灭咱，不发给咱们足够的经费，也不给补充人员和武器，处处歧视咱们，事事和咱们为难。共产党对咱们更不好，到处打击咱们，八路军在山西各地有严密组织，把老百姓都拿过去了。如果日本人再打咱们，那就只有被消灭了。"就在阎锡山敏锐地感到发生了生存危机的关头，1940年2月，日本华北方面军参谋长田中隆吉责成伪山西省长苏体仁，派人前往晋西设法与阎锡山联络。急于摆脱困境的阎锡山由此开始了与日本方面的长期接触，双方议而不决、决而不行的谈判一直持续到1942年5月。

1942 年，由于互不履行协议，阎锡山与日方的关系显得有些紧张。1 月，日方要求阎锡山履行前此达成的《汾阳协议》；2 月，日方对阎锡山提出最后通牒；3 月，对晋绥军实施攻击。文武之道，一张一弛，在与日方僵持了一段时间之后，阎锡山准备亲自出面会会日方代表。4、5 月间，为下一步的行动预做准备，已在重庆就任铨叙部长的贾景德被阎锡山电召回二战区长官部驻地山西吉县克难坡。

20 世纪 40 年代的阎锡山

回到第二战区的贾景德一个重要的任务就是协助阎锡山起草一份秘密文书——《亚盟宣言》。为了避免干扰，贾景德和阎锡山住到离克难坡约三公里的古贤村寓所，只带了徐崇寿和陈过两个秘书（为抄写便利）。徐崇寿这样回忆当时的情景："记得是一个下午，侍从长张逢吉到七间房（侍从秘书办公室）对我和陈过传阅的话：'带上简单的行李用具，随会长到古贤村，内勤队备马送去。'古贤村是距克难坡不远的一个小村。人马沿着羊肠小道，在一条两旁土崖壁立的沟内行进。上到崖头，看见一片黄土高垣上有一住户不多的小村。阎下榻于早为他准备的窑洞内。我们到了之后，当晚国民党政府铨叙部长贾景德亦抵此，安顿在阎住房之对面西屋内。后来才知是阎电召贾由重庆返回，共同起草《亚盟宣言》的。避居古贤村是为了躲开克难坡其他公务之干扰，而便于集中精力研商《宣言》之措辞。""每天饭毕稍事休息之后，贾即来到阎的窑洞内开始草拟工作。炕中置一小木桌，阎、贾二人盘坐炕上，口拟词句，我与陈过立于地下伏桌以毛笔记录。"草拟工作如此这般，持续了数日方告结束。

所谓《亚盟宣言》，实际是一个建议性的文本，可能是阎锡山准备在与日方的进一步接触中用来装点门面的。据少数几个得悉其详者透露，大意是说，亚洲之国，日本为先进，中国、印度为大国，东亚问题之中心是中日印三国。应集合各国民族之优秀者，组织亚洲民族革命同志会，协谋亚洲民族之解放，并建立亚洲大同盟。亚洲同盟，就外交一致，内政自理，有无相通，长短互助，以自荣达到共荣，以共荣增进自荣。文末是设问的口气："以天下为公成世界大同，岂徒亚洲之幸，亦世界之福也。日本人士，其有意乎！？"

1942年5月6日，阎锡山在吉县安平村与日本华北方面军第一军司令官岩松义雄等会晤。会上，阎锡山以演讲的形式谈了《宣言》的主要观点——亚洲同盟、外交一致、内政自理等。后因会晤不欢而散——日方置"不拍照"的承诺于不顾，不仅拍了照，还摄了电影，且态度蛮横恶劣。阎锡山不满于日方的表现，遂生"鸿门宴"的怀疑，不辞而别。结果是《宣言》没有交给日方。有资料说，《亚盟宣言》由阎锡山责成手下的留英美学人译成英文，曾托人送交印度领导人尼赫鲁参阅。

作为一份流产的文本，《亚盟宣言》本身的价值无关宏旨。重要的在于透过这件事情，可以看到贾景德与阎锡山非同寻常的关系，一方面是阎在政治上对贾的无比信任和依托，另一方面是贾对阎的思想意图的深刻领会和忠诚不贰。也就是在起草《亚盟宣言》的时候，贾景德曾对身边的秘书说，"会长从民元到今，几十年内国家元首更迭不少，但他却稳坐山西，功在国家，名在中外。"钦佩服膺之情溢于言表。

9. 谏言"兵农合一"

身为重要辅弼，贾景德对阎锡山可以说是从无二心，至忠至诚。但是，贾景德毕竟是一个不可多得的人才，学问才识俱佳——阎锡山之父阎书堂子明先生暨原配曲夫人合葬墓志铭，由五台赵戴文撰文、沁水贾景德书丹、榆次常赞春（清末举人，1913年毕业于京师大学堂，山西著名书画家）篆盖，文书篆珠联璧合，被时人称为"三绝碑"。这就决定了他凡事都有自己的见解，并不是人云亦云。

1943 年，与整个抗日战场和世界反法西斯战场开始转败为胜的大形势不同，偏安晋西一隅的阎锡山面临着重重困难——由于后方控制区的萎缩和日军严密的经济封锁（1942 年安平会晤后，谈判破裂。日军开始进攻汾南，在稷王山一带将晋绥军第三十四军击溃，并扬言进攻二战区长官部所在地吉县。同时，日军对晋西广大地区实行严密的经济封锁），兵员日益不足，补给日趋紧张——其正规部队第六十一军、第十九军，每连官兵最多者不过六七十人，少者二三十人；长官部及省政府等单位夜间照明用的是羊油所制之土蜡烛；明文规定全战区军人吃头等饭，其余人员吃二等饭，而头等饭的主食也只有小米五两。对此阎锡山曾无可奈何地说："我们今天的困难，是种地的人少，打仗的人少。"

为了摆脱困境，阎锡山从 1944 年春开始在晋西地区推行"兵农合一"。其具体做法是：

（1）编组互助。即以自然村为单位，把村中 18 岁至 47 岁的役龄壮丁（免役、缓役、禁役、停役的除外），不管其在村不在村，统一每三人编为一个兵役互助组，其中一人为常备兵，入营服役，二人为国民兵在家领种份地。国民兵每年共出米麦五石、棉花十斤给常备兵家属。常备兵三年服役（工兵、骑兵、炮兵为四年）期满后回村入组劳动，由组内另出一人为常备兵，依次类推。

（2）划分份地。即把村中土地以年产量 20 石为一份，划分为若干份地，优劣远近搭配。每一个国民兵领一份，份地不足时两人合领一份，份地有剩余时可借耕。保留地主土地所有权，按规定收取租金。

（3）平均粮银。即把划入份地的田赋，重新加以平均。各县原有粮银以不增不减为原则，偏高偏低时由村"调剂"、县"补救"。

按阎锡山的设想，实行"兵农合一"，既能缓解兵员不足（三丁抽一，兵源得到了保证），又能间接解决农民土地问题（通过划分份地，使人人有地种），完粮纳赋，补给也就自然有了。但是推行的结果是农民负担更加重了，农民不堪重负——孝义县一、二区每亩地产量最高者小麦一官石二斗，最低者四官斗，平均约为八官斗（240 斤）。每亩粮银九分四厘，加上田赋、地租、随赋负担等，折算下来每份地即需要负担四十一石一斗七升二合，而依平均亩产量八斗计，每份地的收成则只有四十八石，所剩不及七石。若再去掉饲料等项，实际所剩无几。因此，"兵农合一"一开始就不受老百姓欢迎。

抗战胜利，阎锡山的控制范围扩大到同蒲路中段及正太铁路沿线地区。为了加强统治、适应内战的需要，阎锡山把在晋西实施的"兵农合一"强行推广于上述地区，搞得民怨沸腾。

对于阎锡山推行"兵农合一"，贾景德不仅不肯苟同，而且反复建言。

1946 年 12 月，贾景德与孔祥熙、温寿泉、赵丕廉、徐永昌等联名致函阎锡山，指出："现在山西省府统治下之人民，逃至平津汴洛及西安等处者日益增加。大多衣食无着，颠连困苦，其状甚惨。在抗战时期图避敌寇而逃，或在共产党占据区域不堪压迫而逃，尚不足怪。今省府收复区内竟亦有此现象，殊出意外。"据逃难者陈述及调查得知，"推行兵农合一，将社会基础根本改造；征粮工作及其他一切摊派竭泽而渔；地方及乡村干部组织庞大、职权太高、分工复杂、生杀予夺、勒索凌辱，人民不堪其苦"。有鉴于此，建议"迅速停止'兵农合一'办法"，"撤销地方乡村各级干部，村长改由民选"，"取消一切不合理之摊派"等。

接着，贾景德又于次年 1 月单独致电阎锡山，婉言进谏："众口铄金，天下事只要真理存在，将来必有实行之日，不必成功自我。请默运渊怀，将兵农合一试办区缩小，一面试行制度，一面容纳众意，以慰共望。"

贾景德苦心可鉴，阎锡山虽表示理解，但仍固执己见。在回复贾景德的电文中称："煜如：江辰电悉，你以极大的热忱，欲完成我的历史，不愿人有所訾议，在你是很表道义，此间同人接读之后，无不钦感。惟兵农合一为救国救乡之惟一途径，我既认识此，主张此，又在元首前建议当面承诺在山西

抗战胜利后阎锡山与徐永昌（左一）、贾景德（左二）、杨爱源（左四）合影

试办此，按之当前山西环境亦诚需要此。不变更此主张，不委卸此责任，此即我追随国父的革命人格，报效党国的革命历史，一切牺牲在所不惜，毁誉成败，更非所敢计也。佛说，我不入地狱，谁入地狱。托尔斯泰主张劳动即持锹而死于工地，此其行符于言也。我既主张兵农合一，我还能不在兵农合一上牺牲一切，否则无以对元首，无以对国家，更无以对桑梓。此系山西安危所关，本党存亡所系，我绝非固执己见也。"话已至此，只能听任事态的发展了。

10. 危难之际不遗余力

抗战胜利后，贾景德继续在国民党中央任职。其铨叙部长一直任到1948年7月；1945年5月，当选国民党六大中央监察委员；1946年11月，当选制宪国民大会代表和主席团成员；1948年6月，任考试院副院长；1949年3月，加入何应钦内阁，特任行政院副院长。

在此期间，国内局势急转直下，和平不成，内战骤起。到1948年底1949年初，山西省城太原已经成为一座孤城，

1948年贾景德（右）与戴季陶（中）合影

风雨飘摇，朝不保夕。远在南京的贾景德清楚地意识到国民党丢掉山西只是时间问题，遂不遗余力地四处活动，试图促使阎锡山放弃太原，以保留山西的残余势力，不致把底牌也一起输光。

功夫不负有心人，在得到蒋介石同意后，1949 年 1 月的一天，贾景德由南京电报阎锡山，传达蒋介石的两条重要指示："一、就大局看，太原绝难长久支持，请速退往西安，担任西北行营主任，负指挥西北各处重责。干部由陈纳德用飞机接走，军队尽量西撤。由胡宗南派遣精锐，从离石军渡到太原的这条公路，打开一条走廊。另由陈纳德的飞虎队，抽战斗机一百架掩护西撤。二、共产党对太原兵工厂很重视，放弃太原的时候，一定要把兵工厂破坏掉。"

贾景德书法作品

如果站在阎锡山的立场上看，西撤不失为没有办法的办法，是最后的"曙光"。然而，斯时斯地西撤又是脱离实际的。首先是客观上已经不可能：1948 年 12 月，解放军已攻占了太原外围据点，阎锡山的部队被压缩在纵横不到 30 里的狭小地区，几乎没有回旋余地。且不说太军（指太原至黄河东岸军渡的公路）走廊打开的可能性到底有多大，就算能够成立，胡宗南也不会全力以赴实施救助。画地为牢、各自为政、相互拆台在国民党内各个派系之间司空见惯。覆巢之下安有完卵，解放大军势如破竹，胡宗南自身尚且难保，又如何救人？其次是主观上不愿意。太原是阎锡山统治的最后堡垒，孤注一掷进行最后的挣扎，是阎锡山的既定方针，所以绝不会轻言放弃。可叹贾景德又一次错误地估计了形势，由于阎锡山死守的决心已定，上述努力只落得徒劳一场。

西撤没有实施，太原弃守已成定局。阎锡山在城破前离开太原，先到南京，后撤广州。昔日，阎锡山曾为入主中枢逐鹿中原，落得一个惨败的下场。风水轮流转，1949 年 6 月 13 日，连立足之地也最后输光的败军之将阎锡山却因祸得福，在蒋介石与李宗仁的政争中，渔人得利，受命组阁，摇身一变成为国民政府的行政院长兼国防部长。时事难料莫此为甚。

6 月 3 日，立法院第三会期第二十五次会议，以 254 票对 56 票的压倒多数通过阎锡山出任行政院长的议案。6 月 5 日，阎锡山便以"我对中央各方面不熟"为由，提出"非请贾先生任行政院秘书长不可"。在阎锡山的一再坚持下（曾有代总统李宗仁欲任贾景德为总统府秘书长的传闻），贾景德由行政院副院长改任阎内阁秘书长，为阎锡山参赞一切。此后直到 1949 年 12 月 8 日撤往台湾，整整半年的时间里，贾景德鞍前马后追随阎锡山，辗转奔忙于广州—重庆—成都一线。在此期间，阎锡山发布的一系列文告里自然少不了贾景德的笔墨，阎锡山所到之处都可看到贾景德的影子。

10 月 13 日，国民党军队撤离广州，贾景德随同阎锡山由穗飞渝。

10 月 29 日，既是阎锡山 66 岁生日，又是太原光复纪念日。贾景德与徐永昌特邀阎锡山至重庆化龙桥商震旧寓晤谈。在谈及进退智愚时，贾景德劝谕阎锡山："宁武子之愚，不算高明。孔子恓恓惶惶，到处碰壁而不休，那才是高明之愚，仁者当如斯。宁武子可算是个智者。院长向来重仁次智，以孔子为仁，以老子为智；智者仅可善自身，仁者方能善天下。我愿院长学孔不重老。"

11 月 28 日，"国民政府"由重庆撤至成都，贾景德亦随阎锡山到蓉。

12 月 8 日，贾景德同阎内阁的其他成员一起撤离成都，飞抵台湾。

11. 最后的"秘书长"

伴随阎锡山一退再退，直至退到与大陆隔海相望的台湾岛上，贾景德成为屈指可数的几个与阎锡山相伴始终者之一。

　　与贾景德之于阎锡山一样，阎锡山之于风雨飘摇中的国民党及其"政府"称得上是尽心尽力，在担任"行政院长"的日子里，"由广州到重庆，由重庆到成都，复由成都到台湾。这一时期的军事、政治、经济与社会人心，其混乱的程度，自不待说，而每到一地，立足未稳，又行迁移的情形，正如同一个王室的流浪王子一样"。尽管如此，蒋李之争中渔人得利，出掌内阁的阎锡山还是难逃丢失大陆的指责。在"代总统"李宗仁称病离职、蒋介石背后掣肘，政治、经济一筹莫展的境况下，又要承担失败的责任，阎锡山的"行政院长"眼见着当不下去了，辞职卸任只是个时间问题。

　　1950年3月1日，蒋介石复"总统"职。同日，阎锡山呈请"内阁"总辞职。3月6日，中国国民党常委会临时会议准阎"内阁"辞职，并通过陈诚继任"行政院长"的议决。当晚，阎锡山与徐永昌齐集贾景德寓所，就上述问题研究对策。当徐永昌说到"陈诚之新阁如立法院通过，公可遂其愿。如通不过，公欲去而不得事小，国家之形势将如何事大，应有所考虑"时，贾景德接着发表了如下见解："如立法院通不过，院长可提出陈诚为副院长，

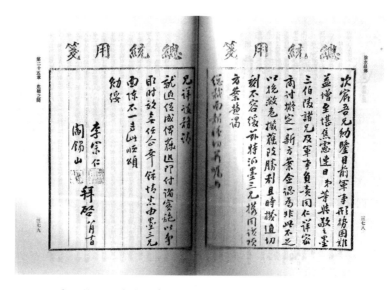

1949年8月10日阎锡山在"行政院"院长任上与"代总统"李宗仁
联名写给徐永昌的信

通过中常会即可任命，不需再通过立法院。任命之后，令陈代理院务，按宪
法副院长可代四十日，届时再提立法院通过，想不为难。"阎锡山马上表示
赞同："煜如之言甚好。我惟望顺利通过，倘通不过，即照此办。"徐永昌附
和道："此举要快，一得到通不过之消息，即往阳明山谒见蒋公，提出办法，
迟则枝节并生，不好挽回。"计议停当，只等"立法院"的议决。不想次日，
蒋介石即正式提名陈诚为"行政院长"。3月8日，"立法院"会议同意陈诚
继任"行政院长"。定局已成，"通不过"的问题已不复存在。3月15日，
阎锡山出席新旧"内阁"交接仪式，正式卸任。与此同时，贾景德的"秘书
长"生涯也就寿终正寝了。

　　从1912年入幕到1950年阎锡山"内阁"的总辞，38年如一日，"秘
书长"贾景德事主唯忠，殚精竭虑；成败荣辱，无动于衷；升降沉浮，全不
计较。过关斩将，败走麦城，阎锡山的足迹中无不融入贾景德的谋划和参与，
从这个意义上说，做了阎锡山幕僚的贾景德实际上已经丧失了自我，其一生
的成就只能依阎锡山而论。

　　12. 为阎锡山送终
　　结束了阎内阁"秘书长"的历史使命后，作为点缀，贾景德先后有过几

阎锡山晚年生活照

阎锡山晚年生活照

个头衔：1952 年 4 月 13 日至 1954 年 8 月 16 日，代理"考试院院长"；1952 年 10 月 10 日，当选中国国民党第七届中央委员会中央评议委员；1958 年前后，当选台湾第一届"国民大会"第三次会议主席团成员，与阎锡山同为"总统府"资政。然而，实际上等同赋闲。这样一来，贾景德与阎锡山不再是部属与主官，而成为至交知己。截至两人于同年先后谢世，整整十年时间里，他们往来酬酢直至人生的终点，而且是越往后交往越见密切。

贾景德在从政之余，喜欢和文人学者相往来，并写过不少旧诗词。早在 1919 年他就组织过"漫社"。1923 年，又在太原组织"韬园诗社"，和当时山西一些著名文人如郭象升、李亮工、常子襄等，诗酒唱和，关系密切。1941 年，任职重庆时将其诗作汇刻成书，名曰《韬园诗集》，由中华书局出版。到中国台湾后，再出版《韬园文集》。赋闲期间，贾景德曾经致力于研究山西文化，参与了阎锡山治晋期间历史文献的整理与出版。据台湾出版的阎锡山年谱长编记载，阎锡山在交卸"行政院长"的当天，即与贾景德等研究刊印《治晋政务全书》《晋绥军事全书》《要电录》等事项。阎锡山则在著书立说之余暇不时与贾景德等密友小聚，在探讨学理的同时兼叙旧情。

1957 年 10 月 29 日，阎锡山七五寿辰（虚岁）。这一天，贾景德陪同阎锡山前往徐永昌寓所餐叙。

同年 11 月 6 日，阎锡山在贾景德寓所会见田耕莘枢机主教，并赠惜别辞："建议天主教教宗作一个大弥撒，倡导成立世界议会，实行世界民主。"

1959 年 3 月 8 日，阎锡山入住台大医院作健康检查，贾景德偕"三军总医院"大夫丁农前往看望晤谈。

同年 8 月 26 日，贾景德八十寿辰（虚岁），适逢水灾，正进行救灾重建，遂请各界筹备负责人即行登报，取消原定一切祝贺节目，婉谢贺宴。阎锡山对贾景德之举措甚表赞同，蒋介石至贾景德寓所祝贺。

阎锡山进入老年后患有糖尿病、冠状动脉硬化等病症。贾景德虽然年长阎锡山 3 岁，却身体康健，精神矍铄。

1960 年 5 月 2 日，阎锡山患腹泻病，伴有腿部脸部浮肿等症，并无大碍。20 日，因感冒病情加重。次日，按照事先约定，贾景德陪同田耕莘枢机主教前往阳明山菁山草庐见阎。这时阎锡山已不能站立，舌僵，语言困难。贾景德见状速与"三军总医院"联系，派大夫上山诊治。阎锡山病情趋于平缓。

23 日上午 8 时，因挂念阎锡山病情，贾景德再上阳明山探望。阎锡山精神尚好，两人从容地进行了 30 分钟的谈话，内容多涉及对时局的看法。最后关头，阎锡山念念不忘的仍然是"反共复国"。他对贾景德讲：国家有"总统"（指蒋介石）领导，全国上下必能团结一致，反攻大陆，完成"反共复国"的伟业。惜自己已不能追随"总统"回大陆去，并深表遗憾。必须实现国父的三民主义，完成世界大同。贾景德一边频频点头称是，一边尽力安慰。

随即，阎锡山病情进一步恶化，已由感冒引起的气管炎转成急性肺炎合并冠状动脉硬化性心脏病，气喘剧烈，汗如雨下，坐卧不宁，情况危急。贾景德遂与家属商量，送台大医院急救。1960 年 5 月 23 日 11 时 32 分，阎锡山在贾景德的陪伴下，前往台湾大学附设医院，路上因病情恶化，永远地

位于台湾的阎锡山墓

闭上了眼睛。

阎锡山身后极尽哀荣，蒋介石特发"总统"褒扬令，举行"国葬"，政要致祭。当天，"阎伯川先生治丧委员会"成立，何应钦为主任，贾景德与唐纵为副主任。作为治丧委员会副主任，贾景德参加了从致祭、大殓到选墓地的全过程。在贾景德的主持督导下，经数次勘测，选定七星山之阳为阎锡山墓地，并动工兴建。

阎锡山遗体安葬仪式原定于 10 月 5 日举行，后因气候关系，推迟至 12 月 6 日。贾景德作为阎锡山政治生涯的伴随者和见证人，自然是这最后的仪式中必不可少的人物。无奈天不假年，为阎锡山安排好一切之后，贾景德没有来得及参加葬礼，就于同年 10 月 20 日因心脏病突发而撒手人寰，紧随阎锡山而去，享年 80 岁。

（二）"诸葛""吕端"徐永昌

1. 髫龄失怙恃，少年入行伍

任国民政府军令部长时的徐永昌

1887 年 12 月 15 日，山西崞县沿沟村四十有四的中年汉子徐庆喜得贵子，取名永昌，寓光前裕后之意，表字次辰。

永昌是徐庆唯一的子嗣，所以备受珍爱。家乡地瘠民贫，从爱儿前途计，徐庆毅然背井离乡，携带家眷北上另谋生计。于是，徐永昌尚在襁褓之中，就随父母辞别故土，移居大同。

1889 年，徐永昌年仅两岁，生母赵氏即因病弃世。其后，其父续弦张氏。继母贤惠，丧偶寡居，原有二女一男，视永昌如己出，疼爱有加。兄友弟恭，家庭和睦。"朝为田舍郎，暮登天子堂"，年逾不惑的徐庆把光耀门楣的希望寄托在儿子身上。依照崞县地方耕读传家的习俗，徐永昌 5 岁即在粗通文墨的父亲指导下读书认字，开始念《三字经》《百家姓》等启蒙读物。及至 7 岁便入塾受业，先读《论语》，依次读了《孟子》《大学》《中庸》《左传》《书经》，并涉猎《诗经》等，有了良好的旧学基础。幼年的徐永昌天资聪颖，但缺乏恒心。其父曾正颜以教："不诚无信、怕劳怕苦、没有恒心，就别想成材。最痛惜的是自毁前程！"一番教导令他铭刻在心，且受用终身。

清贫而快乐的童年一闪而过，深深地印在徐永昌记忆中，接踵而至的灾难更是挥之不去。贫穷疾病总与死亡相连，从徐永昌 9 岁开始，张氏母亲带来的三个子女相继病死。1900 年 6 月，继母忧伤成疾，随子女而去；三个月后，其父亦因旧病新痛不治而亡。13 岁的徐永昌转眼之间成了无依无靠的孤儿。

失去怙恃的徐永昌不能再过塾中受业的闲适生活，他必须自食其力。于是，在父丧一个月后，少年徐永昌在父亲朋友曹叔的车马店内当起了打杂工。这是个多事之秋，义和团运动，八国联军入侵，慈禧携光绪逃离北京……8 月，慈禧一行经晋北、太原，到西安。毅军总统（军长）兼武卫左军总统宋庆将部队由前方撤回，分道护驾。12 月初，武卫左军开到大同，其中的后路后营（其时一军分前后左右中五路，一路分前后左右中五营，一营分前后左右中五哨）驻进徐永昌做工的车马店内。

武卫左军后路后营师爷（书记官）姓徐，名椿龄，年近半百，尚无子嗣。因见永昌诚实勤谨，孤苦伶仃，顿生恻隐之心，遂带回营，留在身边，充执勤务。徐永昌从此栖身行伍。

徐永昌与徐椿龄先生随军历经晋、陕、豫、冀，清廷与八国联军议和成约后开驻通州。一年以后，由马夫正式补为兵员。转眼到了 1904 年，17 岁的徐永昌由军中苦力改做司书。在此期间，徐永昌凭借幼时入塾受业的功底和勤勉，博得上司的好评。同时，他利用空闲时间加紧读书，充实自己。

1908 年，徐永昌考入毅军随营学校步科学习。1911 年（宣统三年），以第二名的成绩毕业，入武卫左军左路前营左哨做副哨长。辛亥武昌起义后，改任新兵营哨长。1912 年（民国元年），再入陆军部将校讲习所。次年，毕业考试名列第一。在随营学校和将校讲习所前后四年的学习，使徐永昌具备了良好的兵学知识。学无止境，将校讲习所毕业后，徐永昌接着投考陆军大学，初试及格。1914 年初，通过陆大复试，继续深造，学习步科。1916 年底，陆大的三年学习圆满结束。漫漫求学路，把徐永昌造就成一个具有完备兵学基础知识的合格军人。至此，徐永昌完成了从孤儿到士兵，再到难得的军事人才的三级跳。

军旅生涯和不断求学，使徐永昌不仅具备了一定的军事素养，而且有了敏锐的政治嗅觉。袁世凯复辟帝制时，还在陆大求学的他即与孙岳、王法勤等同谋讨袁。陆大毕业后，留京参与续西峰、孙岳等领导的北方民党工作。

1917 年，张勋复辟的丑剧落幕后，孙岳奉直隶总督曹锟命创办直隶军官教育团，徐永昌受聘出任教育长。自倒袁相交以来，徐永昌与孙岳已成莫逆，一直以兄弟相称。1920 年 7 月，孙岳成立直隶省保卫团，徐永昌任营长。后孙岳出任第十五混成旅旅长，徐永昌再任旅参谋长。1922 年夏，第一次直奉战争后，孙岳兼冀南镇守使、右翼巡防统领，徐永昌任第十五混成旅第二团团长。1924 年，第二次直奉战争爆发，续西峰联合冯玉祥、孙岳等倒曹、吴，发动北京政变，徐永昌虽有不同意见（他认为曹、吴政治虽然不好，尚有国家人民，可以促其整顿改善。现在还有纵兵糟害百姓的人，我们却不问，反要先倒曹、吴，这实在不是顺理成章的事），但仍与孙岳保持一致的行动。

北京政变后，段祺瑞以中华民国临时执政主持北京政府，国民军成立，孙岳部被编为国民第三军，拥有一个师、六个旅的兵力，徐永昌坚辞师长不就，出任第三军第一混成旅旅长，驻防保定，负责京津沿线北段治安。1925 年初，孙岳就任豫陕甘三省总"剿匪"司令，"入陕督陕，入甘治甘"，徐永昌兼任第三军第一路总指挥，由保定开拔，经河南西进。是年 8 月，孙岳奉命兼任陕西省督办，任徐永昌为第三军第一师师长兼陕西警备司令，准备向甘肃进发。不料，段祺瑞又任命冯玉祥为甘肃督办，第三军在入甘不能、留陕不足以自给的局面下，引兵东进，出河南，北上京、津。

2. 处人与处事的辩证

徐永昌在近四分之一个世纪的时间里完成了从孤儿到将军的转变，这固然与他的机遇、他的天赋、他的勤奋刻苦不无关系，也和他的处人处事分不开。少年的不幸和丰富的阅历，使他注重修身养性，始终保持一颗平常心，豁达大度，为人处事不走极端。徐永昌的一些认识可谓精辟，充满辩证的意味。

他认为，蚊虫咬人是痒的，犬狼咬人是疼的，此因人比蚊虫大的倍数多、比犬狼大的倍数小的缘故。假如人大于犬狼的比例，提高到大于蚊虫的倍数，即便犬狼咬人，人亦不觉得痛了。所以劝人不要总是感觉别人对自己不好，这都是自己胸襟狭小的过，如能将自己的胸襟放大，一定不会再与人那样过不去了。

说到公平与不公平，他说，人总是偏向自己的，而不自觉其不公平，也可以说是人情之常，正如同我们的心脏偏在一边一样，是与生俱来的。要想纠正此一偏差，即须先认清此一本性，假如与人分物事，多少让对方占一点便宜，对方一定说你很公平，如果你自己认为很公平，则对方一定说他吃了亏。你只要承认人的本性生来即有此弱点，遇事多少让人一点，自然会得到公平的反映，大家无论对军队对地方，都应以此去处理，则军队中和地方上对我们自然而然地都没话说，即朋友相处亦应如此存心，方能各得其平。否则自己占了人家便宜，还夸自己公平，岂非笑话。

讲到"人的生活"，他说，吾人应与多数人共同生活，才是人的生活，即一切伦理道德皆属之，如仅为一己生活，则与禽兽生活何异。人的生活第一当然是起居饮食，其次便是存心行事，我们只要有相当知识，不必多论其他，仅就每个人眼前最希求的生活中享受一点而言，我觉得多数人是忽略了理智的选择，而趋向于水平线上的寻求，不知这是大错特错，不但得不到希求的享受，反而寻到不应有的苦恼。举例而言，吃饭欲其香甜，莫如饿了再吃，自然香甜。如不待饥饿以美味诱使多食，则肠胃不受，必至于生病。又如欲精神身体愉快，莫如劳动后休息，自然愉快。如坐卧到厌烦时，服用鸦片或吗啡，以求一时的愉快，则嗜好一成，苦海难拔。所以享受之选择，应在水平线下求之。"劳则善心生"，就是此意，此起居饮食之最需注意者也。至于存心行事，则莫如忠厚克己，自然走上为多数人生活之途径，亦即共同有利生活之途径，所谓"但好做事莫问前程"是也。

关于心理与修养，他以为，中国人很早即说"心"，欧美人则说"脑"，故欧美人说知识发于脑，我们是说发于心，西人所谓上帝是生儿育女的上帝，我们所谓上帝乃是对宇宙主宰者之尊称，无生儿育女的故事。有人说上帝是稽查人的善恶的，我说上帝即在人的心中或脑中，当人出生时，上帝即遣派一主宰者与之俱来，稽查其人之善恶，如此你自己之所言所行，一善一恶，你自己无不知之，即是上帝无不知之，你自己心中脑中替上帝查了，比上帝查还要普遍周至，是即所谓良心。良心即是人之主宰，亦即上帝。理胜欲，即是善，亦可说上帝战胜恶魔。欲胜理，即是恶，亦可说恶魔战胜上帝。但不问欲胜理或恶魔胜上帝，胜尽管胜，而理与上帝仍然长存，亦即良心永远不泯。故至善之人或有时不明，而至恶之人亦有时不暗，非上帝有时明有时暗，实是自己有时明有时暗。要他明多暗少或永远不暗，全在我们自己的修养与存心。善念时间多恶念时间少，或是相反的恶念时间多善念时间少，都刻画在你的神态上面，无所逃遁，种瓜得瓜，种豆得豆，不是上帝果报，全仗自己种福。

3. 送上一份"见面礼"

1925 年秋，国民第三军入甘不能，转而出潼关，到河南。这时，续西峰等正在策动河南人樊钟秀进攻山西。续西峰虽系山西的辛亥元老，但多年以来因与阎锡山政见不同，脱离山西，在外从事反阎活动。樊钟秀部原驻河北顺德以西至太行山一带，械弹两缺，军饷无着，士无斗志。续鼓动樊说，山西军之软弱，我知之甚稔，可谓静如处女，动亦如处女，一闻枪声便会逃跑。拿你南征北战的经验，带队入晋，我保证你势如破竹，胜利在握。又说，祁（县）、太（谷）、平（遥）之富，也是你想象不到的。民元阎锡山派人去借军饷，祁县渠家拆了一堵墙，就取出白银五十万两。你如入晋，还愁军饷无着吗？樊钟秀深受鼓舞，积极准备攻晋。续西峰则试图拉拢甫至河南的孙岳部一起对付山西。

20世纪20年代，国中群雄争霸，战事纷起。国民第三军将去向何方？孙岳分析当时的局势，认为，天津既有港口，又有关税，得有天津，胜过几个山西，力主先打天津的奉系军阀李景林。徐永昌身为山西人，不愿桑梓涂炭，且对阎锡山的"模范省政"素有好感，又与晋军将领周玳、孙楚等有旧谊，亦极力阻挠攻晋。在国民第二军胡景翼防区郑州召开的军事会议上，徐永昌发言说，山西一贯奉行"保境安民"，攻打山西师出无名，动则必败。不如先打直隶，继取山东，赶走奉军后，再作计划。会议由续西峰（时任国民军总参议）主持召开，本是讨论进攻山西，最后的决定却是"合力攻奉"。

之后，徐永昌率部北上。在石家庄，他见到原定协同樊钟秀攻晋的弓富魁、胡德夫。当弓、胡说到续西峰要叫大家先取山西，你意如何时，徐永昌明确回答，我前奉督办（孙岳）命与岳（岳维竣，国民第二军军长）会议，决定合力攻奉，你们如何行动我不能管。弓、胡皆系山西人，亦不想与晋军作战，听了徐永昌一席话，遂放弃攻晋计划北上。这样，续西峰精心策划的攻晋之战，最后只剩下樊钟秀一支孤军。

虽然国民第三军及其他各部置身于攻晋军事之外，但樊钟秀进攻山西则势在必行，只是个时间问题。徐永昌恐山西方面事先不知情，遭受突然袭击，又在率部北上之前，遣人通过周玳向阎锡山通报了信息。阎锡山得信，迅速调兵遣将，布防于东阳关—峻极关—娘子关一线。由于樊钟秀力量自先不足，山西方面又早有防备，攻到辽县即被晋军打败，仓促之下由峻极关退出。

从徐永昌的处事哲学看，也许他当初力阻进攻山西，并决定向阎锡山暗通款曲，只是单单从国民军的出路和对山西的乡谊出发，并没有讨好阎锡山的用意。然而历史的脉络是，事隔不久，徐永昌即率国民第三军加入晋系，成了阎锡山麾下的重要角色。从这个意义上说，徐永昌所做的这一切无异于一份"见面礼"。正因为如此，徐永昌在为国民第三军寻找出路的关键时刻，毅然回归山西；阎锡山对徐永昌尊敬信任兼而有之；在很长时期中，阎锡山凡事都要郑重征求徐永昌的意见，徐永昌则每每主动替阎锡山出谋划策，许多建设性的意见由此产生。

4. 率军投晋

1926 年春，国民军在天津失利，第二军溃散于豫西，第一军撤至五原，冯玉祥下野出走苏联，徐永昌率领所部（第一师）及第三军之愿撤西北者退集包头（其时孙岳因病休养，徐永昌受命代理第三军军长）。4、5 月间，苦无出路的国民第一军准备以借道入绥为名从雁北攻入山西，徐永昌再一次明确表白"不愿与山西作战"的态度，声称："我几十年未回山西，绝不愿打得回去。山西一向是保境安民的，他有理由断路，我们也有理由与绥远打成一气，症结所在是彼此不能相信，若努力疏解，或有商量余地。"接着，国民第一军六路攻晋，晋军倾全力应战。8 月，国民军不支，退出晋境；晋军乘胜追击，一鼓作气打到归绥。

接踵而至的失败，使国民军各部不得不认真考虑自己的出路问题。1926 年 9 月，冯玉祥从苏联归来，召集旧部于五原，策划重振旗鼓。同时，在对晋作战问题上的超然做法，更加拉近了徐永昌与晋阎的距离，为扩大实力、网罗人才计，阎锡山有意拉拢徐永昌。冯玉祥以取得苏俄支持相号召，徐永昌则出于对苏俄之成见，认为：俄国扶植我们，尽管有诚意，但他的存心并不善。我在民国十三年即觉得俄国与孙中山先生所订契约就未怀好意。他要对中国怀好意，为什么不依照诺言将与曹政府所协议的中东铁路交还中国？我们内乱，犹如兄弟阋墙，第三人送一把刀，无论交与弟或兄，总是于我们不利的。俄人侵略成性，对我并无好意，在近代中俄交涉史中所有两国边界情形，一展舆图，即可证明。而彼则强调扶助弱小民族，殊不知其扶助也者，乃先助某国一部分人民脱离本国而独立，再即将之并入俄国，美其名曰联邦，实乃劫持之使为附庸耳。鉴于思想认识上的分歧，徐永昌商之于孙岳，决定"以后的行动要与国民一军分开"。

分开之后怎么办？国民第三军何去何从？徐永昌举棋不定。正在这时，孙楚托人转来一信（孙楚与徐永昌系辛亥老友，私交不浅）。徐永昌遂回一信，提出："拟在五原屯垦，未知阎先生能否相助。"徐永昌的试探很快得到回音，孙楚二次到绥传达了阎锡山的答复："听说次辰要在五原屯垦，我觉得与有人格的人作朋友是荣誉的。次辰要在五原屯垦，我不但同情而且要尽力支持。"徐永昌深受感动，得到莫大的鼓舞。1926年冬，在与晋军在绥将领商震、杨爱源、朱绶光等进一步接触的基础上，徐永昌动身前往太原。在太原，徐永昌一住就是三个月。期间，多次与阎锡山晤谈，彼此投契，相处甚欢。阎锡山对徐永昌早怀好感，表示"恨相见太晚"。徐永昌则强调："我是山西人，不愿对晋军作战，雁北战役我就未入晋地。张作霖贪得无厌，凶狠异常，祸国殃民，讨张愿为前驱。"

1926年农历年底，徐永昌离并返部。其时，第三军因与第一军分道扬镳，已离开包头，到达陕西神（木）府（谷）地区。1927年初，正当徐永昌面对衣食不足、鞋袜破烂的队伍，一筹莫展时，接到南桂馨急电："东方恐怕有事，希望贵军能开到沿河一带，并请兄先来太原一商大事。"2月，徐永昌在按电报要求部署好一切之后，二次到太原。

原来这时的阎锡山也走在了政治的十字路口：一方面广东国民政府于北伐军攻占武汉后，派代表赴晋，联络山西参与北伐；另一方面张作霖于就任"安国军总司令"，正式把持北京政府后，发表阎锡山为"安国军副总司令"，以兵临晋境相威胁，要阎锡山与他合作。阎锡山面临两难选择，孤悬华北，奉军近在肘腋，宣布支持北伐则可能等不到与南方呼应就先牺牲自己；而北洋势力眼见已成强弩之末，与之合作明摆着没有前途。虚与委蛇、托辞拖延是为上策。

徐永昌到太原后，阎锡山即将实情和盘托出，请求配合。徐永昌对山西的处境表示同情。双方商定国民第三军渡河进驻山西，阎锡山"自然用客军入境推诿奉张"，并月助第三军军饷三万元。

1927年3月间，按照事先约定，徐永昌的第三军步兵两个师、骑兵一个师、炮兵一个团及一个独立炮兵团，沿黄河西岸南下，由临县碛口渡河入晋，分驻汾阳一带。后因张作霖压迫阎锡山就副总司令职越来越紧，徐部又进一步东移到榆次一带。于是，阎锡山更以客军深入作为延宕张作霖压迫的借口。

尽管国民第三军只是以客军的身份入晋，起先并没有加入晋军序列，但是一经踏上山西的土地，接受了阎锡山的津贴，也就在事实上成为晋军的一个重要组成部分；徐永昌本人则自此时起，即与阎锡山合作共事，为阎锡山

位于太原市精营东边街 12 号的徐永昌旧居

出谋划策，被阎锡山倚为左右手。这无疑大大加强了山西地方的实力，使阎锡山如虎添翼。

5. 讨奉之役接兵符

经过一段时间的观望，1927 年 6 月 6 日，阎锡山接受南京政府的任命，宣布就任"国民革命军北方总司令"，易帜拥蒋。与此同时，军事形势发生变化——奉系张学良部在河南将吴佩孚的势力击溃，冯玉祥部由西安向潼关以外活动，蒋介石指挥的国民革命军由湖北向河南推进，张学良部向北撤退。之前，阎锡山面临两难选择，不得不对奉张虚与委蛇，如今底牌既已亮出，先发制人、主动出击就成为必要的了。有鉴于此，徐永昌力主当机立断，向奉军出击。为稳妥起见，他先请杨爱源切实与阎锡山说明出击奉军之利，见阎锡山犹豫不决，随即又亲函劝之："当此奉军披靡北撤，迤逦千里，若不乘此出击，无异坐失倒奉张之良机。"岂料，阎锡山已经接受蒋介石的电令：待南京方面攻占徐州后，分兵陇海，形成侧击京汉线态势，再行出兵。故而不便单独倒奉。先发制人不能实施，退而求其次，徐永昌得到阎锡山的允许，出兵井陉，屏蔽山西东大门，预设前沿阵地。张学良退过滹沱河，布防于沙河之线。

按照徐永昌的设想，倒奉的良机虽然失去，然而与奉张一战如箭在弦。8、9 月间，阎锡山为出击奉军之事召集高级军事会议，徐永昌应邀出席，与会的还有杨爱源、孙楚、周玳等。会上徐永昌与阎锡山意见分歧，他认为出击时机已过，必俟南军进至陇海线方可再出；阎锡山则迫于与奉军作战的态势已经形成，双方军队已呈剑拔弩张之势，不能再等，认为出击之机已至，决定即刻发动。9 月 29 日，阎锡山发表讨奉通电，晋军（称为"北方国民革命军"）各部从指定位置向奉军发起进攻——杨爱源所部出获鹿，徐永昌所部由井陉出平山，合为一路，向北攻击。

讨奉军事起初进展顺利，不到一周时间，左路前锋王靖国师轻取张家口、万全，李生达师占领宣化；右路的国民第三军与晋军联合部队在扫除滹沱河敌方前进阵地后，分别进至行唐和东长寿之线，再经过一次突破性攻击，占领望都、定州。与此同时，冯玉祥所属各部在陇海、津浦两线也发起进攻，奉军陷入东西两线作战的境地。

10月10日，张作霖调整部署，在津浦路取守势，集中优势兵力于西线。晋军深入敌后，腹背受敌，优势变为劣势，不得不全线后撤。这时阎锡山尚在东长寿前线指挥。

晋军开始全线后撤之际，徐永昌因见杨效欧师后部正向西行，说是向曲阳龙泉关去，又知杨爱源、周玳、杨效欧等其时业已西去，急令参谋追截。随即，亲自驰骑往邀之，声明："除原由龙泉关出之丰（玉玺）傅（存怀）两部仍回龙泉外，其余应悉转行唐，向平山、获鹿撤退。否则阎先生轻车驻东长寿，正太路空虚，奉军数日可进太原，君等将安所归？且入龙泉则所有野炮皆须委敌，将来如何应敌？此固末节，但亦不可不虑。"杨爱源、周玳等恍然大悟，遂接受徐永昌的建议，命令所部各循旧路回师。前线晋军除傅作义部被困涿州外，悉数安全撤退。

紧急关头，徐永昌不避嫌疑反客为主，处置得当，使晋军避免了一场可能发生的危机。阎锡山感佩徐永昌的军事才能，特电约徐永昌到井陉晤谈，委之以东路指挥大权，第三军仍以客军待遇。徐永昌在婉言推辞不能奏效的情况下，就任北方国民革命军东路总指挥。

6．主动释兵权

在徐永昌接受指挥东路军事的任务时，阎锡山主张毅然决然放弃前方，保守井陉山地，认为只有这样才能坚固部署阵地，保得东路无虞。徐永昌则觉得井陉山阵地，一点准备也没有，山虽险峻而寒冷异常，人稀地阔，少饮水、无燃料，不经部署，遽然退守山地，反而很难，虽有险要，亦用不上。故主张"留少半兵力固守前方，拼死也要先守住前方，非待后方布置妥当，不往回撤。因此且能使后方军队容易整顿。总而言之，井陉山地虽然险要，不经部署则绝不能守，一处有失，全盘坚守均失"。于是，在徐永昌的坚持下，杨效欧的一个师被留在了前方。这样，东路晋军在撤退过程中形成如下部署：杨效欧师在获鹿前方，第三军在平山前方连接杨效欧部，其余晋军各部退至井陉山地，布置防御工事，并乘机整顿队伍。阎锡山起初认为晋军不长于野战，离开井陉山地非常危险，这样做是冒险，其结果可能会白白送掉一个师。然而，后来的事实是，凭借上述防御体系一直维持了三四个月，奉军因天寒地冻及其他事故未能大举进攻，徐永昌则利用这三四个月的时间，不仅将井陉山地工事筑好，运煤、积雪水，一切都从容准备就绪。而且在井陉矿场炼了三四个月的焦炭运回太原，解了焦炭供应不足的燃眉之急。待到次年2、3月间，奉军开始大举进攻时，在前方略予周旋，一夜之间，即退到井陉山，进入阵地。

在撤离井陉时有一趣事不能不记：徐永昌在井陉屯兵三四个月，积存了大批干草备用，临走时兵站主张放火烧掉。他说："烧草无非怕敌人利用，实则敌人的牲畜宁将人民的饭吃了亦不会挨饿。"所以下令好好保护，并在各草堆前竖立木牌，写明留草不烧，以备奉军来用，三个月后假如你们用不完撤退时，亦请勿烧掉。同时派专人守草，防止老百姓放火。4月，徐永昌率部反攻到井陉时，真的尚有若干干草留下。一切如当初所料。

1928年1月4日，蒋介石于下野四个月后，复任国民革命军总司令。2月28日，南京国民政府军事委员会统一北伐军序列，准备继续北伐。晋军被改编为第三集团军，徐永昌旗下的北方国民革命军东路军改称第三集团军右翼军，徐永昌续任指挥。主要作战任务为出井陉，抢先攻占石家庄及其以南的元氏、高邑，控制京汉路，切断石南奉军主力北归之路。

4月初，在第二、第四集团军次第北上的形势下，第三集团军发起反攻，徐永昌的右翼军首先突破奉军防线（2、3月间奉军发起的进攻持续了几个回合，不能动摇晋军阵地，双方便呈对峙状态），一击之下，敌即退过滹沱河，再次进攻即打到望都。5月31日，进入保定，兵逼京畿。

正当徐永昌率部打到保定城，以国民第三军的名义布告安民之际，突然接到孙岳在上海病逝的电报，同时接阎锡山命令，驻守保定。随即，阎锡山北上亦到达保定。

1927 年底，孙岳从太原赴上海治病，完全脱离第三军（此前一直随军行动，先五原，再神府，再汾阳）。不久之前，徐永昌在望都前线曾收到孙岳的亲笔信，说："阎公亲自东出，弟将何以自处，似宜始终与之结合，否则孤立也。"对第三军的出路预先作了交代。到了保定，孙岳已死。徐永昌思前想后，决定正式加入晋系。于是，在保定，他一边筹办孙岳的丧事，一边毫无保留地向阎锡山表示："我一向用国民第三军的旗号，完全是为孙禹行（孙岳字）的关系，现在他逝世，此一番号无保留意义。你是北方军（第三集团军）总司令，我们一路来，我愿归你节制。去冬我虽受到南京政府命令任为第十二路军总指挥，但我亦因禹行先生关系，未曾对斯项任命加以理会。不几日蒋先生亦派其旧友副官长姚味辛中将来保定与我联系（因为姚味辛是我陆大同学），促就十二路军总指挥职，我对味辛说：'论理我直归国民政府最合理，但由于我从十五年直到如今，在国家当时我认为是无政府时代，阎先生与我这样相处，在感情上说我不能那样做，况阎先生亦归属国民政府，并非与政府对立的。'"

在徐永昌的主动要求下，北伐胜利后，国民第三军正式加入晋军序列，编为第三军。

人云："诸葛一生唯谨慎，吕端大事不糊涂。"徐永昌可以说是两者兼而有之，既处事决断，精明强干，又待人以诚，唯恐不慎；深谋远虑，非常人所及。在那个"有枪就是草头王"的时代，多少人奉行武力至上，拥兵自重。徐永昌却反其道而行之，在主动放弃独立地位、率部归属阎锡山的晋系之后，又以"军民分治"相号召，自释兵权。

还在北伐军事甫定之时，徐永昌即将所部第三军整编为两个师（师长一为马延守，一为方克猷）、一个骑兵旅（旅长吕汝骥）、一个独立团（团长梁鉴堂）。1928 年 10 月 12 日，徐永昌被任命为绥远省主席。上任之前，特派专人备文请阎锡山将所属部队纳入第三集团军序列，散编于各军之中。阎锡山大惑不解，关照道："绥地不靖，带上队伍，较易施为。"徐永昌主意既定，遂明确表示："若不带兵即无能施为，那便带上兵去亦做不好；主席是一文职，军民分治，请自昌始。"于是，三军之马延守师、方克猷师、吕汝骥骑兵旅、梁鉴堂炮兵团分别拨归孙楚、杨耀芳、赵承绶、杨澄源各军。

自释兵权，在北洋军阀方倒、人人争相拥兵自重的时代，确系脱俗之举。首先不能理解的是第三军部将。徐永昌在第三军全体干部会上将他的决定一宣布，立即遭到一致的反对。面对群情激愤的场面，徐永昌晓之以理，动之以情："北伐完成，国家统一，中原逐鹿，已成定局，我们不可能亦不应当企图于各集团之外，再成一个集团。所以我们今后，不归于此，即归于彼，大家必须认清此一环境！再说，本军是督办（孙岳，曾先后任陕西、河北两省督办）手创，因他生病，责我代领，所以阎总司令要我率军入晋而允我不改番号。我们北伐到保定后，督办病逝上海，我们在保定开会追悼。北京下后，督办灵柩北归，我们在天津迎灵，北京治丧，这可说是本军的大事，亦是本军对督办的敬意。入晋之时本军如改番号，就对不起督办。现在国家统一，本军如仍坚持保留国民三军番号，这就对不起阎总司令，亦即对不起国家！我所以着手整编部队，自己调整人事，这样队伍还是大家自己带着，归属第三集团军建制，大家跟着人家好好干，都有前途。我这样做，全是为国家为朋友为全军而绝不是为我个人打算！如果不明此意，仍要保持现状，这不等于是拥兵自为要独立吗？"一番话语重心长，义正词严，说得众人哑口无言，一一遵照执行。

7. 建议察绥屯垦实边

早在 1907 年，徐永昌因事前往黑龙江，见所到之处野旷田肥，即想：如彼好地，大可屯兵数十万，既固边防，亦省国帑。遂萌发了屯垦的念头。

1928 年秋，徐永昌受命出任绥远省主席之前，早年屯垦戍边的思想进一步明确起来："察绥地区虽远逊黑省（黑龙江），但凿渠引水，亦成良田。

我国工业不发达，内地失业人多，今日移民实边，不惟救民生，亦所以固边防也。盖我国边防，主要即在蒙古，所以说要这个国家，就得要蒙古，要蒙古就得要蒙古人。美国对土人曾有特别保护条例，蒙古人生活环境，视美国土人尚不如，非由政府救济之不可。如办学校以改善其生活，诱导其开垦荒地，使与汉人杂处，移易其习尚等。自满清朝廷逊位，蒙古人几不服政府，袁世凯以后更且不知有政府。故在今日蒙旗，其对人的观念颇重，若由阎先生亲自赈济，必可收其一部分人心，以阎先生有十余年之稳健历史也。"

有鉴于此，临行，他先后两次向阎锡山建议屯垦，提出："屯垦之事，我三集团如不能大部分去做，可先使昌以万人试之，去数月后，借两个月饷以购置农具，并请公家发些修盖营房款项，则三年以后，万人中可有五千人变为地方居民。即不然，三四年亦可以全数遗留于该地以为农民，继续行之，地开而边实矣。最小限度用三年之饷，办一部分无后患之编遣，而此三年中，仍可为国家负军事责任。三年以后，成亦无危险之移民，亦可为也。"阎锡山答以"容即图之"。

上任之后，徐永昌亲见绥边地广人稀，及与蒙人相处情形，更觉屯垦之急切。当时，外蒙古已形成独立态势，中国却内战频仍，民生凋敝，边防不固，苏俄日本插手蒙古事务，内蒙古各盟旗亦有分离失控危机。而屯垦正是寓兵于民，就近以晋绥两省力量开发边疆、保卫边疆的最佳选择。徐永昌认为这不但是巩固西北边防的要务，而且也是消灭内战危机的一个有效可行的办法。所以，次年春借回太原处理其他事务之机，进而向阎锡山指出："察绥商业受俄人侵略，日见衰弱，库伦则失败净尽，而一般猛浪青年，尚侈言收回外蒙，我认为此事如无适当办法，尚不如任外蒙在俄人手中之为愈也。盖鄙意欲收回外蒙，当先使内蒙人民真能安居乐业，否则外蒙未收内蒙亦去矣。日人孜孜以谋内蒙，吾人以好高骛远之空论慷慨扬言，其实际无丝毫成效可言，特启日人先发制人之野心。今日外蒙在俄人手中，俄对有色人种同化较难，吾人将来尚有收回希望，一入日人之手，则挽回亦难。故不如在俄手之为愈也。总而言之，今日西北边事，非外蒙能收与否之问题，乃内蒙能发展与否之问题，内蒙若不开发，则欲收外蒙无从着手。尤其此种开发，要不动声色黯然缓图，若铺张扬厉地做去，昌恐只徒促成日俄之猛进也。昔边防军之经营库伦，并外蒙而全失之，前车不远，可以鉴矣。"他认为开发内蒙古，舍屯垦而别无他途。

在不厌其烦反复向阎锡山建议的同时，徐永昌责成专人拟订了西北屯垦计划。其屯垦计划将屯垦分为兵屯、民屯两种，以兵屯为主，辅之以民屯，以整理绥远腹地为主，兼及周围。建成一处，移民一处，实边一处。具体项目有：疏通旧渠、开发新渠、筑城堡、修汽车路、设轻便铁路、设立新村、设立农业技术传习所等。并在绥远试行以工代赈开筑河渠。

实施屯垦，开发绥远，巩固边陲，在这个问题上徐永昌与阎锡山不谋而合。然而，形势的发展却使屯垦计划只能"容即图之"，而不可能付诸实施。北伐之后，先是编遣会议上的争斗，接着反蒋战争纷起，进而演成中原大战。随即阎锡山战败下野，远走大连。屯垦之事遂被搁置了起来。

1932 年阎锡山复出，就任太原绥靖公署主任。同年 2 月，以"裁减军队，从事生产"相号召，由绥远省主席（1929 年 8 月徐永昌改任河北省主席，傅作义继任绥远省主席）兼第七十三师师长傅作义、第七十师师长王靖国和第七十二师师长李生达三人倡议，由各该师各拨编一个屯垦队（相当于一个连），各带原薪饷和应带之枪械服装，开赴后套屯垦。8 月，大规模屯垦开始，大约有两团另两营的建制部队，参加垦荒种地。"屯垦部队之垦地面积，约为 1200 余顷，均系能耕种之熟地，如连生荒地计算在内有 4000 余顷。"徐永昌所建议的"屯垦实边"终于付诸实施。

8. 劝留商震

北伐胜利，京（后改称平）、津、冀、察、绥平定后，论功行赏，商震作为第三集团军的方面大员，被国民党中央任命为河北省主席。商震虽加入晋系有年，但与嫡系将领相比，总觉有一定距离。久而久之，渐生隔阂。做

商震戎装照

了河北省主席后，商震为了培养自己的势力，准备私下先搞起一个师来。为此，上任不久即于1928年冬，遂用河北省可以挪用之款，通过张学良秘密购买了一批枪械。不料事有不巧，恰恰为傅作义部所扣。旧时军队有一个不成文的规矩，就是不允许谁有钱谁就自买枪械，随便扩编队伍。背着主官私购军火，扩编队伍，自然会被认为怀有异图，谓之大忌。阎锡山在得知商震的上述举动后，深感不满。适逢其时，又有商震与若干党人成立所谓兴中学会的消息传出，这又是违反国民党党纪的行为。1929年夏，阎锡山与蒋介石在北平会晤时，蒋介石特意提起此事，亦表不满之意。据说，蒋介石当时就提出撤换商震。

正当这些事情闹得沸沸扬扬的时候，商震作为外省籍官员又不得地方原谅，河北省同乡会乘势发起排商运动，派人到太原请愿。面对这一切，阎锡山恼火至极，决计设法尽快使商震脱离山西。一日，阎锡山与徐永昌提及商震之事，很是伤感。不无遗憾地说："启予（商震字）来山西十年有余，我自认待他不薄。启予向来以我的意思为意思，并不擅作主张。今既如此，看来是不能留他了，继续让他带兵也是不合适的。我已与中央商妥，调启予到南京军事参议院任副院长（其时院长为唐生智）。"

徐永昌曾是客军的特殊身份，加上他本人一贯表现出的谦逊谨慎的君子作风，以及凡事设身处地为阎锡山、为山西地方考虑的主人翁意识，使得他与阎锡山的关系既是主帅与僚属，又是可以推心置腹的挚友。环顾阎锡山周围，可以直言相谏的就是所谓二"次"，一为赵次陇（戴文），二为徐次辰（永昌）。所以，多数情况下徐永昌在阎锡山面前是不隐瞒自己的观点和看法的。这次在对待商震的问题上也是如此。当听阎锡山说到要调商震出山西，并在实际上解除其兵权的意思后，徐永昌不仅没有随声附和，而且坦诚地表明自己的不同意见："其实启予这个军人亦有很好的条件，第一他很爱'好'，亦能选用好干部。第二他作战还勇敢，与你亦有十几年的历史。至于购械之事，假如你有个子弟问你要东西你不给，他有钱时自己就会买。假定启予那时请你补充枪械你补充了，他何至于向外购买。山西有而不给他，还能挡住他向外买吗？此不足深怪。山西如他这样才干的将领还不多得，你将他撤走，无异自剪羽翼。三思而后行，切不可操之过急。"

徐永昌一席话鞭辟入里，阎锡山听得心悦诚服，不由他不改变原意。1929 年 8 月，商震被任为山西省主席，河北省主席的遗缺由徐永昌接任，其他一切照旧。

9. 不主张与中央反目

北伐前后是晋阎与蒋介石中央的第一个蜜月期。此后，随着编遣会议和蒋介石削藩政策的进一步出台，到 1929 年冬，双方的裂痕已十分明显。然而对于是否与南京反目，山西内部却没有形成统一的意见，与贾景德的绝对赞成不同，徐永昌是持反对意见的。

1929 年岁末，各方代表云集太原，冯玉祥滞留山西已逾半年，第二集团军人士来往频繁。徐永昌深恐阎锡山会因斡旋而"陷入是非之地"，特借陪同蒋介石的代表吴稚晖之机，由河北省主席任上返回太原。

关于这次太原之行，徐永昌后来回忆道：

是年冬中央派吴稚晖到晋，代表蒋先生与阎先生见面，他由津浦路过平，因李石曾先生之相挽，我亦正想向阎先生有所建议，即由我陪赴太原。那时太原各方代表云集，中央军及杂牌队伍的代表都有，前者如王均、赵观涛军（实则为南方之杂牌），后者如王金钰、高培五、孙殿英、万选才、石友三、韩复榘、刘春荣等军，都有代表，广西当然亦有代表。此时冯焕章虽在建安村，但他的人在太原者亦不少，李书城、黄少谷、雷嗣尚等不下数十人。蒋先生的正式代表何雪竹（成浚）要求阎锡山先生以副总司令资格去郑州一行。在二集团败退，唐生智解决之后，当时阎如能奉命到郑与所有杂牌首脑接触一下，表示拥护中央，其影响力极大。

我到太原后除向阎先生述说河北情形外，曾与他约定时间谈一次话。我说："你的事非常繁，每天接触的人亦众，我不要说话太多，为你容易记，我只说三句话：第一句你不要有上台作领袖的心。"他当时答复说："我没有这个心。""第二句话你不要轻视蒋介石。"他问我："怎么讲？"我说："蒋介石在上海待得很久，直如上海人，你不要有看不起他的心。"（我意谓与蒋斗心计，恐怕斗不过他）他想了半天说："介石这个人，辅之不足辅，倒又不足倒。"按这他就是看不起蒋的口吻。"第三句话你不要去郑州，郑州为第一是非之场。"他说："他们都要我去。"我说："蒋的代表要你去，正因为他们那一伙都要你去，那一伙杂牌要你去，都带有反对中央之意，想联合你反对编并，图谋存在。中央要你去，想要你帮助中央解决他们，所以我说你不要去，去则不但是非太多，而且绝对与你不利，因为他们都想在你身上找出路，应付有一不周，当然即有一与你不利。"

徐永昌苦口婆心试图力挽狂澜，然而忠言逆耳，一心做反蒋领袖的阎锡山根本没有听到心上。就在徐永昌离开太原的前一天，1930 年 1 月 4 日，阎锡山偕蒋介石的代表何成浚去了郑州。也就是说，对徐永昌所说的三句话，阎锡山的态度是第一句不理会，第二句面驳，第三句用事实作相反的答复。事已至此，徐永昌亦无可奈何。

由于阎锡山执意而行，战争的脚步渐渐逼近。1930 年 1、2 月间，南桂馨到北平见徐永昌，说："阎先生教我密告你，我们要准备与中央摊牌，恐怕有战争事，要你去打仗，请你把自己的公私事都安置一下，阴历年过后，即请先回太原一趟。"听了南桂馨一席话，徐永昌不免大吃一惊，没想到事情的发展竟然如此难以逆料。

春节一过，徐永昌急匆匆到太原面见阎锡山。谈话很简短。

阎问："佩兰（南桂馨）与你说的话，你都知道了？"

徐说："都知道了，还有变动没有？"

答："已与人家签字了，只有这样子做下去。"

问："与谁签字？"

答："张汉卿的代表。"

问："代表为谁？"

答："邹海滨（邹鲁）。"

徐永昌听了表示诧异："我没听说过邹鲁与张汉卿有什么深的关系，如何能代表这样的大事？"

阎锡山说："此一时之志同，即可以道合，用不着有何深交。"说罢反问："你对此事怎样？"

徐说："我去冬回来曾与你说过三句话，还记得吗？"

阎含糊表示不十分记得。

徐重说一遍。

阎说："要是这几句话我还记得。"

徐说："现在我只说两句话了，第一不要走打仗的途径；第二你如一定要打仗，不要与我商作战的事，不要用我作指挥官。"

阎说："要你回来就是要与你研究怎样打仗，就是要你指挥战事。你这说法，是否你看的是必败。"

徐说："张汉卿如来合作，胜败似未可知，否则必败。"

阎锡山听了，在地上绕了好一会圈子，没有再说什么。谈话没有结果。

谈话虽然没有结果，仗却不能不打。徐永昌虽然声称不商作战事，不做指挥官，但却不愿违背"服从为军人之天职"的信条。自此以后，还是几乎天天与阎锡山见面，根据情报部门提供的资料，研究怎样对付蒋，怎样联络各方，以及打不打、怎么打的问题。尽管极不情愿，但还是被阎锡山拉上了中原大战的战车。

10. 预留退路从容撤军

徐永昌感念三年多的时间里阎锡山对他的知遇之恩——当年所说"与有人格的人做朋友，是光荣的"，入山西后始终没有压迫取消国民第三军的旗号，几年的公谊私交——没法不担当作战之事。于是，在劝阻不能奏效之余，接受了指挥陇海线军事的任务（徐永昌任总指挥，杨爱源副之）。当时划归徐永昌指挥的部队计有：万选才五六万人（号称十万，作战力量很靠不住），刘桂堂数千（作战力量尚不及万部），刘春荣近两万人（军队尚好，其本人不坚定），孙殿英近万人（在亳州被围，作战力尤差），石友三四万余人（军队很好），刘茂恩万余人（较万部为佳）；确实有把握、堪委重任的只有晋绥军孙楚、杨效欧、关福安、杨耀芳、张会诏五个军，赵承绶骑兵军及几个炮兵团，共计15万人。

在中原战事未起之前，徐永昌对形势作了一个总体分析，认为：

其一，阎先生起初是研究打不打，但他内心亦渐知难以空言吓走蒋，所以是决定打。而又因研究打不打，便忽略了如何打。

其二，中间研究如何与张汉卿（学良）合作，目的仍在扩大势力使蒋被迫下野，又因要利用一向不与中央合作的党人，而忽略过去党是由党人解决、国是由国人解决的主张，以致汪精卫一派日趋太原，自然奉天亦日远太原，亦即因联党而忽略了合张以厚势力之初旨。

其三，其间联系二集团（冯玉祥部）与韩（复榘）石（友三）等，亦因权利关系犹豫不决，致成貌合神离。负责联络反蒋各部的赵丕廉未经请示许给石友三饷项，阎先生大怒，不予承认，石友三不会不介意；在郑州，韩复榘两次谒阎，表示拥护，请他领导，而阎先生总说拥护中央，韩复榘觉得阎是在作伪，愤然离去。最后，二集团鹿钟麟与中央谈条件，准备反阎。阎得此讯才不得不放冯焕章（玉祥）回去，以防鹿联蒋。

因为在打的问题上阎锡山一直犹豫不定，从而造成了顾此失彼的结果，同时也在未打之前就预先种下了失败的隐忧。加上反蒋部队本来就是乌合之众，不堪一击。结论仍然是，如果张汉卿出兵相助则有可能胜，反之则必败。

基于上述认识，徐永昌出兵之前即抱定"受命而来，全师而归"的决心，遂在阎锡山与冯玉祥会晤于新乡，最后决定反蒋军事部署之后，提请阎锡山预备几百条民船，分置于黄河桥附近两岸。阎锡山不解其意，表示诧异。徐永昌答曰："我统率如此大军，在豫作战，不能无妥善后路。岂可仅恃一黄河铁桥？我在此地负责，何尝不能自己安置船只，所以请公安置者，要你心中知此万一之用也。"阎锡山释然称善，立命身边的周玳着人落实。在请阎锡山准备船只的同时，徐永昌又于指挥部队南下过河后，布置人在黄河桥上铁轨间铺一层木板，板上垫土，并每天几次以压水车将土洒湿。几个月不停，使路面保持畅通。

果如徐永昌所料，中原大战以反蒋联军的败退为最终结果。有评论认为，徐永昌在晋期间，战功卓著，殊荣累累，这其中，对阎锡山帮助最大的就是中原大战中的"全师归晋"。

中原大战后期，兵败如山倒，反蒋阵线陷入一片混乱，冯玉祥麾下的诸多将领先后向蒋介石投降。身陷异地的晋绥军此时已是四面楚歌，蒋介石的大军咄咄逼人，意在缴械，一封封劝降书飞向晋绥军高级将领。昔日的盟友石友三、梁冠英截留了晋绥军粮秣并准备反戈一击；曾经并肩战斗的友军鹿钟麟、孙连仲拒绝借粮；河南的红枪会不断发起袭击，将俘虏的散兵缴械活埋。面对险恶的形势，徐永昌以军人的节操和责任感慨道："我受命而来，当全命而归！"他收起蒋介石亲笔写来的劝降信，指挥部队有组织地交替掩护撤退，踏上了危机四伏的漫漫归乡路。战事初起之时在黄河两岸预备的几百条民船，这时派上了用场，他的远见卓识挽救了晋绥军。

由于事先在精神上和物质上都做了必要准备，又在撤退时贯彻以友军为先的原则——宣称"二集团军（即西北军）有一人未过河，三集团军（即晋绥军）绝不过河"，所以由开始撤退起，各部都是按次序行事，未尝稍有紊乱，顺利地撤回山西。徐永昌事后曾不无得意地总结说："我在中牟时，已下令三集团各部队，在郑州以东迄东南接庞更陈（炳勋）军，掩护所有北撤各友军过河，孙萃崖（楚）之本军（三个师）掩护所有三集团各军过河，孙军马延守师掩护孙军其余两师过河。孙萃崖是我老友，马延守是我旧部，故此次撤退大家心情上已确定职责，谁也不慌张，亦无所用其慌张。好像我们的士气压住对方，战事损伤亦不甚大，一则工事筑的好，二则永远是力攻必取。只是战略上处于被动，因友军不能协调，最后我津浦线败溃，奉军通电助蒋，于是吉（鸿昌）、张（印相）、梁（冠英）降敌于前，石（友三）、孙（殿英）附奉于后，陇海平津两路，不能不应需要以后撤。孙连仲、刘春荣、庞更陈各军，均次第撤过黄河，最后三集团亦然。""我尝觉得此次撤兵，是生平一件不得已的快事，因想战而胜，轮不到我们在前，撤兵则无人争后，我可以从容指挥，如意而行。"

当年徐永昌率军渡过黄河后，经河南修武兵分两路回到山西陵川，这两条路线后来也成为经典的户外徒步线路，一条是太行八陉之第三陉——白陉，另一条是路工古栈道，路工古栈道的山脚下，就是现在的云台山。10月13日，徐永昌率部到达陵川县夺火镇，两路人马，先后回归，只有担任掩护任务的周思诚师因行动迟缓被中央军缴械。在当时那种随时可能全军覆灭的形势下，晋绥军能够以基本完整的建制退回山西，不仅是民国军事史上的奇迹，更为阎锡山日后东山再起保留了血本。

11. 为中原大战善后

中原大战以反蒋联军失败而告结束。战后，蒋介石将黄河以北事交张学良料理。1930年9月27日，河北省主席易人，徐永昌径回太原，委托秘书长王均一办理交代。11月，阎锡山在蒋介石中央的逼迫下，准备出走暂避。离晋前阎锡山特召集晋军所有军长以上的主官会议，宣布徐永昌以晋绥警备总司令的名义，负责晋绥两省治安。是月29日，阎锡山在把军政善后事宜委托给徐永昌之后，轻车简从，秘密由河边村老家出发，辗转到达大连。

中原大战初败，徐永昌从前线撤回时，汪精卫、陈公博、谢持等都在太原，冯玉祥亦到山西，住在汾阳之峪道河。不久中央军入陕，杨虎城进迫西安，宋哲元部由西安撤出，准备渡河来晋。山西方面有人以客军入境易生事端为由，主张拦阻。徐永昌则说："绝不可。非但不可阻挠，并且要妥为接济。因我们既曾共事在一起作战，现在理应收容人家，俾其共存。"并力排众议，答应宋部到山西，驻于和顺、昔阳、辽县、平定、沁县、武乡、襄垣一带。同时孙殿英部亦由焦作入境，驻于晋城、高平、阳城、沁水、长子、屯留一带。徐永昌以君子之风待人，不失厚道。然而，好的事情却引出了坏的结果。养虎遗患，随着时间的推移，宋、孙两部渐渐不能满足于客军的地位，催粮逼款蹂躏地方的事时有发生，甚而至于图谋夺取山西军政大权。以致在阎锡山复出后，徐永昌又不得不四处游说，协助运动客军出境。

阎锡山出走大连，受命主持晋绥两省的徐永昌面临着是受人之托忠人之事，还是乘机延揽旧部另立门户的考验。如前所述，徐永昌早于孙岳病逝后，即将旧部散编于晋军各部之中。然而，原国民第三军的诸将领对此并不心悦诚服。这时，其中的一些人纷纷找到徐永昌，有的要求将国民第三军旧部重新集合起来，由他统率恢复成一个军；有的要他另成立总部，或调整阎锡山之总部，为自己所用。

师长马延守，首先提出组军之事。徐永昌明确告知："当我受命赴河南作战时，阎先生就说，你指挥这么大的军队，没有基本队伍，指挥上恐有困难，你可将你原来的三个师旅召集起来，编成一军，直接使用。我说已经交代出去，不愿再直接带兵。若无基本部队即指挥困难，那样即使有基本部队，亦恐指挥上有困难。阎先生当时正需要我有力量，那时我不直接组军，现在阎先生走了，我更不要组军。况且乘此间危难召集旧部组军，这事我绝不能做。你我均还年轻，各有前途，我觉得你们还是跟上人家好好地做事为是。"马延守无言以对。

其他人如是说，徐永昌亦均以对马延守之语告之。而这些人总是说，"你要安置几个自己的人才能有为"。他又说："我们是要做事，只问能做事不能，非组织机关，用几个自己人才是做事。"

后来这些人变得很激烈，竟当面说他："你这简直是'天予不取'！"他亦很激动地对他们说："太原所有战前新成军队及兵站部队等，归并的归并，遣散的遣散，文机关也裁了不少，省钞一元跌到不值二角，而薪饷还是原来数字，故在太原虽现任的军官文职均如一种灾民，被裁之低级军职文职，更不必数其惨状，现在都是人人叫苦时代，而跟我左右的人，在别人如办丧事的时候，我们亦万不可办喜事。"

徐永昌的坚决态度终于使企图另立门户的旧属打消了念头，后来的情况如他晚年回忆时所说："所以一直到后来许多年，无论新旧同仁，跟我的或是跟阎先生的，彼此都很相安，合作得很好。"

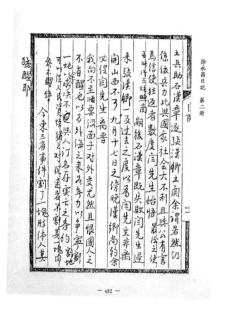

徐永昌日记：关于中原大战后阎锡山离晋问题

阎锡山离晋时，将山西财政整理处三四百万元留给徐永昌支配，同时留给徐永昌的还有军事和经济的处置权（省主席商震实际上已被架空）。

阎锡山走后不几天，徐永昌即应张学良电邀，与商震赴天津，协商晋军整编事宜。张学良原拟将晋军缩编为四个军，并声言不缩编不发饷。徐永昌则积极疏通，力求保住晋绥军原有团队不变。在他的力争下，最后确定的晋军序列是：步兵四个军，即第三十二军、第三十三军、第三十四军、第三十五军，分别由商震、徐永昌、杨爱源、傅作义任军长；基本部队由原来的军改为师所组成——商震第三十二军由冯鹏翥、杨效欧两军组成，徐永昌第三十三军由李服膺、杨澄源两军组成，杨爱源第三十四军由杨耀芳、王靖国两军组成，傅作义第三十四军由李生达军及傅自兼之军组成。另：正太护路军，司令孙楚，下辖三旅；骑兵四个旅，司令赵承绶；炮兵十团，司令周玳。其余原有番号的关福安、丰玉玺、张会诏、秦绍观等部均并入上述四军之独立师内。如此一来，事实上，晋军原来的一军若干团变成了一师若干团，缩编仅是换换关防而已。

　　与军队的整编相比，经济问题更为棘手。徐永昌受阎锡山之托负责善后以来，三四个月期间，维持晋绥局面非常困难，尤其是经济。开始固然是兵多钱少，其后是队伍不整编好，张学良不发饷，加上入晋的庞炳勋、宋哲元、孙殿英等部粮秣杂费之支付，以及山西自己的队伍、番号虽缩小，而饷额并未大减。该支付的除军粮外，尚需一些副食及杂费等，粮是实发，饷则因晋钞跌价，无形中去了八成。在如此困难的局面下，徐永昌仅以财政整理处留存的三四百万元，一直维持到队伍整编好，张学良发饷为止。

　　12. 坚持晋奉合作安定北方的主张

　　徐永昌自幼从军，不甘人后，刻苦向上，积劳成疾，酿成在当时的医疗条件下难以治愈的肺结核，医生建议静养。然而政局动荡，人在"江湖"，难以置身事外。直到部队整编完毕，晋绥军政初步安定之后，才拨冗赴北平入协和医院做短期的检查治疗。这时，中原大战虽早已结束，但影响并未根除。山西驻扎着前述之各杂牌军队，华北人心不安，社会上遂流传两种谣言：其一，宋哲元联合中央，将不利于山西；其二，石友三联合华北将领要驱逐奉张出关。徐永昌身卧病榻，心中却日益不安。权倾一时的张学良亦颇感焦虑。于是，由李石曾出面联络，徐张在北平李石曾寓所晤谈，共同协商合作之计。张学良首先表示与山西合作之意，徐永昌也深感面对眼前复杂的局势，只有与张学良合作，才不致再生大乱。在与张学良就奉晋合作安定北方达成共识后，徐永昌差其秘书长王平（字均一）专程赴大连向阎锡山报告。阎锡山表示赞成，并说："此时我们总要有一朋友，犹之古代所谓与国，在北方互为我哥犄角，才可安定。"

不料，时隔不久冯玉祥函告徐永昌，说他与阎锡山及两广均联络妥当，第一步由石友三发动反张，大家帮他驱逐奉军。与此同时，阎锡山与陈济棠（时任广东绥靖公署主任兼省主席）也先后致信徐永昌，表达同样的意思。对于冯、陈他未予理会，阎锡山处则再派王平转达前述之意见，并强调："我们已与张汉卿说好，奉晋合作安定北方，未及多时我们变卦，其结果必至难以自处。"

阎锡山倾向于与冯、陈的约定，1931年春夏之间，一连几次派人催促徐永昌出兵助石友三。先是王均一，再是张至心、方闻，徐永昌都坚持说："不可这样反复。"

最后，有张煦南自告奋勇出面请缨，一副很有把握的样子。衔阎锡山之命的张煦南见到徐永昌后，千言万语，归为一句话，仍然是要徐永昌支持石友三将奉张打出关去。

徐永昌即与他解释所以不可如此做的缘故："刚与人家说好，口血未干，即自食其言，这不是事。"

张说："彻底地说，以山西今日之力量，在北方仍是举足轻重，你要不支持石，设或别人亦都因你而观望，石友三之举，自然因你而被阻。此次举动现已成为最后最有希望的一回，如做不成，无论阎先生以及与他关联的方面，岂不都将前途丧失。况且此事已与冯焕章及两广的陈（济棠）李（宗仁）等约好，山西不动，岂非也是失信而自误误人。"

徐永昌反驳道："一个人或一个集团有无前途，在乎时势与机会，亦在乎自己的作为，不能不择手段，不计利害，强行乱做。我觉得现在我们一动，整个北方即将变成覆巢。第一张汉卿当然无能为力，马上退出关外，或仅退过滦河，但我们还是十九年（指中原大战时）之势力，少了孙仿鲁（连仲）、张维玺，加上韩复榘。即是说一旦张汉卿退走，我们的力量顶多追到滦河。此时晋军的全部加上石友三、宋明轩、孙殿英、庞更陈、韩复榘这些力量，远不如我们十九年的力量。如谓尚有粤桂与孙仿鲁等，其实十九年原有张（发奎）、桂（李宗仁）军及孙仿鲁，今仅添一陈伯南（因为孙仿鲁与韩复榘不可指望），如何抵得中央加上张学良。我敢断言，张退滦东后，我们这批无识见的野心家，一定分赃不均，互相埋怨，纵与时间，不但毫无作为，或且自起事端，而张则必与中央联合，一面分散我们的团结，一面向我们压迫，彼时我们便求一如今日的局面而不可得。这是在利害上说不可如此作。即仅就已与人家说好，两下合作安定北方一点来说，亦不能不顾信义，无端反复。至于阎先生出处，我自觉有机会便能出山，何可不顾成败，乱动强出，坏大局而害自己。"

张煦南大受感染，又自告奋勇回去复命。阎锡山此后再没有说什么，也没有任何实际行动，想必是接受了徐永昌的意见，打消了助石之念的缘故。

13. 为阎锡山留晋复出折冲樽俎

也是在1931年春夏之间，山西省主席商震因裁撤村政处、撤换县长，并秘密与南京接洽，激起晋绥将领的一致反对。7月20日，石友三于河北顺德（邢台）起兵反奉，华北将领无人附和。随即，商震军队离晋助张（学良）。8月11日，徐永昌受命代理山西省主席。10月3日，被正式任命为山西省主席。

在此期间的8月5日，阎锡山以探父疾为名由大连飞回山西大同。次日，径返五台河边村。阎锡山归来事先并未通报，晋绥干部在感觉突然之余，自是兴奋不已，全国上下则反响强烈，疑惑之中又不免担忧，张学良尤为不安，力主阎锡山离晋。蒋介石政府在张学良的坚持下也明确表示，阎锡山非离开山西不可。

8月16日，南京派航空署长葛敬恩专程到太原，察看阎锡山回山西后有什么举动。葛敬恩与徐永昌是陆大同学，私交亦好。徐永昌竭力为阎锡山担保，葛便电报蒋介石，说阎不走亦可。但因蒋介石曾允诺长江以北归张学良主持，所以张要阎锡山走，蒋也不好明说留阎。为了使蒋介石不再逼阎离晋，徐永昌双管齐下：请人撰文在报上发表，反对逼阎出走之说，取得舆论支持；派人前往南京，通过魏道明、郑毓秀夫妇在中枢为之缓颊，得到中央政府的同情。

与此同时，徐永昌利用公私关系反复做张学良的工作，多方设法疏通。阎锡山回晋后不几日，张学良即电约徐永昌赴北平会议。8月24日，徐永昌抵平。韩复榘来见，说："阎伯川为何不走？我看不要让你作难了，我已与张副司令（张学良时任陆海空军副总司令）说好，将我的部队开到石家庄，非要阎走不可。"徐永昌不便作答，只在其后，走访了东北军将领于学忠，要求于承诺"明天会上我什么话都不说"。

8月25日，相关人员在协和医院（张学良在此养病）开会，韩复榘首先发言，把前一天的意思再说一遍。

张学良极表赞同，征求徐永昌的意见，他表示反对，说："阎先生多年没出过门，一旦出去，感觉什么都不便，回来住着，没什么关系。我以为今日国家要求北方安定而有把握，必国家对山西有办法，尤其要山西自己有办法、有力量。当前晋绥政治，明明建筑在军队基础上，军队统一或不统一，即影响两省政治之良劣与协调。如军队不能统一，两省不能协调，久必分裂；加以外力思入，内力不容，必致演变到紊乱混战。此不但晋绥不了，且必致引起北方之大不了，盖山西能控制黄河流域各省，对外亦形成北方之核堡地位。又山西省昔在各省之商业，十之八九已经破落，此项失业归来之人极多，失业者众，社会如何能安？再看绥远，全省号称二百八十万或三百万人而实不足。日货倾销，经济停滞，若提倡实业，连带经营绥远，运用大户游资，以山西失业商人移殖绥远，岂非大好机会，大好事业。而倡之者，又必有资格地位、有声望信誉、有能力、有谋猷之人，乃能成事。我以为欲求晋绥不坏而统一，非阎先生出山不可；不但为国家保存一部分有用军队，且可使晋绥政治有办法，为国家在北方树一强大重镇，而为救济山西多数失业商人，移补绥远之人少与提倡西北实业，亦非阎先生莫属。所以在他人方惧阎先生归来为害国家，我则正庆阎先生归来而获致晋绥两省与北方之安定。"

一席话说得与会者无言以对，会议没有结果。

此后，张学良仍然坚持阎锡山离晋的立场，尽管什么都谈不拢，徐永昌仍一直盘桓于北平，希望能有转机。直到九一八事变前一天的晚上，张学良还邀徐永昌至其在顺承王府的官邸，举行会议，坚持要阎锡山离晋。徐永昌对此深感不解，与曾代表南京促进"奉晋合作、安定北方"的李石曾说："我们前谈'奉晋合作、安定北方'，并未说不让阎先生回来居住；阎先生去大连前我曾与他说'不要依兵力回来'，今阎先生信我话只身回籍，绝无伤害'奉晋合作'之处。若说他回来怕有危险，那么，逼他走了岂不怕更有危险？我们帮张汉卿，是站在国家民族立场上拿定主意要帮他，不因阎先生之回来，而有所改变，何以张总是不相信呢？我亦曾与汉卿说过：'历史上常见因私人之争不惜举国而亡之者，读史至此必深恨此等人，吾人今日处事，何又犯此，而让后人来恨我们！'"李表示同意。

徐永昌的多方设法，折冲樽俎，虽然始终没有攻克张学良的堡垒，但却使各方激烈的情绪得到了缓和，争取了时间。及至九一八事变爆发，张学良因丢失东北而成为众矢之的，自顾不暇，阎锡山的去留问题遂不了了之。

九一八事变后，徐永昌进一步为阎锡山之复出而努力。这回问题的症结在蒋介石中央，因此，徐永昌把着眼点放在了南京方面，仍然通过魏道明、郑毓秀的关系，打通关节。在九一八事变发生、民族危机日益加深的大环境下，经过多方努力，1931 年 10 月 3 日，国民政府令：阎锡山免于通缉；1932 年 1 月 29 日，国民党中央政治会议推举阎锡山为国民政府军事委员会委员；同年 2 月 27 日，阎锡山就任太原绥靖公署主任，总领晋绥军政事务。

14. 省政初步

徐永昌是一个务实的人，在其位谋其政是他的一贯作风。1931年10月初，徐永昌于正式被任命为山西省主席后，由北平返回太原，着手改组省政府，整理省政，恢复阎锡山特设的村政处，人事则一无变动。

接着，他着手开展以下几项工作：

（1）严禁毒料。鉴于当时山西因日货倾销和毒品走私，烟毒泛滥，太原、榆次、太谷、祁县、平遥、介休一带是由正太路输入，晋东南一带是由道清路输入，传染很快。面对"若不严禁，非但亡国，简直是要灭种"的严酷现实，徐永昌于1931年10月13日将禁烟案提交省府委员会会议通过，成立查禁毒品委员会，负责办理禁烟事宜。规定对烟毒贩卖者严惩，对烟毒吸食者抵押戒除。

（2）提倡国货。20世纪30年代初，随着日货的大量涌入，山西地方每年输入货物金额，不下4000余万元。金银货币外流，致使遭受中原大战打击的地方经济雪上加霜。为了抑制外来商品入侵，保护地方经济，1931年11月19日，徐永昌以山西省主席的名义通令全省公务人员、机关等，"一切服食用品，除无国货代替者外，均须选用国货，只要有，虽不好，也得用，否则以违背政令论"。

（3）改编教科书。徐永昌认为："我国国民教育，不重培养国民道德与爱国精神；高等教育，则多数学非所用，皆走于做官一途。此等不合国家需要之教育，使人出校后无业可做，中学生即不愿再种地、做工、做小生意，故普及教育不能不努力改革。"他责成教育厅成立中小学教科书编审委员会，编出符合本省需要的教材，以使"小学毕业后纵不再入中学，亦必受到国民必具的基本知识，中学校亦必本此意向，在使毕业后，除特质外，多能回到农工商方可"。

（4）计划水利。徐永昌为政向重水利，早在1926年冬到太原做客时，即向阎锡山建议：在雁门关北桑干河南一带屯兵两师，积久可在该地另成一县，即以营区为市街。因其地既为练兵之佳地，亦可兼治水利，免其荒凉。前在河北省主席任内时，正值永定河泛滥成灾，于是他主张由中央统筹，在上游各省治河造林，防止泥沙下泄，以为根本之图。主政山西后，遂命建设厅长陆近礼（字恭斋）请华洋义赈会美籍工程师塔德合作，研究汾河、桑干河、滹沱河、漳河、沁河等水利灌溉工程及壶口黄河水力发电等计划。

在实施上述各项的同时，11 月 27 日，徐永昌又提议组织山西省政设计委员会，规划省政分年实施方案，经省政府委员会议通过照办。徐永昌在为此撰写的提案中，对省政实施的缘由及期望达到者娓娓道来：

> 晋省民风俭朴，矿产富饶，天赋之佳为华北首选。只以近岁以来，国家多故，因而政治上一切设施，俱未免蒙其影响，沦胥所届，来日堪虞，自宜急起直追，以开政治根本之进步。兹事体大，需要实殷。……缘此再四思维，唯有召集贤俊，延聘专才，组织山西省政设计委员会，详加讨论，厘定晋省诸政进行方案，原原本本，著为谱籍，并精密计算，确定其施行次第，如某政如何举行，至某时行至如何程度等，俾实效有征而进度无渎，庶以建省政之轨辙，而图人民永久之乐利焉。……晋省地方与人民需要之所在，即设计主要之所在，自宜不拘成见，不惮变通，因地因时以斟酌而损益之，务令适应需要而后已。至于前途希望，则凡吾人当日身在民间所渴望之政治而以责诸当局者，今皆悬为鹄的，黾勉以赴。

徐永昌的省政，于阎锡山复出后大多延续进行，其省政总体设计的构思，更进一步演变成山西省政十年建设计划案，并予以确有成效的实施。

15．协调华北人事

阎锡山复出后，以太原绥靖公署主任实际上总领晋绥军政事务，在山西徐永昌所特别关注的只有经济与教育。同时，鉴于日本侵略势力的步步紧逼，华北政局的日益复杂化，徐永昌以大部分时间致力于疏通晋阎与蒋介石中央之间的关系和协调华北人事。

1932年9月，蒋介石先令航空署长葛敬恩电邀徐永昌到武汉见面，再命魏道明催行。10月，徐永昌到武汉面见蒋介石。

首次见面，稍作寒暄，他即直截了当谈起不能回避的中原大战这个话题："阎先生其人相当爱国、勤俭、能深思，最大限度不过是委员长之一政敌，而不是叛国者。叛国者不能合作，政敌是可以合作的。十九年之事（指中原大战），不但北方杂牌都拥戴他，即南方政府军队首脑中派代表到太原的亦不少，因为当时咸怨中央编遣会议不公，所以凡各方不满意编遣的人，都集合到太原。都说阎只要发一通电，蒋即须下野，即可得到国内和平。不但阎先生动心，其他很多人亦认为非绝对不可为。因为他们亦认为果如此做，马上可获致团结与和平。"

接着，又进一步表明一再要阎锡山出山的本意："固然他不愿久住大连，但我觉得战后的山西，晋钞五六千万至不值二百万，尚发出有金融公债三千万，军政与人民均不堪其苦。所以收拾此局，在我办是事倍功不到半，阎先生办是事半功不止倍。以军队言，听他的比听我的多；以经济言，在他手中的钱，通可拿出来。况由阎先生出山，他的钱肯花于公家一点看，阎亦是比较的廉。若别的军阀，公家的钱，他永远拿不完，而都是拿到他自己家去，绝不会再拿一点到公家。所以由很多方面看，你不但有与阎先生合作的必要，将来他会有帮你的时代。"

徐永昌与蒋介石合影

在与蒋介石的几次接触中，彼

此谈得很投缘。事后，当有人向蒋介石谈起对徐永昌的观感时，蒋介石只说了一句话，"他很爱国"。简单的四个字，"他很爱国"，所表现出不仅是蒋介石对徐永昌这个人的肯定，亦是对他所言之事的肯定。此后的一个时期中，蒋阎关系由敌对而密切，蒋介石先后于 1934 年 11 月和 1935 年 10 月两次亲临太原就是明证。

1933 年初，日军侵犯山海关，进而及于长城各口，滦东陷落，于是有《塘沽协定》的签订。在此期间，徐永昌奔波于太原与北平之间，力促各方听命中央，忍辱准备，协力同心，以图自强。

1935 年夏秋之际，日本华北驻屯军策划华北五省的所谓"自治运动"。阎锡山向徐永昌传达国民党中央关于"决不许平津出现亲日的自治组织"的旨意，要他进行协调工作。他当即电报宋哲元（冀察绥靖主任，日人迫其组织自治委员会），嘱其"对日压迫，切不可轻允条件"。并与阎锡山商定，派原国民第三军副军长黄胪初晋京（南京）密呈平津情形，并请蒋介石对宋哲元尽力抚慰，消除隔阂。

嗣后，当与阎锡山谈及华北事时，他说："最重要为防明轩（哲元）与中央走入两歧，须由我方挽救之。昨日胪初已承中枢命由京转电明轩谓：'如与日人决裂，以后官职地盘军饷绝不使其吃亏，并请阎先生担保'云云。"阎锡山当即表示："如明轩被迫不能立足，担保请中央以绥远界之，宋本人任以察绥绥靖主任。"徐永昌则表示若如此愿以山西省主席让绥省主席傅作义。

议决之后，徐永昌立刻乘车往北平斡旋，频繁与何应钦、宋哲元、秦德纯等相关人员晤谈，并与阎锡山函报交换意见。经过一番紧张的协调，12月 11 日，国民党中央下令组织冀察政务委员会，以宋哲元为委员长。12月 18 日，阎锡山与冯玉祥一起被任命为国民党中央军事委员会副委员长。华北政局暂趋平静。

1935 年 4 月 3 日，徐永昌被国民政府授予二级上将衔。1936 年 5 月27 日，徐永昌因健康原因，辞山西省主席。

16. 受降密苏里号战舰

卸任山西省主席后，徐永昌随即被特任为山西清乡督办。全面抗战爆发后开始任职中枢：

1937 年 11 月，任军事委员会办公厅主任；

1938 年 1 月，任军令部部长；

1946 年 6 月，任陆军大学校长；

1948 年 12 月，任国防部部长。

在此期间，尤其是抗日战争的整个过程之中，徐永昌作为军令部长，在"国防建设、地方绥靖及陆海空军之动员作战"，"后方勤务之筹划运用"，"情报及国防政情之搜集整理"，"参谋人员、陆军大学、测量总局及驻外武官之统辖运用"四个方面参赞戎机，运筹部署，殚精竭虑，勋劳可嘉。

日本宣布投降后，徐永昌代表中国参加密苏里号战舰签字仪式。

有鉴于此，1945 年日本宣布无条件投降后，徐永昌有幸作为中华民国特任受降代表，于 9 月 2 日在停泊于日本东京湾的密苏里号战舰上庄严地签下具有重大历史意义的一笔。他荣幸地与盟军最高司令官麦克阿瑟、美利坚合众国代表尼米兹、大英联合王国代表符立则、苏维埃社会主义共和国联盟代表狄弗扬科等一起接受日本天皇和日本政府的投降书，此举被载入世界反法西斯战争和中国抗日战争的胜利史册。

在密苏里号战舰上徐永昌代表中国签字

徐永昌在密苏里号战舰上

1945年9月2日，东京湾密苏里号战列舰上将星闪烁，盟国与日本在这里举行受降仪式。据报道：

9时整，麦克阿瑟和尼米兹、海尔赛走出将领指挥室。麦克阿瑟走到扩音器前，尼米兹则站到徐永昌将军的右面，立于第一名代表的位置。海尔赛列入海军将领组，站在首位。麦克阿瑟执讲稿在手，极清晰、极庄严、一个字一个字对着扩音器宣读。日本代表团肃立静听。麦克阿瑟读到最后，昂首向日本代表团说："我现在命令日本天皇和日本政府的代表，日本帝国大本营的代表，在投降书上指定的地方签字。"他说完后，一个日本人走到桌前，审视那两份像大书夹一样白纸黑字的投降书，证明无误，然后又折回入队。重光葵挣扎上前行近签字桌，除帽放在桌上，斜身入椅，倚杖椅边，除手套，执投降书看了约一分钟，才从衣袋里取出一支自来水笔，在两份投降书上分别签了字。梅津美治郎随即也签了字。

麦克阿瑟继续宣布："盟国最高统帅现在代表和日本作战各国签字。"接着回身邀请魏锐德将军和潘西藩将军陪同签字。签完字后，麦克阿瑟回到扩音器前说："美利坚合众国代表现在签字。"这时，尼米兹步出行列，他请海尔赛将军和西门将军陪同签字。麦克阿瑟接着又宣布："中华民国代表现在签字。"徐永昌步至桌前，由王之陪同签字。这时日本代表像木头人一样站立在那里。之后，英、苏、澳、加、法、荷等国的代表签字。全体签字毕，麦克阿瑟和各国首席代表离场，退入将领指挥室。

作为中国政府的代表，徐永昌郑重地在日本投降书签下了自己的名字，并留下了一段掷地有声的受降感言："今天是要大家反省的一天！今天每一个在这里有代表的国家，也可同样回想过去，假如他的良心告诉他有过错误，他就应当勇敢地承认过错而忏悔。"

在9月2日当天的日记中，徐永昌作了如下记述：

今日为受降签字之期，七时半乘□□号驱逐舰，于舰上晤美英苏澳荷代表，八时许到达密苏里号，美第三舰队总司令海尔赛旗舰也。按规定中国代

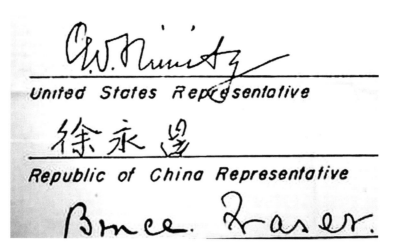

徐永昌在投降书上的签字

表团先登，军乐大作，美苏澳等代表继登，九时日方代表亦到。首由麦克阿瑟简单讲述。仪式开始，此时已各按规定就位，日代表立于案之对面，各代表依次排列者：美中英苏澳加法荷纽九国，美海陆军官原在菲律宾被俘之帕西瓦尔少将暨亦参加，加拿大代表签字误低一格，致继签者亦相率而低，此殊失态。九时八分仪式完成，麦让各代表入客厅，余与麦海二人略寒暄（仪式前已与尼米兹晤叙），海尔赛指舷左上空九百架密集队形飞过谓余，曰此皆第三舰队之空军也，先已另有保护机数百架在上空盘旋。寻即按规定仪式下舰，登驱舰而返（美代表尼米兹元帅，中国即余，英为符烈塞上将，苏为得苏比亚利少将，澳为不来梅少将，加为考斯古特上校，法为纳克雷克中将，荷为海勒夫利须海军中将，纽为立锡惕少将，日为重光葵梅津等十一人）。

1950 年 9 月——抗日战争胜利五周年纪念之际，徐永昌发表一篇广播讲话。在讲话中他说：

今天是九三胜利纪念。在此匆匆五年中，世局变化多端，真使人万感交集！回想五年以前在东京湾和盟军共同受降，当时有记者问我有何感想？并且说当这全世界庆祝胜利的时候，在你的立场，一定要表示点意见。我说：我觉得今天除了庆幸之外，还应当有所忏悔。因为这次大战，实导源于十四年前所谓"九一八"的日本侵华。

说到日本侵华，自前清同治末年起，已经七十余年，在这长久的时期中，我们的国家未能做到自固吾圉的必要措施，这是我们应该忏悔的！但是，"九一八"侵略开始，在当时国际联盟，本可发生作用，使日本有所忌惮。乃主持国联的一二强国，未能认清事理，把握时机，对侵略者加以有效的制裁，反处处予以不应当的迁就。日本既一试得逞，意大利随之而起，阿比西尼亚之一度灭亡，直未得到世人之一顾！希特勒进而试于欧陆，并奥并捷，毫无顾忌，而大战因以触发。企图苟安者，终于不得幸免，这是不是国联列强应该忏悔的？

此论发人深省。

17．衔命南北奔波

受降归来之后，徐永昌即思引退（此前肺病痼疾时好时坏，一直勉力支撑），归隐田园，作读书休养之计。然而，抗战的硝烟刚刚远去，内战的炮声又轰然响起，引退不及的徐永昌不得不重振精神，奉蒋介石之命，奔波于各战场之间。1948年夏秋之际，太原吃紧。这时，离开山西近十年，一直在中枢任职的徐永昌数次飞返视察，随时向蒋介石报告太原情形，争取中央政府对山西最大限度的援助。努力的结果，1948年9月，黄樵松第三十整编师一万余人的兵力从西安空运太原。1949年1月，徐永昌致电阎锡山，提醒："最近唯有沉机以观其动静。"阎锡山复电表示："我决死战太原。最可惜者雄厚之国家力量委于故主。兄谓沉机观变，自应如此。我今日对干部讲话：生我所欲也，义亦我所欲也。二者不可得兼，则应舍生取义。做官应如此，做民亦应如此。自处当如此，爱民亦当如此。"

尽管徐永昌勉力相助，在中国人民解放军的强大攻势面前，太原乃至山西仍然没有摆脱弃守的命运。1949年6月，输掉老本的阎锡山夤缘时会，出任行政院院长兼国防部部长，何应钦内阁总辞职，徐永昌的何内阁国防部部长职自动卸任（据说，阎锡山受命组阁之初，曾邀徐永昌续长国防部，徐借故推托，阎只好自兼）。旋即，徐永昌以行政院政务委员代表国民党做了三名不管部阁员之一，其余二人分别是民社党的万鸿图和青年党的王某。

1949年7月18日，阎锡山鉴于"胡宗南、马步芳不能合作，致有最近关中之败"（指宝鸡战役失败），"胡马不协，胡先不支，汉中有失，四川不稳"，与代总统李宗仁研究决定组建"西北指挥所"，并请徐永昌出任主任，前往协调指挥。适逢蒋介石为安抚云南请他昆明一行。徐永昌因深知于事无补，曾"敬谢不敏"，最终还是勉为其难，先行赴西南视察，再转赴西北。

7月24日，徐永昌一行由广州天河机场起飞，赴重庆，26日转赴昆明。

在昆明逗留三天后，风尘仆仆，前往西北：29日，飞抵兰州；31日，飞抵宁夏；8月1日，转飞绥远陕坝；2日，再飞汉中。期间，先后安抚卢汉、规劝胡宗南、晓谕诸马。在陕坝，徐永昌与董其武、孙兰峰、刘万春等分别接谈，答应代筹撤出绥远之策及前进地区，并以"忍让自强整顿训练"，万勿"一误再误"相勉励（1949年1月，傅作义在北平起义之后，在归绥的傅部董其武等有等待时机，接受和平建议的动向，徐永昌此举意在防患）。

9月，傅作义从北平到绥远，解决董其武等部起义之事。徐永昌再次衔命，带着阎锡山的亲笔信和几箱礼金去绥远，游说董其武坚守阵地，相机策反，争取傅作义"觉悟返归"。在包头，与傅作义、邓宝珊约晤，企图说服傅作义放弃与共产党合作，未果。董其武则避而不见，并传话给他，说不见为好，以免旁生枝节。徐永昌无功而返。就在徐永昌飞返广州的第三天，北平发布了董其武起义、绥远和平解放的消息。

18．共谋进退

在徐永昌奔忙于西部各省之间，协助阎锡山撑持日渐凋零的政局之时，代总统李宗仁动议以白崇禧出任国防部部长。9月4日，国民党中央党部秘书长郑彦棻面见阎锡山，称邹海滨（鲁）先生嘱转达：李代总统托转请阎院长辞国防部长兼职，并以白健生（崇禧）接替。阎锡山当即答以"我不辞国防部长兼职。如代总统令免，我行政院长不副署"。随即，就商于徐永昌、贾景德等左右亲近。

次日晨起，阎锡山专为致函徐永昌："心安理得虽刀锯鼎镬视如甘饴。如心不安理不得，虽风吹草动亦觉悚惕。兄昨晚之言，关系国道隆替，睡醒后颇觉萦系。我意：不止我兼国防部长必灭亡，换人或灭亡或不灭亡，我愿意辞。即使我兼亦亡，换人亦亡，或是我兼或可不亡，换人亦或可不亡，我亦愿辞。假如我兼亡得慢，换人亡得快，我就不辞。我认为今天我们是病与命相连在一块，治病必致命，不治病必丧命，若不设法使病命分离，恐无下手之法。今欲转危为安，必须变各是其是，各非其非，为同是其是，同非其非，方能意志集中，力量集中。按今日我们的自身，由人上说，易于各是其是，各非其非，若从事上说，无人不愿国家好，定能同是其是，同非其非。应决定何利必兴，何弊必除，规定进度，实行考核，作为我们首脑部救国约法，共同遵守。完成者奖励，贻误者严惩，则意志集中，向挽救危亡目标迈进，未始不可有为。"

于是，阎锡山继续兼掌"国防部"，徐永昌继续为阎锡山奔波。

10月13日，"行政院"撤离广州，徐永昌与"行政院"副院长朱家骅、秘书长贾景德等同机由穗飞渝。此后，再由渝到蓉，由蓉到台，徐永昌与贾景德一样，始终与阎锡山共进退，实现了当初所许"余当伴从政府至大陆不能立足时再退"之承诺。

1950年1月2日，元旦次日晚七时三十分，徐永昌于元旦当日出席阎锡山与旧属举行的团拜之后，再偕王平到阎锡山的临时寓所晤谈。

谈话中再一次提到了阎锡山的进退问题。徐永昌开门见山地指出："今日代人受过（指撤到台湾之后，国民党内对阎锡山丢失大陆的指责），不应当再继续下去，应拿出一个做法来，能行则行，不能行则辞。"阎锡山则认为："拿上做法以决定去留，有要挟之嫌，且我承应长行政院因当时情况险恶（指蒋介石与代总统李宗仁之间的矛盾和斗争），我若不作缓冲，当时即直接冲突，不只要为敌所乘，且遗历史上无穷之臭，我乃不顾一切而长。今则团结工作已告一段落，应以'扭转时局无方，寸土必争无术'而辞之。况今日拿一做法亦不能再有所望，扭转时局方案及变一着差满盘输为一着胜满盘赢者，前既难行，今何可期。"

徐永昌、王平均表示赞同。至此，阎锡山进一步坚定了辞职决心。

此后，阎锡山与徐永昌、贾景德之间就此问题又进行了多次讨论。及至3月6日晚，在贾景德寓所最后定案。

19. 哲人其萎

退居台湾，阎锡山辞职之后，徐永昌的最后一个行政职务——"政务委员"自然卸任。之后所任，"总统府"资政（1952年4月15日应聘）、国民党中央评议委员（1950年8月5日至1952年10月10日的国民党改造委员会时期和1957年10月的国民党八大两次当选）均系虚职。直到1959年去世，近十年之中，徐永昌赋闲台岛，做起了寓公。在此期间，他除关注于其日记及所集存的一些抗战实录的整理和为军令部编纂的抗日战争史稿之外，得闲养息病体（除早年所患肺病的困扰之外，徐永昌还患有严重的胃病，一劳累就犯，疼痛难忍以至于吐血），并不时与故旧往来。来往最多的当数山西旧友阎锡山、贾景德，以及杨爱源等。从政心得、处世哲学、人生体会，在频繁的交往中无不谈及，乐此不疲。同游、同饭、听戏，谈古论今，共遣寂寥。

1959年1月2日，杨爱源病逝，是为退居台湾的晋籍诸多至交友好之第一个西去者，徐永昌不无伤感地说："忆十五年秋，初晤于绥远，可云一见如故。语云'君子之过也，如日月之食焉'，星如从善如流，岂俟食焉。呜呼，丧我良鉴。"并撰挽联："绝无我见，不炫己长，溯当年军旅相从，宁止交欢似平勃；远避繁华，独甘寂寞，痛此日英灵遽往，空悲零落在山丘。"寄托哀思。

徐永昌与杨爱源自1926年在绥远相识之后，相互感佩，公交私谊都很相得。杨爱源之死给了徐永昌相当大的感触。之后，他旧病不除又添新疾，伤感之余左半身疼痛愈演愈烈，连带诱发肾病、肋膜炎等疾患，终因不治，于半年之后的7月12日追杨而去。

徐永昌身后哀荣备至，唁电、挽联、挽幛、悼诗等纷至沓来，仅祭文即有十六件之多。蒋介石明令褒扬。阎锡山挽联云："事人忠而律己严，率部次桐封，旧帅盖棺方易帜；造诣深则所见远，扬威在国际，大猷登舰受降书。"

在阎锡山幕府的形成过程中，贾景德起了承前启后的作用。在经过1911年辛亥革命所带来的急风暴雨式的冲刷之后，从1912年开始，热闹的场面渐渐退去，昔日的同路人一个个离阎锡山而去——首举义旗的姚以价在娘子关失守之前弃队出走，景梅九于民国成立后不久即急流勇退从政治舞台上淡出，续西峰于巡警道撤销后返里倡办实业……参加起义堪称骨干的陆军中学学生周玳等十余人呈请阎锡山批准带薪到保定陆军学校深造。此时，环顾阎锡山周围，可用之人寥寥，除了赵戴文、南桂馨等几个屈指可数的亲近之外，就是不得不随时提防的黄国梁和吴禄贞旧部孔庚等。正值用人之际，贾景德从东北返回山西，进入初创时期的阎锡山幕僚班底之中。阎锡山赏识贾景德的文才和曾为黑龙江巡抚衙门幕僚的特殊经历，不仅竭力延揽，而且一开始就委以重任——接替赵戴文出任都督府秘书监。贾景德则有感于阎锡山的知遇之恩，并坚信少年得志的阎锡山必会有所成就，因而抱定辅佐之决心。由此奠定了阎贾之间良好的合作基础。从这里出发，阎贾关系一直处于良性发展状态。贾景德的加入正逢其时，既及时地填补了姚、景、续等先后离去，阎锡山幕僚班底在还没有正式形成之前就失去几块重要的基石而造成的空缺，又为此后一批政治、军事人才陆续成为阎锡山幕府中人开了一个好头。

与贾景德一开始就具有幕僚身份不同，徐永昌则一直处于超然的地位。首先，徐永昌是以朋友的身份被阎锡山请来帮助应付奉系张作霖的，阎锡山一句"与有人格的人作朋友是荣誉的"，就把阎徐关系标定在朋友的位置上。之后，徐永昌虽然在实际上具有投靠的意思，但是由于他本人的人格魅力，阎锡山对他仍然一如既往地尊重有加，这无疑是一个特例。正是基于这个原因，在阎锡山幕僚班底中徐永昌虽然只是一个后来者，却得以后来居上；也正是基于这个原因，徐永昌在阎锡山面前才敢于犯颜直谏，被赵戴文称作"畏友"。其次，从时间上看，徐永昌的加入阎幕比贾景德晚了十余年，但是他们之间却有一个共同之点，这就是都是适逢用人之际——贾景德出现于阎锡山政权甫定，亟须辅弼之才的时候；徐永昌相投在阎锡山蓄势待发，准备逐鹿中原，堪委重任富有号召力的统兵大员不敷使用（高级将领中只有商震

还算得心应手，嫡系将领周玳、杨爱源等虽然逐渐成长起来，但独当一面尚
欠火候）的前夜。这些再加上主观方面的种种因素，就使得贾景德、徐永昌
在 1927 年以后，殊途同归，文襄武赞成为阎锡山搏击政坛的左膀右臂，并
且贯彻到底。

贾景德说到底是一个从政的文人，所以他的作用主要在行政文秘方面，
参与谋划自然也是不能少的。初期致力于阎锡山地位的确立，通过筹设公民
党山西支部在阎锡山与梁士诒关系的缔结上加了一把火；通过私人关系进行
斡旋，终于使阎锡山得兼山西军民两政。在北伐完成，晋系势力及于晋绥与
华北五省市之后，贾景德一心要辅佐阎锡山成为“国家元首”，积极支持阎
锡山发动反蒋战争，从而对中原大战的最后演成起了推动作用。正如徐永昌
所说：“今次大战，首谋是阎先生，而成之贾煜如。”一封“致张杨电”，一
篇“亚盟宣言”，洋洋洒洒，文不圈点，为贾景德的文秘生涯留下了生动的
佐证。后期，贾景德作为阎锡山常驻中央政府（先重庆，后南京）的首席代
表，在协调阎蒋关系上的作用也是不可低估的。

徐永昌起先只是一个军人，阎锡山原来看中的也是他在军事上的作用。
在这一点上徐永昌没有让阎锡山失望，北伐时的料事如神和敢于负责可圈可
点；中原大战前的直言相劝和战起之时的“服从”，“受命而来，全师而归”
的做法，无一不是从阎锡山本人以及晋系集团的利益考虑。徐永昌在山西的
超然地位和他本人的政治影响，使他在军事之外还兼具政治协调的优势。中
原大战之后，进行善后，非徐莫属，这是因为他既非嫡系，也不是客卿，既
能从本集团的利益出发，又不偏向哪一方。对外尽量争取晋系的最大利益，
对内又容易为各方所接受。在阎锡山复出的问题上，由徐永昌出面游说，对
各方面都有说服力，因为他是站在第三者的立场上说话的。

从 1927 年徐永昌投晋以来，阎锡山、贾景德、徐永昌之间逐渐形成了
一种三角盟友关系，一种由主帅僚属进而兼及朋友的特殊关系，并一直延续
了三十余年。

自 1926 年定交，至 1959 年徐先于阎而逝，徐永昌与阎锡山结交 33 年，虽然有时意见难免相左，但为阎着想、曲意维护的主旨却始终如一，其谋事之远，交谊之深，可以说难有出其右者。对此，阎锡山在为《徐氏族谱》所撰之序中作了详细的陈述：

> 山于清季游学东瀛，当代贤豪幸获多所亲接。民国肇造，缙绅晋疆，耆艾材儁匡我于不坠者，尤数数焉。独崞县徐次辰将军以邻邑之彦，总戎他方，云鳞东西，转成暌隔，随会在秦，每起企予之叹。十五年次辰归至并门，得见君子，快慰宿心。从事历年，久而弥敬。宪虑之深长，经猷之弘远，取其一节，皆迈群伦，而其大过人者，盖犹不止于此。……次辰早历艰屯，以跻崇显，乃其行己之严洁，体国之公忠，岳峙渊渟，不为时风所沾染，有谋必定，无言不雍，衡机决策，往往如烛照数计而不爽毫厘。旁观相惊，以为神智，岂知先忧后乐尽从肫诚恳恻中出哉，殆古所谓断断休休者固非韩白良平所能望其项背。

贾景德对阎锡山的追随则绵延了近半个世纪。在这近半个世纪的岁月里，贾景德唯阎锡山之命是从，先是使出浑身解数，尽心竭力一心要辅佐阎锡山成就一番"事业"；后是对政治上走到末路的阎锡山不离不弃，忠贞到底。其心可叹，其情可嘉。在阎锡山生命的最后时刻，年事已高的贾景德一如既往地陪伴左右，成为替阎锡山送终的唯一旧属。更令人感叹的是年长阎锡山三岁的贾景德，竟在为阎锡山的身后事安排好一切之后，紧随阎锡山而去。

在一年零三个月的时间里，徐永昌、阎锡山、贾景德相继离世，三角盟友的历史至此画上了句号。

五

辅弼良才——南桂馨、赵丕廉、樊象离、薄毓相

阎锡山执政山西近四十年，身边的辅弼之才数以百计。正是由于有数以百计的干才加盟辅佐，阎锡山的地位才得以巩固和延续。然而从另一方面看，阎锡山在山西实质上推行的仍然是个人独裁统治，尽管由于个人（接受过近代文明）和历史（民主成为世界潮流）的原因，也在形式上采取过一些进步的做法，如定期考核干部、选举村长、推行村民会议制度等，但更多的时候还是专制和家长式统治。也正是缘于此，在阎锡山幕僚班底之中，行政人才屈指可数，早期有南桂馨、赵丕廉等，后期可计入者有樊象离、薄毓相等。前者侧重于对外交往，后者的作用则在于秉承阎锡山的旨意，并在晋绥辖区推而广之。

（一）"纵横家"南桂馨

"纵横家"者，春秋战国时期说客之称谓也。纵横家所谓"一言兴邦，一言丧邦"，全部身家都在一张嘴上。随着时代的发展，说客"朝为田舍郎，暮登天子堂"的机会渐行渐远，但说客纵横捭阖、不战屈人之兵的大剧仍在世界舞台上屡屡上演。辛亥革命之初的山西，姚以价兵败娘子关，阎锡山避走绥远，南桂馨南下求救，山西革命地位得以保全；民国建立，晋南李鸣凤、张士秀企图独立，南桂馨密报阎锡山，李张被捕、山西统一；北伐期间，南桂馨往返于京津之间，纵横捭阖，在阎锡山主政华北的问题上起到了意想不到的作用……如此等等，在阎锡山幕僚中，"纵横家"非南桂馨莫属。

南桂馨，字佩兰，山西宁武人，生于 1884 年。少时家庭富庶，为人机

南桂馨

敏善变，不甚喜读书。1899 年，南桂馨 15 岁，参加科考，成绩不佳，仅得附生。1902 年入山西大学堂西斋读书，1905 年因闹学潮肄业。1906 年，加入同盟会；同年赴日本，入警察学校，两年以后完成学业归国。在日本期间，南桂馨积极参加同盟会的活动，和张继、章太炎、刘师培等多有往来，受日本社会主义者幸德秋水的影响。归国之前，曾与山西党人阎锡山、谷思慎等计议，拟利用日本浪人萱野的援助，由合盛源钱庄捐款，在绥远后套借垦荒之名，培养革命势力，待机而动。

1908 年秋，南桂馨早于阎锡山半年回到山西。先在神池县自治传习所任所长职，三个月后因革命党的身份暴露而被撤职。此后的一个时期中，赋闲家中，靠阎锡山（1909 年春回国）等同志的接济生活，主要致力于革命之谋划。辛亥前一年，由阎锡山举荐入山西新军第八十五标，先当书记官，继任军需官。太原起义前夕，南桂馨依计随黄国梁率第八十五标标本部离队南下，行抵祁县。

太原光复的当日，南桂馨与黄国梁一道北返，参与军政府的组织工作。未几，燕晋联军失败。阎锡山感到山西民军孤悬京城肘腋，朝不保夕，意欲向陕西等起义省份求援。由于南桂馨在日本期间异常活跃，与各省的革命党人都有联系，外出联络的任务就历史性地落在他的肩上。

1911 年 11 月中旬，南桂馨肩负联络省外革命势力的重任，由太原动身南下，准备首先与陕西民军取得联系。在黄河对岸的潼关，南桂馨见到了陕军东路都督张钫（伯英），得知光复后陕西情况复杂，东南西北四路各有都督，军权不能集中，陕西都督张凤翙自顾不暇。于是取道汉水，转赴武昌。

在武昌，南桂馨通过相识的同志介绍，见到了大都督黎元洪。其时，武昌革命军正处于与清军的紧张对峙之中，重新被清廷起用的袁世凯一面派代表到武昌进行和谈试探，一面派其北洋军攻陷了汉口、汉阳，并以炮火威胁武昌。黎元洪在听南桂馨陈述了山西起义的情形后，当即表示："鄂晋相距甚远，汉口被敌占后，武昌必须严行戒备，无力支援山西。"并谓："黄兴已到沪，孙先生也将至沪，我可备文送你到上海，请示援助。"两处碰壁的南桂馨并不气馁，又拿着黎元洪出具的公文转赴上海。

南桂馨南北奔忙，转眼之间一个多月就过去了。与此同时，山西的形势急转直下，娘子关失守，都督、副都督分退北南，清军第三镇入境，内外联络中断。南桂馨不知就里，继续运动援晋。从武昌乘江轮转抵上海后，遇见了代表山西军政府赴南京进行联络的乔义生（亦作宜生）等。遂由乔引荐，面见刚刚回国的孙中山，报告太原起义的情形。1912 年元旦，与孙中山同车到南京；同日，孙中山在南京就任临时大总统。

这时，南北议和已经开始（1911 年 12 月 18 日），有传闻说，北方代表不承认山西、陕西为起义省份。南桂馨为此专门求见孙中山，申述原委，详细报告了太原起义的前前后后。孙中山听后连连称善，声言："虽有此议，我们绝不承认！宁可和谈决裂，不能不承认山、陕的革命同志。你们尽可放心！"孙中山的一番话给南桂馨吃了一颗定心丸。接着，南桂馨又分别往访黄兴、胡汉民等。孙中山说到做到，正是由于孙中山的据理力争，袁世凯才不得不放弃了把山西排斥于起义省份之外的企图，从山西撤军，并最终承认了阎锡山的山西都督地位。在革命伊始，诸事迷离的情况下，南桂馨凭着自己的辩才，为山西起义同志和阎锡山首立一功。

在取得孙中山的政治支持之后，南桂馨与乔义生等继续协力争取经济援助。据南桂馨回忆："后来，和议已成，向比（利时）国的借款也签了字。我乘机向孙大总统提出要求，得到批准，拨付山西善后一百万元，由我和乔宜生（义生）、狄楼海（旅沪晋人、革命党人）、梁上栋（山西崞县籍，留英，在伦敦与孙中山相识）、刘懋赏（山西军政府代表）五人代领，存入中国银行（就是大清银行改名的）。并声明非有山西都督府电，并派专员来领，不能支付。因为我向孙总理要求军械，孙谓即有军械到沪，路途遥远，也难转运，所以才有这百万元的支付。而不久，乔宜生有提出此款，在沪私设银行之议，且以手枪威胁狄楼海承认。经我闻知，以死力争，事始作罢。"

为尽可能地争取对山西的援助，南桂馨风尘仆仆辗转于沪宁之间，充分利用各种关系，在以孙中山为首的南京临时政府中折冲樽俎，初步展示了自己的外交才华，从而奠定了在此后的一个长时期内，在阎锡山幕僚班底中"纵横家"的地位。

还在得到孙中山对山西起义省份进行力争的承诺时，南桂馨即电报阎锡山（已由绥返晋，接袁世凯令在忻州待命）："南京终无大碍，孙先生态度很坚决，关键在袁，即派人进京疏通之。"上述诸事完成后，南桂馨由上海北上，转道京、津，返回山西。旋至忻州会阎，共图返省之计。

1912年4月4日，阎锡山回太原复山西都督职后，首先面临的问题就是组织都督府。民国初肇，一切均无例可循，都督府的组织没有一定之规。南桂馨在南京活动时曾与江苏都督庄蕴宽有所接洽，因此，对江苏都督府组织大纲作了一些了解。于是，提议阎锡山与江苏的做法互相参照，规定在都督府下设军政司以及参谋处、巡警道。军政司虚位以待温寿泉，参谋长黄国梁（原第八十五标标统），日本警察学校科班出身的南桂馨被任命为巡警道。

都督府成立后，紧接着阎锡山着手统一军权，也就是动手解决一北（续西峰领导的忻代宁公团）一南（温寿泉主持的河东军政分府及其武装）两大集团的问题。而对这两个问题的解决南桂馨都起了重要的作用。

在紧接阎锡山复任山西都督之后的军队改编中，续西峰提出将忻代宁公团编入正规军序列，温寿泉也要求以河东民军李鸣凤部为基础编为第二师，而这些却是预定一个师的编制所不能容纳的，也是阎锡山所不愿意的（两大集团雄踞北南，"藩镇"割据，必然威胁到阎锡山地位的巩固）。同时，续西峰一派由于地域的关系还得到议长杜上化、民政司长谷如墉等的支持。因此，只有先解决忻代宁公团，然后才能孤立晋南。但是解决忻代宁公团就必然引发出一个如何妥善安置续西峰等领导人的问题，实际的情况是都督府成立的同时，相关位置均已各有其"主"了。南桂馨思忖再三，为了安定全局，主动向阎锡山建言，将巡警道一席让给续西峰，另以弓富魁任都督府顾问，其余公团领导人，分任省县警官职务。从而使这一矛盾大体解决。

南桂馨让出巡警道一职后，旋即被任命为新设于运城的筹饷局局长，参与解决河东分府问题。娘子关失守，阎锡山率部北上后，副都督温寿泉率领晋南籍民军南下，借助秦陇复汉军（由陕西民军将领井岳秀、井勿幕、陈树藩等率领）力量，光复河东重镇运城，成立河东军政分府，割据一方。山西本来是个贫瘠的省份，主要收入就在晋南三十五县，但是这三十五县都在河东分府管辖区内，一切税款分文不缴省上，因而省款无着。南北议和告成后，温寿泉即曾致电袁世凯，请撤销副都督名义，撤销河东军政分府。阎锡山回任后，特派专使去运城迎温寿泉回省，并将军政司长一职留温，以此削弱河东军政分府的号召力。然而，仅仅撤走一个温寿泉并不能从根本上解决问题，因为河东军政分府的实权掌握在旅长李鸣凤和观察使张士秀手中。有鉴于此，阎锡山特呈请北洋政府，准设筹饷局于运城，与李鸣凤、张士秀协商，除军政分府军政费用外，其余收入解省。

南桂馨就任筹饷局局长后，即随同阎锡山派往河东迎接温寿泉的马开崧一道赶赴运城。不料一到运城就惹出了一场风波。对于调温寿泉回省之事，李鸣凤、张士秀原本就有看法，一口咬定是阎锡山的调虎离山之计，意在削温之兵权，温则不以为然。事有凑巧，南桂馨等一到运城，马开崧即在与温寿泉的一次闲谈中，因摆弄手枪而走火，一粒子弹打在了温的腹部，温当即昏迷。李、张等遂借题发挥，认定南、马是阎锡山派来刺杀温寿泉的，而马与温一向私交不错，由此推及，枪是南桂馨开的，并因此而将南吊起来鞭打。

直到温苏醒过来，说明情况，南桂馨才得以解脱。

现在看起来，李、张是想给南桂馨一个下马威，让他知难而退。没想到南并不吃这一套，继续履行阎锡山给他的使命——组织成立筹饷局，命令各县钱粮地丁，直接交局，除分府经费外一律解省。这样，南桂馨就与河东地方势力发生了直接的冲突。于是，李鸣凤、张士秀再一次把他扣押囚禁，秘密审讯。这样，问题的性质就发生了变化——河东军政分府公然拘禁山西都督府派出的筹饷局长，被认为是否认都督阎锡山的领导，也就是否认与山西军政府的隶属关系，从而也就有了割据之嫌。如此一来，南桂馨就以他个人的牺牲为阎锡山制造了动手的借口。

南桂馨被拘月余，适逢杨彭龄（同盟会员，参与太原起义，时任都督府军马科长）到了运城，有事与李、张接洽，密派人问南有何事嘱托，他便写了几句话，请转交阎锡山。大意是：李、张事件，恐山西不能自决，应报中央处理。后来，根据阎锡山的报告，袁世凯派毅军统领赵倜率军至运城，以"平叛"为名，捕李鸣凤、张士秀入京。随后，阎锡山任命董崇仁接替李的旅长职务，河东问题解决，南路宣告统一。

南北统一后，随着阎锡山地位的逐渐巩固，南桂馨相继担任都督府参谋长、省粮服局局长、警务处处长兼省会警察所所长、省防疫局局长等职。同时，一遇涉及与外界交往、打通关节之事，阎锡山首先想到的就是南桂馨，南桂馨也一如既往，为阎锡山出谋划策，奔走疏通，并多见成效。

1927 年春，分析全国形势，阎锡山决定响应蒋介石的"北伐"，但因实力尚不足以在北方单独抗奉，故不得不与张作霖虚与委蛇。为此特派田应璜为驻京代表，李庆芳副之，与奉方周旋。张作霖在北京就任"中华民国陆海空军大元帅"后，发表阎锡山为副元帅，阎拖延不就，随后接受武汉国民政府的任命，就任国民革命军北方总司令。这时，武汉政府派罗任一做政治部工作，阎锡山便委南桂馨负责接洽。在此前后，各省或武汉政府派人到山西，都是由南桂馨负责接洽。接着，田应璜病逝，阎锡山即派南桂馨继田之后，任他的驻北京代表。

南桂馨赴北京就任之前，正值讨奉之役即将发动，晋军参与北伐已成定局，因此便向阎锡山建议："中国大局，特别是北方军阀混战，向由日本暗中操纵。奉方、段方都与日本有关，这是尽人皆知的。直方之吴佩孚在汉口讨冯，颜惠庆在北京组阁，也是经过孙润宇等和日本联系才能成立，从而孙也担任了颜阁的秘书长。我们从来与日本毫无关系，如果我们的力量发展到京、津时，恐怕有阻碍发生，我意只有通过段系与日本间接联系或可减少阻力（事或可能），如若将来各方有所责难，您就把责任推在我身上，但这种策略和路线，我必须事先表示，请求谅解。"对于南桂馨的建议，阎锡山表示赞同，并答应所有留京的山西代表一律听从南桂馨指挥。

南桂馨讨得阎锡山的"尚方宝剑"到京任事后，马上进入角色，开始他的"外交"接触——先与奉方负责交涉山西事宜的杨宇霆接洽，再见梁士诒提议说服奉张易帜统一。接着，又借机与其在日本时的旧交、日本公使馆武官本庄繁会晤，与英国驻京公使蓝博森约见，分别表达了阎锡山如接收京、津必须遵守中国和各国既定条约，不使意外发生的立场，在外人面前为阎锡山树立"敦睦外交"的"稳健"形象，使得外国势力感到虽然都是带有"赤化"性质的革命军，但阎锡山确实比"反帝"口号喊得震天响的冯玉祥要可爱得多。这些活动有力地促成了北伐胜利后非阎锡山主政华北不可的政治格局。

晋军的第一次北伐讨奉失败后，南桂馨继续在天津负责与相关方面的联络接洽，并兼管照顾南京和太原的往来人员。一直到1928年春蒋介石复任，重振"北伐"旗鼓，晋军二次出兵石家庄，节节北上。在此期间，南桂馨的活动卓有成效——北京方面，通过内务部警政司长李升培间接与杨宇霆接头议定，奉方留一团军队，由鲍毓麟任团长，维持治安，由驻京外交团担保晋军到京后，鲍团安然退出关外。天津方面，建议阎锡山答应和奉军结盟的驻军张宗昌以下三个条件：一、退走后不追击；二、退出天津后接济一些款项；

三、将来合作。从而取得张宗昌和平退出天津市，并将司令部让于傅作义为警备司令部（傅作义于涿州之围被解后，从奉军监视的保定设计逃出，到达天津。南桂馨劝其打消回省收拾残部的念头，留在天津准备担任警备司令收容改编，维持秩序），留一个团的兵力归傅指挥的承诺。与此同时，还得到日、英、法等国公使对晋军接收京、津的默许，即所谓"山西军队到京、津，只有十分之一的危险。若冯军到京、津，正成反比例"。在南桂馨这一系列铺垫完成的同时，6月2日，张作霖离京返奉，途中被炸身亡；6月4日，阎锡山被南京政府任命为京津卫戍司令；6月6日，晋军入京，并顺利接收；6月11日，南桂馨、傅作义在天津公署前升起青天白日旗，和平收复天津；6月12日，张宗昌的直鲁军撤退，傅作义就任天津警备司令。北京、天津归入阎锡山及其第三集团军的旗下。第二集团军冯玉祥部虽有沿津浦路攻坚牺牲和协同作战之功，却只能作壁上观。对于南桂馨在收复京、津中的政治作为，阎锡山予以高度评价："此次佩兰赤手收复平、津，一人之力，胜似甲兵十万。"

接收京、津后，有感于南桂馨在政略上的特殊贡献，阎锡山一面电报国民政府主席谭延闿、国民革命军总司令蒋介石，称："北京、天津两特别市长人选，最关重要。查有仇鳌、南桂馨，对于各国市政素有研究，于京、津地区情形尤为熟悉。以之分充市长，当能胜任愉快。并为荐贤起见，拟恳任命仇鳌充北京特别市市长，南桂馨充天津特别市市长，以重市政，而专责成。"一面电报南桂馨先行就职。尽管各方面对于京、津两市的市长人选意见不一，争执不下，但是由于阎锡山的力荐，6月25日，由国民党中央政治会议议决任命，南桂馨最终成为天津特别市市长。6月26日，南桂馨正式就任。

天津原非山西地盘，且为开放城市，加上冯玉祥所部第二集团军欲得天津而不能，难免从中作梗。南桂馨上任后，一筹莫展——"行辕预算不定，应付困难"；更有"以团体名义攻击馨个人"者。如此这般，不及一月，在行政建设上颇有一番抱负的南桂馨痛感中国政治之弊端难革，萌生退意，反复电报阎锡山陈述不得已之处，表明"图报有心，支持无力，得早息影田园，藉藏鸠拙，乐观盛世，以了余年，私愿已足，不复他求"，请辞天津市长。南桂馨去意已定，阎锡山挽留不及，只得表示谅解。9月8日，南桂馨免去天津市市长职，遗缺由崔廷献（字文征，山西寿阳人，曾任山西省议会议长）暂补。

"赤手收复平、津"是南桂馨一生的神来之笔，也是其政治生涯的巅峰。此后南桂馨这颗山西的政坛明星，逐渐失去了光芒。自请"息影"后，不愿厕身政坛旋涡。屈指数来，南桂馨先后所任职务不过是南京政府高级顾问、立法委员、河北省政府委员等。抗日战争期间，他避居天津，拒不出任伪职。1948年被推为国大代表，同时兼任傅作义部顾问。1949年后，出任山西省政协委员、北京市文史研究馆馆员。晚年定居北京。南桂馨十分关心山西文史资料征集工作，撰有《山西辛亥革命前后的回忆》《刘申叔遗书》等。1967年病逝，终年83岁。

（二）联络部部长赵丕廉

赵丕廉，字芷青，号麓台，山西五台人，生于1882年，清宣统元年乙酉科拔贡。嗣入山西大学堂中斋，加入同盟会，与续西峰订交，密谋策划，从事革命活动。后进而联络忻县、崞县、定襄、五台等"二州五县"志士，推续西峰为首，以地方学校为基础，建立"保安社"，自卫自保。

太原光复，忻代宁公团组成，赵丕廉被任命为粮台督办，负责为公团筹措粮秣，协助续西峰攻占大同。清廷闻讯大惊，急调武卫左军统领陈希义率师围攻。他们鼓舞士气，沉着应战，虽弹尽粮绝，仍闭门固守。在忻代宁公团困守大同孤城，经济窘迫的情况下，赵丕廉主持发行公债券，向富户筹得白银三万余两，使困难得到一定程度的缓解。1913年，袁世凯为加强对山西的控制，派金永为山西内务司司长（后改任山西巡按使）。金趁阎锡山赴京述职之时，搜捕山西革命党人，赵丕廉名列首要，在被捕押解途中，经马骏说情释放后赴南方，就职于安徽教育厅。

1916年，袁世凯亡，金永离开山西，赵丕廉返省任事。先任丰镇县知事，继任山西警务处科长，后又调屯留、长治县知事，不久接任潞、泽、辽、沁营务处长，掌管上党地区十九县的地方治安。1923年营务处撤销，始被阎锡山调省，任都督府参议。

1925年，赵丕廉在赵戴文的推荐下，出任国民师范学校校长。任职期间增聘知名人士执教，并创办了教育学院，以图改进教育。国民师范学生多系贫寒子弟，刻苦勤学，要求进步，并因此而成为山西共产党地下组织的活动基地，他也不加深究。1927年，国民党实行清党，赵丕廉当机立断，将国民师范提早放假，让学生早日离校，使学校师生免遭打击。

1926年10月，北伐军一路报捷，攻占武汉。广东国民政府为了使北伐军事迅速向北推进，特派胡宾为代表到山西联络阎锡山响应。这时，鉴于形势的迅速变化，阎锡山亦在考虑与南方联合的问题。于是，应南方之请派赵丕廉前往武汉。为什么关键时刻阎锡山突然想到地位并不显赫的赵丕廉呢？大概有这样几个原因：其一，赵丕廉虽然自辛亥以来大多数时间默默无闻地在基层工作，但他的老同盟会员和忻代宁公团领导人中硕果仅存的阎锡山合作者身份，使他平添了几分可靠性。其二，几任县知事勤政廉洁，尤其是营务处长任内断事清楚，赵丕廉的政绩有目共睹，以至于离任之际，当地人士勒碑刻铭，颂扬备至。其三，赵丕廉调省后，很得赵戴文的赏识，因此而影响到阎。其四，当时北方仍然是北洋军阀的天下，阎锡山尚不敢轻举妄动，为谨慎起见，代表拟以到上海出席全国教育会议的名义派出，而赵丕廉国民师范校长的身份是再合适不过的了。

1926年11月，赵丕廉接受阎锡山赋予的特殊使命，先到上海，代表山西教育界出席了全国教育会议，再由上海到武汉。临行，阎锡山把山西的处境和打算大致给赵丕廉作了一个交代。原来在此之前阎锡山向日本军火商订购了一批军火，预计次年 3 月可以交货。在此期间，形势可能会进一步明朗化，那时再作决定比较主动。因此，阎要赵向广东国民政府作出解释，求得谅解。最后阎锡山嘱咐赵丕廉："革命大业，从此开始。你去不定归期，在未揭开以前，由你负责，到揭开以后，由我负责。"并与赵丕廉约定通信密码，以"酒满"代名。

在上海作短暂逗留之后，赵丕廉首次以阎锡山联络部长的身份溯江而上，抵达国民革命的重镇武汉。在武汉，赵丕廉先见了陈公博。12 月 28 日，赵丕廉在陈公博的引见下，由武汉到南昌面见蒋介石。蒋介石对阎锡山的举动表示出极大的兴趣，对赵丕廉讲："阎先生是老前辈，又参加过铁血丈夫团。我们盼望阎先生在北方早日举事，以便尽快促成北伐大业。"赵丕廉察言观色，委婉地说明山西的处境："阎先生处在北方诸军阀的包围之中，起事早了非但于北伐无助，还有先被吃掉之虞。尽管如此，阎先生参加北伐的态度仍然是明确的，这一点请蒋先生放心。阎先生在日本订购的一批军火明年 3 月份就能运到，晋绥军得到这批军火的补充后，即可举事。阎先生不能马上举事，确系另有隐衷，还请蒋先生理解。阎先生谓山西出师北伐之关键时机有二：一为山西出师革命即能成功之时；二为山西不出师革命即将失败之时。"赵丕廉一席话推心置腹，蒋介石不好再说什么，只是提议他回到武汉后见一见苏联军事顾问鲍罗廷和加伦将军。

1926 年岁末，赵丕廉在武汉频繁地与各相关人士会面晤谈，初步摸清了南方政府的意图和内部的矛盾关系，认识到山西只有待价而沽，才能争取主动。所以只是一味地应酬，并不作任何实质性的承诺。与此同时，北伐军继续进军，顺长江东下，于 1927 年 3 月 24 日攻占南京。4 月 12 日，蒋介石在上海发动反共政变。4 月 18 日，蒋介石在南京另组国民政府，宁汉分裂。

一切如阎锡山所料，到 1927 年 3-4 月间，形势开始明朗化。就这样，在赵丕廉作为联络部部长与武汉各方面虚与委蛇的过程中阎锡山终于作出了他的选择。4 月 5 日，阎锡山电告仍在武汉的赵丕廉：本日颁动员令，宣布服从三民主义;4月18日,赵丕廉致电阎锡山:"蒋于哿日(韵目代日,亦即20日)去安庆督战。长江下游不日肃清,战事方紧,我方发动时机已到,请速电总座及早进攻。"5月2日,阎锡山电赵丕廉:"此间现已积极准备,并宣布三民主义,全军成立特别党部,一切正在进行中。"在函电往来中,赵丕廉与阎锡山互通信息。

水到渠成,6月3日,阎锡山宣布就任赵丕廉为他争取来的北方国民革命军总司令,在山西悬挂青天白日满地红旗,改编十五万晋绥军为北方国民革命军。赵丕廉的武汉之行在经过整整半年的周旋之后,终于功德圆满。

为阎锡山易帜北伐作交涉的特殊经历,使名不见经传的赵丕廉后来居上,成为阎锡山幕僚之中不可多得的交际专家,堪与南桂馨齐名。此后,赵丕廉在阎锡山帐下的作用即侧重于此,而其联络的对象则主要是蒋介石中央政府。从1927年南京政府成立到1949年以前,二十余年的时间里,赵丕廉实际上一直是作为阎锡山的代表驻在中央政府(先南京,后重庆,再南京),致力于上情下达和下情上达。

宁汉分裂后,赵丕廉由武汉转驻南京。1928年3月被任命为民政部(后改称内政部)次长(常务),部长系山西解县人、冯玉祥的高级幕僚薛笃弼。这显然是蒋介石在阎冯两大集团之间搞平衡的结果。不久,北伐胜利,阎锡山的势力及于华北五省市,晋系盛极一时,两大集团共掌的内政部,为山西一家独掌,部长一职先由阎锡山兼任,继由赵戴文出长。因此,1929年1月18日,赵丕廉被免去内政部常务次长,旋即被任命为河北省政府委员、国民党三届中央候补委员,并以此常驻南京。

北伐期间,赵丕廉利用驻在南京的便利条件,不时函电阎锡山通报情况。在1928年4月17日的一封电报里,赵丕廉透露:"查焕公(冯玉祥字焕章)主力军队似偏重于豫东、鲁西方面。兹将此间所闻者列报用备参考:(甲)刘雪亚代表齐咨如昨来京相晤。据称:本月微日(5日)由濮阳动身前,焕公探得敌人计划令全力攻晋。另以一部攻击豫东。对京汉河北只取防御守势。

焕公遂将河北军队调往豫东若干。本人亲赴兰封。惟齐君虞日（7日）过郑时，即闻知敌人于鱼日（6日）先行攻击彰德，围冯军一旅后，由冯调二旅北上，始将被围之军队救出若干，此齐君所见十日前之状况也。（乙）今午薛子良（笃弼）接焕公自兰封铣（16日）金来电：孙良诚部删（15日）申占领钜野，铣（16日）日下午占领济宁。此焕公最近得力于鲁西之情况也。（丙）窃量焕公之主力军在河北省恐不及在鲁西者多，能否于七天打上磁州、顺德以北，与我确实夹击敌人，自宜慎重考虑。"提醒："敌人对我之兵力不在少数，我方主力似宜扼守险要阵地，相机进攻，看有七八分把握时，然后全力猛进夹击敌人，慎勿于最短期内致令独当中坚。"赵丕廉的这些情报和分析不仅非常及时，而且与阎锡山之意不谋而合。正是由于相同的考虑，阎锡山在北伐进军时，善于把握时机，既不"独当中坚"，又能在适当的条件下敢于"猛进"，第三集团军才得以抢在冯玉祥的第二集团军之前占领了京、津。

北伐甫定，赵丕廉的注意力又集中于与奉张的修好上。在南京时他就设法与张学良的代表多方接触，晋奉关系由敌对而趋于缓和。1928年9月24日，赵丕廉电报阎锡山，告知："晤新由广东来京之奉代表杨岐山氏，相谈颇洽，彼云过去战事，如田子琮（田应璜，奉张执政北京时，曾任阎锡山的驻京代表，后病逝，所遗之职由南桂馨接任）在，绝对不会发生。晋奉向无恶意，今后仍当和衷共济，解决北方事务。汉卿对百公分居后辈，素极推崇，深以战事结束以来，晋奉信使不通，诸多隔阂为憾。请电达百公特派要人指示一切。至雨帅（张作霖）死于日人阴谋，情极可惨。如能遣人祭吊尤为感激等语。观其态度，很诚恳，很负责，并非泛泛之谈也。"以此为基础，阎锡山与张学良一度函电往来，甚为密切。张学良表示："嗣后关于时局重要事宜，尚祈遇事关垂，风雨同舟。"阎锡山声称："属在旧交，幸接邻光，既深车辅之依，宜有挈提之雅。此后遇有可以为力之处，仍当竭尽绵薄。"晋奉一时修好如初。

中原大战中，赵丕廉一如既往，受阎锡山之命负责与各方代表联络。战后，由于阎锡山及其晋系集团的败绩，不但赵丕廉所兼各职一概免除，而且受到中央的通缉。一度避居天津，做起了寓公。

阎锡山复出前后，由于九一八事变发生，民族危机空前，国民党内趋于"统一"，政争问题暂时放在了一边，赵丕廉与其他因中原大战的关系退出政坛的反蒋派人士一样重新浮出水面，获得新的政治地位。1931 年 12 月 29 日，被国民党四届一次常委会议推为国民党中央组织委员会委员；1932 年 1 月 6 日，被南京政府任命为蒙藏委员会副委员长（任期长达 15 年之久）。并继续作为阎锡山的代表常驻南京。

在此期间，为了阎锡山的复出，赵丕廉亦曾多方设法，利用在反蒋的北平扩大会议时与汪精卫（因广州非常会议与蒋介石中央言和，出任行政院长）建立起来的关系进行疏通，在阎汪之间传递信息。1932 年 2 月 18 日，阎锡山尚未复出，汪精卫即有一封给阎锡山通气的电报，电文一开始就提到要赵丕廉等告阎之事："阎伯川先生惠鉴：竞密星如（杨爱源）、芷青（赵丕廉）诸兄回并，诸事想已便陈。介石及弟拟提议设太原绥靖公署，指挥统帅晋绥两省军队，并拟请公为主任，如荷赞同，拟即发表，立复为盼。"

阎锡山就任太原绥靖公署主任后，赵丕廉仍驻南京，职责如常，并成为山西和行政院长汪精卫之间的联络"热线"。阎锡山于 1932 年 7 月 21 日的一封电报，对此是一个极好的注解。电文如下："南京赵委员芷青兄鉴：芷密自就职绥靖以来，精卫先生嘱整理晋绥政务及自治诸事，芨筹远虑，曷胜钦服。正设计进行之际，适奉府令，注重'廉洁政府'及'有效工作'。同时行政院亦令省府有案。迭经召集军政两界人员研究办法，期在实行，以副汪先生盛意。所有议定详细情形，业由徐主席（时任山西省主席徐永昌）呈复府院，候示遵行。希执事速晋谒汪先生，请将徐主席呈文早为指令，或电令，俾便遵循。俟此案定后，对于政治、经济之建设，地方自治之实行，尚有许多意见，急待陈核。国势颠危，时不我待，刷新内政，不容缓图，誓以为地方牺牲之决心，助成汪先生救国之大业。统希代达，不尽欲言，并盼电复。"

光阴荏苒，转眼到了 1935 年。这一年，堪称多事之秋——华北事变、"秦土协定"、中国共产党发表《八一宣言》、中国工农红军长征到达陕北……11 月 1 日，在外交内政的重重矛盾和困难之中，国民党四届六中全会在南京召开。阎锡山乘坐蒋介石特派之美龄号专机由太原飞到南京出席会议，下榻陵园新村孔祥熙别墅，随行的有吴绍之、宁超武、王靖国、李生达等及卫士十余人。会议举行开幕式的那天，阎锡山由赵丕廉陪同到国民党中央党部出席。会议开始，由汪精卫致开幕词，接着在会场外摄影留念。蒋介石同吴铁城在室内谈话，传出话来让大家别等，于是，开始拍照。正当此时，晨光通讯社记者孙凤鸣突然拔出手枪，射向汪精卫。张继急忙上前拦腰将孙抱住，张学良穿着马靴举足将孙的手枪踢落，刺客被捉。刺汪事件发生，瞬间现场乱作一团。赵丕廉一听到枪响，第一个反应就是要确保阎锡山的安全，只见他上前伸手拉住阎锡山的胳膊，不由分说一阵紧跑，从中央党部的阁楼转到旁院存放的汽车后面躲了起来。一阵骚动之后，随着枪手的被捉，正院归于平静，却不见了阎锡山。在旁院的赵丕廉和阎锡山因不知刺客所为何来，不敢贸然走出。好一阵折腾，幸好只是一场虚惊。算作刺汪事件中的一个小小的插曲。

抗战爆发，国民政府迁都重庆，赵丕廉亦由南京而重庆，一住就是八个年头。抗战胜利，国民政府还都，赵丕廉随返南京。其间，一直以国民党中央候补委员、蒙藏委员会副委员长身份充任阎锡山的首席代表。返回南京之后，一度被任命为行政院顾问，但由于不满蒋介石的内战政策，态度消极。

1948 年前后，国民党筹备"行宪国大"和总统选举，有人提议阎锡山竞选副总统。赵丕廉对此表现出极大的热情，托人转告阎锡山："如想竞选副总统，此时应该着手活动。如需要，我就回去协助。"阎锡山权衡利弊决定放弃，赵丕廉只好作罢。此后，随着国民党大势已去，赵丕廉和蒋中央政见不合，离开南京，淡出政坛。亦因对山西地方感到隔膜，遂闲居北平，寄情于诗书之间。

1948 年，国共和谈，赵丕廉协助章士钊等，奔波于傅作义与和谈代表之间，为促进和平解放北平，贡献了一分力量。中华人民共和国成立后，赵丕廉任北京文史馆馆员及山西省政协委员。1961 年病逝于北京，终年 79 岁。

（三）实干家樊象离

樊象离，字虚心，山西解县人，生于 1892 年。祖上薄有田产，耕读传家。樊象离 6 岁入私塾，后因家道中落，弃学习商。1909 年，再入解县高等小学，公费就读。1911 年，辛亥革命爆发，樊象离参加学生军，充当上士。次年脱离队伍，入山西省立第一师范。1913 年春，改考山西省立法政专门学校，入政经科二班。在校期间，即担任《山西民报》校对，勤工俭学，并因此而结识该报主笔景梅九，嗣后由景梅九、李建唐介绍加入国民党。

在法政专门学校，樊象离学有专攻，学业优异。两年后毕业，考入管狱员训练班，接受狱政训练。此后，相继任沁县、和顺县管狱员。1918 年初，阎锡山为"培养专门学校毕业人才，以适应行政社会事业之用"，训练新人，推行新政，"招收专门学术试验所录取之学生"，设立了一所专门的干部学校——育才馆。育才馆首招学生时，樊象离因法专毕业的成绩名列前茅，幸得选入。育才馆作为干部培训性质的学校，与后来的行政干校相类似，"其后山西行政及经济建设，即以其为骨干，各机关主官及重要职员，多为育才馆所训练者"。从这个意义上说，樊象离得以进入育才馆学习，也就等于踏上了晋升的阶梯。

在育才馆，樊象离因成绩突出而得到以副馆长名义（馆长由阎锡山兼）

主持馆务的赵戴文的青睐。1919 年 6 月，樊象离从育才馆毕业，被委为临县离石区刑事协助委员。10 月，即由于赵戴文的赏识而调入督军府第三科。适逢有临县议员倡议清查阎锡山的财政账目，阎锡山担心由此导致省议员与政府的对立，决定：今后省议员得在育才馆毕业生中遴选堪充此职而和政府一心者。樊象离曾经建议"民意机关应统一意志"，且能忠于职守，又有赵戴文的极力推荐，因而被一举推为"必须选出的省议员"。1921 年 8 月，樊象离夤缘时会，成为山西省第二届议会议员。1923 年 3 月，樊象离所任职的督军府第三科（亦即内务科）科长出缺，他又得以递补。从此，樊象离作为阎锡山的高级幕僚而迅速升迁，并进而代表阎锡山任职中枢——北伐军兴，任第三集团军总部政务处副处长兼石门（石家庄）警察厅厅长；1928 年 4 月 3 日，署理内政部警政司司长（内政部部长薛笃弼，次长赵丕廉）；1929 年 1 月 18 日，任国民政府内政部政务次长。

　　1930 年 4 月，中原大战如箭在弦之际，樊象离出面联络山西在京人员，径返太原。遂被阎锡山任命为陆海空军总司令部高级文官，负责联络各方文人政客，同时奉阎之命筹备组建"晋北矿务局"，以安置南京返省人员。"晋北矿务局"系股份制企业，筹备之初，樊象离以募股处主任委员主持事务。1932 年 1 月，"晋北矿务局"正式成立，阎锡山任董事长，樊象离任常务董事。

　　阎锡山复出就任太原绥靖公署主任后，在"建设救国""造产救国""自强救国"的口号下，再一次把注意力放在山西的省政建设上。1932 年 4 月 12 日，设立"山西省政设计委员会"，自任委员长，开始进行"山西省政十年建设计划"的设计工作。省政设计分两部分进行，一部分为政治建设，由邱仰浚主其事；另一部分为经济建设，由樊象离主其事。

　　樊象离被阎锡山指定为经济组组长，负责编制《山西省政十年建设计划案》的经济部分。在编制计划案的过程之中，樊象离恪尽职守，就工矿、交通、农林、畜牧、水利诸问题提出了许多建设性的意见。经济建设是整个计划案的重中之重，其初步方案是在樊象离的具体主持下拿出来的。鉴于山西以农业为主的特点，樊象离把农业放在经济计划的第一位，给予了足够的重视。具体内容包括改良农事、水利、棉业、种烟业、林业、植树、畜产业等。改良农事，涉及改良农具、肥料、种子、耕种方法诸方面，可谓事无巨细、面面俱到；同时还作出量的规定，即以增加产量十分之三为期成量，十分之二为必成量。农业以后，依次是矿业、工业、商业、交通等项。关于矿业，根据"山西煤炭，销售不及产量之一半"的现实情况，提出：虽"刻下无扩充开采之必要"，但"应提倡分采合销，以免各厂间之竞争"。关于工业，所列应举办事项有四，即设立工业试验所、女子工业传习所，奖励特种工业及新发明，倡办县村工厂，提倡家庭工业。关于商业，所列应举办事项有八，主要是实行商标法和商品检查，设立商品陈列馆与公营百货市场。关于交通，所列应举办事项有七，主要为修筑同蒲铁路和整修全省公路。

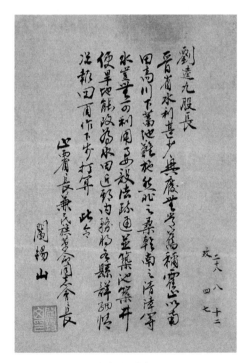

阎锡山手令

樊象离秉承阎锡山的旨意，具体主持制定的初步方案，形成了《山西省政十年建设计划案》经济部分的基本框架，对计划案的最后形成起了决定性的作用，从而对此后一个时期山西的经济建设发生了重要的影响。

从身处基层，却敢于以天下为己任，提议"民意机关应统一意志"，到主持省政设计，不负使命，樊象离在行政组织方面的才能和魄力得到了逐步的展示，从而进一步得到了阎锡山的关注和重用。

1933 年 4 月，阎锡山重建村

政处（早年推行村政时设立，1931 年撤销），并赋予村政处清理晋中各乡村的财政，筹建小型村办工厂，为实现所谓的"无村不工厂"进行实验，以为省政建设之典范的特殊使命。樊象离走马上任村政处处长。此后，虽然由于条件所限，理想严重超越现实的可能，在乡村创办小型工厂发展工业生产的计划未及实现，但是在村政处处长任内，樊象离在他所主持的晋北矿务局内，按照十年建设计划案付诸实施，将分散经营的煤矿纳入有计划的开采，取得了成功的经验，生产因此而有了大幅度的提高。

　　1934 年，樊象离以村政处长被推为省政府委员。1935 年 1 月，阎锡山为切实推行省政建设，有意加强职能部门的力量，于是樊象离升任省政府建设厅厅长，具体负责实施经济计划。他在建设厅长任内，推行省政更是不遗余力。为了有效地推行省政，樊象离首先把注意力放在厅内风纪的整顿和人事的调整上，意在塑造一种积极向上的进取精神。接着是改变人浮于事的陋习，使职能科室各负其责。因此，从上任到 1937 年抗战爆发短短两年多一点的时间里，取得了斐然的业绩，他所领导的建设厅各科都有不凡的表现。如第一科，负责公路建设，相继整修开通了大同至风陵渡贯通山西南北的公路干线和一些支线，如运城到茅津渡、侯马到禹门渡等公路支线，使南北干线得到进一步的延伸，山西公路建设初具规模。第二科，负责农业建设，根据当初草拟计划案时的设想，和农事实验场配合，给适于种植棉花的晋南地区引进优良棉种，使棉花产量进一步提高；将原先的分散轧花改为集中轧花，以便改良籽种，提高质量；开辟了新的市场，使山西棉花远销上海；在风陵渡、茅津渡、禹门渡等棉花的主要集散地设立棉花复查所，以保证外销山西棉花的质量信誉。厅属凿井事务所倡导机器开凿水井，并派技术人员分赴各地进行宣传示范。厅属模范畜牧场，致力于山西绵羊的改良，引进著名的澳大利亚美利奴细毛羊，与本地羊配种，使羊毛产量增加。

　　樊象离是一个实干家，在山西政坛从最基层的管狱员做起，一步步走到省府委员、一厅之长的高位上，完全是凭借自己的有胆有识和脚踏实地。作为阎锡山的高级幕僚，樊象离的作用主要在于实干，从 1918 年入育才馆到 1937 年请辞，前后近二十年的时间里，他犹如一颗不大不小的棋子，任由阎锡山摆置，且不论摆在什么位置，都能起到决定性的作用，任职中枢时是如此，设计省政时是如此，建设厅厅长任内也是如此。是故，阎锡山认为"虚心生性憨直"。

然而，崇尚实干的樊象离却对阎锡山在处理与共产党的关系时变幻莫测、忽左忽右的做法不能理解，并因此而向阎锡山提出辞呈，并在请辞不准的情况下请假回归原籍。1940 年 9 月，重庆国民政府令免樊象离山西省政府委员及建设厅厅长职。

在此前后，樊象离携带家眷避居西安、成都等地。1941 年复出，经徐永昌推荐任陕西省省政府设计委员会书记长；1943 年冬，赴重庆任国民政府财政部参事；1944 年秋，调任甘、宁、青专卖局局长；1945 年春，改任甘、宁、青、绥货物税局局长。抗战胜利后返太原，由阎锡山举荐担任国民党资源委员会大同煤矿整理筹办委员会副主任委员。后因该委员会在北平设办事处，定居北平。

1948 年冬，樊象离经人介绍加入中国国民党革命委员会，并为北平的和平解放而奔走。中华人民共和国成立后，先后担任山西省政协委员、民革山西省委常委、山西省文史馆副馆长。1963 年 4 月 10 日，病逝于太原，终年 71 岁。

（四）"兵农高干"薄毓相

薄毓相，字右丞，山西定襄人，生于 1901 年。早年丧父，由寡母抚养成人，北平高等师范毕业。科班出身的薄毓相起初服务于教育，先后在忻州中学、太原成成中学、省立国民师范任教，从教师做起，一直做到国民师范训育主任。

薄毓相进入山西政坛成为阎锡山的幕僚，源于一份考察报告。薄毓相任国民师范训育主任时，曾受山西省教育厅的委派，赴四川等地进行过一次为期三个月的教育考察。考察结束后，他就了解到的各地发展教育的具体做法，写成了《南方教育考察报告》，并向阎锡山作了详细汇报。阎锡山听了薄毓相的汇报，又读了考察报告，觉得其中的一些东西很有参考价值，同时亦很赏识薄毓相的才学。随即，指名调薄毓相担任太原绥靖公署总参议赵戴文的秘书。到绥署工作后，薄毓相以办事认真谨慎博得顶头上司赵戴文的信任，一年以后便在赵戴文的极力推荐下擢升为山西省政府初级参事。

1935年10月，中国工农红军长征到达与山西一河之隔的陕北。此后，陕北苏区日益扩大，共产党势力日益增强，就国共两党的斗争而言，山西成了国民党的前沿阵地。与此同时，出于反共防共的需要，阎锡山通过省署防共会议决定：组建新的政治组织团体——主张公道团，简称公道团，又称好人团。公道团以阎锡山为总团长、赵戴文为副总团长，自强救国同志会的高级委员邱仰浚、王平、冯司直、樊象离、王怀明、李冠洋（均为高级干部）为委员，资历较浅只是省府初级参事的薄毓相一跃而起，做了公道团的总干事（亦称秘书主任）。公道团作为山西官办团体自强救国同志会的外围组织，意在动员社会力量抵制共产主义，从而发动"反共防共"的战争。从此，薄毓相改在设于太原市布弓街的公道团总团部办公，开始具体主持政工人员的培训和公道团基层组织的组建。

1935年冬，在薄毓相主持下，公道团派出政治工作人员分赴各县组建县公道团。首先组建公道团村团部，将村中18—38岁的男丁（残疾者除外）都吸收为团员，每五人编为一组，推选一小组长，主持活动。同时，提出一个极具蛊惑性的时髦口号："扶助好官、好绅、好人，打倒坏官、坏绅、坏人。"

东征红军回师陕北后，鉴于公道团组织的软弱无力，薄毓相向阎锡山建议举办全省公道团县、区、村三级干部的集训，以提高公道团的自身素质，取得了阎锡山的认可和支持。

　　1936 年夏开始，全省公道团团长、副团长、县文书、区团长、村团长（每小区择选二人）、村文书（由小学教员中选拔一人）统一集中到太原的公道团总部受训，训期三个月。集训人员共分为 13 个中队，第一中队是 105 个县的县团长，第二中队是 105 个县的副团长，第三中队是 105 个县的县文书，以后各中队分别是各区村相关人员，受训人员共计达到两千余名。集训团分别以阎锡山、赵戴文为总副团长，薄毓相既是建议的提出者，又是总部总干事，任团务主任，负责具体的组织工作。

　　这次干部集训给了薄毓相一个进一步表现自己的机会。集训期间，他首先利用主持团务的便利，将全体参训人员分期分批接见了一遍，试图通过接见谈话，网罗可用之才。同时，分别给各县做了今后开展工作的具体安排，强调争取时间，保证做到组织好人团、严防共产党在团员中发展组织，在全省范围内开展公道团的工作，给实行物劳主义创造良好的基础。

　　参训人员训毕回县前，薄毓相又别出心裁地主持印制通信录性质的《参训纪念册》，人手一本。纪念册的内容分三部分，开篇即为领导人物像，依次为阎锡山、赵戴文、薄毓相、李冠洋等；其二为相关文件；其三为参训人员的通信地址。

　　许多迹象表明，做了公道团总干事的薄毓相原本是想借此大干一番，并以此作为进一步晋升的阶梯。不料想由于形势的发展，新的抗日救亡组织——山西牺牲救国同盟会于 1936 年秋冬组建，抗日民族统一战线在山西逐渐形成，阎锡山不得不暂时放弃反共政策，实行联共抗日。以"反共防共"为职志的公道团显然不但不能适应发展了的形势，而且形成某种程度的对立。于是，随着抗战的全面爆发，阎锡山被迫同意公道团与牺盟会合署办公，变为"牺公联合委员会"，归属于牺盟总会领导，公道团不再单独挂牌，名存而实亡。

　　公道团是薄毓相赖以发迹之所在，公道团组织撤销后，若有所失的薄毓相草成一封《告全体公道团干部书》，从乡宁干部第十五分校（时任该分校

克难坡阎锡山旧居

副校长）寄发给公道团留守人员，称："公道团的同志们，因形势所迫，我不得不忍痛离开你们，为此不知掉了多少伤心泪，想你们也有同感吧。失败是成功之母，希望大家不要悲观失望，振作精神，决心离开父母妻子，来乡宁干部十五分校找我，重振旗鼓，仍有光明前途。"

1938 年 2 月，薄毓相被推为山西省政府委员。同时，先后担任同志会高干（十三高干之一）、考核处处长、乡宁第九专员公署专员兼第二〇二旅旅长、乡宁干部第十五分校副校长（校长阎锡山）等。1940 年间，薄毓相因私自接受蒋介石"三青团山西省团部"主任的委任，而犯了阎锡山之所忌，一度被撤销本兼各职，只留山西省政府委员和同志会高干的空衔。

薄毓相的大展拳脚始于"兵农合一"的推行。三青团的风波过去了一年多，1942 年春夏之交，阎锡山与日方的和谈破裂，鉴于形势之严峻，决定组建战时工作委员会和战时工作团，派往所属七个专区及各县，动员全体人民，积极行动起来，集中人力、物力准备战时工作。为了弥补干部的不足，重新起用薄毓相为石楼区战工会主任。1942 年，薄毓相进而被任命为山西省教育厅厅长，并一直担任到 1948 年 10 月。1942 年 10 月，各地战工团奉命结束，改为区、县统委。薄毓相被调回阎锡山的长官部所在地吉县克难坡待命。经过战工会工作的考察，前嫌尽释，阎锡山准备进一步委薄毓相以重任。

1943 年 8 月 15 日，阎锡山在克难坡召开有军、师级将领和专（专区）、县级负责人参加的"未删行政会议"。会议决定试行兵农合一，以使"打仗的人多，种地的人多"，并进而"把土地问题和国防问题熔一炉而解决，使民族革命与社会革命并一谈而处理"。试行兵农合一的任务"历史地"落在了薄毓相的肩上。

会议一结束，薄毓相就奉阎锡山之命率领二十余人的工作组前往被确定为试点的乡宁区调查实验。对阎锡山实行兵农合一的用意薄毓相心领神会，因此在基层工作一段时间，进行了初步的调查摸底和试验推行的基础上，他便揣摸阎锡山的意图，根据掌握的资料写成了一份兵农合一调查汇报材料，重点阐述"兵农合一"的好处和可行性。看到薄毓相的汇报材料，阎锡山如获至宝，下定决心在辖区内进一步推广，遂即召开兵农合一会议，制定相关的章则、法令和实施方案。

会后，薄毓相又接受主持策划实施细则的任务，召集省国民兵团编练处处长张凤翔、参事张寿堂、农大出身的王聪之等一干人马，着手编定兵农合一的一系列重要文件，以对兵农合一的实施进行具体指导。

1945 年 5 月，阎锡山在隰县成立解救训练委员会，由薄毓相任主任委员，对相关干部进行专业训练，训练以"兵农合一"为主要内容。训练班先后举办两期，一期四个月，有四千余人接受了训练，成为所谓"解救干部"，亦即兵农合一干部。

日本投降后，二战区长官部和省政府回到太原，薄毓相继续负责兵农合一的推行。在他的具体主持下，兵农合一先后在晋中和太原郊区开始试行。试行期间，薄毓相亲自率领新任县长、专员和其他干部 30 余人，深入家户调查研究。调查得出的结论是：在新形势下兵农合一仍然可行。这个结论为阎锡山在大规模内战即将爆发的时候，继续推行兵农合一，以便在解决兵员问题的同时稳定生产的设想提供了依据。

在此基础上，1946 年初，一度在晋西试行过的兵农合一在阎锡山势力能够达到的所有地区普遍推广开来。1 月，阎锡山抽调一批高级干部，组成 25 个"解救团"，由各级兵农会议领导，分赴太原、徐沟、晋源、榆次、太谷、祁县、平遥、介休、灵石、清源、交城、文水、汾阳、孝义、平定、寿阳、盂县、阳曲、忻县、崞县、代县、繁峙、定襄、五台、宁武等地推行兵农合一。同时，阎锡山还电令大同、临汾、运城分头进行。兵农合一的推行达于巅峰。

由于从 1942 年开始一直以同志会十三高干之一的身份致力于兵农合一的推行，并因此而进一步得到阎锡山的赏识和信任，薄毓相被人们戏称为"兵农高干"。1945 年 2 月，在同志会第四次基干全体会议上，阎锡山提出改组同志会领导机构的新方案，把十三高干按组、政、军、经等部门划分，实行分工负责制，薄毓相正式获得"兵农高干"的头衔。事实上，这个时期薄毓相除了负责兵农合一的推广实施外，还兼有山西省地政局局长和山西省教育厅厅长两个重要职务，一身而三任。

那么，推行兵农合一的结果到底怎样呢？当时流行于晋中的顺口溜作了形象的回答："兵农合一聚宝盆，聚来聚去没有人。青年当了兵，老汉填了坑。种地的人少了，地荒了；打仗的人少了，跑光了。"

1949 年初，太原城已被解放军围得水泄不通。昔日踌躇满志的薄毓相深感大势已去，总结近半个世纪的人生道路，不禁悲从中来，提笔写下打油诗一首："为官半生，两袖清风，无财物遗留；老母健在，原配刘氏不育；后继无人，唉声叹气一场空。"

1949 年 4 月 24 日，解放军攻占太原城，薄毓相束手就擒。8 月 23 日，经太原军管会特别法庭审讯，以反革命罪判处其死刑，立即执行。在阎锡山十三高干中薄毓相是唯一受极刑者。

　　纵览阎锡山的幕僚班底，堪称辅弼良才的还有杨兆泰——字阶三，新绛县籍，政务厅厅长、财政厅厅长；田应璜——字子琮，浑源县籍，常驻北京代表；王录勋——字佑丞，临汾县籍，英国皇家大学博士，省政府委员、建设厅厅长、黄河水电灌溉委员会主任委员；梁汝舟——字巨川，忻县籍，交际处处长、总部行营办事处处长；邱仰濬——字沦川，沁县籍，留日，法政专门学校教授，省政府委员、民政厅厅长；王平——字均一，隰县籍，绥远、河北、山西三省省政府秘书长，山西省财政厅厅长等。只是由于资料阙如和篇幅所限，不能一一介绍。

　　在这里之所以把南桂馨、赵丕廉、樊象离、薄毓相作为重点介绍对象，除了掌握有一定的资料这一因素之外，首先，考虑的是他们的代表性。南桂馨的活动主要在前期，赵丕廉则活跃于中后期。南、赵的工作对象各有侧重——南主要面对各派势力，赵则专负与中央政府的联络之责，但所起作用难分伯仲，且具有承启接续的意味。以南桂馨、赵丕廉的活动为主线，即可勾勒出阎锡山执政山西时期对外交往的基本轮廓。在行政实施方面，"十年省政建设"和"兵农合一"是阎锡山的两个重要举措，樊象离负责前者，薄毓相主管后者。

　　其次，是鉴于他们所起的实际作用以及在阎锡山幕僚班底中的地位。如前所述，南桂馨无愧于"纵横家"的桂冠。从辛亥革命到接收京（平）津的十数年中，南桂馨南北奔忙，与各方面人士交往，为阎锡山打通了多少关节，恐怕连他自己也记不太清了。辛亥初年，在南京设法面见孙中山，在确定山西为"起义省份"和确认阎锡山为都督、争取对山西的经济援助方面进行了有效的工作，由此也就奠定了南桂馨作为阎锡山幕僚中重要角色的地位。北伐前后，南桂馨再次表现出他的非凡才干，为阎锡山得以顺利接收京（平）津立下了汗马功劳。"此次佩兰赤手收复平、津，一人之力，胜似甲兵十万。"阎锡山用这句话对南桂馨的作用作了充分的肯定。因而，他官至天津市市长，与晋系集团赵戴文（察哈尔都统）、徐永昌（绥远都统）、商震（河北省主席）等其他重要角色等量齐观，足见其在阎幕中的地位之重要。

赵丕廉作为忻代宁公团骨干分子中硕果仅存的阎锡山合作者，在经过一个较长时期的考验之后，被阎锡山委以重任，参与机密，并不负阎之厚望，交上了一份令阎满意的答卷。在前后整整二十年的时间里，一直负责与中央政府的联系，在疏通山西地方与国民党中央之间的关系方面所起的作用是任何人都不能相比的。以一人专负某一方面的责任，历二十年不变，赵丕廉是绝无仅有的，阎锡山对赵丕廉的信任与倚重也就不言自明了。

樊象离从最基层的管狱员做起，一步一个脚印走上来，成为阎锡山幕僚班底中的重要成员。他的行政能力在"十年省政建设"时期得到了进一步的展示。樊象离参与了省政建设计划制订和实施的全过程，无论是在计划制订中的建设性意见，还是计划实施中的身体力行、脚踏实地，都是值得称许的。正是因为有以樊象离为代表的一批辅弼良才的存在，阎锡山的十年省政建设计划才得以推行，由此也奠定了樊象离实干家的地位。

在阎锡山幕府之中，薄毓相称得上一个后起之秀。教师出身的薄毓相虽从政较晚，却谙熟政治，风云际会，迎合阎锡山反共防共的需要而走上政治舞台。在公道团总干事任内，薄毓相的行政组织才能初步显露。对干部的集训，网罗可用之材，薄毓相做起来得心应手。因此，在以后的一个时期中他被任为乡宁干部第十五分校的副校长（校长由阎锡山兼）。一批经过训练的干部从公道团和十五分校先后走出，成为行政组织工作的骨干力量。至于"兵农合一"的推行，薄毓相更是充当了开路先锋的角色。从点到面，从调查实验到大范围推广，他全程参与；他的调查汇报材料对于阎锡山最后下决心在辖区范围内进一步推广"兵农合一"起了推动的作用。如果说中原大战的首谋是阎锡山，"而成之于贾煜如"的话，那么"兵农合一"就是首谋于阎锡山，而成之于薄毓相。正因为如此，阎锡山的十三高干不断调整变化，薄毓相却一直名列其中。

六

政工同志——李冠洋、梁化之、智力展、杨贞吉

山西之有政治团体始于 20 世纪 20 年代国共两党地方支部的建立。阎锡山出于抵制国民党中央渗透和预防共产主义蔓延的动机，对组建社团和开展政治工作（即所谓"以组织对组织，以主义对主义"）有一种偏好。因而，在他执政近四十年里，山西先后产生过的官办社团，大大小小不胜枚举，政治工作（后来发展成为特务统治）遍及每一个角落。同时也就产生了一批从事政治组织工作的"专业"干部，亦即所谓的"政工同志"，其代表人物有李冠洋、梁化之、智力展、杨贞吉等。

（一）早期地方社团组织的创建者李冠洋

李冠洋，学名李江，山西灵邱人，生于 1904 年。其父李登法参加辛亥革命，为太原学生军负责人。李冠洋 1917 年入省立第一中学，1921 年入国立北京大学，1924 年毕业。受北京大学新文化思潮的影响，李冠洋在校学习期间即开始关注时政。其时，正值续西峰在省外运动反阎，在北京的山西籍人士中广泛流传着对阎锡山不利的说法。受此影响李冠洋对阎锡山由不知而反感，于是在同学郝梦九的介绍下，加入了续西峰的反阎组织"民社"，成为反阎力量的一分子。这是李冠洋第一次置身于组织团体之中，没想到这第一次竟对他的一生起了相反的定位作用，由始于反阎而终于投阎。

1924 年，关注时政的李冠洋在大学即将毕业之际，受第一次国共合作浪潮的裹挟，加入国民党，并参加了国民党内的派别组织——"中山主义大同盟"。1925 年冬，李冠洋由同学、同党王振钧（受国民党北方执行部指派，

与兄弟王振翼分别代表国共两党，到山西促进国共合作）推荐一道回山西工作。1926 年 12 月，中国国民党山西省党部正式成立，选出执委九人，其中国民党五人，共产党四人，李冠洋作为国民党执委之一，担任宣传部长。四一二政变后，清党开始，山西省党部改组成立清党委员会，李冠洋被指派为清党委员。早在 1924 年，李冠洋就与当时任国民党中央委员兼青年部长的丁惟汾相识，关系密切，因而受陈果夫 CC 系苗培成、韩克温等人的排斥，不得不离开太原，转赴南京，在国民党青年部任干事。1928 年，各省市党部再次改组，称为"党务指导委员会"。丁惟汾调任训练部长，他又返北平，任国民党华北五省市党务视察专员。旋即被指派为山西省党务指导委员会常务委员。

不久情况发生了变化，"中山主义大同盟"的迅速发展（成员遍及全国二十多个省、市党部），引起国民党内以陈果夫为首的 CC 系的攻击，丁惟汾不战而退，内部分裂。原有组织既倒，李冠洋面临新的政治选择。鉴于对阎锡山的进一步了解和认同，李冠洋尽力排除当初参加反阎组织的心理阴影，开始同阎锡山建立了关系。当时正值 1930 年中原大战一触即发之际，阎锡山以反蒋派领袖与南京中央对峙。此时李冠洋投阎被认为不仅有乡谊的因素，而且有着政治、利害上的考量：阎锡山反蒋，李冠洋作为"中山主义大同盟"的成员因境遇难堪自然也反蒋，这是政治因素；丁惟汾势力衰退，阎锡山势力兴起，这是利害因素。

李冠洋改投阎锡山是由赵丕廉牵线的。最初的职务是阎锡山海陆空军总司令行营少将组长。不久，李冠洋擅长社团组织的特点开始显现出来。中原大战期间，与军事倒蒋相呼应，以北平扩大会议为中心内容的政治倒蒋也紧锣密鼓粉墨登场。适应这一切变化的需要，李冠洋与李澄之等在北平发起组织"中国国民党各省、市临时联合办事处"，希望以此相号召，进一步联络各地的反蒋力量，扩大反蒋联合阵线。同时，李冠洋还在北平主办《新民日报》。以"办事处"和《新民日报》为阵地，李冠洋旗帜鲜明地与改组派对阵。后来，阎锡山怀疑改组派操纵了扩大会议，李冠洋还特为此组织请愿游行，明确提出"反对改组派把持扩大会议"的口号，有力地影响了舆论。李冠洋的加盟和其组织力量的显现，对阎锡山产生了相当的影响，阎锡山后来热衷于组织社团，并寄予厚望，与此不无关系。同时，在北平扩大会议时的作为，也就自然地奠定了李冠洋山西地方社团始作俑者的地位。

中原大战之后，阎锡山下野出走之前，对所有文武僚属都按等级给予了一定的经济补偿，以示抚慰。对李冠洋则特别遣人送过两次款，共计三千元。如果说李冠洋当初投阎不能排除政治和利害因素的话，那么事已至此，就只有一条道可以走下去了。所以，阎锡山避居大连后的 1931 年春，李冠洋从北平转赴大连随侍。是年 8 月，阎锡山返省后，李冠洋又与其他随行人员一起回到太原。正因为如此，李冠洋对阎锡山在大连的经历和作为有一定的了解和认识。所以后来当有人指责阎锡山预先已经知道九一八事变的消息时，他说："有些史料都谈到阎锡山在日本帝国主义者发动九一八事变之前，匆匆返回太原，对九一八事变必有所闻。此说，我亦有同感。从当时情况看，阎、日关系密切，日方对阎也重视。日方认为东北无论张作相等老将，还是张学良等新派，如能跟上日方走，那自然是日方的愿望；否则以兵力解决，日方也认为问题不大。但华北问题日方则认为舍阎而莫属。当时阎虽蛰居大连，却遥控山西，既是反蒋派，又有山西的老底子，只要拉住阎，华北问题就好解决。从阎锡山来说，让他粉墨登场，公开充当汉奸，以他的聪明是绝不会干的。但是利用日方力量，重返山西确是他的本意。"话虽说得委婉，但有两层意思是明白的：第一，确认阎锡山不会当汉奸，与日方有联系只是为我所用；第二，对阎锡山的所作所为是赞许的。由此也可以说明，李冠洋与阎锡山的关系发展到后来，就不仅仅是政治的和利害的因素在起作用了。

1932 年 2 月，阎锡山就任太原绥靖公署主任。随即，鉴于变化了的政治形势——九一八事变和抗日救亡运动兴起，"组织起来，团结御侮"成为举国一致的呼声；太原发生请愿学生穆光政被枪杀的一二一八惨案，国民党山西省党部因此而被封——吸取历史的经验和教训，决定扶植官办团体。阎锡山这样说："明知组织起来是个乱子，不去组织是个空子，为了防止人家钻了空子，出了乱子，还不如自己去组织。掌握在自己手里，就可以防乱子，补空子。"于是，李冠洋得以大显身手。

也就是在这一年的春天，在阎锡山的授意和支持下，李冠洋组织创建了山西第一个官办团体"中国青年救国团"（以下简称"救国团"），并自任团长。救国团的成立宣言明确宣称：抗日救国。由于以抗日救国为号召，救国团成立后很快就在太原各大专学校、师范学校、中学校中发展团员三千余人，形成相当可观的规模和影响。

救国团在不断发展中形成了一套繁复的组织机构，最上层是团本部，以及秘书、组织、宣训三处。以下是二十个区团，每区团直属五个分团，每分团直属五个组，每组五至七人。团内还组织了一个秘密核心组织叫"中社"，中社由以进步青年面目出现的张隽轩负责。中社组织设理论研究委员会，委员会通过张隽轩联络了国内的一批学者、教授，并邀请他们到山西讲学和研究。侯外庐、张友渔、邢西萍、温健公、王辑五等曾应邀到山西参加理论研究会工作，并利用合法身份给青年学生，并进而向阎锡山讲授科学社会主义理论。除了本身组织之外，还有外围群众团体"山西工人自强协会""山西妇女自强协会""山西全省学生联合会""山西教育促进会""山西地方自治促进会"和"各县倡用国货实践团"（十年省政建设时期，阎锡山为了抵制日益猖獗的日货倾销，保护山西地方经济的发展，倡导土货运动，"倡用国货实践团"就是为配合阎锡山的土货运动而发起的）等。

从1932年春正式成立，到1936年春合并于"自强救国同志会"，救国团在山西、绥远、北平等地整整活动了四个年头。在此期间，于各地创办了一系列各种形式的文化教育及相关机构，如在太原创办的《中报》（后因故改为《新中报》），在北平创办的称为《健报》的小报和带有实验性质的

"五三中学"，在绥远的五原、临河一带建立的土地村公有试验"新村"等。通过这些机构和外围团体，李冠洋团结了一批青年学生，不失时机地配合了阎锡山各个时期的中心工作并在倡用土货、土地村公有等运动和推动阎锡山倡导的山西省政十年建设的实施方面起了重要的作用。同时，也在客观上推动了山西的抗日救亡运动。在救国团名义下邀请的那些学者教授中的进步人士和中共地下党员，通过给青年讲解科学社会主义理论，从英、法、俄、日、德等国的报章杂志中，翻译有关政治经济学的论著，对山西青年的思想和学术研究产生了不可估量的指导和启迪作用，则是李冠洋和阎锡山所始料未及的。

李冠洋组建救国团，开了山西官办团体之先河。此后，一发而不可收，"建设救国社""山西民众监政会""植社""文山读书会"等相继涌现，当然都是因为有了阎锡山的支持才得以成立。一时各种名目、大大小小的政治团体同时存在，这些团体虽然都得到阎锡山的认可，但是也不可避免地既互通声气又互相制约。因此，1936年春，出于新形势下实施统一的需要，阎锡山又把他所支持的中国青年救国团等各团体统一合并，组建"自强救国同志会"，并自任会长。李冠洋的中国青年救国团不复存在。

在创办中国青年救国团的同时，1932年，李冠洋写作并出版《唯中史观研究》一书。《唯中史观研究》的要旨在于对阎锡山"中"的哲学进行理论阐释。《研究》从"绝对之一，支配相对之万，是中的法则之最高存在的释义"，推论出："中的一义，确是任何事物内部里必具的中心与核心，并且是统一各种运动的支配法则。"结论是："得中则存，失中则变，得中则平衡，失中则矛盾。"在此之前，李冠洋曾写过《人群组织理论纲要》，与人合著有《劳资合一的理论与实践》，为阎锡山曾经提出的"人群组织怎样对"的问题和"劳资合一"的主张作理论上的回答和进一步的论述，俨然成为阎锡山思想理论的阐释者。

在青年救国团结束工作后，李冠洋以太原绥靖公署参事被指派为自强救国同志会的高级干部委员，充当了一名配角。由于抗日救国日益成为社团活动的主要潮流，其主角地位逐渐由中共地下党员及其他进步人士所取代。

1938年2月，民族革命同志会成立，取代原来的自强救国同志会。李冠洋被指派为十三高干委员之一，以后连任历届高干委员。同时，任山西省政府委员兼第二战区长官部民教处处长。1939年1月，国民党山西省党部恢复，李冠洋续任执行委员。1940年，又被指定为民族革命同志会总书记等。也是在1940年前后，李冠洋被搅进阎锡山高干之间的矛盾斗争之中，极力促成梁化之重返二战区和文人大联合。

原来在十二月事变发生后，一直代表阎锡山与中共方面接触的梁化之引咎退位，到国民党重庆中央训练团受训，文人势力受到削弱。与此同时，由于铁军组织的作用，以王靖国为首的军人势力大大抬头。想当初阎锡山大打政治牌，以梁化之为代表的一干文人深得阎之信任。时过境迁，文人心中自然不平，从而引发了一场不大不小的内部争斗。面对文人势力不足以与军人势力相抗衡的形势，李冠洋认识到文人有联合的必要，而文人能否联合梁化之的作用很关键。于是，他便以"山西政治环境复杂，化之有其独特做法"为理由，建议阎锡山电召梁化之由渝返晋。这个建议正中阎锡山下怀，召梁返晋的电报很快就发了出去。梁化之接到电报后，很快便从重庆回到二战区。利害使然，李冠洋跟梁化之一拍即合，随即成立被称为"进步保证组织"的"文人组织"，并迅速发展到两千多人，从而在二战区形成王靖国与梁化之的文武对峙。

抗战胜利后，李冠洋一度曾以自强救国同志会高干责任会议行政高干名义代阎锡山主持山西省政府的工作。1947年夏兼任山西省政府民政厅厅长，直到解放军占领太原。

1950年夏，李冠洋移居北京。1955年回省，出任山西省人民委员会参事室参事、省政协委员。"文化大革命"期间，回原籍灵邱县岸底村定居。1984年12月10日，病逝于太原，终年80岁。

梁化之

（二）政治舞台上的枢纽人物梁化之

梁化之，名敦厚，字化之，以字行。山西定襄人，生于 1906 年。 1931 年，毕业于山西大学文学系。

梁化之之父梁世爵系阎锡山之姨表兄，这样，梁化之与阎锡山就有了一层众所周知的近亲关系，也正是因了这层关系，梁化之的仕途显得格外的顺畅。

1931 年夏，踌躇满志的梁化之走出校门。这时，阎锡山尚在大连的海滩上漫步。由于政局的动荡，梁化之举足四望，静观事态发展。1932 年 2 月，阎锡山复出后，梁化之抬起的脚匆匆落地，一步跨进太原绥靖公署，当起了阎锡山的机要秘书。初出茅庐的梁化之雄心勃勃，忠诚服务，参与机要，日夜辛劳，大学时代被师生公认的"革命精神，领导才能"得到了进一步的展现。个人才华和工作热情，加上阎锡山的赏识与提携，梁化之很快就成为山西政坛中举足轻重的人物。一时之间，阎锡山的私人印信和特费开支，都由梁化之掌管；一切机要公文都必须由梁化之盖印方可生效；阎锡山的一切特别开支，包括给"御用团体"的津贴等费用，都由梁化之统一经管。梁化之可以说是阎锡山的一只须臾不能离开的手。

在替阎锡山掌管印信机要的同时，梁化之一步一步地介入到组训工作之中。从 1932 年开始，阎锡山资助的各团体纷纷成立，由于经管着阎锡山的特别支出费用（简称特费），梁化之与各群众团体就有了必然的联系（各团体的活动经费，定期由专人向梁化之领取）。及至公道团成立，阎锡山对全省人民实施组训，责成梁化之负责督导。1936 年春，自强救国同志会组成，阎锡山自任会长，赵戴文为副会长，梁化之以绥署秘书兼任总干事，负实际主持之责，统一领导各大小团体。

短短的三四年时间里，梁化之由阎锡山幕后的一个机要秘书，一变而为山西政治舞台上的枢纽人物，一颗堪称耀眼的"新星"，可谓平步青云。春风得意的梁化之，大有"一人之下，万人之上"的气概。然而，事物的发展往往是此消彼长的。平心而论，梁化之这个人还是有一定能力的，阎锡山表侄的身份只是他平步青云的必要条件，不是充分条件。但由于阎锡山对他的高度信任使他包揽了太多的事务，一天忙个不停，显得力不从心，为此还得了个"志大才疏"的评语。

虽然山西政坛之上对梁化之这个人有着广泛的非议，但是，阎锡山对梁化之的信任却是有增无减。1936年夏，自强救国同志会组织"暑期健身团"，利用暑假对青年学生进行军事和政治的训练，梁化之负政治训练之总责。暑期健身团结束后，阎锡山将其训练组织改为军政训练委员会，作为常设的军政训练机构，自任会长，并任梁化之为总干事兼政训主任。这年9月，由自强救国同志会中的一部分骨干分子发起，经阎锡山首肯，牺牲救国同盟会宣告成立，梁化之再任总干事。

牺盟会成立不久，在中日民族矛盾进一步加深、山西面临历史性选择的关键时刻，阎锡山以"守土抗战"相号召，与共产党化干戈为玉帛，邀请薄一波等共产党人"共策保晋大业"。薄一波等由北平到太原，推动阎锡山合作抗日，国共合作的局面在山西逐步形成。在此期间，梁化之成为代表阎锡山与共产党方面联系的主要人物，作为阎锡山和薄一波（梁与薄同为定襄县人，既是邻村，又是高小时的同学）中间的联系人，参与了牺盟会从改组到发展壮大过程中的一系列活动。大约在1936年9月间，薄一波第一次回山西。在邀请薄一波回山西的同时，阎锡山就责成梁化之具体负责联系。薄一波在太原进行了40天的考察，考察期间，一直没有同阎锡山见面，只与梁化之发生关系，阎锡山通过梁化之掌握事态的发展。11月初旬，薄一波正式到太原工作，梁化之继续担任联系人，并同薄一波建立了较为融洽的共事关系。对此，薄一波在《七十年奋斗与思考》一书中作了生动的描述：

当阎锡山"在三个鸡蛋中间跳舞"（指阎锡山当时所面对的日、蒋、共三种势力），开始构思新策略的时候，梁化之一度曾有积极表现，发表过一些进步的言论，因而被阎身边的顽固势力看成是"左派"人物。梁是我的同乡、同学，看到阎锡山对我的"重用"，也一直想交我这个"朋友"。阎锡山着意培养梁做他的接班人，梁有意借助我来提高他的威信。对于我讲给他的我们所做的"具体工作"，他都向阎报告，并到处宣传；有时他也将阎锡山的一些内部情况告诉我。

阎锡山此时十分需要我，生怕我中途离开，让梁多做些工作。有一次，梁装做喝醉酒的样子，问我："你帮助阎先生做事，同延安合作，如果山西的事情最后不成功，你怎么办？"我说："叶落归根，我就回延安去。"他说："我也去，我在延安也有朋友。"还有一次他对我说："阎会长讲，小盗偷东西，翻箱倒柜，偷一两件就走了；大盗不偷则已，要偷，那就连箱子都搬走。"我马上对他说："我要做就做大盗，搬箱子。"这些话他都报告了阎。阎说："一波说的是实话。他要干，就把山西搬走了。"对我说老实话很满意，认为我不会贸然离去，才放心了。后来梁化之又把阎的话告诉了我。

薄一波等到了山西以后，首先接管了牺盟会，并对其进行改组，以抗日救亡工作者的名义吸收了一批有经验有能力的中共干部，使之在实际上成为中国共产党与山西地方实力派阎锡山之间的一种特殊形式的统一战线组织。在改组后的牺盟会里，梁化之以总干事的身份参与，薄一波作为负责人领导实际工作。

七七事变以后，寇锋直指山西。1937年11月8日，太原失守，梁化之随阎锡山的第二战区长官部转退至临汾土门。大敌当前，创巨痛深，阎锡山审时度势，决定：（1）组织民族革命同志会，任梁化之为总干事兼组织处长；（2）成立战区政治处，任梁化之为处长；（3）设立随营军事政治学校，任梁化之为教育长；（4）设立民族革命青年训练学校（民族革命大学），任梁化之为教育长。一时间，梁化之一身而四任，总揽二战区的政治、组织、训练，成为举足轻重的角色。

盛极而衰。1938年2月临汾失守后，鉴于山西新派（实际由共产党领导的牺盟会和山西新军）的愈抗愈强，旧派（山西旧有势力）的一蹶不振，阎锡山逐步放弃了支持新派发展的做法，开始采取"扶旧抑新"的方针。梁化之的态度亦随之改变，虽然他名义上仍是牺盟会、决死队的领导人之一，但在具体做法上却在一步一步地变化着，由从内部限制牺盟会发展，逐步改变为积极策划进行瓦解、破坏和夺取领导权的活动。尽管如此，代表阎锡山与共产党合作的特殊身份，新派势力迅速发展壮大的事实，仍然使梁化之成为二战区内旧派势力的众矢之的，并在十二月事变发生后因此而遭受到纷至沓来的批评和指责，地位和影响一落千丈。"三十六计，走为上计"，在不利形势下，梁化之自动引退，辞去所有职务，于1940年春季到了大后方重庆作"洗脑"学习。

由于李冠洋等人的背后撺掇和阎锡山的顺水推舟，1942年前后，梁化之重回二战区政坛，出任隰汾中心区战地动员工作委员会（简称战工会）主任。

梁化之在重庆受训期间与戴笠有所接触，并在引退和受训期间悉心研究了军统特务系统的组织和活动方法。回到二战区后，很快就把军统的一些做法推广开来。战工会是阎锡山在与共产党的统一战线出现严重裂痕，与日本军方接触又不了了之，面临两条战线作战的形势下，专门针对共产党、牺盟会、决死队而设立的政工组织，分为五个战地工作委员会，每个委员会附一个战地工作团，梁化之任主任的隰汾中心区战工会是其中之一。

梁化之就任隰汾中心区战工会主任后，秉承阎锡山的旨意，依靠曾经是共产党组织成员的张亦山，破获了在战工会内工作的民大毕业生中的学习小组"晋西青年进步志趣组"（一说是"青年读书会"），扣捕了中共隰县地下组织的部分人员。事后，又总结出"断归路、辟前途""以伪肃伪"的所谓经验，并推而广之——以他所掌握的民大学生为主干并配备一批背叛共产党组织的人员，编成五个工作组，在"隰汾区战工会"所辖隰县、大宁、永和、汾西、灵石五县，全面展开特务活动。以此为标志，阎锡山的政治工作逐步蜕变为特务活动。

在此基础上，1943 年 7 月，经阎锡山批准，在梁化之主持下，由"隰汾区战工会"改组，形成了统一的"肃伪"机构——"民族革命同志会流动工作队"（简称流工队），接着撤销了各区的战工会，梁化之以流工队主任主持特务系统。

与此同时，随着"文人组织""进步保证组织"（亦即所谓"最后同志"）的形成和文武两大势力相互对峙局面的出现，梁化之二战区文人领袖的地位进一步确立。据智力展后来回忆：梁化之回到二战区以后，即在阎锡山的支持下，成立了"文人组织"，亦名"最后同志"，取意是要与阎锡山同生死、共患难，做阎锡山的"最后同志"，宣誓以生命献给阎锡山，终身不脱离组织。这时候阎锡山一方面培养文人的"最后组织"，与军人的"铁军组织"相制衡；另一方面又成立了包括文人与军人在内的统一的"基干组织"，有意造成文人与军人之间互相制约，又均控制于阎锡山一手之下的局面。同时，通过这三种组织，对内实行法西斯的特务统治。梁化之便成了帮助阎锡山实行这种特务统治的幕后主持人。

两大势力势均力敌，相互制约，正是奉行"二的哲学"的阎锡山所希望的——此前，梁化之受打击，王靖国的铁军组织得势，有尾大不掉之嫌。现在，利用梁化之制约王靖国不失为一步好棋。于是，梁化之由于得到了阎锡山的支持而进一步得势。1945 年 2 月，阎锡山在吉县主持召开了同志会第四次全体基干大会。大会在阎锡山的授意下，选举梁化之为执行部工作委员会主任委员；取消过去的高干驻会制，实行高干分职制和工作委员会领导制。自此以后，梁化之成了同志会的实际掌握者。阎锡山一直把同志会"作为国民党的一个外围组织或团体来看待"，并且认为"如有机会时，也可形成一个独立的政党"。所以，同志会之于阎锡山等同于国民党之于蒋介石，阎锡山把同志会交给梁化之来掌管，除了无与伦比的信任之外，应该还有不言自明的用意，这就是把梁化之当作他的"接班人"。

　　1945 年以后，由于晋西时期所奠定的基础和阎锡山的进一步扶植，梁化之的地位和权力继续攀升，进而一手掌握政府、同志会、特务组织三大系统。1947 年秋，代为处理省府日常事务；1949 年 3 月，代理山西省政府主席；1945 年开始一直为同志会执行部工作委员会主任委员；其特务组织流工队于 1946 年 3 月扩编，组成"太原绥靖公署特种警宪指挥处"（简称特警处）；其在晋西推行的一整套"肃伪"活动，变本加厉地演化成所谓"净白阵营""三自传训"等极端手段。

　　1949 年 3 月 28 日，在被解放大军围得水泄不通的太原城中，阎锡山接到了李宗仁拍来的电报："和平使节将于 31 日飞平。关于和谈大计，深欲事先与兄奉商，敬祈即日命驾入京藉聆教益。"次日，阎锡山飞南京。离开太原之前，阎锡山指定梁化之、孙楚等组成五人小组负责善后。阎锡山走后，梁化之以山西省政府代主席、五人小组之首主持一切，进行最后的挣扎。

　　在此期间，他不断地与阎锡山函电往来，通报情况，请示机宜。4 月 19 日，梁化之电报阎锡山："请勿再图返省，解救危急只有大量空军，希望能使飞虎队用国家空军名义大量出动。"寄希望于陈纳德的飞虎队。4 月 21 日，梁化之在电话中告知阎锡山："匪军增加炮兵部队甚多，恐城陷在即，目前已将应处理之人及事，处理完毕，职一定遵命集体自杀（阎锡山临行时，曾提出要梁等学习古代齐国田横五百壮士。之前，亦曾一再强调：昔日田横五百壮士，壮烈牺牲，我们有五百基干，要誓死保卫太原。不成功，便成仁），并本尸体不见敌人面之昭示，一切准备妥当。"

4月23日午夜，太原城破在即，阎锡山电报五人小组："万一不能支持，可降；唯靖国、化之两人性命难保。"4月24日上午，解放军对太原城发动总攻击。

希望彻底破灭的梁化之命令手下副官备汽油及木柴于省府院内之钟楼侧，作焚尸灭迹之用。随即，进入钟楼，与阎锡山的堂妹阎慧卿（五妹子）一起服毒自杀，最后在副官点燃的冲天烈火之中化为灰烬，结束了他四十三年的人生。自尽之前，由梁化之代笔写下了"阎慧卿致阎锡山的绝命电"，经吴绍之润色后交机要处拍发给阎锡山。绝命电全文如下：

> 连日炮声如雷，震耳欲聋。弹飞似雨，骇魄惊心。屋外烟焰弥漫，一片火海；室内昏黑死寂，万念俱灰。大势已去，巷战不支。徐端赴难，敦厚殉城。军民千万，浴血街头。同仁五百，成仁火中。妹虽女流，死志已决。目睹玉碎，岂敢瓦全？生既未能挽国家狂澜于万一，死后当遵命尸首不与匪共见。临电依依，不尽所言！今生已矣，一别永诀。来生再见，愿非虚幻。妹今发电之刻尚在人间，大哥至阅电之时，已成隔世！前楼火起，后山崩颓。死在眉睫，心转平安。嗟乎，果上苍之有召耶？痛哉！抑列祖之矜悯耶？

在梁化之自杀的前后，其特种警宪指挥处的部分成员亦先后以服毒或开枪互击，结束了生命。阎锡山到台湾后，为了鼓舞士气，遂以此为素材，建成"太原五百完人招魂冢"。梁化之与阎慧卿的尸体残骸后来被合葬在太原东门外的荒地上。

（三）开明人士智力展

智力展，原名良瓒，字璃璋，山西定襄人，生于1912年，山西国民师范高中师范科毕业，山西大学法学院经济系肄业。祖父为前清举人，父亲为小学教师。

智力展对于政治有着天然的敏感，渴望追求真理。早年参加"中山学社"，崇拜孙中山；后来又倾向于国民党改组派，反对蒋介石独裁。九一八事变后参加山西省学联，积极投身抗日救亡运动。1933 年夏，正值阎锡山津贴的"御用"团体纷纷成立之际，智力展自国民师范应届毕业。为了求得进身之机，经国师校长冯司直介绍，以研究学术为名，与几个同学发起组织了一个名叫"植社"的社团，创办《生生半月刊》。

植社成立之初，经阎锡山批准领取开办费 300 元，经费 150 元。因为领取阎锡山的津贴，遂与梁化之发生关系。因为梁化之在《生生半月刊》上发表题为《谈谈青年的出路问题》的文章，大谈"按劳分配"的"社会主义"革命所产生的影响，青年智力展一个时期中成了梁化之的追随者。又因为梁化之的引荐而进入阎锡山幕中，并官至中将衔同志会"基干"。

国民师范毕业参与社会活动一年后，智力展考入山西大学继续深造，1937 年抗战开始后退学。在此期间，他仍然一如既往地关注政治，1936 年春，入自强救国同志会之核心组织"自强救国社"；同年夏，参加自强救国同志会主办的"暑期健身团"，接受军事政治训练；同年底，参加牺盟特派员训练班工作；1937 年 1 月，调军政训练委员会所属之民训干部团政训处任干事。

抗战初期，智力展一直隶属于梁化之的政工系统。1938 年 1 月，调入二战区行营政治处，任主任梁化之的秘书。其后，一度受派担任民族革命大学办公厅秘书主任。随即，再回二战区政治部。由此不难看出，智力展从一开始其实就在充当着梁化之的臂膀，其阎锡山幕僚的角色，是通过梁化之来间接表现的，这是我们所介绍的阎锡山幕僚中的一个特例。即使如此，智力展在阎锡山幕中的作用仍然是不能忽视的。

十二月事变发生后，一时舆论哗然，不仅中国共产党方面以"破坏统一战线""反动倒退""发动反共高潮"对阎锡山进行谴责，而且在二战区内部也有着各种不同的声音。面对复杂的政治形势，智力展则认定阎锡山、梁化之是抗日的，从这个是非观点出发，很不赞成韩钧率决死二纵队"起义"。他认为"反对陈长捷、王靖国顽固集团是对的，但不应该反对阎锡山和梁化之。而韩钧的起义显然会造成整个牺盟会和决死队脱离阎锡山的行动，也就势必会引起二战区的分裂。因果关系必须清楚"。基于上述认识，智力展执笔写下了一篇批判韩钧起义的署名文章。文章以不容置疑的口气，指责韩钧起义是地地道道的"盲动""冒险"行为；同时以"团结抗战""维护统一战线""照顾大局"相号召。文章写成后，梁化之将其印发各处参阅，从而对阎锡山摆脱不利舆论的影响，维护"团结""抗战"的形象起到了弥合作用。与此同时，智力展还就此为梁化之起草了一封给各决死纵队和各地牺盟会组织的电报，进一步指责韩钧领导决死二纵队起义是"破坏统一战线"，并希望一致挽回这个局面，求得对这一问题的和平解决。企图通过这种方式使矛盾得到一定程度的化解。

由于对真理的渴望，智力展善于接受一切进步的东西，因而也就给人一种开明的印象。早年投身政治是这样，后来率民大学生起义是这样，再后来毅然脱离阎锡山阵营也是这样。

十二月事变发生后，民族革命大学的实际负责人梁膺庸组织四五百名师生跑到了延安。1940 年 1 月初，"天降大任于斯人"，智力展夤缘而上，升任民大少将副教育长（梁化之兼任教育长），负责整顿和"改造"民大。主持民大的实际工作后，智力展从缓和干部和学生对顽固势力的抵触情绪，稳定局势的目的出发，一方面继续坚持学校旧有的牺盟传统，另一方面又把阎锡山、梁化之和坚持牺盟的进步传统联系在一起，力图使干部学生认为在当时的阎锡山阵营中是包含有以梁化之为首的进步力量和以王靖国为首的顽固力量两种势力的。由此出发，其结果也就是只反"顽"不反阎。在这样做的同时，智力展还主动劝送一部分较为激进的干部学生（大约 200 人）到延安，既以此证明"进步"的存在，又使干部学生中的不稳定因素得以减弱，一箭双雕。

在智力展的极力维护下，民大在经历了十二月事变引起的波动之后，一切归于平静，原有的课程设置一如既往几乎没有改变，民主管理照常实行。在此基础上，智力展开始实施由牺盟会向同志会的转变。民大原来是由牺盟会实际控制的一所抗日民族统一战线性质的学校，牺盟会的组织可以说渗透到了每一个角落。十二月事变后的特殊历史时期，阎锡山要使民大从里到外变成他自己的，就必须进一步清除牺盟会的影响。以此为出发点，智力展通过"说服""动员"及其他种种手段，到1940年年底，终于在民大取消了牺盟会，使民大全体学生干部集体参加了同志会。同时执行阎锡山让民大集体向国民党中央备案的命令，进一步使民大全体干部集体加入了国民党。在民大卓有成效的工作，使智力展在阎锡山幕僚班底中的政治地位继续攀升。1941年夏，智力展被抽调到阎锡山的战时首府吉县克难坡参加第一期"洪炉训练"。同时，由梁化之介绍参加了同志会核心组织"基干"。

同样也是因为渴望真理和开明进步，智力展成为轰动二战区的民大起义的领导者。由于一个时期以来阎日之间频繁接触，1941年前后，在二战区普遍流传着阎锡山准备降日的说法。这年的8月左右，民大由原驻地陕西韩城移回山西大宁三多镇。这时，阎日接触趋于明朗化，双方签订"汾阳协定"，晋绥军在孝义公开与日军接防。消息传来，民大师生义愤填膺。智力展一贯以进步自诩，更痛惜山西人民几年中为抗战所付出的牺牲将要付诸东流，为了不跟着阎锡山做汉奸，决定顺从民意积极准备发动起义。

11月11日，民大按计划由大宁三多镇移驻吉县五龙沟。借转移之机，智力展宣布起义："阎锡山想让二战区的所有干部、学生、士兵统统去当汉奸亡国奴。面对这种形势，我们怎么办？是服服帖帖去做阎锡山通敌叛国的牺牲品呢？还是挺身而出同反革命逆流作坚决的斗争呢？我相信具有牺盟进步传统的民大干部学生是不会向民族敌人进行妥协投降的。作为一个办教育的人，我有责任把同学们引到革命的道路上来，让我们大家紧密团结，英勇奋斗，摆脱第二战区的反动统治，开创进步局面，我们的前途是光明的！"

不料事机不密，有人向阎锡山和梁化之告了密。正当智力展憧憬着光明前途的时候，阎锡山派出的军队包围了民大驻地，梁化之深夜潜入民大校内。在毫无防备的情况下，智力展和民大的其他几个负责人一起被逮捕，起义归于失败。

1942年春，经同志会高干会议多次讨论所谓"智案"，下了"免予自裁，戴罪立功"的八字结论。这样，在做了几个月的囚徒之后，智力展重获自由。当初领导民大起义是针对阎锡山的降日，由于后来阎锡山最终并没有降日做汉奸，因此"免予自裁"的智力展，继续追随阎锡山、梁化之"戴罪立功"——1943年冬，智力展随阎锡山住在吉县，与同志会宣传委员会负责人周新民、检点参事室主任徐健三一起为阎锡山编写《建组手册》，主要内容是讲解在军队中建立同志会组织的办法。1944年夏，手册编成，随即在阎锡山举办"建组训练"时，就手册进行宣讲。1944年秋，智力展担任了流工队的副队长（队长梁化之），从此进入梁化之的特务系统。

1945年8月日本无条件投降后，智力展以随部工作团（由民大、进山学校、青干校等在晋西的几所学校合组而成）代主任（主任梁化之）的身份返回太原。此后的一个多月中，主要实施阎锡山所谓"家家访问，人人约谈"的计划，对太原市民展开以访问、宣传为内容的慰问活动，以期重树阎锡山的威望。任务完成后，出任同志会太原市分会主任，兼任太原市参议会议长、山西省学生总指挥部副总指挥兼政训处主任等。在此期间，逐渐对阎锡山的一些做法产生了怀疑和不满，这种怀疑和不满随着时间的推移越来越强烈，并最终导致他毅然脱离阎锡山阵营的行动。

1949年2月，智力展怀着对真理的向往，做出了又一个开明的举动——设法打通关节，逃离被围得铁桶一般的太原城，到达已成为解放区的榆次，以阎锡山高级政工干部的身份主动向解放军投诚。

解放军攻克太原后，智力展随军入城，协助进行甄别工作。后任山西省政协秘书处副处长。1973年病逝，终年61岁。

（四）"政卫"先锋杨贞吉

杨贞吉，别名永颐，山西应县人，生于 1905 年。先后就读于大同师范学校和山西教育学院。1928 年，曾北上察哈尔省接受国民党省党部的党务训练；九一八事变后，代表山西教育学院参加全省学联会，并出席全国学联代表大会；1933 年，参与发起阎锡山的御用团体"山西省民众监政运动会"（简称监政会），被选任委员。1935 年夏，杨贞吉从山西教育学院毕业。随即，正式投身政治，先入自强救国同志会任民运委员，继而参加对公道团村团长、村小校长的培训，任军事一团、村长训练团政治主任。在此期间，由于对阎锡山的"按劳分配""物产证券"心领神会，主动宣传，引起阎锡山的注意。1937 年 9 月，杨贞吉作为阎锡山精心挑选出的 40 名战时县长之一，到平定县走马上任。

做了一县之长的杨贞吉虽陡然产生了一种鲤鱼跃龙门的感觉，但同时又深知在山西也就是当下的二战区，要进一步有所作为，关键在于靠近阎锡山，并投其所好，从自己擅长的政治入手。就任平定县长不久，太原失守，阎锡山及其第二战区长官部南撤临汾。于是，杨贞吉便以"老总（指阎锡山）前行，贞吉尾随"为托词跟进至临汾。战时县长理应在战区坚持抗战，杨贞吉却私自南下，有擅离职守之嫌。因有同乡王尊光出面求情，阎锡山又念其忠心可鉴，不但未予追究，反而发表新的任命。这样，1937 年 10 月杨贞吉改任解县县长。

在解县县长任内，杨贞吉因为极力扩充军政力量，引发了与地方保安势力的矛盾，而遭受打击，不得不于 1938 年 7 月辞职离任，回到二战区驻地吉县。这时的杨贞吉急于寻找新的出路，遂鼓起勇气径直面见阎锡山，陈述其对于牺盟会的怀疑："牺盟会不是给二战区做，是给八路军做，请注意！"阎锡山对此虽有同感，但尚不便明言，敷衍道："（薄）一波、（刘）岱峰、（牛）荫冠（均为牺盟会的负责人）绝对是给二战区做。我是桃花源里人，你是桃花源外人，你哪会知道实际情形。"杨贞吉从阎锡山的后一句话里似乎听出了点什么，又以建议的口吻说："对新军不宜操之过急，否则，就有为渊驱鱼之顾虑。"尽管阎锡山没有再说什么，但是对于杨贞吉在政治上的敏锐和敢于谏言却印象深刻。也正因为如此，杨贞吉与阎锡山的这次谈话实际上起了毛遂自荐的作用。

时隔不久，杨贞吉被任命为临时组建的第二战区长官部警卫司令部政治主任。1938 年 10 月，在陕西省宜川县秋林镇阎锡山密令组建"第二战区敌区工作队"（简称敌工队），队长李国枢，指导员狄荣锁，杨贞吉以警卫司令部政治主任身份插手敌工队的工作。因为摸清了阎锡山认为新军不可靠，旧军不能靠，重视军人组织的脉搏，杨贞吉打出"长官让我照顾敌工队"的幌子，在山西新军军官中进行组织瓦解，实施争取利诱。因此而在初步奠定组织基础的同时，成为敌工队的核心人物。

1939 年 2 月间，杨贞吉以二战区校尉级军官集训团政治部代主任参与主持集训团的政治工作。以此为契机，在受训学员中（特别是新军受训军官中）发展敌工队员一百余人，使敌工队伍迅速扩大。在此基础上，阎锡山授意杨贞吉将敌工队改为敌工团，并以对敌工作为旗号，在全省各县普遍建立基层组织。1939 年 6 月，敌工队改组为敌工团，阎锡山亲任团长，指定杨贞吉为敌工委员会委员兼敌工总团部总书记，主持实际工作。

敌工团组成后，杨贞吉积极贯彻阎锡山的意图，首先抓紧成立各级敌工组织，建立地方政卫机构，迅速在 11 个地区、105 个县建立了敌工区团部和敌工村团部（当时阎锡山的统治所能达到的只有晋西、晋西北、晋西南的部分地区，是故号称 105 县）。同时，陆续成立了敌工工作队、敌工研究班、敌工突击团等直属机构，使敌工团触角伸向四面八方。其次是向各县派出敌工干部（仅 1939 年 7 月间即派出 300 余人，每县三五人不等），发展游击武装，扩大地盘，建立政权。敌工团组成之时，正值十二月事变发生前后，因而上述一系列做法对于限制牺盟会的活动，瓦解新军队伍，起了一定的配合作用，从而进一步受到阎锡山的重视，并因此被视为二战区政治保卫（简称政卫）组织的重要力量。作为敌工团主要领导者的杨贞吉也因此而成为阎锡山政治保卫的急先锋。

1941 年 10 月，为适应复杂形势的需要——与共产党交恶、与日本军方讨价还价——阎锡山成立山西全省保安委员会（简称保委会），同时将敌工团改称为政卫团，使其名实相符。政卫团隶属于保委会系统，杨贞吉以保委会委员、办公厅秘书长兼内卫处处长，既主持政卫系统的日常工作，又直接负有阎锡山的警卫责任，一身而二任。

政卫团组成后，阎锡山曾这样对杨贞吉讲："政卫团同苏联的政治保卫局一样，集训团（即前述之校尉级军官集训团）就是希特勒的集中营。"从而对政卫团的性质作了明确的规定。对此杨贞吉心领神会，着力贯彻落实：一方面在军队中增设"政卫人员"，建立部队"政卫"系统，贯彻所谓"肃清部队伪装（指共产党地下工作者）"、"净白部队阵营"的精神，在军队中进行以"防谍"为目的的特务活动；另一方面成立集中营性质的"集训大队"（后改称"真理辩证队"），对所谓伪装分子实施关押、严刑拷打、思想改造（主要是灌输阎锡山的"物劳主义"）和强制劳动。至此，政卫组织自成一体，在各县区村原有组织的基础上进一步健全了军队中的组织系统，成为可以和梁化之的流工队——特警系统分庭抗礼的特务组织系统，所不同的是两者各有侧重，杨系组织的活动范围主要在军队中（后来随着杨贞吉对警察系统的掌管进一步及于警务系统），而梁系则主要插手于政教两界。

在长期的工作实践中，杨贞吉总结出了一整套"政卫"工作（亦即特务工作）的经验，并将其整理汇集成《内卫丛书》《如何做个团、连政卫特派员》《三件事》《善观察》《明确术》《三选六训十指挥》《政卫理论与实践》《"肃伪"事例》等教材读本，专供其"政卫"干部学习和培训时使用，俨然成为这一方面的"专家"。

在广泛建立"政卫"组织，深入开展特务谍报活动，使阎锡山对于军队乃至地方的控制进一步加强的同时，杨贞吉的"政卫"系统还不时地充当特别工作队，深入日占区，筹集粮食及其他紧俏物资，解决迫在眉睫的经济困难。1942 年，由于对日"和谈"破裂，二战区面临着空前的困难局面，日军在对晋西的主要产粮区——汾河以南发动军事进攻的同时，对阎锡山所能够控制的整个晋西地区实行严密的经济封锁，导致军食民用供应严重不足。这年夏天，杨贞吉亲自出马，动员敌工团所领导的三队（除奸队、侦察队、破坏队），在军队与行政的配合下，深入日军占领下的汾城，一次性强征夏粮 4 万余石，从而使军需民用供应不足的问题得到一定程度的缓解，以致阎锡山不无感慨地说："一到困难时，就想起了敌工团。"

抗战胜利后，杨贞吉奉阎锡山之命接收日伪山西省警务厅，将其改组为山西省政府警务处，并充任处长。接着，在接收日伪太原市警察总署、各县警察所的基础上，成立了山西省会警察局、各县警察局以及山西省警察训练所（后改称为山西省警察学校）、警察合作社，集山西警务大权于一身。同时，兼任太原绥靖公署建军委员会政卫处处长，继续掌握政卫组织系统。

此后，适应步步升级的内战的需要，根据阎锡山加强特务统治的要求，一手牵政卫、警务两条战线的杨贞吉竭力推行"警察政卫化"和"警察特务化"，使警察与特务融为一体。为此，他将原政卫系骨干分子大批渗入警察机构担任各级领导职务，唆使政卫系特工人员以行政警察的面目出现，从而给政卫系的特务活动披上了一件合法的外衣。在此期间，杨贞吉继续充当政卫先锋，热衷于肃清"伪装"和返部干部集训等活动。

1946 年 5 月，身兼山西省政府警务处处长、同志会工作委员会政卫组组长的杨贞吉再次向阎锡山建议，将原来主要羁押返部军官的"真理辩证队"改编成为"劳动先锋队"，隶属于政卫组。劳动先锋队专门负责组织犯人进行劳动生产，队中的一切开支（包括管押人员的薪水和犯人的生活费用）均由犯人的劳动所得维持，实行自负盈亏。为了最大限度地获取利润，杨贞吉把犯人的劳动强度增加到极限，而同时将其生活降到勉强能够维持生命和生产能力的水平。因此，在劳动先锋队里，犯人所受的是非人的待遇，其劳动强度之大、劳动时间之长到了无以复加的地步，而每日所食则是一成不变的半稠不稀的所谓"二难粥"，蔬菜副食几近于无，病饿而亡者屡见不鲜。劳动先锋队一举两得，既对在押犯人进行了所谓"辩证"改造，又节省下了一笔不小的开支。到1948年9月改编为"明确组"为止，在两年多的时间里，先后有七八百人在劳动先锋队里拘押过。

1947年，在杨贞吉政卫系统深入部队展开"肃伪"的基础上，阎锡山责成王靖国、杨贞吉等10人组成军事"肃伪"会议。同时，在各部队中增设政卫人员，组成基层"肃伪"会议，层层"肃伪"。这一举动引起了以杨爱源为代表的部队主官的不满和抵制。于是，杨贞吉向阎锡山建议抽调连级政卫干部，以士兵身份做"暗"的工作（即进行秘密侦察活动），哪一团复杂，哪一团便多派干部去，一团一团地清理。阎锡山听后，觉得这个办法好，要杨贞吉迅速筹办。杨贞吉星夜召集有关人员研究，很快就组建了太原绥靖公署政卫总队。此后，以所谓"暗工作员"进行秘密侦察为主的全面"肃伪"工作在杨贞吉主持下迅速展开，并在第六十八师、亲训师等部队中产生了"很大的效用"——在不到一年的时间里，搜集到各部队官兵的嫌疑言行情报11000多条，仅送政卫总队的"伪装"案件即达64件。

1948年秋，太原城被围后，杨贞吉主持的"肃伪"工作变本加厉，通过所谓"十次八次捡豆式的过滤""三天五天轮战式的谈话"的攻心战术和疲劳战方式，使部队上下风声鹤唳，人人自危。

早在1946年6月间，阎锡山就针对上党战役的大批被俘军官陆续释放返部的具体实际，成立晋绥军返部干部集训团（简称返干团），自兼团长，通过集训对返部干部进行甄别。杨贞吉被指定为训导组负责人，专门负责对返部干部的追究、考查、认定、处理。在返干团里，杨贞吉以其政卫人员担任各队训导员，协助他开展训导工作。训导组专门负责对初步过滤后认为有问题者进行进一步的甄别，其做法是相当残忍的，威逼利诱无所不用其极。如在为返部干部举行的斗争会上，事先栽好绑人的木桩，放下棺材、刀枪，以死相威胁。强迫每一个学员跪在阎锡山的像前诉说被俘经过和今后的决心。有认为交代不实者，即施以严刑，进行所谓的"政治救护"。总计先后有七八十人在"政治救护"的幌子下死于乱棍、刺刀、毒针和活埋。

近乎疯狂的特务统治不过是一剂强心针，只能暂时地起作用，最终还是挽救不了阎锡山政权覆灭的命运。杨贞吉作为阎锡山特务统治的忠实维护者，在解放军攻入太原城后很快被逮捕归案，并于1949年8月被太原市军事管制委员会特别军事法庭判处死刑。

以政治相号召，组织各种名目的政治团体是阎锡山集多年政治斗争之经验，打出的一张屡试不爽的王牌，"政工同志"李冠洋、梁化之、智力展、杨贞吉则是王牌中的"王牌"。正是因为有了这些王牌中的"王牌"，阎锡山才能将政治团体这张王牌一打到底，并且不断地花样翻新。这是"政工同志"总体作用之所在。然而，在阎锡山幕僚班底之中，这些"政工同志"作为每一个个体，各自所起的作用又因时、因人而异。

李冠洋早在1926年就是国民党山西省党部九名执行委员之一，其资历是"政工同志"中的其他人所望尘莫及的。1930年的北平扩大会议时期，李冠洋因参与组织"中国国民党各省市临时联合办事处"，而把自己的政治抱负锁定在社团活动方面，并在九一八事变后的特定历史时期，适应阎锡山的政治需要，得到了充分的施展。"中国青年救国团"在李冠洋的主持下，应运而生，迅速发展。"一花引来百花开"，其他团体相继涌现。由于李冠洋的成功实践，山西一改中原大战之后的沉闷局面，表现出一派生机，从而使阎锡山以政治开明的面目立于国中。也就是在这个时期，李冠洋的政治地位初步奠定。

当初少年阎锡山在自家开的吉庆长商号里学徒时，师傅是他的姨表兄梁世爵。这个梁世爵不是别人，正是梁化之的父亲，可见阎梁关系确实非同一般。这样，梁化之一跨进太原绥靖公署的大门就得到阎锡山的信任和重用就不再令人费解了。梁化之也确实想干一番事业，所以不负阎锡山之信任，无论是掌管官办团体，还是负责与以薄一波为代表的共产党人、进步人士联络，充当阎锡山与共产党之间联系的桥梁，都能最大限度地贯彻阎锡山的意图，因而后来居上，逐渐取李冠洋地位而代之。从20世纪30年代初开始到抗战爆发以后的一个时期，梁化之所做的一切，在贯彻阎锡山意图的同时，客观上也起到了推动抗日救亡运动、促进抗日民族统一战线在山西实现的作用。

随着十二月事变的发生，事情起了变化。适应两条战线（日本侵略势力和以共产党为代表的抗日力量）作战的需要，阎锡山的政治工作逐渐蜕变为特务统治。在新的形势下，梁化之与后起的杨贞吉被派上了新的用场，这就是发展特务组织、开展特务活动。此后一直到1949年阎锡山对山西的统治最后结束，梁化之、杨贞吉作为阎锡山巩固统治的两张王牌先后被打了出来——这里体现的仍然是阎锡山在用人问题上惯用的"二"的做法，亦即同时发展两个功能相似的组织，造成分庭抗礼之势，达到相互牵制的目的。正是"政工同志"梁化之、杨贞吉的明争暗斗，对立统一，把阎锡山在山西最后十年的特务统治推向极端化，并因此而走向终结。这一点对梁化之、杨贞吉，以至于对阎锡山来说，都是始料未及的。

与李冠洋不同，与梁化之、杨贞吉亦不同，作为"政工同志"的智力展在阎锡山幕僚班底中的作用主要表现在政治教育方面。智力展自己写出的一份简历对此是一个很好的说明：1938年9月，任随营总校教务副主任；1939年4月，任民族革命大学校长办公厅秘书主任；1940年1月，以副教育长主持民大的实际工作；1943年冬，编写"组建手册"，主讲"组建"工作；1945年8月，任随部工作团代主任；1945年9、10月间，任同志会太原分会主任，兼山西省学生总指挥部副总指挥及政训处主任……

七

嫡系将领——杨爱源、周玳、王靖国、赵承绶、孙楚

"乱世英雄起四方，有枪就是草头王。"在政争纷起、社会动荡的近代中国，阎锡山之所以能够在山西独领"风骚"几十年，在很大程度上得力于他一手培植的武装和掌握这些武装的军事将领。同时由于严重的地域观念使然，在整个晋军系统中最受阎锡山倚重的是以其忻定台同乡为主体的嫡系将领，其中的典型代表就是杨爱源、周玳、王靖国、赵承绶、孙楚。这些嫡系将领依靠阎锡山的提携和荫庇，加官晋爵，地位显赫；阎锡山依靠这些嫡系将领的打拼和辅佐，得以维持在山西的统治，他们是一个结合紧密的利益共同体。

杨爱源戎装照

（一）首席高干杨爱源

杨爱源，字星如，号革非，山西五台人。生于1886年，幼读私塾，祖上务农。1907年，21岁的杨爱源考入保定陆军速成学堂二期，弃耕习武。1912年，转入培养初级军官的保定陆军军官学校第一期步科。1914年，杨爱源完成陆军学校的学业，暂入北洋系段祺瑞部见习。见习期满后，应山西都督阎锡山之邀，回山西督军公署服务。

保定军官学校是中国近代第一所比较正规的军事学府。出于尽快充实晋军的考虑，阎锡山对军校毕业生倍加珍视。因此，杨爱源一入晋军，即被委为连长，旋即又升任营长。1916 年年初，阎锡山将投晋的商震所部编为一个团，杨爱源营编入商团，借充实之名，行牵制之实。这样，杨爱源一度成为商震的部属。杨爱源在晋军中以为人忠厚、谨慎职守著称，因此在得到阎锡山信任和重用的同时，亦颇有人缘。曾为商震部属的杨爱源，后来一直与商震同步升迁，商震非但不忌，还引为知己，以至于商震在离晋之后给阎锡山的亲笔信中仍感慨良多地说："星如对震，情谊深厚，始终如一。"

1917 年秋，杨爱源率所部第一团第三营随旅长商震赴湘作战，遭遇伏击，大部分官兵被俘缴械。当时晋军满打满算只有两个整旅，一个旅血本无归，损失可谓惨重。消息传回山西，深感折翼之痛的阎锡山焦急之余，发出的第一道命令却是："打听杨爱源的下落。"对杨爱源的关爱不言而喻。也正是因为有阎锡山的关爱，湖南败北，损兵折将、丢盔弃甲以后，杨爱源不仅没有蒙受处分，而且官升一级，由第三营营长递补第一团团长（团长蔡荣寿调任新成立的第十团团长），跨入晋军高级将领之列。此后，随着晋军的一次次扩充，杨爱源步步升迁：1924 年冬，阎锡山实施第二次扩军，杨爱源由团长升任第六旅少将旅长，并独立于商震第一师（晋军统编为两师十一旅，第一、二两师分别辖第一、第二和第三、第四旅，其余各旅直辖）之外。1926 年"讨冯"之役结束后，杨爱源因率所部参加商震指挥的中路军作战，一直把国民军逼退至西北地区，论功行赏，升任第六师中将师长。易帜北伐前，晋军第三次扩军，原有之师的番号一律改称为军，杨爱源再升一级，成了第二军军长，与商震、徐永昌齐名。

还在 1926 年冬，鉴于晋军在不断扩充和连续作战（先是出兵石家庄堵截直军，而后反击攻入辽县的樊钟秀部，再就是讨伐冯玉祥国民军）以后，亟须整顿的现实需要，阎锡山组建晋绥军训练总监部，委杨爱源兼任训练总监，负责全军的整训。在训练总监任内，杨爱源从晋军的实际出发，结合孙子兵法的战术原则，总结出"节短势险"的作战方略，并在对各部队的督导中强调"二百米以外不得放枪"的战术要求，收到了明显的效果。北伐讨奉时，傅作义率部守涿州就是这方面的典型战例。

1927 年、1928 年的两次北伐，杨爱源先后在第二军军长、第三军团军团长任上率部参加。

1927 年山西出兵北伐，分左右两路，左路出京绥路，右路出京汉路。杨爱源率第二军的三个师（第二、第六、第十二师）和炮兵三个团、机关枪半个团（那时山西只有机关枪一个团）出正太路，截击京汉路奉军。初战很顺利，第二师、第六师连占正定、新乐、定县等地，前线进至清风店一带。军部和总预备队第十二师到达定县县城后，被奉军戢翼翘军三个师迂回包围。第十二师师长杨效欧以定县城大、兵力不敷分配，坚主撤守西关。激战五昼夜，阎锡山派第十旅卢丰年部一个营增援无效，第六天的拂晓，决计突围撤退。守西关的全部官兵，由西门突围向曲阳转进，经行唐、灵寿、获鹿等县退回娘子关，清风店方面的两个师同时撤守井陉一带。从定县西关突围之前，原认为一出关门必有重大阻击，伤亡不少，可是出关没碰着敌人一枪一弹，很觉诧异！事后侦知，戢翼翘因为得悉后方涿州被晋军袭击占领，已经解围而去。

由于晋绥军北伐兵力以杨爱源第二军为最雄厚，一般人对右路军期望很高。迨定县撤退，全局改取守势，各方责言都集于杨之一身。杨爱源认为原定北伐整个出兵计划，规定了各军作战进度，某军某日应达到某处，第二军完全按规定的进度进展，其他各部多未依限达成任务（袭击涿州部队也迟到五六天），以致奉军能够集结兵力反击第二军，第二军奉令撤退，根本没有错，竟成了众矢之的，实在冤枉，因而拟了给阎锡山的辞职电稿。次日，阎锡山复电慰勉，并通电各部，把失败的责任揽到自己身上，以杜众口，杨始释然。

北伐胜利后，1928 年 11 月，杨爱源被委任为察哈尔省主席。此后直到 1931 年 1 月因中原大战被免，在两年多的时间里，杨爱源以方面大员积极推行阎锡山的政治经济政策，主导察省省政。

杨爱源戎装照

反蒋军事酝酿之际，杨爱源尚在察哈尔省主席任上。1930 年 1 月，阎锡山秘密召集晋军主要将领会议，通报情况，征求意见。杨爱源接到电报后，星夜从张家口（当时的察省首府）赶赴太原。会上，在多数人提出异议的情况下，杨爱源采取了支持阎锡山的立场。但是，在内心深处却并不以为然。就在参加完太原的秘密会议回到张家口后，杨爱源与其秘书长分析局势，认为就是非而论该反蒋，就利害而论却反不得，无奈"太原（指阎锡山）完全主战，我们如说打不得，他们要骂我们是汉奸，只好跟着走，前途希望当然是很小的"。

尽管杨爱源对发动反蒋战争有着自己的看法，然而他却不会也不可能置身事外。中原大战打响，杨爱源担任陇海线副总指挥，协助总指挥徐永昌指挥孙楚、杨效欧、杨耀芳、关福安四个军，彭毓斌的两个骑兵师，以及配置在这一线的友军刘茂恩、刘春荣、石友三、万选才、孙殿英等部。战败后，阎锡山出走大连，杨爱源以晋绥警备副总司令的身份与徐永昌再度携手为阎锡山善后。行前，阎锡山给杨爱源亲笔留言："星如转启予（商震）、次辰（徐永昌）、萃崖（孙楚）、宜生（傅作义）、印甫（赵承绶）、子梁（周玳）、毅如（杨效欧）、舒民（李生达）、治安（王靖国）、光甫（杨耀芳）诸弟：我决计下野，今后政治由启予负责，军事由次辰、星如负责，次辰、星如担任晋绥警备正副总司令，希望诸弟精诚团结，善为应付，共渡难关。"杨爱源没有辜负阎锡山的托付，在阎锡山远离山西、省主席商震遭到晋军将领的普遍反对、徐永昌又没有实力的情况下，秉承阎锡山的旨意，同徐永昌相互配合，在力争尽可能多地保留晋军编制的同时，加强内部控制，从而使大战之后的山西局势一步步趋于稳定。

鉴于杨爱源在山西的影响力，蒋介石有意网罗，并不惜以利相诱。中原大战带给山西的一个严重后果就是阎锡山苦心经营十余年而初步得到恢复和发展的地方经济受到沉重打击，晋钞贬值——其与银圆的比值由 1∶1 降为 30∶1；典当业纷纷倒闭——1927 年有 660 家，1933 年仅剩 306 家。政府财政极度困难，连部队的薪饷都难以按时支付。在这种情况下，忽然有一天太原祥记公司秘密转给杨爱源 50 万元汇票，声言是由南京电拨过来的。之后，不到一个月又有一笔 40 万元的巨款转到了杨爱源的名下。这从天而降的 90 万元巨款就像一颗烫手的山芋，收又不能收，退亦不好退。在两难选择之中，杨爱源踌躇再三，心生一计。一日，他邀集各将领公开宣布有南京拨款 90 万元，要大家商定一个分配数额。随即，由各部造具正式单据请领，一文不留分了下去。再着人将单据汇总寄给蒋介石，连一个"谢"字都不提，完全一副公事公办的架势。蒋介石接到杨爱源寄来的单据之后，心中自然不是滋味，但也无可奈何。触景生情，老搭档徐永昌由衷地说："星如够个忠厚人！"

1931 年夏，石友三策动反张（学良），阎锡山答应配合行动。正当杨爱源等根据阎锡山的秘密指示进行出兵准备之时，截获了萧振瀛给宋哲元的一封电报。电报说，蒋允每月给宋哲元军饷 230 万元；晋军出动后，宋可就近夺取山西地盘，军政全归宋掌握。问题再清楚不过了，从确保山西考虑，杨爱源与徐永昌商量改变计划，按兵不动。这时，石友三的前锋已过石家庄，向保定进攻。张学良一面拉拢宋哲元部威胁太原，一面致电杨爱源和各军师长，敦促通电讨石。杨爱源召集各军师长会议，商议对策。众人皆指责张学良逼人太甚，不同意通电。杨爱源的说法则是："我们要学总司令过去应付省外事变抓火候的精神，现在不到反张的火候，而且面临宋哲元反窝的危险。

还是要忍耐，把电报发出去。"结果依杨爱源的意思，"讨石"通电经过反复修改之后，发了出去。见山西方面如此，反张的其他各部也都观望不前，石友三孤立无援，腹背受敌，很快就败下阵来。山西方面却因为谨慎从事而安然无恙。

阎锡山从大连秘密回到五台河边之后，立召杨爱源面授机宜，布置一切。在见过阎锡山后，杨爱源在太原迅速组织起晋绥军事整理委员会，自任主任委员，以孙楚出任副主任委员，各军、师长为委员。委员会有正式的机构设置，下设总务、考核、教育和补充四处，编制名额上百人。委员会聘请军、师、旅长20余人分别为中将、少将督练员，派在各处服务，主要负责点发各部队的饷项。这些督练员每月定期到各部队去进行考察、点验或校阅，各部的动态尽在掌握之中。这样，通过杨爱源主持的晋绥军事整理委员会，阎锡山以在野之身又把晋绥军牢牢控制在手中。

与此同时，顺应九一八事变后山西民众抗日救亡的要求，杨爱源自兼所长的"抗日义勇军训练所"于1931年11月在太原市上马街农业专门学校成立。训练所负责召集太原中等以上学校学生集训三个月。参加训练的男生600余人，女生30余人，由陆军军官教导团教官樊北辰、邓世通、韩浚等讲授各种典范令，组织操练与野外练习，开准备抗战时期山西民众抗战训练之先河。

1932年2月，阎锡山复出。同年6月，杨爱源担任了第三十四军军长。1935年12月10日，杨爱源被南京国民政府授予"国民革命军二级上将"军衔。

在此之前，他以军事整理委员会主任委员负责贯彻阎锡山的"民众防共"计划。在充分领会阎锡山意图的基础上，杨爱源把山西全省分为12个"防共保卫区"，每区委派总教练一人，负责区内壮丁的训练，要求人人学会投手榴弹和打枪，平时维护地方治安，必要时顶上去与红军作战。同时，正式设立了带有军事性质的基层防共组织——"山西防共保卫团"。防共保卫团隶属于晋绥军事整理委员会，由杨爱源兼任总指挥。接着，依 12 个防共保卫区先后成立 12 个团，团辖大队（营），大队辖区队（连），区队辖分队（排），分队辖小队（班），完全按照正规军编制。防共保卫团成员称团丁，团丁由沿河 21 县中 18 至 25 岁之青年充任，轮流接受三个月的军事训练，以期成为阎锡山所要求的"全面之民众防共自卫武装组织"，"平时好像宪兵警察，维持地方治安，红军来时，用他们前去抵御"。

红军东渡进入山西后，杨爱源被阎锡山任命为"剿匪军"总指挥部总指挥，负责指挥晋绥军的七个师实施抵御。为了充分发挥"民众防共"的作用，杨爱源将原有的 12 个防共保卫团迅速扩充成 20 多个。红军回师后，又将其散编于各正规部队。

1936 年 7 月，杨爱源卸第三十四军军长任，遗缺由杨效欧接替。从此，他不再直接领兵，只做阎锡山的方面军事统帅。

抗战军兴，杨爱源出任第六集团军总司令，统辖第三十三军、第三十四军以及新编第二师、炮兵第二团等部。1937 年 9 月，杨爱源任平型关会战总指挥，率部与日寇展开顽强的战斗。24 日晚，杨爱源等与八路军第一一五师商定，次日联合攻击团城口之敌。25 日，八路军第一一五师取得乔沟伏击战的胜利（亦即平型关大捷），打破了"皇军不可战胜"的神话。忻口会战中，杨爱源率部组成左集团军，防守宁武山区黑峪村至阳方口一线，配合卫立煌的中央军，血战 23 天，毙伤敌 3 万余人。太原失陷后，杨奉令驻节临汾，指挥晋南部队，并兼管辖区各县行政事宜。

1938 年 2 月，阎锡山在临汾西南温泉村召集二战区军政民高级干部会议，检讨抗战工作，并宣布成立新的组织机构——民族革命同志会，杨爱源被指定为十三高干之一。此后，杨爱源所有的职务除了第六集团军总司令之外，一律以阎锡山副职的面貌出现——1939 年 3 月，第二战区军政民干部训练委员会成立，阎锡山兼委员长，杨爱源任副委员长；同年 3 月 13 日，杨爱源升任阎锡山任司令长官的第二战区副司令长官；1941 年冬，第二战区司令长官部与山西省政府联合成立主持会议，杨爱源任主持委员，协助司令长官阎锡山处理长官部及省政府的日常事务。

杨爱源政治地位的不断提高，引起了同为嫡系将领，又因铁军组织的关系如日中天的王靖国的不满和忌妒。为了取杨爱源而代之，王靖国不惜寻衅滋事，常常在一些公开场合制造事端使杨难堪，甚至匿名呈报阎锡山，攻击"副长官"受秘书长包围，排挤打击忠实干部。面对政敌的一次次挑衅，杨爱源明知是"治安取瑟而歌，迫我走路"，却仍然一本凡事忍让为先的姿态，要其秘书长"再忍耐一两个月，一同赴成都休息"。

惯于在部下的派别之争中实施控制的阎锡山，对于王杨之争洞若观火，但起初却不动声色。事态发展到一定程度时，第七集团军总司令赵承绶出面替杨爱源打抱不平了。赵承绶找到阎锡山，说："司令如不信任副长官，可叫他到后方休息，否则应该维护他的威信，免得有人倾轧他。"阎锡山听后，极力否认不信任的说法。随即，当众宣布，今后无论什么公事，须送副长官核办，不得越级呈报。既然阎锡山公开确认了杨爱源的权力地位，别人就不好再说什么，王靖国的小动作也就没有什么意义了。经过这次内部倾轧，杨爱

太原市南华门 13 号院杨爱源旧居

源因祸得福，权力得到了进一步的巩固。有人说杨爱源是福将，此为一例。

1945年2月16日，同志会在吉县召开"基干同志会第三次全体会议"。会议从强化同志会组织的目的出发，实行高干责任制，十三高干进行了职责分工。在这次会议上，杨爱源被推为"首席高干"，位居十三高干之首。

从民国初年军校毕业投入晋军开始，杨爱源在以阎锡山为首脑的山西军政界前后效力三十余年。集三十余年追随阎锡山鞍前马后不遗余力之经验，杨爱源深有感触地说："跟会长共事，一不要动他的权，二不要动他的钱。他让你干甚就干甚，不让你干甚就不要干甚。"正因为杨爱源清楚地认识到这一点，并且身体力行，所以三十年如一日，阎锡山对他信任有加，不受任何力量的干扰。在此期间，环顾阎锡山左右不断有人离去，或任职中枢（如贾景德、徐永昌等），或另立门户（如傅作义等），或引退闲居（如南桂馨、赵丕廉等），杨爱源却是始终如一地服务于山西，服务于阎锡山。

抗战胜利后，杨爱源被任命为太原绥靖公署副主任。此后的一个时期之中，他以同志会首席高干和太原绥靖公署副主任的双重身份主持山西省军政联席会议集体办公，在风雨飘摇之中勉力为阎锡山维持一切。在此期间，他工作上谨慎从事，本职之外不问其他，每天黎明即起，会客、传见、批阅文电，忙个不停。政治上不偏不倚，每天的朝会讲话，只按阎锡山的讲话精神复述，很少发挥。

杨爱源的外甥张隽轩是中共地下党员，早年参加牺盟会的领导工作。国共两党签订《停战协定》后的第三天，军调部派出调处小组到太原。张隽轩托军调小组的中共代表带给杨爱源一封亲笔信。作为舅舅的杨爱源对外甥的情况十分了解，敏感地认识到张隽轩有意做他的策反工作，而这是犯忌的事情。于是，他连封也没拆即把信原封不动地呈给阎锡山。阎锡山理解杨爱源的用意，亦不再提起此事。杨爱源的谨慎从事，由此可见一斑。

1948年冬，太原被困，阎锡山开始做退出山西的打算。于是，杨爱源被免去本兼各职，以"交涉补给事宜"的名义，派驻南京。此后，杨爱源主

杨爱源书法作品

杨爱源题赠的砚台

要从两个方面着力：其一，在南京与代总统李宗仁、美国驻华大使司徒雷登，以及飞虎队陈纳德等周旋，为阎锡山预做政治上的安排。其二，集中各地资金，从经济上设法。当时，山西官办企业，包括"中记董事会""民营事业董事会""省营业公社""绥署会计处"等名义下的银号、公司、路局、矿局、供销社等，有40多个实体，均有相当可观的资金和营业规模。这年年底，阎锡山命令这些企业，除西北实业公司以外，一律结束，将货物变价款尽快运送上海，集中于杨爱源之手。几个月中，共约集中起45000两黄金。危难之际，阎锡山毫不犹豫地把山西的经济命脉托付于杨爱源，信赖之深不言自明。

1949年4月间，杨爱源奉阎锡山之命，负责将集中在上海的山西籍立法委员、监察委员、"国大"代表等一起设法用飞机送往台湾。

离开大陆，对于杨爱源来说实际上也就等于退出了政治舞台。在台湾，杨爱源开始主要负责管理日本赔偿西北实业公司机械事宜，后来就挂着"总统府战略顾问委员会顾问"的虚衔，过起隐居生活。1959年1月2日，杨爱源病逝于台北，终年 73 岁。六天以后，杨爱源出殡，阎锡山赴台北致祭，所撰祭文言："兄自隶军籍，为国宣劳，垂四十年，其劳其功，岂能尽言，今竟赍志长逝，使我痛彻心弦。"并挽以："报国誓同心，与我驰驱成永念，望公常拭目，怜君忧患到弥留。"

（二）炮兵司令周玳

周玳，字子梁（亦作子良），山西代县人，生于 1887 年。1906 年，考入山西陆军小学堂二期；1909 年，保送北京清河第一陆军中学二期。1911 年冬应届毕业，适逢辛亥革命，学堂停课。1912 年 8 月，并入保定陆军军官学校一期炮科。

周玳于山西陆小毕业前半年，阎锡山从日本留学归来在陆小任教官。在对周玳进行过一番考察，并征得本人同意后，阎锡山主动介绍他加入同盟会。在陆军中学上学期间，周玳每于星期日进城，即到《国风日报》社访谈，与社长兼主编景梅九相契。受景梅九的启发和影响，青年周玳的革命意识进一步增强。

武昌起义爆发后，周玳按捺不住内心的激动，迫不及待地离开清河，于10 月 20 日回到山西。太原起义前夕，周玳见到了已是第八十六标标统的阎锡山。岁月流逝，转眼两年时间过去了，面对当年的学生、现在的同志，阎锡山喜出望外。简单地交流之后，阎锡山说："你回来很好，密交你以下任务：1. 调查和探访地方情况和省内外新闻，每晚要向我密报；2. 就你认识的下级军官和头目，密切联系，注意他们的言论，见他们义愤填膺，慷慨激昂，诚恳表示对清廷不满的时候，要进行鼓吹和宣传，并防备自己被人诱骗；3. 太原情势紧张，密探很多，与人谈话，要用脑记，不要用笔记，防备被人检查。"周玳谨遵阎锡山的嘱托，每天买各地报纸浏览，与亲密朋友谈话，傍晚到军队中联系排长和头目（班长），深夜再向阎锡山秘密汇报。如此进行了几天，阎锡山又指示周玳与从陕西联系归来的张树帜一起深入兵棚进行运动。周与张系旧识老友，两人携手参与了起义前的策动。

山西起义成功后，1911 年 10 月 29 日上午，山西省咨议局里，各路人马聚在一起推选都督。周玳再一次与张树帜密切配合。在议长梁善济宣布要"票选"大都督的关键时刻，张树帜挺身而出，厉声疾呼："大家应当推选阎锡山为大都督，赞成的举手！"周玳在台下应声高呼："选阎锡山为大都督，大家一齐举手！"两人以压倒的气势互相呼应，一起把阎锡山推上山西都督的宝座。随即，阎锡山派周玳为北路军司令部参谋，随军北上代州。

娘子关失守，阎锡山撤出太原至五寨与孔庚等会合。周玳与孔庚同行，本拟随阎北上，却被派速返太原探听情况。当时的太原，因清军第三镇卢永祥率部进驻，人心惶惶，政令不通，市面萧条，经济陷入不能维持的境地。周玳搜集相关资料，"重要的派人专送，普通的送城外邮局寄发"，陆续通报给阎锡山。

阎锡山返忻州前，从包头专函周玳："不日由包头动身，你设法与忻州州官联系，为我筹备一切。"于是，周玳又匆忙赶往忻州接洽安排。阎锡山到忻州后，派周玳为第四标前队队官，随侍左右。

1912 年 7 月，随阎锡山回到太原不久，北京政府通令各陆军中学第二期应届毕业生，统于 8 月 1 日到保定陆军军官学校报到。接到通知后，周玳与同学十余人具呈申请阎锡山批准，带原薪百分之六十作为补助，入保定军官学校一期炮科深造。两年后完成学业，再回山西，正式加入晋军。

周玳从保定军校毕业时已是 1914 年，毕业后径回山西。由于是炮兵科班出身，周玳一入晋军即任炮兵连连长，以后不断升迁，直至做到炮兵司令。1917 年晋军征湘时，周玳已升任晋军炮团团长，曾率一营炮兵随商震到湖南作战。此后晋军的几次重大战事，诸如出兵石家庄、"讨冯"、北伐等，周玳无役不往。同时，随着晋军的逐步扩充，炮兵由一团扩为八团，周玳由炮兵团长晋升为炮兵司令，成为晋系集团中举足轻重的人物。

1928 年北伐完成，蒋介石在北平小汤山召集各集团军总司令会议，并邀请各集团军主要负责人与他一起到南京举行编遣会议。开完会，冯玉祥先回河南再转南京，不久蒋介石亦返南京。阎锡山则在去南京的途中打电报给蒋介石说：因父亲患急病，待父病稍好即去南京。一直迁延到12月中旬，才去南京就任国民政府委员并参加编遣会议，周玳以总参议的身份随行。当周玳问起迟迟不动身的原因时，阎锡山说："到南京开编遣会议，我若顺着冯、李（宗仁）说话，必取怨于蒋，会也开不成，我却得罪了蒋；若顺着蒋说，必取怨于冯、李，甚至两不讨好。等他们闹成分裂之局的时候我再去，那时双方都需要我，那就好了。"

事情果如阎锡山所料，待他携周玳一行到南京之前，蒋和冯、李之间对编遣问题已经进行了多次非正式会议。因冯、李与蒋的意见有很大距离，几成僵局，各方急需有人从中转圜。这样，阎锡山的出现就至关重要了。为了深入了解具体情况，以便把握全局，到南京的当天晚上，周玳就奉阎锡山之命到桂系白崇禧处摸底。

周玳与白崇禧是老熟人，说话开门见山。

白崇禧一见周玳，就以稍带责怪的口吻问："你们老总为什么才来？"

周不慌不忙地解释："他父亲病了，我们老总为人至孝，他亲自侍奉汤药，操劳过度，他父亲刚刚好些，他自己又病倒了，所以才来得晚了。"接着话锋一转问道："你们近来做些什么？"

白崇禧哈哈大笑说："我们还能够做出什么成绩？冯焕章倒是大做特做。他的口不大，肚子却很大，还想侵占我们的地盘呢！"

周玳不由得插了一句："有这种事？"

白说："你不信，容我把事实列举给你听。焕章近来得意忘形。国民政府委他做行政院副院长兼军政部部长，鹿钟麟的常务次长，都早已到了任。他现在第一步想捧蒋、拉蒋，消灭三、四集团军，将来有机会再把蒋推倒，他好独霸中国。他不想蒋介石是个大流氓，在上海交易所里闯过多年，哪里像曹三爷（曹锟）一样容他摆布！"

周玳问有什么事实。

白崇禧说："老蒋在前些时提出，全国一共编五十个师，叫各集团军自己研究，自己编多少师合适，在非正式会议上可以大家交换意见，然后再作出提案，在正式会议上讨论。于是在第一次的非正式会议上，焕章就提出了几项标准，说什么有训练者编，无训练者遣；有革命性者编，无革命性者遣；有作战功劳者编，无作战功劳者遣；枪械齐全者编，枪械不全者遣。而他的第二集团军，这四项标准样样俱全，应编的占多数，应遣的占少数。当时何敬之（应钦）就问：'那么你打算编多少？'冯说：'多少还不敢说，在四个集团军里总该占第一位吧。'我听到这里，便留心看老蒋的态度。蒋很不高兴的样子，哼了一声说：'那你就提个方案吧！'过了几天又开第二次非正式会议，焕章果真提出了一个方案，主张第一、第二集团军各编十二个师，第三、第四集团军各编八个师，杂牌军编八个师。老蒋看罢之后，没有表示可否，只说：'以后正式会议时再解决吧。'就把它搁起来了。以后又开过几次非正式会议，大家话不投机，离题越来越远，几乎成了僵局，这才盼你们老总前来打圆场呢。"

两人一聊就是三个钟头，谈得很是投机。闲聊之中，周玳已经对当时的局面有了一个基本的认识。根据掌握的情况，顺应蒋介石的想法，阎锡山在会上胸有成竹地提出了他的编遣提案：一、二集团军各编十个师；二、四集团军各编八个师；其他非正式队伍编六到八个师；其余六到八个师由中央处理。此案马上得到了多数的赞成。在编遣会议的第一次正式会议上，蒋介石一锤定音："既是大家赞成阎总司令的提案，那么原则上就采用这个提案，我的意思，在中央编遣区以外，再加上东北编遣区。"阎锡山的提案得以通过。这样，经过讨奉大获全胜的风光之后，阎锡山再一次为世人所瞩目。周玳也因此而被阎锡山指定为第三集团军编遣主任委员，与第一集团军何应钦、第二集团军鹿钟麟、第四集团军白崇禧相比肩。

编遣会议余音未了，因军队编遣矛盾引发的中原大战接踵而至。中原大战时，周玳以总参议名义兼任兵站总监。战事初起，晋军方面由于使用在陇海线上的炮兵计有七个炮兵团，各型火炮250门，在激战中显示了极大的威力。反之，蒋军则因伤亡日重，逐渐不能支持。蒋介石为了扭转颓势，情急之下将上海熊式辉所部之第五师调到前线作孤注一掷，并采用纵深锥形战术，实行中央突破，向晋军中央部分猛攻，以期打开一个缺口。当蒋电调熊式辉所部时，阎的电讯机构已将电报截获译出，阎即令陇海线总指挥徐永昌注意防范。徐以自己的部队也很疲乏，恐难抵挡敌人这支有生力量为由，请求援助。阎锡山即令周玳带领控制在郑州的两个炮兵团前往增援。连同原先配备的七个炮兵团，周玳集中九个炮兵团324门大炮的火力实施地毯式攻击。蒋军损失惨重，狼狈溃退。周玳和晋军炮兵在反蒋联军中声誉鹊起。

中央军遭此一击，极为震动，蒋介石亦感危局难挽，准备下令总退却。这时，忽然接到石友三致张学良的电报，要倒阎锡山的戈；同时又发现晋军内部起了变化，津浦线的傅作义迟迟不进——傅作义指挥第四路军占领济南后，阎锡山又派张荫梧率王靖国、李服膺两军并附属两团炮兵编为第二路军，到济南成立二、四路联合军，以张荫梧为总指挥。据说，张荫梧此前曾密电阎锡山，说傅作义参加了张学良与张群等在北戴河举行的秘密会议，要阎注意。傅、张两人素来不睦，两军阵前的隶属关系亦不能协调。傅疑心阎锡山对他不信任，因而泄气，直接影响到津浦线的战局——蒋认为这是一个很大的转机，遂命令各部队坚持苦撑，等待局势的变化。此前，蒋介石曾派专人乘飞机到广东约请第十九路军北上增援，第十九路军随即北上。如此种种，使得中央军的阵脚在动摇的态势下又稳定了下来。侦知这些情况后，阎锡山想乘第十九路军未到前速战速决，将中央军击溃。他认为敌军后方已十分空虚，冯玉祥如能派有力部队从左翼背后实行迂回侧击，前后夹攻，很容易成功。

为了动员冯玉祥全力实施配合，周玳携阎锡山的亲笔长函、现金50万元和大批面粉、弹药，到兰封以西的罗西车站见冯，告以第十九路军北上的消息，并说："若是这样相互对峙，旷日持久，殊非良策。现在敌人后方异常空虚，请抽调六至十个团的有力部队，组成大纵队，以孙殿英部为前导，向徐州实行大迂回，抄袭蒋军后路，陇海、津浦两路之敌必然发生动摇。此举若得成功，纵然不能活捉蒋介石，也可平分天下，隔江而治。"岂料冯玉祥对于周玳描绘的美妙前景无动于衷，王顾左右而言他。

这边周玳的兰封之行不得要领，迂回徐州的战机转瞬即逝；那边傅作义与张荫梧两人互相攻讦，使战事迟滞不前，阎锡山特派参谋处长辜仁发以"钦差"身份代为指挥，亦难以协调。周玳经过反复考虑后向阎锡山建议："傅、张两人既已水火，不能协同作战，莫如把两人分开。况且韩复榘已向胶济路方向东撤，我军如南下进攻，颇有后顾之忧。不如令傅率重兵南攻，令张率本部东进，把韩逐下海去。"在征得阎的同意后，周玳即到济南与张荫梧面商，实施上述计划。张表示同意，但要求把傅指挥的冯鹏翥部归还建制。周玳照办。这时，傅作义在大汶口，周玳便用电话通知傅作义迅速南进。

傅、张的龃龉，被周玳以一个"分"字暂时调和，然而，战机不再。虽然周玳竭尽全力左右疏通上下联系，但战机既失，中央军调集的援兵压境，反蒋联军内部又产生了分化，颓势即至，中原大战以蒋介石中央军的最后胜利宣告结束。

从编遣会议到中原大战是周玳最为活跃的时期，此后，他在政治舞台上逐渐沉寂，只是以一个炮兵专业指挥官的身份效力军中。中原大战后，张学良整编晋军，周玳的炮兵司令继续保留，所辖10个炮兵团不变。抗战初期，周玳以炮兵司令兼兵站总监，继任河防司令。后因病休养，脱离军籍，辗转西安、重庆闲居。抗战胜

周玳晚年照

利后，周玳受阎锡山邀请回晋，任晋军高级参议兼同蒲、正太护路总指挥。后受傅作义之邀，在华北"剿总"任闲职。1948 年，解放军围困北平，周玳以私交同邓宝珊、何思源等劝傅起义，对促进和平解放北平起了积极作用，并因此成为起义人员。

中华人民共和国成立后，周玳曾任林业部专员、山西省政协委员等。1972 年辞世，终年 85 岁。

（三）"铁军"掌门王靖国

王靖国，字治安，号梦飞，山西五台人，生于 1893 年。1918 年，保定军官学校第五期步科毕业，投身晋军。先任学兵团队附，继任第四混成旅第七团连长。此后不断递升，到 1930 年中原大战时，已升任第三军军长。

王靖国治军注重风纪，并因此而得到阎锡山的青睐。那时，王靖国还只是一个小小的连长。一天，全团统一集中在督署的操场上掘土填壕，突然狂风大作，暴雨倾盆而下。场上顿时像炸了锅一样，各连争先解散收工，唯有王靖国连有条不紊地集合、整队、报数，然后踩着正步撤回营房。事有凑巧，这一幕正好被站在梅山（督军府内的假山）上眺望的阎锡山看在眼里，同时也把王靖国这个五台小同乡牢牢地记在心里。

中原大战后晋军缩编，王靖国军被缩编为第七十师，属杨爱源第三十四军建制，驻节绥远包头。阎锡山复出后，为实施屯垦计划，特设立绥西屯垦督办公署，自兼督办。王靖国以第七十师师长兼会办，在防区包头设督办办事处，代行督办之责。其所属第七十师以两个整团另一个营，共编为 28 个屯垦队，在包头河西以及临河、五原一带扎寨屯兵，垦荒耕种，声势浩大的晋军绥西屯垦由此掀起高潮。据"绥区屯垦督办办事处"编制的《绥区屯垦第四年工作报告》统计，整个垦区 1933 年种植面积为 114265.9 亩，其中：糜子 24628.5 亩，特种作物（主要指罂粟）5756.9 亩；1934 年种

蒋介石在绥远视察时的合影，左一为王靖国

植面积为 131013.5 亩，其中：糜子 35565.8 亩，特种作物 9405.4 亩；1935 年种植面积为 168268.6 亩，其中：糜子 72185.9 亩，特种作物 10437.1 亩。

1934 年 11 月 8 日，蒋介石偕宋美龄飞抵太原，他们并没有下榻于山西省接待贵宾的傅公祠，而是住进了王靖国的家中。原来在此前一年，王靖国参加调训全国高级军官的庐山军官训练团，学习期间深得蒋介石青睐，因此与蒋结缘。不久之后，蒋介石通过胡宗南表达要调王靖国至河南负一方重任的意思，出乎很多人意料的是，王靖国却不为所动，婉言谢绝。王靖国不愿离开山西的原因只有一个，那就是对阎锡山的绝对忠诚。王靖国虽然因此失去了进入中枢的机会，却从此成为阎锡山系统炙手可热的实权人物。

1936 年 5 月，第十九军军长李生达在离石柳林驻地神秘地死去，王靖国补李生达遗缺，升任军长。

抗战爆发，阎锡山策划大同会战，王靖国率所部第十九军由绥西开赴大同，除以一部扼守雁门关外，其余集结于阎锡山的岭口行营附近，作为总预备队。9 月下旬，日军突破茹越口，阎锡山决定退守忻口，王靖国奉命固守崞县十日，以掩护忻口布防。10月5日，敌人猛攻崞县城，王靖国多次组织反攻，守城部队伤亡惨重，阵地有不保之虞。参谋长梁培璜具情上报，得允撤出，并转至忻口右翼地区右侧。崞县、原平失守。

1938年2月上旬，日军集中兵力沿同蒲路南下，攻占临汾，威胁晋西隰县。王靖国奉命占据隰县城东30公里之石口镇堵截日军。王靖国判断日军必经大麦郊进攻石口，事实上日军仅以一部兵力佯攻大麦郊，而以主力沿公路迂回川口。由于判断失误，川口兵力配备分散，经一昼夜激战，旅长以下120余名将士阵亡，阵地被敌突破。川口失守，石口两面受敌，抵挡不住日军猛烈炮火的攻击，遂向永和方向撤退，石口随即失守。

先后两次丢失阵地，王靖国一时成为众矢之的，尤为执法总监张培梅所不容，阎锡山念他虽失地但未丧师，为晋军保留了一部分实力而曲意维护，由此引发了张培梅的自杀事件。事后，阎锡山曾对左右说："咱们就这几个人，把他们都杀了，还靠得上谁！"也正因为如此，王靖国失地虽为世人所不容，却非但没有影响他在阎锡山心目中的地位，反而进一步得到重用。

1938年7月1日，阎锡山在吉县古贤村秘密召集晋绥军高级将领会议。会上，阎锡山从扶旧抑新，限制新派势力的目的出发，强调："欲抗敌成功，必须先求军队本身的存在。欲存在，须以弱变强；欲成功，须以弱胜强。"要求旧军用政治动员、合理统御等措施来发挥士兵的创造性，实行避实就虚、不失时机不吃亏的作战原则，灵活地消灭敌人。根据阎锡山的思路，王靖国建议在各军、师中设立军政干部学校，为本部队培养青年军官和政工干部。他提倡在部队中开展"新的教育、新的统御、新的管理、新的作战"的所谓"四新教育"，并形成正式决议。

会后，王靖国首先在所部第十九军中实行政治主任制，委派高瑞岚为军政治主任，又从西安招聘一批抗日青年作为部队政治工作的骨干。同时，成立抗日宣传队以壮声势。与此同时，几所干部学校相继创办：是年夏，"山西军事干部学校"在吉县成立；10月，"民族革命青年军官教导团"在乡宁组建；11 月开始，阎锡山仿效蒋介石庐山集训的办法，将中下级军官分期分批调到临时首府陕西省宜川县秋林镇集训。

同年 12 月，日军六路围攻阎锡山所驻的吉县城东小河畔集训基地，阎锡山密令长官部及省府机关人员撤向河西，自己则于当晚带参、秘、侍从等少数几人随军转进至吉县东山五龙宫地区。为了迷惑日军，王靖国奉命乔装，乘坐阎锡山常用的小轿穿吉县城关西行，佯示西渡。日军信以为真，宣称："皇军进攻吉县，已将王靖国主力击溃，阎锡山着青衣小帽，乘二人小轿，逃往黄河以西。"阎锡山听后，哑然失笑，不无幽默地说："我不是还在这里吗？看样子日本人的进攻要结束了。"遂令各军分路截击。此后，阎锡山假戏真做，于 1939 年 1 月底西渡黄河，驻于秋林镇。王靖国随行至秋林，襄赞军务。同年 2 月，二战区扩编，成立第六、第七、第八、第十三共四个集团军，王靖国升任第十三集团军总司令。

1939 年 3 月 25 日至 4 月 22 日，阎锡山在秋林召集晋绥军政民高级干部会议，亦即有名的秋林会议。参加会议的有师、独立旅以上的军队干部，各区专员、保安司令以上的行政干部，以及一部分县长、公道团县团长、牺盟会县特派员等正式代表 102 人，列席代表 65 人。会议的主要内容是：报告抗战形势、检讨过去错误，并决定今后的工作目标、路线和方法。会上，阎锡山针对"武汉失守以后，抗战越来越困难，二战区削弱了，只有共产党、八路军壮大了"的现实，提出"无条件存在"和"走上抗战最高峰"的口号。会议根据阎锡山的意图决定此后的中心工作五项：增加选训一万有力干部；组训一百万有国家观念、民族意识，自己负责不容人不负责的政治力量的民众；建立现代化有基础三十万团力的铁军；实现强民政治，说服行政，取得民心；普遍建立健全巩固的抗战游击根据地。在会议进行中，以王靖国、薄毓相等为代表的山西旧派势力通过与以薄一波、续范亭为代表的山西新派势力的激烈交锋，给牺盟会、动委会以及山西新军施加压力。

会后，在阎锡山授意下，秋林会议规定的五项中心工作之一："建立现代化有基础三十万团力的铁军"，成为王靖国一个时期的主要工作。为此，他利用担任秋林集训团副团长，代表团长阎锡山主持团务的便利，在受训军官中秘密活动，进行人员和组织上的准备。

同年9月的一天，在经过必要的策划之后，王靖国召集已经联络好的温怀光（骑一军代军长）、王乾元（第三十四军代军长）、赵恭（暂编第四十四师师长）、于镇河（第三十三军军长）等十几名高级军官集中到阎锡山家中举行秘密整军会议。会议是在一种家庭气氛中进行的，与会者个个都小心地扮演着自己的角色：

阎锡山俨然一位德高望重的家长，一开始就摆出一副"怒其不争""恨其不能"的架势，故意责骂旧军人不争气，不会练兵，不会组织，不会和共产党、牺盟会作斗争。

待阎锡山发泄完之后，温怀光见风使舵，根据王靖国事先的安排，首先表态："我们是军人，是绝对服从会长的。会长没有让我们组织，我们就不能组织。如果准许我们组织，我们一定能够组织得更好，与会长同生死，共患难。"

与会的其他人立即附和，并顺势提出建立"铁军"组织的要求。

见火候已到，阎锡山话锋一转，表示：既然大家有这样的要求，那就积极筹划参与建组织、建"铁军"吧。

惟妙惟肖的表演，使王靖国与阎锡山预谋好的事情变成了阎锡山的"顺从民意"。

在阎锡山家中的那次秘密聚会之后，王靖国以"整军会"的名义继续扩大组织，拟定有关纪律。最后选定二十八人，号称"二十八宿"，作为发起人。人选的确定，原则上兼顾晋军各派系耆宿，依实力而论，实际上则倾向于与王靖国关系密切者。王靖国本人不列入二十八宿之内，又突出了他在这个组织中的特殊地位。

1939年11月15日，还是在阎锡山的家中，对外称作"整军会"的所谓"铁军"组织——"三三铁血团"举行了成立仪式。仪式开始，先由阎锡山指出"本军今日之危险处境"。接着，以王靖国为首的发起人环跪于阎锡山周围，表示发奋图强的决心。然后，歃血为盟，宣誓："铁血主公道，大家如一家，共生死患难，同子女财产，为按劳分配、物产证券奋斗到底！""生命付诸组织，与组织共存亡！""三三铁血团"宣告成立。

"三三铁血团"的发展形式为"三三制"，即一人发展三人，三人发展九人，依此类推，并因此而得名；亦隐含着阎锡山的山西之意，一语双关。由此可见王靖国等的"良苦"用心。在王靖国一手把持下搞起来的这个"铁军"组织，由阎锡山兼任团长，王靖国以置身于二十八宿之外的超然地位，代替阎锡山主持一切，虽没有什么确定的名分，却在实际上充当着"铁军"的掌门人。

"铁军"组织成立后，阎锡山在战区整训处下增设督训科，以王乾元为科长。督训科直接向王靖国负责，专办"铁军"组织的一切事宜。在阎锡山"所有军队均需成为铁军"的指示下，"铁军"组织在王靖国的一手操纵下，首先以军队中的中上级军官为发展对象，然后通过这些中上级军官达到掌握整个晋军的目的。由于得到阎锡山的积极支持，几年之中，"铁军"组织由初发起时的 28 人发展到近万人。到抗战结束时，晋军中原来的各军、师长大部分调换为"铁军"骨干分子，所有军队的整编、人事、训练等，都在"铁军"组织的掌握之中。这样一来，借助于"铁军"组织的不断扩充和发展，王靖国在晋军中的地位日益提高，权力进一步膨胀，很快成为权倾一时的实力派人物。

王靖国凭借组织，独揽军权，引发了其他将领的不满和忌妒。为了调和各方面的矛盾，1941 年，阎锡山指示成立整军委员会（通常称作"特团"），作为"铁军"组织的最高权力机构，以杨爱源、孙楚、赵承绶、王靖国、杨澄源、楚溪春、郭宗汾、彭毓斌等为委员，以杨爱源为主任特委。1943 年，整军委员会又改名为建军委员会，以阎锡山为委员长，杨爱源为副委员长。但是，无论组织机构如何变化，王靖国始终以办公室主任负实际责任，其

"铁军"掌门人的身份未变。

1943 年，阎锡山为加强其军队建设，命王靖国依据建军先建连，建连先建组织，建组织先建干部的思想，拟具建军训练方案。是年秋，阎锡山移驻吉县小河畔亲自进行建军试点训练。建军委员们齐集吉县展开工作，王靖国以建军委员会委员兼办公室主任负全面协助之责。1944 年春，吉县建军结束后，阎锡山指示总结经验，分区进行。王靖国奉命先后在吉县和隰县两地具体实施建军，在隰县期间又兼任北区领导组驻会高干，兼管该地区各专区、县的组、政、经、教工作，集军政建设于一身，以期取得经验，并推而广之。

日本投降后，王靖国以第十三集团军总司令的身份率军驻守临汾，奉命相机向解放区扩展政权。在此期间，蒋介石再次授意胡宗南对其设法拉拢，旧话重提，再以"调河南负一方重任"相诱。王靖国毫无保留地向阎锡山作了汇报，阎锡山责成他将临汾军事交第六十一军军长梁培璜接管后，速回太原，继续主持"铁军"的组织工作。

1946 年夏，王靖国奉阎锡山之命以北区领导组主任的身份赴寿阳、忻（州）定（襄）等地督征夏粮。事毕之后，向阎锡山提出组织"奋斗团"，深入解放区进行活动的建议。并着重介绍了驻防寿阳、盂县和榆次什帖镇一带的晋军第四十九师第一团团长赵俊义发动从解放区逃亡出来的地主富农分子，组织起来，配给武器，让他们回乡复仇的经验。建议在得到阎锡山的认可后，被进一步完善成为通过"自清、自卫、自治"的所谓"三自"向解放区扩展的方法，取名为"俊义奋斗法"，令各部队仿效实行。

1947 年冬，经过晋南、晋北、汾孝、正太诸战役，阎锡山的势力所能达到的地区已经只剩下太原、大同、临汾三个大的据点，以及晋中、晋东的十几个县份，颓势显现。面对江河日下的时局，阎锡山检讨过去的失败，决心进一步加强"铁军"组织。为此，他手编《铁军基干读本》，以"不懦、不偷、会带兵、会组兵、会打仗、会肃伪"要求每个"铁军基干"。同时，重申"把军队建成有基础有团力的铁军"，必须从基层着手，在班棚里发展

1947 年阎锡山与家人合影　　　　　　　1947 年阎锡山与家人合影

"铁军"组织；提出巩固军队基层组织的"组训铁军基干"方案。之后，经高干会议通过，指定王靖国负责"铁军"组训工作。

王靖国临危受命，组建"铁军基干训练委员会"，自任主任委员，主持其事。在半年多的时间里，先后举办基干训练班 11 期，训练铁军基干两万余人。参训者均系从各部队中以团为单位挑选出来的"忠贞可靠"的班长、战士。训练中要求学员做到在战场上"瞄准打，死不退，不做俘虏，当场打死倡议缴械投降的人"；在班棚里团结战士，发现伪装（共产党）。在训练班上，王靖国对"铁军"组织"同生共死"的含义进行注解："同生共死有两个含义：一个是你们参加了组织，就是和会长和我结成了生死弟兄，我们要同生死共患难，忠贞组织；一个是'同生共死'这四个字已是天命决定，就是老天爷已经指示我们同志会必生，共产党必死。你们一定要有这个信心，誓死完成会长交给你们的任务。"

正当王靖国不遗余力地为阎锡山训练"铁军基干"的时候，1948 年 7 月，晋中战役结束，赵承绶野战军全军覆灭，太原告急，加强太原城防成了第一要务。"铁军基干"训练在进行了 11 期后草草结束，王靖国请准阎锡山把最后一期的两千名学员编为一个"铁军基干师"（简称"铁干师"），开上城防前线。

1948年冬，解放军进至太原外围，阎锡山将残余部队整编为两个兵团，王靖国任第十兵团司令，兼太原守备司令。阎锡山离晋后，王靖国以五人小组成员之一代表阎锡山掌握兵权。

太原解放前夕的1949年3月，王靖国在北平上学的四女儿王瑞书受中国共产党组织派遣，带着徐向前的亲笔信通过两军前沿阵地回到太原，劝王靖国走傅作义的道路，和平解放太原。同样出于对阎锡山的忠诚，王靖国声称："太原已成为一座孤城，外无救援，实难确保，但我是军人，军人以服从为天职。如果阎有命令叫我投降，我就投降，阎没有命令，我只有战斗到底。傅作义够个俊杰，但我不那样做。你可革你的命，我要尽我的忠。"断然拒绝。

1949年4月24日，解放军攻进太原绥靖公署，王靖国走出地下室，做了俘虏。1952年，病死狱中，终年59岁。

（四）骑兵司令赵承绶

赵承绶戎装照

赵承绶，字印甫，山西五台人，生于1891年。父名赵长庚，字星西，前清附生，以教书为业。赵承绶幼年随父课读，14岁入五台县创办最早的郭家寨文西学堂。1909年，18岁的赵承绶负笈省城，就读于陆军小学堂。

上陆小的第一个暑假，赵承绶就开始接触弓富魁等革命党人。关于这一段历史，赵承绶后来回忆说："我在18岁住陆军小学堂时，暑假回家，假满返校时，第一天住在定襄县城。店家说城东南留会村明天大会，有弓富魁的好戏，你们不去看看吗？我和同行同学们便商定第二天去赶一天会。去会场后，看见搭的帐篷，有几十台赌博场，我就动念想参与赌博，赢几个钱带到省城去花。进赌场赌博不久，被弓富魁看见，摆手把我们叫到后面账房内，问我们是干甚的？我们回答是陆小学生，假满返校的。又问你们是哪里人？我答是五台槐荫村的。他又问你认得赵三成吗？我答是我的叔父。他便说你们不要赌钱了，看看会赶快回校吧！并留我们大块肉大碗酒饱餐一顿，又给大家带了二十元路费。从这里我认识到弓富魁不是一般的赌博头子，而是借上领戏、赌博做革命工作的人。"也就是从这时开始，赵承绶与革命党有了接触。

辛亥革命后，赵承绶与同学续培梅、王靖国等一起参加了忻代宁公团，担任教练官。公团解散，赵承绶继续求学，由清河陆军中学，而保定军官学校。1918年9月，毕业于保定军校第五期骑科。旋即，加入晋军，在杨爱源属下历任排、连、营长等职。

1927年6月，阎锡山通电易帜时，赵承绶已升任新改编的北方国民革命军第二师少将师长。北伐完成后，晋军主力缩编为12个师，并改用全国统一番号，赵承绶改任陆军第三十九师师长。

晋军占有了晋、冀、察、绥四省及平、津两市后，先后接管了散驻于绥、察的一些杂牌骑兵队伍。在绥远有满泰的一个骑兵军和王英的一个骑兵军，包头另有一个独立骑兵旅；在察哈尔省有张砺生的一个骑兵军和彭兆林的一个骑兵军。这些队伍都是利用"北伐"的机会，招收土匪骑兵扩充成军的，建制庞杂、素质不良、纪律很差，谁势力大就拥护谁，只知道要粮要饷，不知道服从军令。为扩充实力起见，阎锡山着意将它们正式收编。因此，察、绥甫定，即委第六军军长傅存怀为骑兵司令，对杂牌骑兵着手进行改编。傅存怀出师不利，欲速则不达，酿成了王英部一个骑兵旅拉走当了土匪的后果。经过考察，阎锡山改任出身于保定军校骑科的赵承绶为骑兵司令。骑兵是赵承绶的本行，这是他学以致用的一个绝好机会，况且一上来就是独当一面的骑兵司令，何乐而不为。这时的赵承绶虽然春风得意，但是头脑却异常冷静，他吸取傅存怀的教训，就杂牌骑兵整编问题向阎锡山提出三点要求：第一，不能操之过急，需要一段较长的时间；第二，逐次编遣，由我斟酌用人；第三，创办一个教育机构，培养基层干部，以便逐步打入各骑兵队伍内部。

得到阎锡山的首肯后，赵承绶就第三集团军骑兵司令任，设司令部于大同。1928年10月，阎锡山批准的军事教育机构——"第三集团军骑兵教练所"设立，赵承绶兼任所长。教练所从培养基层干部、加强骑兵的正规化建设出发，分设两个军官队和五个军士队。军官队的学员一部分来自赵承绶老步一团的军官，一部分来自各骑兵部队中的中下级军官，还有一部分为在本地招收的文化基础较好的学生；军士队的学员一部分来自赵承绶旧属年龄在20岁以下的青年士兵，一部分来自骑兵部队中年龄在20岁以下的青年士兵，还有一部分是在本地招收的文化基础差一些的青年学生。讲授科目：军官队学科有骑兵简要教程和骑兵典范令，术科有马术和野外教练；军士队学科有骑兵典范令，术科与军官队同。举办一期，1929年6月毕业，共培养军官320名、军士630名。毕业后，军官队学员分发到各骑兵团充任准尉特务长，少、中、上尉排长，个别成绩突出的直接充任少校连长；军士队学员少数分配到各骑兵连充任准尉特务长，少、中尉排长，多数任各骑兵连的上、中、下士等基层士官。赵承绶把这批一手训练出来的骑兵干部梯次配备到背景复杂的各杂牌骑兵部队中，通过他们"掺沙子"，及时地了解到各骑兵部队的动态和具体情况，绸缪于未雨，防患于未然，因此编遣任务得以顺利完成，从而初步奠定了晋绥军骑兵统一的基础。

与此同时，赵承绶遵循"不出事，编得越小越好"的原则，采取培养基层、轮训中层、调配上层的办法，经两次并编，把这些骑兵缩编为4个旅12个团。经过整顿、并编、教练，晋军骑兵规模初步形成，晋军之正式有骑兵序列由此开始。从这个意义上讲，赵承绶对于晋军骑兵队伍建设起了奠基的作用。赵承绶本人也因此进一步得到阎锡山的信任和重用。此后一个相当长的时期内晋军骑兵部队虽几经变动，扩编、缩编、整顿，但骑兵司令却一直由他担任。赵承绶统领晋绥骑兵长达十年之久。

接管骑兵部队之后不久，1929 年 2 月，赵承绶开始兼任第三集团军特别党部监察委员；同年 11 月，又任第二十六路军总指挥，统帅绥北各军。到中原大战时，赵承绶所属骑兵已经扩编为四个师。1930 年夏，中原战起，赵承绶所属骑兵随晋绥军参加陇海线作战，归徐永昌指挥节制。9 月，奉军入关，反蒋军溃败，赵承绶率部退回雁北、绥远一带整顿。晋军整编，赵承绶仍任骑兵司令，驻节大同。

土匪军阀孙殿英，自盗挖清东陵慈禧墓茔后，受到多方责难，不得已投靠了占有华北五省市主要地盘的阎锡山。孙虽名义上投了山西，但仍很不安分，时时想着东山再起，令阎锡山十分头痛。为稳定山西省境起见，遂怂恿其离开山西向西北发展，待孙进攻宁夏失败后，阎锡山决定派赵承绶领兵解决孙部，以绝后患。

当时，孙殿英正处于被马鸿逵围攻消灭的危险境地，赵承绶奉命拦截。他先派骑兵第三旅吕汝骥部把孙本人从石咀子以南接应过来，随后孙的残部也得以安全渡过黄河，逃出马鸿逵的势力范围。在吕汝骥接应孙部的同时，傅作义、王靖国、赵承绶早已在三盛公地区布成防线，阻止其再向后撤，三人已秘密商量好解决孙殿英的办法。孙殿英退过黄河以后，狼狈不堪，兵无粮，马无草，陷于困境。某日赵承绶以电话告孙说："傅（作义）主席已经到五原，请你立刻来五原开会，共商善后办法。我也在五原等你，请你务必立刻就来。"以赵承绶的儒雅敦厚，匪性十足的孙殿英对此毫不怀疑，径直前往五原。赵承绶遂会同傅作义等按原定部署，向孙殿英出示事先拟好的阎锡山电文，内容大意是："殿英未遵照中央命令去青海，反而攻击宁夏，蒋先生大为不满。殿英失败后，善后很难处理，也不好向蒋交代，希望速亲到太原商讨善后办法。"孙殿英自感穷途末路，只好答应亲去太原。随后，赵承绶等又派专人送孙殿英到太原，实际上等于是押解交给阎锡山处理。

孙殿英离开后，赵承绶与傅作义同驻五原，专门处理孙部的改编事宜。这时，阎锡山指示赵、傅：不许给孙部留一支枪、一颗子弹、一匹骡马。毫无出路的孙殿英所部不得不接受改编：按序列先后开过山西军队第一道防线时收缴全部长枪，到第二道防线时收缴全部马匹，到第三道防线时交上所有残留的武器、骡马以及手枪等。除刘月亭、卢丰年两部编为两个旅外，其余散编于晋军各部队，赵承绶部"近水楼台先得月"，不仅满员，而且每个班都有备补兵几人。

孙殿英到太原后，方知上当，无奈事情已不可挽回，在蛰居晋祠一个时期之后，只身赴北平，投了宋哲元。孙殿英后来提及此事，曾不无感慨地说："万没想到我攻宁夏失败，竟叫几个小孩子（指赵承绶、傅作义等）就给收拾了。"

1936年1月，赵承绶以战功获国民政府四等云麾勋章；同月25日，被国民政府授予陆军中将军衔；7月，获国民革命军誓师十周年纪念勋章；11月，获三等云麾勋章。

1936年1月，蒙古族上层亲日派德穆楚克栋鲁普（德王）公开投降日本，成立伪蒙古军总司令部，伺机在日军支持下，大举侵犯绥远东北地区。其时，为了适应战时需要，经南京国民政府军事委员会批准，晋绥骑兵整编为骑兵第一军，仍由赵承绶任军长，所属三个旅，整编为两个骑兵师，分驻集宁、武川、五原、临河一带。

是年秋冬，日伪犯绥日亟，当傅作义将军取得阎锡山同意抵抗日伪，与驻兵绥远的赵承绶及王靖国等商谈抗敌大事时，赵承绶慨然同意傅对日伪的反击主张，并表示以全力支持抗敌。

1936年11月15日，日伪进攻红格尔图。其时，驻守红格尔图的即是赵承绶所属骑兵部队。守军遵从抵抗精神，由第二团团附张著亲率两个骑兵连、一个重机枪连（欠一排）固守红格尔图。由第二团团长张培勋亲率两个骑兵连、一个重机枪排，从距红格尔图三十华里之高家地前往支援。敌人在

赵承绶（左）、王靖国（中）、傅作义（右）在绥远合影

飞机大炮掩护下，向晋绥军阵地猛攻，赵承绶骑兵部队则拼死抵抗。战斗持续两日，敌仍不能前进一步。16 日，赵承绶与傅作义一起亲到集宁前线指挥，命令骑兵第一师师长彭毓斌配附第二一八旅董其武一部，出其不意抄袭敌后，一举击溃了进犯之敌。

红格尔图一战旗开得胜，赵承绶又襄助傅作义策划百灵庙之役。在百灵庙之战中，骑一军第二师与傅部孙兰峰旅担任主攻任务，骑二师师长孙长胜、傅部孙兰峰旅长分任正副指挥。百灵庙战役在晋绥军赵、傅两部的相互密切配合下，大获全胜，沉重地打击了日伪的嚣张气焰。

绥远抗战一振全国士气，傅作义将军因此而享誉海内外，赵承绶也因绥远抗战有功，获二等宝鼎勋章。绥战归来，赵承绶感慨系之，奋笔自题一联："出征未遂男儿愿，班师犹恨日本奴。"

抗战军兴，赵承绶旋任骑兵第一军（此前骑一军番号曾一度取消）军长，率军攻克察北商都，正欲续进，因右翼平绥线友军失利，被迫转进。1938年年初，赵承绶奉命率部由绥远撤回晋西北，驻守岢岚、神池、宁武、静乐一带。此后一直到十二月事变前，赵承绶所部与驻防晋西北的八路军第一二

○师及其他抗日部队一道，在抗日的战场上团结奋战，并肩御侮。

1939 年 7 月，晋绥军进行了统一整编，组成四个集团军，赵承绶升任第七集团军总司令兼山西省政府第二行署主任。

十二月事变时，他奉阎锡山之命，率部自岢岚、宁武、五寨等抗日阵地撤至兴县、临县、方山一带。继而，与曾一度合作御敌的友军反目，与新军和八路军兵戎相见。后因续范亭的警觉和事先部署，兵败临县。接着，又在新军的反击下，不得不退出集团军司令部所在地临县城，仓皇撤至离军公路以南地区。

十二月事变失利，阎锡山除向重庆国民政府自请处分外，并请给赵承绶以撤职留任处分。此后，赵承绶不得不离开他一手组建起来的骑一军，脱离军职。自 1941 年起，先后担任"民族革命同志会"驻会高干、北区领导组主任、汾东领导组主任等职。

1940 年 11 月中旬，赵承绶曾奉阎锡山之命，到孝义白壁关与日本山西派遣军参谋长楠山秀吉进行秘密会谈。

临行，阎锡山把赵承绶叫到办公室，进行了一次长谈。阎锡山对赵承绶说："目前咱们的处境很不好，蒋介石要借抗战之名消灭咱们，不发给咱们足够的经费，也不给补充人员和武器，处处歧视咱们，事事和咱们为难。共产党对咱们更不好，到处打击咱们，八路军在山西各地有严密组织，把老百姓都拿过去了。如果日本人再打咱们，那就只有被消灭。咱自己的人也不稳定，宜生（傅作义）已离开咱们，陈长捷也在动摇。青年干部左倾的都跑到延安去了，右倾的跑到蒋先生那里做官赚钱去了。咱们如果要在中国存在，非另找出路不可。权衡情况，目前只有暂借日本人的力量才能发展咱们自己。你这次去，主要是商量四点，也就是四句话，即'亚洲同盟，共同防共，外交一致，内政自理'。'内政自理'一定要争取做到，如果内政不自理，老百姓就不会相信咱们，咱们就不会有力量。如果要让咱们像汪精卫那样，我是绝对不干的。"

会谈中，赵承绶代表阎锡山要求日方先给山西军队装备 30 个团，日方只是口头答应。1941 年 3 月，赵承绶至白壁关与日方进行第二次会谈。双方口头协议，消除敌对行为，共同防共。赵承绶按照临行前阎锡山的嘱咐，以联系方便为借口，要求日军让出孝义县城，日方表示同意。三个月后，日军从孝义撤出，阎锡山派兵进驻孝义城。

同年 9 月，赵承绶被阎锡山指派为全权代表，赴汾阳在事先议定的"日本军与晋绥军基本协定"以及"停战协定"上签字。10 月，赵承绶又奉阎锡山之命到太原，与日方商讨履行上述协定的细则。赵承绶代表阎锡山要求日方先拨给粮食及武器装备，日方则坚持要阎锡山先宣布脱离重庆政府。

赵承绶在太原一住就是三个月，事情一直没有什么进展，因此他确认日本人"没有诚意"。回到克难坡后，他对阎锡山说："我看这是诱降，不是合作。"阎锡山之所以与日方接触，某种程度也是在施"缓兵之计"，是希望借"合作"来换取日军停战及物资的补充。是故，在听了赵承绶的话之后，决定改变策略，暂时采取观望态度。

在战时和敌人秘密会谈不是什么光彩的事情，所以阎锡山对此十分谨慎，他选用赵承绶担当如此"重任"，表明了赵承绶参与重大机密的身份地位，但同时也给他的历史染上了"投敌"的诟病。

1945 年 8 月，抗战一结束，赵承绶即奉阎锡山派遣，赴太原组设"前进指挥所"，为阎锡山返并进行先期准备。有赵承绶做前导，进行事务性疏通，阎锡山得以于同年 8 月 30 日返回省城太原。嗣后赵又受命办理日军投降的接收工作和其他有关事宜，并依照阎的指示，以"志愿"方式留用了一部分日军和技术人员。

是年 10 月，国民政府军事委员会嘉奖抗战有功人员，赵承绶获忠勤勋章；次年 5 月，再获胜利勋章。

1946 年下半年，在反共方针指导下，阎锡山向共产党领导的解放区频频出击，山西卷入大规模内战之中。解放军奋勇反击，几个月中，先后取得了晋北、吕梁诸战役的胜利。接着，解放军晋冀鲁豫部队一部，挥戈向东，对晋绥军守备薄弱的汾阳、孝义地区展开进攻，并于 1947 年 1 月 17 日攻克孝义，包围了汾阳。

当此紧急关头，赵承绶"临危"受命，再掌第三十三军帅印，奉阎锡山之命率第七十一、第四十六两个师，第八、第九两个总队及其附属部队，与孙楚、王靖国等部，由太原分北、中、南三路，向汾阳、孝义反扑，展开汾孝战役。汾孝战役由于解放军的周密部署和不挡锐气，晋绥军再遭惨败，损失两万余人，被压迫到同蒲铁路沿线和晋中盆地。赵承绶所部曾被解放军包围，情急之中，他指挥所部以猛烈炮火拼死抵抗，才得以突围。

1948 年 6 月 11 日，晋中战役的序幕在汾河以西拉开。赵承绶被阎锡山委任为第七集团军中将总司令兼野战军总司令，负责前线指挥。是时，解放军出其不意，突然出现在汾河以西汾阳、孝义之间的高阳镇，阎锡山以所谓"闪击兵团"应战。不料，初战失利，再战又败，王牌部队"亲训师""亲训炮兵团"损失殆尽。这时，赵承绶奉命亲赴前线指挥，企图挽回败局。25 日，赵承绶一面命令高倬之率第三十四军两个师由平遥北上，一面命令沈瑞率第三十三军两个师由祁县南下；同时又命日本军官晋树德率第十总队，由榆次开抵东观，企图在祁县、平遥以东地区，与解放军进行决战。

7 月 1 日，由晋中通往上党之要隘子洪口被解放军攻克。赵承绶恐解放军乘势占领东观镇断其后路，急令所部停止对祁县和洪善东南地区的进攻，改沿铁路线向太谷方向撤退。但解放军破坏了榆次、太谷间铁路，炸毁了沿途两座铁桥，切断了他的退路。赵承绶见打通铁路线的战略意图不能实现，便按照阎锡山的命令，脱离战斗，绕道榆次、徐沟撤回太原。

在晋中前线与赵承绶斗智斗勇的是他的同乡、同学，时任解放军华北野战军第一兵团司令的徐向前。胜券在握的徐向前早已料到赵的这一招，布好了口袋等他去钻。7 月 6 日夜，当赵承绶指挥他的集团军总部及其他所属部队开始向东北方向撤退时，解放军第十三纵队尾追其后，并先期插入徐沟东部地带，截断由徐沟北逃之路。至 7 日夜，解放军各部均到达指定位置，赵承绶集团被团团包围于太谷以北的大常、小常、西范、南庄东西十公里、南北五公里的狭小地区之内，败局已定，无可挽回。"败军之将不言勇"，事已至此，在晋绥军中一贯以勇著称、敢打硬仗的赵承绶自知无力"回天"，恃勇再战已属徒劳，被迫作出了最后的抉择——接受部下建议，派副官马续援持白旗和解放军联系。7 月 16 日下午 4 时，赵承绶放下武器，率部向解放军投降。

太原解放后，赵承绶随解放军进入太原城，协助进行接收工作。中华人民共和国成立以后，赴京工作，任水利电力部参事室参事。1966 年 10 月，病逝于北京，终年 75 岁。

（五）嫡系中的"杂牌"孙楚

孙楚，字萃崖，山西解县人，生于 1890 年。父亲尚武，晚清武秀才，早亡。少年孙楚立志发愤，出人头地。一个偶然的机会，孙楚被同乡举人薛士选看中，作为其子薛笃弼的伴读进了私塾，以经书之学启蒙。两年之后，为了减轻家庭的负担，孙楚恋恋不舍地告别了把他带入知识殿堂的私塾，进县城一家中药铺做了学徒，开始闯荡社会。

1906 年，16 岁的孙楚按照晋南地区早婚的习俗，娶妻成亲。婚后，孙楚在岳家资助下，外出求学，入西安陆军小学堂。陆小两年学业期满，他又以优异的成绩考入山西大学学兵班。由于不满"清廷昏庸，屡辱国体，政治腐败，民不聊生"的现实，受民主革命思潮的影响，孙楚在学兵班时就秘密参加了革命党的活动。1911

孙楚便装照

年辛亥之秋，他受组织委托，曾"孑然一身奔走东北，联络同志，共襄义举"。

1912 年春，孙楚考入北京将校研究所。同年夏，转入保定军校第一期，与杨爱源同年。在两年的学习生活中，孙楚与杨爱源同窗共读，结下了深厚的友谊。孙楚聪颖机警，才思敏捷，擅长谋略；杨爱源老成稳重，善于利用他人之所长。在校期间，两人即在学习上、生活上相互和接济。出任军职后，杨爱源以五台同乡关系首先得到阎锡山的器重，成为嫡系中的嫡系。孙楚则一方面凭借自己的聪明才智和实干精神，一方面得益于与杨爱源的关系，也跻身于嫡系之列，成为唯一非晋北籍的阎锡山嫡系将领，嫡系中的旁系。

1914 年，孙楚由保定军校毕业，作为一名具有一定军事素养的近代军人，投身于晋军之中，在陆军第十二混成旅做了一名见习排长。他虽然身体瘦小，但做事麻利，勇敢刚毅，有勇有谋，屡立战功，并因此而不断升迁，到 1927 年晋军参加北伐时，已一步一步升到师长。

1926 年与国民军之役发生时，已任团长的孙楚，奉阎锡山之命率领所属第十二团先部署于大同正面，又退到雁门关防守。此役国民军败北，孙楚因所部表现突出——当双方争夺龙王堂、恒山等阵地，激战一天不见分晓时，孟宪吉营在团长孙楚的亲自指挥下，以强大火力发动进攻，一举占领主阵地，使战局发生重大转机。在这次战役中孙楚的军事才干在指挥一个战术单位的作战中得到充分的发挥，开始为阎锡山所关注。

阎、冯战争结束后，晋军主力返回太原，进行整顿，充实装备，加强训练。孙楚得到阎锡山的赏识，被任命为训练副总监，协助总监杨爱源，督促部队实施训练。在训练副总监任内，孙楚的军事才干在军事教育方面进一步表现出来。为了对军队施行正规教育，他在组织督导训练的同时，仿照日本军队的训练方法，亲自执笔编写了《步兵操典》《防御工程》等军事教材。这些教材既浅显易懂，又有一定的规范性，成为晋军正规化教育的蓝本。

1928 年二次北伐时，孙楚率师东向，策划指挥，一败敌军于石家庄，再挫敌锋于定州，望都城外一场激战，方顺桥前大破敌军。此后以破竹之势直下保定。为了率先占据北京，第三集团军在攻占保定后，以孙楚部为右纵队，以张荫梧部为左纵队，兼程向北挺进。6 月 7 日晚，孙楚率所部卫队营和副官处，乘奉军北撤混乱之际，在夜幕掩护下，化装成奉军，分乘十数辆卡车，悄然进入北京城。孙部的突然降临，使奉军留守人员惊慌失措，纷纷逃入日租界。这样，孙楚不费一枪一弹，化装奇袭，为第三集团军抢先占领了北京。

北伐后，国民革命军总司令蒋介石论功行赏，孙楚依功得奖，获青天白日勋章一枚。战争结束后，阎锡山暗中扩充军队，将所部扩编为十个军，孙楚升任第一军军长，兼顺（德）大（名）警备司令及平汉护路军司令，辖第一师（师长孟宪吉）、第二师（师长陶振武）、第三师（师长马延守）。

1930 年 5 月，蒋阎冯中原大战爆发。孙楚之第一军及杨效欧之第二军、关福安之第七军划归冯玉祥、鹿钟麟节制，由徐永昌、杨爱源分任总、副指挥，由孙楚任前敌总指挥，担任陇海路东段之作战任务。

战前孙楚即令第七军郭宗汾师作为先遣部队进驻兰封以东之红庙村，利用地形构筑大正面圆形阵地，以此为基地进行警戒，并深入敌方搜集情报，掩护其余各部转移。

5 月上旬，反蒋各军集结完毕，孙楚指挥的三个军亦在陇海线正面占领了阵地，与左翼之石友三、刘春荣部，右翼之万选才、刘茂恩部构成一条南北阵线，作攻势防御。战斗开始，按照统一部署，孙楚指挥所部向东进攻。先头部队进至曹县一线后战况发生变化，遂变进攻为防守，向后集结兵力。不料右翼之刘茂恩因与万选才为争夺河南省主席一职发生芥蒂，乘反蒋联军变更作战部署之际，诱捕了万选才，兼并了万之队伍，投蒋而去，使反蒋联军出师未捷，先遭挫折。

面对上述情况，孙楚一面电报阎锡山请调第六军杨效欧部前往增援，一面以前敌总指挥名义指挥郭宗汾师担任铁路正面防御任务，从而使原阵地得以迅速恢复。5月中旬，蒋介石集中刘峙、顾祝同、陈继承、陈诚、张治中等中央军精锐部队，向陇海线正面的晋军发起强攻，并亲自到前线督战。在强敌压境的形势下，孙楚力排众议，提出针对敌方之人海战术，采取近战及抵近射击的打法，将各种火器依性能及地形适当配置，组成密集之火网。具体部署是：先以炮火形成第一道防线，专待敌集团方队进入射程；再以重机枪构成第二道防线，扫射距阵地五百米之敌；最后以冲锋枪、手榴弹轮番发射，消灭更近距离的敌人。由于指挥得当，多次打退对方之进攻。与此同时不断以小部队进行逆袭，野鸡岗一役一举打垮蒋军王牌军——教导师。

激烈的战斗一直持续了十余天，战斗中蒋军的伤亡大大超过了反蒋联军。然而，反蒋联军的前期战果虽显而易见，但却因各怀异志，号令不一，在蒋方军事进攻和瓦解利诱下，不断分化。以8月攻势为标志，战局开始逆转。9月，张学良通电入关，联军土崩瓦解。孙楚是聪明人，还在8月攻势失利之初就已预感到反蒋联军必败无疑。为全身而退，他先期将所属第一军各部撤到安全地带。败局形成后，再由道清铁路进入薄壁口，经七十二盘退回晋东南地区，为晋军，也为自己保存了一部分实力。嗣后，晋军整编，孙楚所部改编为正太护路军，下辖三旅（师改旅），原师长孟宪吉、陶振武、马延守分任旅长。

1935年，中国工农红军经过二万五千里长征到达陕北。孙楚再次得到阎锡山的重用，奉命以"陕北剿匪前敌总指挥"的名义，进驻离石柳林镇（今柳林县城），指挥所辖第一、第二、第三旅及陈长捷、方克猷旅，协助张学良部"围剿"红军。到任后，他以第三旅马延守部随总部驻扎柳林，作为机动部队，随时过河策应；以其余四旅由军渡过河，分别驻防于陕北吴堡一线。过河部队几次与红军接战均损兵折将，不能取胜，不得不转攻为守，改取碉堡战术——东以黄河为依托，沿吴（堡）、米（脂）、绥（德）、佳（县）一线，依地势之起伏构筑土城，冲要地段增设碉堡。碉堡线前配以一至三米宽、深约三米之外壕。交通要隘之处则架设铁丝网、鹿砦，以增强抵抗力。

两堡之间的距离以火力可相互交叉为准，堡内构筑掩体与多层射击设备，顶端筑有瞭望台。加上充足的弹药、粮食贮备，试图以静制动。

然而坚如壁垒的碉堡阵并没有把红军挡在河西。1936年2月20日，中国工农红军抗日先锋军突击队由距中阳县属三交镇二十里之黄河对岸的王家坪渡口东渡，突破孙楚苦心经营的碉堡封锁线，直插三交镇。其时孙楚正在南京参加军事会议，阎锡山急电返防，遂乘专机星夜回省。随即，奉命以"剿共"副总指挥名义，代总指挥杨爱源担负前线指挥全责，统一指挥原所属五个旅及第六十六师杨效欧部、第七十二师李生达部、第六十八师李服膺部之李俊功旅、第六十九师杨澄源部。

2月25日，孙楚飞抵陕西绥德，与第八十四师师长高桂滋等商谈"合剿"办法，旋督饬马延守、孟宪吉各旅向石楼、中阳等地进发，实行堵截。同时以第六十六师杨效欧部、第七十二师李生达部（缺陈长捷旅和第四一八团）附第六十八师李服膺部之李启功旅集结于孝义、汾阳一带；以第六十九师杨澄源部集结于临汾一带。3月5日，孙楚以"剿共"总指挥名义下达总攻击命令，6日拂晓向红军发起全面进攻。为便利指挥计，孙楚几易指挥部所在地，由柳林而离石，再中阳、南大井。3月10日，孙楚指挥所部向集结在中阳、关上之红军主力进攻，当日中午占领关上。在此之前，孙楚指挥所部多次与红军交战，皆未能达到预期目的，这对在历年作战中常常胜券在握的孙楚来说不能不是一个大的震动。

红军回师后，阎锡山将晋军改编为第三十三、第三十四、第三十五军，分别以孙楚、杨爱源、傅作义为军长。其他两军均各辖三个师，唯有孙楚的第三十三军属下无建制部队。从此，孙楚由高级将领变成为阎锡山的高级军事幕僚。

全面抗战爆发后，晋军编为第六、第七两个集团军，孙楚出任第六集团军副总司令兼第三十三军军长。张家口、南口失守后，日军主力从察南进犯山西要隘平型关，直抄雁门关后方。阎锡山不得不放弃"大同会战"，进行平型关会战。孙楚受命以第六集团军副总司令的名义代理总司令杨爱源全权指挥平型关方面的作战。

根据日军的运动迹象，原订作战计划是：诱敌深入到沙河以西地区，从恒山、五台山两方面发动钳击，截断平型关要隘，歼敌于滹沱河上游盆地。孙楚则认为，从蔚县进攻广灵之敌只不过是一支游动牵制的偏师而已，日军的主力部队仍将利用铁路交通之便向大同输送，南攻雁门关。于是，建议改变作战部署——将高桂滋军与八路军第一一五师分别置于平型关左右两翼；晋军之郭宗汾、刘奉滨、陈长捷、金宪章等四个师及章拯宇、孟宪吉等几个旅置于正面；刘茂恩军置于凌云口、恒山一带。整个会战投入兵力六七万。

9月下旬，平型关、小石口、阳方口均发生激烈战事。9月24日，高桂滋部擅自放弃阵地，战局发生逆转。之后，阎锡山为避免与日军决战，决定放弃平型关。9月30日，孙楚代表长官部下达总撤退命令，各部队先后撤到五台、定襄、忻县一带，平型关会战草草收场。平型关会战虽未达到预期的目的，但它迟滞了日军行动，为忻口会战赢得了时间。　平型关会战是孙楚直接指挥的最后一次大战。此后，他基本上再没有亲临前线。

1937年11月，娘子关失守，忻口撤防。随即，太原失守。孙楚随二战区长官部撤至临汾。其时孙楚虽领第六集团军司令衔，但并不实际指挥部队，赋闲无事。民族革命同志会成立不久，孙楚被增补为同志会十三高干之一，成为同志会驻会高干。因他素以正统军人自居，不愿介入纷繁的政治派系斗争，故在同志会内部一直被称为"公正人"。

1939年3月召开的秋林会议后，孙楚被任命为第三行署（晋东南）主任。与此同时，晋军扩编，孙楚兼任新成立的第八集团军总司令。是年冬，孙楚奉长官部命令，率领第三行署全套人马及四五百人的警卫团，由秋林出发，绕道河南，从渑池渡河进入山西（当时山西交通主干线为日军占领），到达阳城县岩山村，走马上任。不久十二月事变发生，遂遵从阎锡山部署，与新军交战。后因推行省钞（即晋西印制之新山西票）受到驻地中央军的抵制，与第一战区司令长官卫立煌发生龃龉，于1941年2月，奉调二战区长官部。

回到长官部后，孙楚被任为"主持委员会"主持三委员之一，负责主持军事。自此到抗战结束，他便主要致力于军队建设——主持训练班、开设军事课程等。

孙楚自从军以来经历了无数次的风云变幻，而每次变幻都与他的升降荣辱息息相关，久而久之养成了随时搜集资料、注意观察研究形势的习惯。一台收音机随人而走，收听时事新闻常年不辍，从而使他对国际情势了若指掌。太平洋战争爆发前他即预言"美日绝对不免一战，而战败必属日本"。不数月太平洋战起，迄至日本投降，一如所预测，对他的先见之明所知之人无不佩服。所以，长官部每周一次的形势报告多由他承担，每每座无虚席。

自从加入晋军，孙楚不断升迁，由下级军官而高级将领，但始终未得阎锡山的彻底信任，被视为嫡系中的"杂牌"，颇似卫立煌在中央军的地位。他之于阎实际上只是一种利用关系，有战事时任为总司令、总指挥，委以重任；一旦事毕，则调办政务，而夺其军权。尽管如此，他却只念阎栽培奖掖的知遇之恩，始终忠心耿耿。辛亥革命以来，晋军中的晋南籍将领多背阎而去，也曾有人策动他拥兵自重，自立或投蒋；蒋介石知悉他是个军事人才，亦曾几次拉拢，试图网罗。但孙楚均不为所动，他常与人言："阎先生是我的老长官，我是阎先生一手提拔栽培起来的，不能中途变节。今后阎跳崖我跳崖，阎滚沟我滚沟。"

抗战结束后，孙楚任民族革命同志会临时执行部高干责任会议委员、建军高干，负责军队的训练教育。还在抗战结束前，他就受阎委托，负责策划"接收"。对此他主张稳扎稳打，逐步推进，即先派两个师为第一梯队，打头阵返回太原；随后由第六十一军和第三十四军护送阎锡山返并。稍事安定后，先以重兵打通北同蒲，夺取大同，进而由北向南再下南同蒲。接着，一面与陕北胡宗南取得联系，一面会同傅作义打通正太路，再相机向上党地区推进。对于急于夺取上党的意见孙楚不肯苟同，他认为：其一，共产党、八路军在上党地区有着深厚的基础；其二，同时伸出两个拳头打人乃兵家大忌，在自己脚跟未站稳之前贸然进攻上党，成功的可能性是极小的。但阎锡山听不进不同意见，又急于在晋东南地区插上一足，发动了上党战役，结局为孙楚所言中，自然是失败的记录。

阎锡山返并后，为了巩固太原城防，决定扩建工事、增筑碉堡、强化防务。孙楚在阻拦东征红军时采用的碉堡战术很得阎之赞许，故授权他负责监造城防工事。孙楚虽少时只读过两年私塾，但从军后于军事技术均能触类旁通，且兴趣广泛，声光电化无不涉猎。他不仅着眼于武器弹药的改进——曾自己设计手榴弹，使杀伤力提高十倍，而且对筑城学颇有研究。自奉命监造城防工事后，从图纸设计到具体施工无不过问，还多次到东山牛驼寨、淖马等要隘视察。据当时有关方面评价，其主持修造的东山要塞工事，确实有一定的军事价值。

晋中战役后，孙楚被任命为太原绥靖公署副主任，代理杨爱源所遗之缺。阎锡山赴南京前，又被指定为五人小组成员。太原城破之后，孙楚做了解放军的俘虏。

从被俘到1956年，孙楚一直被关押在由山西原省立第一监狱改建的战犯管理所。1956年1月，北京战犯管理处宣布全国国民党战犯大集中。是年春，孙楚与沈阳、济南、抚顺、昆明、重庆、西安、武汉、天津、保定等

解放军攻进太原城内

太原解放时太原绥靖公署副主任孙楚、
太原城防司令王靖国被解放军俘获

地的二百多名被俘国民党高级将领一起走进设在功德林的北京战犯管理处，继续他的改造生活。

　　1961 年 12 月 25 日，孙楚与廖耀湘、杜建时等 68 人作为特赦的第三批国民党战犯获释，恢复自由。1962 年 1 月 28 日，病逝于太原，终年 72 岁。

　　嫡系将领作为阎锡山幕僚班底中的一个主要的集团势力，至少具备这样几个特点：

　　其一，他们都毕业于保定军官学校，是清一色的科班出身。自军校毕业加入晋军之后，他们由中下级军官做起，凭借战功一步步升到高级将领的位子上。也就是说，嫡系将领无一不是在阎锡山一手栽培下成长起来的。"士为知己者死"，因了阎锡山的知遇之恩，而不能不用命。

　　其二，这是一个以五台籍高级将领为核心的集团势力。上述五个代表人物之中，就有三人籍隶五台，他们分别是首席高干杨爱源、"铁军"掌门王靖国、骑兵司令赵承绶。代县则系五台之邻县，在忻定台的范围之内，属于广义的五台地区。只有孙楚是一个例外。如前所述，孙楚之所以能进入嫡系集团，在某种程度上是因为杨爱源的关系。鉴于孙楚的籍贯以及阎锡山对他的信任程度——"用而不信"，有战事时任为总指挥、总司令，委以重任；一俟战事完毕，则调办政务，夺其军权，所以我们把他视为嫡系中的旁系。因此，可以说这个势力集团是从地域观念出发而形成的。

　　其三，他们之间既是统一的又是矛盾的。由于一、二两个特点的存在，他们在与阎锡山的关系上是一致的，亦即每个人都能做到替阎锡山负责，忠于阎锡山个人。因为说到底，他们既然把自己拴在阎锡山的战车上，他们与阎锡山之间就构成了一个利益共同体，那么替阎锡山负责也就是替他们自己负责。也正是因为如此，杨爱源才能三十年如一日，恪守"一不动他的权，二不动他的钱"之原则，阎锡山让干什么就干什么，阎锡山不让干什么就不干什么；王靖国才能虽失地而不丧师，甘于为保存实力而承担骂名；赵承绶才能甘愿担当骂名，受派多次与日本军方接触谈判……

由于阎锡山"二"的做法普遍运用，也由于他们之中的每一个人都想得到阎锡山十二分的信任，所以他们之间又不可避免地存在着矛盾和斗争。如前所述，王靖国之于杨爱源由忌妒而不满，以致表现出大拆其台就是一例。杨爱源一句"治安取瑟而歌，迫我走路"，道出了问题的症结所在。这方面的例子还可以举出很多，这里只讲一例：

自"铁军"组织成立起，即由王靖国直接掌握，对外的公开名称起初叫整军会。1940 年夏，王靖国随阎锡山东渡黄河，回驻战时首府克难坡后，又在太原绥靖公署的整训处增设督训科。督训科由王靖国的亲信王凤山任科长，直接向王靖国负责，专门负责"铁军"的组织工作。如同王靖国当初忌妒杨爱源一样，王靖国在"铁军"组织上的独霸专擅自然导致了其他嫡系将领的不满。1941 年，阎锡山为缓和诸将对王独揽"铁军"组织大权的不满情绪，指令杨爱源、孙楚、赵承绶、王靖国以及楚溪春（第八集团军总司令）、郭宗汾（第二战区长官部参谋长）、杨澄源（第六集团军副总司令）、彭毓斌（第七集团军副总司令）等组成整军委员会，主管"铁军"组织工作，成为"二十八宿"，亦即所谓的"超高层"。阎锡山给它取名"特团"，以杨爱源为主任特委，其余均为特委。1943 年，整军会改为建军会。但无论机构形式如何转换，都不能改变王靖国一手掌握"铁军"组织的实质，而军队的人事任免则均需经"铁军"组织提出。赵承绶、孙楚等虽然逐渐看出了问题的实质，但却无力改变。在这种情况下，赵承绶以玩笑的口吻对王靖国说："治安，你连锅端走了，也该给我们留下点汤吧！"对于赵、孙等人的不满，王靖国也有所觉察，深知"满招损，谦受益，要善于自处处人。孙、赵长于我，我以长者事之。偕行尾后，不敢前趋，受宠不骄，权倾不跋，乃能自全"，故每自贬损，表示谦恭，赵、孙才不好再说什么。

其四，由于嫡系将领是在晋系集团中逐步成长壮大起来的，所以其作用主要体现在中后期。以 20 世纪 20 年代末 30 年代初为分界，之前晋军指挥权基本由军事外围掌握着，之后一步步移到嫡系将领手中，到抗日战争时期，阎锡山对二战区部队的掌握实际上是通过嫡系将领来实现的。据《中华民国国民政府军政职官人物》记载，1939 年 1 月，二战区部队统编为第六、第七、第八、第十三等四个集团军，这四个集团军的总司令开始分别为杨爱源、傅作义、张发奎、王靖国，仅仅在两个月之后的是年 3 月，就变成了杨爱源、赵承绶、孙楚、王靖国，无一例外地落在嫡系将领头上。

其五，从地域上看在嫡系将领中孙楚是一个特例，而就所起作用讲周玳又是一个特例。在上面所述的五个嫡系将领中，其余四人都是始终贯穿于晋系集团之中，且一直扮演着军事幕僚的角色，只有周玳不同。周玳在炮兵司令的角色之外，一度曾任过阎锡山的总参议，因此，在编遣会议、中原大战期间，其作用主要在于协调各方面的关系。周玳在辛亥革命时的经历，又是其他人所不具备的。有鉴于此，虽然周玳于中原大战后逐渐沉寂，我们仍把他放在嫡系将领的圈子之内。

八

军事外围——张树帜、张培梅、朱绶光、商震、傅作义、郭宗汾

　　嫡系将领之外，阎锡山幕僚班底中还有一个堪称精锐的军事外围。这个军事外围包括辛亥老将张树帜、张培梅，两任参谋长朱绶光、郭宗汾，手握兵符自成体系的商震、傅作义等。他们或生性耿介不谙政治，或籍隶他乡，或图谋自成一体、扩张实力。因为如此，虽然由山西发迹，且获取高位，但始终得不到阎锡山的信任；也因为这个关系，他们最终不是远离权力中心，就是离阎锡山而去。

（一）过河卒子张树帜

　　张树帜，字汉捷，1881 年生于山西崞县（今原平县）文殊庄。家境贫寒，靠父兄辛勤耕作，始得入塾。1906 年考入山西测绘学堂。1908 年毕业，进测绘队工作。同年，经赵戴文介绍加入同盟会。后由盟友南桂馨推荐，做了《晋阳公报》访员。期间，由于组织关系，结识了阎锡山、温寿泉等同盟会骨干。1910 年春，文交惨案发生后，张树帜受《晋阳公报》主笔委派到现场采访，将事实真相揭诸报端，并参加同盟会组织的宣传小组，暗中查访巡抚丁宝铨等人的劣行，予以揭露。后因事机不密而暴露，导致丁宝铨的报复行动，王用宾等相关人士或被捕入狱，或被迫出走。张树帜义愤填膺，"手写传单，午夜行衙门前，覆背擦过，贴辕门照壁上。翌晨商民围观，巡逻者据岗哨描述情况，捕张入阳曲县衙"，演成轰动一时的"匿名揭帖案"。张树帜入狱后，严守机密，始终没有暴露革命党的身份。羁狱一年，始获自

由，时已届辛亥。

　　出狱后，张树帜继续参与革命的组织活动。武昌首义的消息传来，张树帜只身渡河赴陕，联络陕西的同盟会员和秦晋两地的哥老会，响应武昌起义。10月22日，陕西的同盟会员发动起义后，张树帜日夜兼程，于25日赶回太原。随即，受阎锡山之邀多次会晤，商谈起义办法，并出面多方运动。阎锡山后来回忆道："起义的前一天，我派张树帜同志在一标（第八十五标）运动，并嘱咐他先运动同志中的下级官和头目，再影响非同志的下级官和头目，将下级官和头目运动好后，以下级官和头目带起军队来，逼迫营长，只要他们不阻碍，就不可毁伤他们。一面嘱该标见习官高冠南纠合同志暗中协助，先从一营入手。因一营奉令于九月初八日出发，出发之营于出发前一日，方发给四万粒子弹；二、三营尚未奉到出发命令，故未领到子弹。联络的暗号，约定运用好后，即在电话上告我：'债讨起。'如运用不好，则告我：'债不能讨。'张树帜同志临行时，我又告诉他说：'你纵使运用不好也不可离开一标的队伍。如二标（第八十六标）发动时，你在一标能拉多少算多少，至少也要纠合我们的同志带队响应。'""张树帜同志到一标运动，费的周折很大，起初不只革命与不革命的人意见分歧，即革命同志中，也有主张等队伍开出南北再行举义回打太原或围困太原的。唯因军心倾向于不开拔者多，故最后得以运用一致。"

　　在第八十五标的运动达到了预期的效果后，张树帜通过电话向阎锡山作了简单汇报。然后，切断一切对外联络，只身从城墙角攀援而过，返回城中，迎接起义的枪声。

　　太原的光复得之于革命党人数年如一日的准备，是历史潮流使然。起义前夕，张树帜深入兵棚进行运动，无疑起了催化的作用。之后，张树帜又在关键时刻挺身而出，把阎锡山推上了山西都督的宝座。

　　1911年10月29日上午，起义的硝烟仍然在太原的上空飘荡。为了填补巡抚衙门被推翻后的权力空白，组织新政府，阎锡山召集赵戴文、温寿泉、张树帜等研究对策。阎锡山主张选姚鸿发为都督，理由有二：其一，姚原任协统，统领山西新军两标，地位比较高；其二，姚父为现任兵部侍郎，如果失败亦好转圜。众人表示赞同。最后议定，若姚鸿发不干，即推阎锡山为都督。

10月29日当天，在议长梁善济的主持下，召开紧急会议，参加会议的除了多数议员外，还有姚以价、阎锡山、温寿泉、张树帜、赵戴文等起义的组织者和参与者。会前阎锡山等曾派人征求过姚鸿发的意见，姚力辞不就。于是，有人提了姚以价的名，彼以自己不是同盟会员，也力辞不就。阎锡山与黄国梁以标统的身份被同时提名，旋即，黄又因不是山西人而被否决。同时，议长梁善济有意都督自为，秘密在议员中进行活动。

会议开始，阎锡山首先讲话："清廷黑暗，专制已久，国事日非，民不聊生。我们早有革命思想，因为时机未到，所以没有行动。现在武昌、西安已经起义，全国震动，良机难得，不可错过，因有这次的太原起义。"温寿泉也做了类似的讲话。姚以价则强调他不是同盟会员，但是汉人，驱除鞑虏，责无旁贷。接着，大家研究推举都督办法。这时，自认为有一定把握的梁善济走出来散发选票。对这一切，张树帜看在眼里急在心上，说时迟那时快，只见他一把从站在旁边的李成林手中夺过手枪，一个箭步冲上台去，对准梁善济就要扣扳机，阎锡山见状连忙上前予以制止。张树帜便趁势在台上大声说："大家应当推选阎锡山为都督，赞成的举手！"张树帜的话音刚落，周玳在下边呼应道："选阎锡山为都督，大家一齐举手！"原来准备投梁善济一票的议员们惊愕之中，四下环顾，只见会场内外一片杀气，便不由自主地举起手来。阎锡山的都督被一致通过。梁善济见势不妙，急忙于后门离开会场。张树帜又高呼："大家应当推举温寿泉为副都督！"与会者再一次举起手来。

关键时刻，张树帜挺身而出，不惜以武力相威胁，快刀斩乱麻，使事先所议，若姚鸿发不就，就推阎锡山做都督的计划变为现实。阎锡山如愿以偿地当上了山西都督，张树帜拥戴之功功不可没。

12月初，清军攻陷娘子关，阎锡山率队撤出太原北上，在保德与张瑜所率之北上民军会合，张树帜时任朔方兵站司令。两师并一师后，阎锡山在黄河滩上郑重盟誓，激发军心，准备向绥包进发。然而，时值隆冬，天寒地冻，民军给养无着，难以成行。张树帜向阎锡山进言，愿竭力为全军担任筹饷事。于是，他前往河曲，向该县县令要求捐银二万两，限四天缴齐。三天以后，张树帜偕张培梅一行返河曲，不料该县令非但不准备缴款，而且还动员商人罢市。情急之下，张树帜以捆绑吊打胁迫其一面缴款一面开市。县令吃硬不吃软，武力之下不得不将捐款如数凑齐缴出。张树帜用所捐之款购足衣、食，充作军用。对此，张培梅曾直言不讳地说："河曲这回土匪是我和汉捷伙伙（山西方言，意即合伙）做的，我甚也知道。我们把祝知县吊起，还打他耳光，他的蓝顶带也和灰炭为伍了。"正是由于张树帜在困境之中，主动请缨并不惜以暴力相威胁，及时筹到了所需之款，才使阎锡山所率民军衣食无虞，顺利北上。紧急关头，张树帜又一次显示了他的果敢和忠诚。

张树帜不仅革命前和革命后为阎锡山竭力谋划奔波，而且在以后的一个长时期中仍然冲锋陷阵，恪尽职守。然而，尽管一直拼杀在第一线，却始终没有进入阎锡山的权力核心。随着时间的推移，其角色地位不断发生变化，渐次变得无足轻重。

1912年1月，张树帜率征发马队参加了民军攻占包头的战斗。在包头，张树帜与张培梅、李德懋、杨沛霖、丁致中等民军首领互换金兰，结为异姓兄弟，成为阎锡山集团初期的中坚力量。阎锡山复任都督后，山西军队缩编，张树帜始被正式委为带兵官，任骑兵团团长（师长孔庚直辖），驻防大同，从此驰骋疆场十数年。

1913年5月，沙俄唆使外蒙古傀儡军分东西两路大举内犯，侵占西苏尼特王府、四子王旗等地。阎锡山力主征蒙，并呈请北洋政府出兵抗击。张树帜奉命率领骑兵团参加了夺回西苏尼特王府的战役，得胜而归。

1915年，卢占魁（忻州人士，哥老会头目，曾在孔庚部下当过班长）

由杀虎口闯入晋北之右玉、左云、平鲁、山阴、朔县一带奸淫掳掠。阎锡山命孔庚部堵击围剿。张树帜骑兵团再次担当主力，在其中发挥了重要作用。

1917年3月，出于排除异己的需要，阎锡山借口"大同驻军的旧巡防队，受人勾惑，有不稳情形"，派赵戴文前往处置。不久，孔庚的晋北镇守使（亦称大同镇守使）由赵戴文代理。旋即，张树帜被任命为晋北镇守使。同年11月，由北京政府授予陆军少将衔。

1917年7月1日，张勋拥溥仪"登极"，上演复辟丑剧。张树帜电阎锡山，表示："窃惟卫民保境，原钧座之职志，服从命令本军人之天职。职追随有年，信赖交深。只知仰承尊命，恪尽职务。"7月3日，段祺瑞马厂誓师。张树帜再电阎锡山："帜窃以为民国创造，于兹六载，环顾各省，首义元勋，十九解职。至今日而求统帅三军，坐镇一方，为民国威重者，惟钧座一人，是不仅三晋之福，实共和之幸也。值兹时局，钧座之一言一动，近之系北省各帅之从违，远之系全国军民之观瞻，登高一呼，四山响应，时机已迫，望即整备，并施英断。顷得确耗，段前总理已由马厂通电全国，以正义相号召，钧处想已接阅。帜追随有年，服从久矣，信赖弥深，愿效前驱，静候驱策。"接着，阎锡山派遣混成三旅分两路北上讨逆，东路由商震率领指挥，北路由张树帜指挥。张树帜率队进驻居庸关，负责扼守复辟军去路。

从1917年到1926年，张树帜在晋北镇守使的位子上一坐就是十个年头。这一方面说明张树帜的忠诚得到了阎锡山由衷的信任，成为替阎把守北大门的前驱；而另一方面，在阎锡山的眼里，张树帜只是一个可以冲锋陷阵的武将，不堪他任。在晋北镇守使任内，张树帜重修云冈石窟，倡导创办兰池女子师范（今大同五中，山西省第一所女子学校），兴学育人；创设水利公司，开渠引水；开矿设厂，推动经济发展……办了一系列实事。

1926年晋北镇守使署撤销，张树帜调任阎锡山督军署高参，由镇守一方的"封疆"大吏变为一个有职无权的闲人。此后，虽然几易其职——1928年，第三集团军执法总监；1931年，晋绥军事整理委员会中将常务委员；1937 年，第二战区执法副监；1938 年，国民党中央军事委员会中将参议。期间于 1936 年 1 月，由南京国民政府授予陆军中将。一如既往的有职无权。

1946 年 5 月 25 日，张树帜病逝，终年 65 岁。留有《山西辛亥起义日记》。日记起于张树帜只身渡河赴陕，联络陕西的同盟会员和秦晋两地的哥老会，响应武昌起义之后返回山西的 1911 年 10 月 25 日（辛亥年九月初四），迄于阎锡山由绥包返抵忻州的 1912 年 2 月 18 日（壬子年正月初一）。因为是日记的形式，记述堪称详尽，虽有事后补记之嫌，亦不失为这段历史的重要佐证。

（二）三起三落的"铁面"总监张培梅

张培梅，字鹤峰，1885 年生于山西崞县中泥河村。出身耕读之家，父母早亡，赖叔父抚养读书。凭借多年苦读，1904 年，19 岁的张培梅得中秀才。在私塾读书时，尊师好学，尤其精研《周易》。后因痛感清廷腐败，投笔从戎，于 1905 年入山西陆军小学堂。1907 年，山西陆军小学堂选送成绩优异者入保定陆军速成学堂学习，张培梅名列其中。入保定陆军速成学堂后不久即加入同盟会，并参与组建上谷同盟会，被推为上谷同盟会敢死队队长。

1910 年，张培梅在保定陆军速成学堂毕业。学业期满回晋后，任阎锡山第八十六标二营前队三排排长。其时，阎锡山等革命党人正在新军中策划挑选优秀士兵成立模范队（连），"表面上做训练的表率，实际上做起义的骨干"。因缘际会，张培梅被推为第八十六标模范队排长，遂

张培梅戎装照

利用职务之便结纳下级士兵，宣传反清革命。

太原起义前夜，张培梅参加在阎锡山寓所进行的密商，并汇报军事计划：以一标攻抚署前门，分一部监视满洲城；二标攻抚署后门，分一部与陆小学生攻取军械库。计划通过，张培梅临时受命，代理队官之职，率队攻抚署后门，顺利得手。起义成功，阎锡山任都督，张培梅受命往龙泉关部署军事，再率队随张瑜北上，及至在保德与阎锡山北上部队会合，任营长职。1912年3月，张培梅随阎锡山南返太原时，已升任团长。

辛亥革命爆发后，外蒙古在沙俄的唆使下，趁机宣布独立。1913年5月，沙俄更唆使外蒙古傀儡军南侵张家口和归绥。内蒙古一些王公贵族也趁机叛乱，攻城夺地，烧杀抢掠。北京政府派兵平叛，张培梅奉命北征。刚到包头，就听说距包头西北200多里的麻忽兔友军被围甚急，便说服部下，亲自率军日驰夜行赶到麻忽兔，一鼓作气歼敌千余，迫使敌军退集百灵庙（今内蒙古乌兰察布盟达尔罕茂明安旗）。是年冬，蒙军从后套自西而东，围攻五原，进占大佘太，威胁包头，绥西又陷危局。张培梅再率劲旅，大败蒙军，收复大佘太，驻节五原，肃清后套蒙军残余，并协同友军攻克蒙军盘踞的百灵庙。至此，南侵蒙军攻势稍止。

在一年多的征蒙作战中，张培梅有勇有谋，每战必身先士卒，多次克服险情。一次，张培梅率一团士兵抵挡数千敌人的进攻，在敌我力量悬殊的情况下，派数十人潜至敌军背后山上，以树木为伪装，又故意打枪诱敌。敌人闻声远望，见满山尽是军队，慌忙掉头全力攻夺山头。张培梅又派数十精锐尾随其后，痛击敌军，一时风声鹤唳，草木皆兵，敌人不明真相，很快被全歼。又一次，张培梅率部与蒙军鏖战，士兵们一天没有东西可吃，他便亲自冒险到村子里寻找食物，回到阵地后先分给士兵吃，自己吃在最后。士兵们感动之余，全力投入战斗，很快取得胜利，并为以后的征蒙战事打下了良好的基础。

1914年，袁世凯政府在沙俄威逼利诱下签订的中俄协定成立，征蒙军撤退。是年春，张培梅回师太原，并因战功卓著，擢升旅长。旋即，以少将参谋名义解甲归里。

秀才出身的张培梅，受传统文化的影响，一方面性格刚毅，有勇有谋，疾恶如仇，淡泊名利；另一方面则事主唯忠。正因为这样，征蒙之役结束后他便急流勇退，远离名利场；也正因为如此，他后来的复出也就是必然的了。1917 年，阎锡山出于收回旁落军权的需要，撤换南北两镇守使，张培梅应召出山，就任晋南镇守使，驻节平阳（今临汾），担纲封疆大员长达八年之久。

1924 年，第二次直奉战争爆发，冯玉祥乘前线酣战、后方空虚之机，倒戈回师，发动北京政变，赶溥仪出故宫，囚禁贿选总统曹锟。在此之前的七八年间，阎锡山一直以"保境安民"相号召，不参与军阀纷争。这时的山西，经过几年的休养生息，政治经济趋于稳定，军事力量得到迅速扩充。实力增强后的阎锡山开始萌发向外扩张的念头。在上述背景下，1924 年 10 月 26 日，冯玉祥电请阎锡山"速派劲旅驻扎石家庄，以资堵击南来之反对军"。阎锡山了解到冯玉祥与器重自己的段祺瑞联手，段将出山主持国政，直系必败的局势后，欣然答应，指挥晋军陆续开赴石家庄。

出兵石家庄意味着放弃奉行多年的"保境安民"方略，也意味着山西将要卷入无休无止的政治纷争，事关重大。所以阎锡山在以第三混成旅旅长孔繁霨为总指挥，率领第三旅黄金桂部、第四旅谢濂部、第五旅刘树藩部、第六旅龚凤山部共六七千人（为虚张声势，称团为旅），出兵石家庄之后，又加派张培梅以左翼军总司令前往全权指挥。张培梅到石家庄后，阎锡山电告作战方略："不准我军先开仗，是此次本军之宗旨，已与各方宣布。且本督军现正与各方周旋和议，我军若攻入，则我计穷矣。"故"只吸取增灶故智，虚张声势使敌望而生畏，不敢北越雷池，即足以应付段方；损兵折将，虽胜不取"。

张培梅为实现阎锡山的战略意图，既阻拦直军北上，又不轻易出击，采取拖延战术，下令沿途守军，且战且退，争取时间，准备在石家庄附近完成坚守工事。然而摆在张培梅面前的现实情况是：因久不作战养尊处优，部队"顽皮松懈，士气颓弱"，部下对总指挥军令竟敢不从。部队到达石家庄时，正值隆冬，张培梅及其卫队均露营郊野，刘树藩、龚凤山两旅长却置总司令在铁路附近布置阵地、挖掘壕沟、以备应战的命令和以身垂范于不顾，不仅将旅部设于火车上，默许士兵暗宿车中，还以天寒地冻、皮衣不全为由，拒绝构筑工事。而刘部营长齐用宏则不能领会张培梅的作战意图，出兵之初与敌方一经接触，即以为自己兵少，恐寡不敌众，由顺德府南退至内邱。张培梅素以治军严厉著称，一向令行禁止、说一不二。此番身负重任，却令出难行，禁不住怒火中烧，动意杀人立威。不料，龚凤山自恃得宠于阎锡山，又与张培梅有师生之谊，竟不知趣地替刘树藩说项请求缓颊。在遭到张培梅的拒绝后，龚又谎称寇军来势凶猛，抵挡不住，再替刘及其部下辩护。张培梅忍无可忍，决心动用军法。遂以谎报军情、贻误战机为由，将龚凤山、刘树藩枭首示众。

龚、刘被杀，军威自树，各部官兵再也不敢稍有怠慢。张培梅令工兵营长杨澄源与阎锡山派往协助计划作战的参谋人员，率工兵在京汉铁路破坏桥梁、水塔，使铁路运输完全失效，并亲自指导构筑守备营垒——"鹤峰堡"，以表示坚守石家庄之决心，同时宣布"不准任何客军过境"。张培梅指挥晋军一部驻守石家庄，切断了南北交通，直军不知虚实，不敢贸然北上，牵制直军北上的战略目的业已达到。大约在是年12月底，国民第二军胡景翼部由石家庄过境。其时，石家庄地区部队复杂，秩序混乱，难以维持。阎锡山根据张培梅的提议，将晋军全部撤回娘子关内，部队归还建制。

阎锡山带兵向来采取直接掌握的办法，致使有些军官如龚凤山等，平时就骄纵恣肆，直属上司无力统御。张培梅以"将在外君命有所不受"，先斩后奏，阎锡山表面上不得不以同意回复，但亦难免心生芥蒂，疑张有独立之念。后经多方考察，方得释疑。张培梅在经历过出兵石家庄此番波折回师之后再生退意，二次解甲归田。1928 年北伐胜利，鉴于张培梅威名素孚，阎锡山有意让他出掌绥远，他都以"无德又无才，尤无功"为由，坚辞不就。

张培梅在晋军中以"刚直耿介"著称，对人多有得罪。对阎锡山虽然忠贞不贰，傲然以曹操之许褚、典韦，赵匡胤之郑恩自居，但又不拘小节，我行我素，常常令阎锡山难堪。据说，一次阎锡山为其父阎书堂庆寿，部下纷纷送礼拜贺。时任晋南镇守使的张培梅身着粗布衣裤，头戴瓜皮小帽，手提一个红布包袱，骑着小毛驴到阎府为阎老太爷祝寿。张培梅见过阎锡山之后，径直来到收礼处，双手捧着红布包袱，嘴里喊着"寿桃一盘"递了上去。接着，又探怀取出一串铜钱，说："礼钱 200。"堂堂张将军以一盘白面寿桃及区区 200 文铜钱作寿礼的举动，出乎众人的意料之外，收礼者一时惊愕竟忘了接钱。深谙张培梅脾性的阎锡山见状，厉声呵斥道："张将军清正廉明，赤胆忠心，礼轻情重，为人典范，理该褒奖，还不快接！"虽然阎锡山及时发话，使局面得以转圜，但左右仍不免尴尬。正是个性使然，虽然自辛亥革命起，忠诚的张培梅鞍前马后悉听阎锡山驱策，却并不为主帅赏识。在这一点上张培梅与张树帜颇为相似。

尽管阎锡山对张培梅基本上采取实用主义的态度，而张则不以为意，一次次地用他的行动向世人表白自己对阎的耿耿忠心。中原大战阎冯联军败北，阎锡山被迫下野，准备出走暂避风头。久居乡间赋闲的张培梅闻讯之后，跑到五台河边村，面见阎锡山，坚决要求以保镖身份伴随护送，阎锡山允准随行。

1930 年 11 月 29 日晨六时许，河边村西汇别墅仍然笼罩在黎明前的黑暗之中，阎锡山乘坐一辆老式卧车驶向大同方向，张培梅一身随从打扮，坐上另一辆汽车尾随而去，两车相距半个小时的路程。一路无话，平安抵达大同。在大同火车站，张培梅肩负行李，陪伴阎锡山悄然登上了一辆北上的火车，在一节三等车厢里就座。漫长的一夜在昏昏欲睡中度过。30 日凌晨，车抵张家口。然后由此而南，直达京郊丰台。丰台是阎锡山此行的中转站，在这里他们将转乘平山（北平到唐山）路车到天津。在丰台，他们住进了迎宾旅馆作短暂休息。随后，阎锡山携张培梅等由丰台上车，当天晚上安全抵达目的地天津。

据说，阎锡山此行危机暗伏——阎锡山向外公布的离晋时间是 12 月 1 日。按照这一时间表，张学良曾发出三道命令：1. 令陆军"检查列车，查获后格杀勿论"；2. 令宪兵"查获后押解来部"；3. 令铁路警察"严加保护"。阎锡山生性多疑，为防万一，提前两天动身，方使这一切统统成为马后炮。

到天津后，阎锡山先下榻于日租界熙来饭店，后又在日租界买了一所房子住了下来。张培梅完成了护送的使命后，由天津返回，仍居崞县中泥河村家中。危难时刻，挺身而出，张培梅再一次证明了他对阎锡山的忠诚。

第二次引退时，张培梅已衔至中将，但是他仍然一本平民作风，摒弃奢侈豪华，追求俭朴的生活。十余年间，他布衣素食，躬耕稼穑，俨然乡间一老农。平时除用心研读兵书外，尤其注重身体的锻炼。每天鸡鸣即起，步行环村一周，风雨无阻。盛夏，赤臂迎骄阳而坐；严冬，疾步于雪中行走。这时的张培梅虽身在田垄，仍心系天下，九一八事变后，他尝与人言："强邻压境，国难方殷，卫国抗战正需军人。吾军人也，平时若不习于寒热饥渴，则战时何以胜敌人？"

全面抗战爆发后，平津很快陷落，山西岌岌可危，时刻不忘军人职责的张培梅再也坐不住了。他一跃而起，主动请缨，被阎锡山委为第二战区执法总监（据说，阎锡山原拟委张树帜为执法总监，张树帜力荐张培梅出任，自请担任执法副监）。张培梅治军有方，执法如山，有口皆碑，故闻其出山，人人争相告慰。在其位，谋其政，身为第二战区执法总监，张培梅甫一上任，即随司令长官阎锡山到抗日前线代县太和岭口督战。

在张培梅看来，敌我兵器优劣悬殊，若要胜敌，将士必须殊死效力。因而，他组织执法队，派赴战场督饬官兵用命；同时，严肃军纪，明确宣布：私自撤退者就地正法。力图通过严正军法，扭转颓势。但是，形势的发展却越来越令人悲观——茹越口失陷，铁甲岭不守，晋绥军后撤，繁（峙）代（县）

危急。张培梅不得不随阎锡山绕道五台，返抵太原。

此时，前线紧张，后方恐慌，阎锡山为在忻口部署与日军的决战，下令各相关部队"死守崞县、原平、忻口镇、忻县各要点，迟滞敌人前进，以待后续部队到达"。姜玉贞旅死守原平数日，人在阵地在。王靖国及其所部第十九军，抵抗不住日军的猛烈炮火，崞县陷落。崞县失守，危及原平，姜玉贞及其所部官兵殊死抗敌，终因众寡悬殊，死伤殆尽，原平不守。在阎锡山下达死守原崞的命令时，张培梅作为执法总监，即亲函王靖国，说明："放弃雁门，你就该死。守住崞县，犹为侥天之幸。再失此城，国法岂能容你。泰山鸿毛，皆是一死，交在生死，不敢不告。"结果，崞县还是失守了。崞县、原平失守后，战事转到忻口。没等张培梅对王靖国执行军法，省城太原即告陷落。

太原失陷后，张培梅随第二战区长官部撤至晋西隰县大麦郊，后长官部移驻晋南重镇临汾，张培梅与省主席赵戴文留驻隰县，坐镇督师。

1938年2月，日军大举进犯晋西，为解隰县之危，阎锡山命第十九军军长王靖国占据隰县城东30公里的石口镇堵击。王靖国判断敌情失误，致石口腹背受敌。危急之下，阎锡山令第六十一军军长陈长捷率部增援。然而，陈长捷部未及到达，石口便被日军所占。根据当时形势，张培梅曾交代王靖

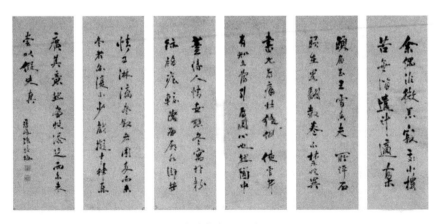

张培梅书法六屏

国在石口坚守三天。王靖国亦表示：三天以内可守，三天以外不保。不料，不到两天时间，王靖国就重蹈覆辙，丢失石口。张培梅气愤至极，坚决要求将一再贻误战机的王靖国就地正法，而阎锡山却不予表态。不数日，各要隘相继沦陷，隰县危殆。撤退之前，张培梅自责身为执法总监，却罚不严，赏不明，不能执法于辱命之士。抗日救国，不成功，便成仁，"吾法不行之人，当行之己；吾若效彼败军之将，复何面目以对我军民"。遂借故支走左右随员，留下致阎锡山遗书一封，从容服毒，以死为谏。1938 年 2 月 26 日，于大宁辞世（在隰县吞食鸦片，当晚乘车至大宁后殁），终年 53 岁。

得知张培梅的死讯，阎锡山不禁伤感，撰文致祭："你很爱国，你很壮烈，你以为晋民苦矣，国家危矣，不忍睹，不堪睹，君乃自了，遗其妻子，别其朋友，君其自了矣！我则不做如斯感。我国有二千年大一统之光荣，亦遂有二千年大一统之遗毒，使维新革命均无大效。经此疯狂自损之日本军阀一大打击，必能去旧鼎新而成现代化的国家，我不悲观。途中告我（张培梅自杀的当天，阎锡山自蒲城到大宁）君服毒得救矣，至（大）宁知君已已，使我凄然。继思之，君此生结果矣，且有果结矣，遂转我念。君之清廉无积，我所素知，家庭生活我负其责，君可释虑。"

张培梅虽不是战死疆场，但也堪称壮烈。然而，他至死也不会明白，为什么一生事阎唯忠，却屡不如意？每每受命于危难之中，却总是远离权力中心。张培梅悲剧的关键在于，他只是一名耿介的军人，其实不懂政治。而阎锡山却是一个政治家，政治是需要权术的。

（三）兵学大家朱绶光

朱绶光，字兰荪，湖北襄阳人，1886 年生于福建。其父朱蕴珊，翰林出身，游宦于闽时，生绶光。朱家，襄阳望族，诗书传家。朱绶光自幼向学，少年即贯通经史。1904 年，被选送官费留学日本，先入振武学校，嗣入陆军士官学校，与阎锡山为士官六期同学。1905 年，朱绶光结识孙中山，加入同盟会，成为最早的会员之一。随即，偕同志阎锡山、程潜、黄郛、李烈钧等二十八人组织"铁血丈夫团"，共同分析时事，研究政情，"商讨革命实施方案"，投身革命。

1909 年，朱绶光从士官学校炮兵科毕业。回国后，出于"培养革命实力，须从文化教育着手"的考虑，一面督办南京讲武堂，一面兼编南洋兵学杂志。辛亥革命，南京光复，朱绶光出任江苏都督府军械处处长，旋调军政司司长，继而办理陆军将校讲习所。1914 年，受聘保定陆军大学兵学教官。1917 年，辞去教职，二次东渡，入日本陆军大学，继续深造，"尽得军学最高之理解"。五年后返国，适逢张绍曾出长陆军部，有意整理全国陆军，朱绶光被聘为陆军部参事，主持陆军建设全盘计划起草事宜。北京政变后，朱绶光一度出任陆军部军械司司长。后因人事变更而卸任。

1925 年 2 月，卸任闲居的朱绶光应昔日的同学、同志，集山西军民两政于一身的阎锡山之聘，出任山西都督公署顾问，同时负责创建山西陆军辎重教练所。由于曾经的同学同志关系，阎锡山不仅十分了解朱绶光的才学，而且对朱绶光在军事学术方面的造诣非常欣赏。所以，朱绶光一到山西，阎锡山就把筹设山西陆军辎重教练所的任务交给他。

朱绶光在过去的时间里曾经督办南京讲武堂，并因此而积累了较为丰富的办学经验。到山西后，首先倾全力于教练所的筹建，经过半年的努力，终于不负老同学之托，顺利完成了筹建工作。辎重教练所是一所专门培植后勤保障人员的军事教育机构，由朱绶光兼任所长，1925 年当年暑期开学招生。在朱绶光的具体主持下，教练所一开始就显示出它的专业化水平。所内讲授科目有步兵典范令、辎重勤务、兵站业务，以及战术、筑城、地形、兵器、马学、卫生等简要教程，正规部队后勤人员应知应会的科目无不涉猎。教练所学制两年，分别于 1927 年和 1929 年先后培养出两批 600 余名后勤辎重专业的专门人才，输送到晋军各部队中开展后勤业务，负责兵站输送接济工作，及时有效地解决了晋军不断扩充与接受过专门训练的后勤辎重人员严重缺乏的矛盾。

最早的同盟会员、铁血丈夫团成员，两次赴日学习军事所奠定的军事学家的地位，使朱绶光具有为其他人所不能及的高起点。因此，加入晋系集团之后，阎锡山很快就把他定位在参谋长的重要位置上，先任督署（都督公署）参谋长，阎锡山先后就任北方国民革命军和第三集团军总司令后，又改任北方国民革命军总司令部参谋长和第三集团军参谋长。作为参谋长，两次北伐讨奉之役，朱绶光均参赞戎机，大自战略战术，小至兵力部署，无不参与意见；制订作战计划，调兵遣将，多有谋划在其中。

1928年春，晋军发动第二次讨奉之役，朱绶光以第三集团军参谋长襄助总司令阎锡山筹谋策划一切。第三集团军兵分左、右、中三路，右翼出井陉，抢先攻占石家庄及其以南地区，控制京汉路；左翼和中路分头出平型关、涞源和龙泉关、阜平，对奉军仅有六七师兵力可以防守支援的保定形成南北夹击之势，势在必得。6月，北伐军甫近幽燕，朱绶光衔命首先随队进入北京，并出面"安民保侨"。第三集团军如期接收北京，城内秩序井然，朱绶光功不可没。北伐告成，朱绶光被任命为北平政治分会委员，暨河北省政府委员，兼北平卫戍总司令部参谋长，并在总司令不在任上之时，代拆代行。11月，奉派兼国民政府军事委员会委员，仍驻北平，担负卫戍之责。

1929年2月，作为蒋介石平衡各派关系的结果，朱绶光代表晋系集团被任命为国民政府编遣委员会经理部副主任，代行主任职权。主任阎锡山于第一次编遣会议之后，即行返晋，掌管编遣经费调配的经理部一应事务，均交朱绶光应付处理。此后一段时间中，朱绶光与阎锡山一宁一并，电报往返，向阎锡山转达蒋介石中央的意图，请示处置方略，并就编遣问题交换意见。

8月4日，朱绶光与担任第三集团军编遣主任委员的周玳联名电报阎锡山，称："蒋主席本日下午四时临时召集职等谈话，内容要旨有三：（一）谓二集团编遣数目，钧座未为决定（此前蒋介石曾假意要朱绶光转告由阎锡山决定二集团军编遣数目，阎锡山婉言谢绝），蒋主席拟中央与一、二、三各集团各缩编为九师，腾出额数，预备留为韩（复榘）、石（友三）及其他各部编遣数目。职等当时即表示如此分配，冯方实在便宜。蒋主席但嘱云：先电征求钧座意见如何。职等窃以为如果按此规定，我方大为吃亏，务请钧座加以考虑。（二）谓冯系要人最近向蒋主席请示三事：甲、请求中央予冯以考察全国水利督办名义出洋。蒋意现无督办名义，拟畀以考察水利专使名义。乙、请求二集团军队今后在河南驻扎，蒋意编遣后同属国军，到处可驻，不必指定河南。丙、请求在编遣期中，每月予二集团军队八十万之接济费。蒋意现时财政困难。以上三项要求，蒋嘱电征求钧座意见。（三）谓陇海交通迄今尚未恢复，嘱转请钧座速告冯方（冯玉祥其时已在山西）设法恢复。"

阎锡山接电后，于8月5日回电，分条答复如下："（一）我年来本系以十二分诚恳之意，辅助主座（指蒋介石），奠定国基。此次编留兵额，我前在北平时，曾面陈主座，三集团无论缩编为若干师，一听主座主持，我毫无意见。现既拟缩编为九师，以中国情形论，对外既不能，对内则只嫌其多，不嫌其少。此次编遣，攸关建国基业，中外人心均注及于此。只求编遣成功，其他何必计较。（二）中央畀焕章以考察水利专使名义，至为适当。（三）二集团军队，前次本有要求在河南驻扎，我曾答以俟出洋后再说。主座以同属国军，到处可驻，不必指定河南，措辞至为正大。（四）每月接济二集团军队费用，以前如何办法，我不深知，但自该军退出豫鲁后，军费亦实有困难情形，似应酌予接济，所费数多，收效必宏。（五）陇海路恢复交通一节，当转告二集团方面照办也。"

8月15日，朱绶光专电阎锡山，就出任军政部政务次长一事请示机宜："普密昨晚耿光传蒋主席谕，现鹿瑞伯（钟麟）亟欲回军政部部长任，而陈公陕又以革命历史太浅，被各方非难，拟以鹿钟麟试署军政部长，就职后令赴陕办编遣事宜，以光为军政部政次代理部务，征光同意。光答以现正实行编遣，经理部事务甚忙，北平方面复有兼职，时须回平料理，军部责任重大，光尤非肆应人才，断难胜任，请主席另拣贤能，免误国事。耿光又云：现在实无相当人才，非光担任不可。光追随钧座多年，自以钧座意旨为进退，现正拟俟编遣完竣后再侍从出洋游历，个人绝无干求禄位之意。究竟对于此事应如何应付，乞电示遵行。"阎锡山当即复电："删辰电悉，普密既承主席厚意，我当然赞同。"

得到阎锡山首肯，8月24日，朱绶光正式兼任国民政府军政部政务次长；10月11日，再代理军政部部长。1930年3月，朱绶光因病辞职。中原大战爆发时，朱绶光正因病休养治疗，因祸得福，幸而得以置身事外。

1932年2月，阎锡山复出。在阎锡山力邀之下，同年3月，朱绶光出任太原绥靖公署参谋长兼晋绥军事整理委员会常务委员，继续协助阎锡山擘画戎机。1935年9月，阎锡山成立"防共委员会议"，以贾景德（太原绥靖公署秘书长）、荣鸿胪（太原警备司令）、李尚仁（省政府委员）、朱绶光（绥署参谋长）、陈树荣（省会公安局局长）、李润发（宪兵司令）、薄毓相（公道团总干事）、马甲鼎（秘书）及汤文焕（秘书）等九人为委员，由贾景德、朱绶光、李尚仁为主席团，开会时轮流当主席。委员会的一切事务由朱绶光秉承阎锡山的旨意负责主持。全体委员除定期每周召开两次或不定期地随时开会研究防共情报和办法外，还分别到各处去代表阎锡山作防共训话和宣传活动。

1936年1月22日，朱绶光被南京国民政府授予中将军衔。次年4月10日，据1936年4月10日公布的《陆军中将加衔暂行条例》，"合于晋升上将之规定者，因为员额所限得先加上将衔"，"陆军二级上将出缺，由已加上将衔之中择优转补"的规定，再加上将衔。

1937年8月，抗战军兴，阎锡山出任第二战区司令长官，朱绶光由太原绥靖公署参谋长转任二战区长官部参谋长。不仅参与了大同会战、平型关之役、忻口会战、太原保卫战诸战役的谋划，而且亲临晋北指挥作战，及至转战晋南。

1938 年 2 月，民族革命同志会成立，阎锡山指定朱绶光为第一届高级干部委员十三人之一。此后的一个时期，朱绶光奉阎锡山之派赴陕西三原专门督办第二战区各军之接济。三原与西安相邻，属胡宗南辖区，是阎锡山二战区粮饷的主要补给地。朱绶光常驻三原，负责疏通关系，督办粮饷，有效地保证了供给，使"前线战士，粮械不虞缺乏"，做了一个辛苦的粮秣军需官。

1939 年 6 月，鉴于绥蒙地区形势严峻——伊克昭盟仅隔一条黄河与日军相持。驻在归绥、包头之日军第一〇一战车师团，正积极准备进攻西北地区——为了安定绥蒙，减轻甘、宁、青地区的压力，重庆政府决定成立"绥远省境内蒙古各盟旗地方自治指导长官署"，以阎锡山兼任指导长官，以朱绶光为副指导长官。阎锡山系兼职，不实际到任，责成朱绶光以副指导长官负责主持一切。赴任之前，朱绶光奉命"必须安定蒙旗"。为此，他特选在陕西榆林设立长官署。榆林以西即为有名的三边（定边、安边、靖边）地区，从延安北去库伦，多由三边穿越伊克昭盟，久而久之这里形成了一条秘密的南北通道。朱绶光设长官署于榆林，不仅得以具体了解北去库伦者的驼马往返及车辆载运情况，而且便于与驻榆之邓宝珊部密切协调，安定绥蒙。在绥蒙副指导长官任内，朱绶光多方协调，使人心得以安定。1941 年 12 月，太平洋战争爆发，日军无力对绥蒙地区发动进攻。次年，应运而生的"绥远省境内蒙古各盟旗地方自治指导长官署"奉命撤销，朱绶光离任，返回二战区。

这时的朱绶光已年近花甲，抚今追昔，不禁感慨系之。想自己曾经少年壮志，心向革命，孜孜以求于军事理论。然而，几十年过去了，空有一肚子学问，却事业无成；徒具一腔报国热情，却不能放手施展拳脚；一直屈居老同学阎锡山之下，做一个只有建议之权的参谋长，虽心有不甘，又不愿背弃。几十载岁月，弹指一挥间，转眼年增齿长，军旅生涯已到边缘。于是，1944 年元月，渐生退意的朱绶光南归接受军事委员会上将参议官的任命，成为一名领有虚衔的将军，不再隶属于阎锡山的二战区。

1945 年 10 月，朱绶光调兼国防部上将参议，并特派为第二战区司令部上将参议，但不负具体责任。1946 年 11 月，朱绶光凭借没有几个人可以相比的资历，当选为制宪国民大会军队 40 名代表之一。1948 年元月，同样的原因，朱绶光被膺选为湖北省第一届监察委员。

1948 年 2 月 14 日，朱绶光突患脑溢血不治，病逝于武汉寓所，终年 62 岁。

朱绶光逝世后，阎锡山亲题"兰荪我兄遗像赞"，历述其一生所建功业："懿钦君，承清芬，学书剑，气嶙峋。浮东海，研韬钤，图革命，早致身。返吴会，志乃伸，再徂东，学益醇。予薄德，治晋军，君来佐，长幕宾。共患难，同苦辛，北伐成，就浦轮。绾戎政，辅国钧，出榆塞，理边藩。历中外，策高勋，晚膺选，选以民。为监委，将建言，命不融，悲人天。歌黄鸟，涕沾巾，颂吉甫，告无垠！"

（四）得力战将商震

商震，字启予（亦作起予），祖籍浙江绍兴，1888 年生于河北保定。商震出身寒微，自幼失怙，禀赋聪明，学习勤奋。少年时得其舅父所助就读学塾。1905 年，17 岁的商震考入保定陆军速成学堂，先在普通科补习英文及文、理课程，后分发到步科学习。在陆军速成学堂，加入同盟会，结识了一些激进的民主主义者。一年以后，被校方以"煽动革命"罪开除学籍。

1906 年夏，商震辗转到沈阳，先协助同志蒋慕谭创办商业专门学校，后到辽阳与陈干办起了八旗小学堂。其间他一边从事教学，一边鼓吹革命，不幸又被扣上"诋斥官府"的罪名陷入牢狱。获救后，东渡日本留学，其时已是 1908 年。

商震在日本只待了一年，即奉同盟会的指示回到长春，继续以教职为掩护，从事革命的发动（主要是争取绿林"马贼"革命）。身份暴露后，逃至辽宁锦州。

1911 年年初，商震以优异的成绩毕业于驻锦州之新军某部随营学堂。随即，被保送进东三省陆军讲武堂，编入彭家珍（革命党人）任队官的学兵营前队。通过彭家珍，商震认识了新军第二十镇统制、东北同盟会领袖之一的张绍曾，参加了冯玉祥、施从云等创办的"武学研究会"。

武昌起义后，商震回到旧游之地辽阳发动起义，因事机不密，走漏风声，无功而返。1912 年年初，商震被公推为"关外民军总司令"，率领民军 300 余人，在烟台登陆。不久，南北议和达成，袁世凯就临时大总统职，24 岁的商震被授予陆军部"高级顾问"的虚职，赋闲北京。

"二次革命"失败，商震因参与而获罪，被"京畿军政执法处"扣押，成了陆建章的阶下囚。这时的商震虽年仅 25 岁，却已经历过八个年头的风风雨雨，成熟干练，并因此而引起执法官陆建章的注意。经冯玉祥等力保获得自由后，急于寻求出路的商震改投于陆建章麾下。1915 年，时任营长的商震随陆部赴陕西参与镇压"白朗起义"，后升任团长。陆部入陕，白朗被逐，陆建章取陕督而代之。年末，国内纷纷举兵讨袁，胡景翼等酝酿起义。1916 年年初，举事成功，拥陈树藩为陕督，驱逐陆建章。其时，商震率部驻于与山西一河之隔的陕西绥德，因在陕境难以立足，无奈之下，率本团大部人马，东渡黄河，投靠山西。

商震到山西时，正值袁世凯帝制自为引起全国性的反袁风暴，阎锡山有望摆脱羁绊、重整旗鼓之际，因此，理所当然地受到了欢迎和礼遇。原有一个团的建制原封未动，仍由商震任团长，另将杨爱源营补充进去，以为充实，当然也有监视之意。商震亦不负阎锡山之厚望，首次出征就身手不凡。

事有凑巧，1917 年的 7 月间，发生了轰动一时的张勋复辟事件。6 月，袁世凯死后，阎锡山权衡利弊后选择了拥护段祺瑞的立场。7 月 1 日，复辟丑剧登台。7 月 3 日，段祺瑞在马厂誓师"讨逆"。7 月 5 日，阎锡山即派商震率领所部由石家庄北上，参与"讨逆"军事。"讨逆"事关重大，商震部甫入晋军，就奉派出兵，明眼人一看就明白阎锡山意在考验，"是骡子是马，拉出去遛遛"。商震无疑更清楚这一点，所以不敢有丝毫的含糊，接到命令便整装出发，一路北上。在各路大军的同力征讨下，张勋节节败退。7月8日，张勋所部大败于京城外围，张勋紧闭城门不出。7月12日，讨逆军发动总攻。商震被委为讨逆军西路第五纵队司令，奉命协助攻城。总攻发起后，各路军次第攻入城内，并乘胜肃清各据点。唯天安门等处尚有复辟军顽固抵抗，炮火甚烈。商震赶到后，急调山炮实施攻击。在炽盛的炮火下，张勋残部渐渐不支，不得不缴械投降，讨逆军取得最后的胜利。商震也因此给阎锡山交上了一份满意的答卷。

完成讨逆任务后，商震率部返省。8月，阎锡山于收回旁落的军权之后，进行第一次扩军，将原有的第十二混成旅和由山西巡防营改编的警备队合并扩编为四个混成旅，每旅辖步兵两团、炮兵一营。商震以自己的实力赢得了阎锡山的赏识，升任第一混成旅旅长。

就在阎锡山着手扩编军队的同时，孙中山在广州召开国会非常会议，发动"护法战争"，领导滇军、粤军以及部分桂军、黔军、湘军、川军等抗击北洋军阀。9月间，湖南零陵镇守使刘建藩宣布独立，联合桂军，倒傅良佐（湘督）。段祺瑞电报阎锡山，命其出兵湖南，援傅作战。阎锡山接到电报后，立即召集紧急军事会议，通报情况，征求意见。当话题转到"派哪一旅去最合适"的问题上时，阎锡山单刀直入，再一次点了商震的"将"："依我看，启予在外边跑的地方很多，经验丰富，声气也比较灵通，最好是启予去。大家以为怎么样？"大家没有表示反对意见，于是就这样决定了。商震奉命率第一混成旅两个团，外加周玳一个炮兵营，随即开拔，兵发湖南。

山西的军队远征到千里以外的湖南，是破天荒的大事。商震以下，所有军官都是兴致勃勃，劲头十足。全部人马浩浩荡荡从太原出发，坐正太路火车到石家庄，换京汉路车，一直开到汉口大智门车站。

　　商震率部入湘后，接受傅良佐的指挥，在永丰前线与广西军马济、韦永昌部交火。商震晓谕全体官兵："本旅奉命死守永丰阵地，有敢私言进退者，以军法从事。"军令如山，将士全力抗击，坚守阵地十几天不动摇。正当商震率部激战前线坚守待援的时候，王汝贤、范国璋在长沙发表通电，主张停战撤兵，傅良佐逃走。商震部孤悬永丰，形势危急。在全局情况不明的情况下，商震率部撤出战斗，经湘乡，退入湘潭县城，后被湘军包围缴械。

　　商震所部第一混成旅，是阎锡山四分之一的家当，远赴湖南后，阎锡山无日不在关注。听到北洋军失利的消息，阎锡山再也坐不住了，速派副官荣鸿胪、张汝蘋先后赴汉口、岳阳一带打探究竟。不日，即有商部全军覆灭的消息传回。阎锡山得信，立即电商返并。商震出发时曾向阎保证得胜回营，不料竟落了个"大将南征胆气豪，缴枪没有打收条"的下场，自觉"无颜见江东父老"，加上湖北督军王占元有意延揽（在湘潭缴械后，商震以下各级军官被解武冈，羁押于基督教青年会中。所幸商震谙熟英语，求得一西方牧师相助，逃至汉口，着手收容旧部），举棋不定。荣鸿胪、张汝蘋探知这一切后，紧急电告山西。阎锡山再派副官长李德懋昼夜兼程，赶赴汉口，面见商震，婉言相劝。

　　"精诚所至，金石为开"，受阎锡山一片诚意的感召，商震毅然排除杂念，返回太原。见到阎锡山，商震面带愧色，主动请罪。阎锡山则不迭声地说"胜败乃兵家之常"，极力抚慰。并设专宴，接风洗尘。商震有感于阎锡山的知遇之恩，决心死心塌地地在晋军中效力；阎锡山则以一个混成旅的代价，换回了一员得力战将。

　　征湘归来，第一混成旅的番号保留，商震遵阎锡山所嘱继续收容旧部，建制渐次恢复。1920年3月，出于扩大军工生产的需要，阎锡山将原来的"山西陆军修械所"（建于1914年，以修理枪支炮械为主）与"铜元局"（1917年前后设立，以含铜量99.9%的旧式制钱为原料，用三文制钱改铸可当20文制钱的铜元一枚，在全省范围内流通）合并，组成"山西军人工艺实习厂"。就学养和见识而言，商震在当时的晋军将领中称得上是凤毛麟角。有鉴于此，阎锡山推举商震以第一混成旅旅长兼山西军人工艺实习厂总办。

阎锡山的进一步重用，使商震如鱼得水，拳脚大展。实习厂在他的主持下，"改革制度，变更组织，增添设备，新建工厂"，军事工业的规模一步步扩大。实习厂成立之初，拥有 16 个分厂，职工 500 余人，机器 63 部，已能着手制造枪弹和仿造重机枪。至 1921 年 7 月，职工增至 900 余人，机器增至 183 部。1923 年 7 月，职工增至 1840 余人，机器增至 320 部，并新建了无烟药、制酸、制壳三个分厂，其中前两个厂的设备从德国雅利商行订购，于同年 9 月相继投产。这年 7 月，阎锡山再次改组军人工艺实习厂，取消总办制，商震虽然没有了明确的职务，但是仍然过问军工事务，直到 1927 年。在此期间，工艺实习厂继续发展，职工增到 11000 人，设备增至 2300 部，月产火炮 10 余门、冲锋枪 900 支、机关枪 20 挺、炸弹 3000 余枚。生产规模初步形成。

1924 年冬，阎锡山为出兵石家庄阻击吴佩孚北上，故意虚张声势，将原有的 10 个团改编为 10 个旅。军队返回太原后，又进一步充实扩编，增加了一个旅，总兵力达到 11 个旅；并成立第一、第二两师，分辖第一至第四旅。商震升任第一师师长。扩编完毕，樊钟秀来攻，大败晋军蔡荣寿部，经峻极关进入山西辽县（今左权县）。危急之中，阎锡山派商震率第二旅第三团全部、第四团两个营，以及第三旅第五团、炮兵一营、手掷弹一营，向辽县星夜驰援。商震从一位美国牧师处借来一部汽车，率先到达前线。鉴于形势危急，他果断地处决了 17 名临阵败逃的官兵，使军纪为之一振。然后挥师猛攻寒王镇樊军总部，樊军全线溃败，撤回河南。与樊钟秀之役，一扫征湘失败带来的阴影，商震作为一员战将，擅打硬仗的形象重新树立了起来。

1925 年夏，北京政变以后迅速发展起来的国民军，为了进一步扩大地盘，图谋向山西发展，山西被国民第一、第二、第三军包围得水泄不通，兵工厂用的材料也运不进来。面对严重的威胁，阎锡山开始采取联直吴、奉张反冯的立场，战事连续发生，商震在其中扮演了重要的角色。

1926 年春，阎锡山答应吴佩孚配合扫除北上障碍。他交代商震："山西究竟是和张吴合作倒冯，还是和冯合作，现在还不能决定。可是孔庚现在顺德，他对山西始终野心不退。我们不如趁这当口，先把顺德拿下。千万不要放走孔庚，要把他俘获解回省来。"奉阎锡山之命，商震率其第一师出兵，以抓孔庚为借口，攻占顺德。接着，又北上保定，收编了国民第四军魏益三部（不久前刚被冯玉祥收编，列入国民军序列），打通了京汉线北段。

4 月，国民军撤出北京，兵分两路，东路军以鹿钟麟为总司令，驻于南口、多伦两地；西路军以宋哲元为总司令，陈兵山西北部边境。为了准备直接与国民军作战，阎锡山调兵遣将，布防于大同一带。商震被紧急从石家庄调回，出任前敌总指挥，赶赴大同指挥作战。5 月 18 日，国民军西路军分从得胜口、杀虎口等处发动进攻，商震指挥晋军各部拼力抗击，激烈的战斗持续了七八个昼夜，双方形成对峙，战局呈现胶着状态。

这时，张作霖急电阎锡山：从南口仰攻居庸关伤亡很重，攻不下来，是否可将尊处队伍撤下来，开到雁门关一线，做好防御工事，采取守势。等候鄙处骑兵打到察北，占领多伦，威胁张家口的时候，再行出击。阎锡山遂命商震"暂撤至雁门关之线，集结兵力，先取守势，待机进攻"。依照阎锡山的命令，商震放弃大同城郊及其外围部分地区，扼守大同及雁门关等要隘，利用地形，沿长城构筑阵地，待机出击。

8 月上旬，奉军攻占多伦；中旬，在奉直联军的紧逼下，国民军从南口撤出。与此同时，晋军转守为攻，国民军陷入被动，开始从晋北撤军。8 月 24 日，"晋省境内已无敌踪"。商震趁势指挥所部以三路追击，先占丰镇、集宁，继入平地泉，一直打到归绥，从而把阎锡山的势力扩展到绥远地区。在此期间，国民军败军之将韩复榘、石友三、郑泽生等在商震的劝诱下率部投晋。9月3日，阎锡山电报商震以前敌总指挥代理绥远都统。

与商震率部打到归绥几乎同时，冯玉祥从苏联考察回国。9月17日，冯玉祥在五原誓师，就任国民联军总司令，宣布"与国民党结合为一，实行孙中山先生三民主义"。之后，国民军旧部纷纷重归于冯玉祥大旗之下，绥远形势变得严峻起来。为了不与国民军再起冲突，商震向阎锡山转达冯玉祥"望合作救国实行三民主义"的愿望，并提议"避让弃绥"。阎锡山权衡再三，电报商震表明："我方观测大局，权衡利害，当让奉方单独解决。执事主张避让弃绥，尤为明切。然奉方做法及大局变化颇有观察之余地。我方似不应取决绝主张，致失机宜。须本昨电意旨，先将第一期应撤之队伍，速令开回；俟布置妥当后，该都统候令将军民两政，交属僚代拆代行，回晋一次，以便面商一切可也。"于是，除留一师两旅驻绥外，其余在绥部队陆续撤回山西。

国民革命军北伐开始，阎锡山易帜，商震被任命为第一军军长。随即，奉命沿京绥路向奉军发动进攻。在遭到截击后，毅然舍弃大同、天镇等地，全军撤守雁门关，凭长城固守，奉军屡攻不克，双方长期对峙。

1928年2月20日，商震被任命为第三集团军第一军团长，辖第一、第四、第五、第六、第七、第十五各军。二次北伐，他以前敌总指挥，统一指挥左、中两路作战主力，完成从侧背进攻奉军的任务，在配合右翼部队正面进攻的同时，一举攻占察、绥。北伐胜利后，商震被任命为河北省主席，由统兵将领变成了方面大员。

商震早年走上社会，经过百般历练，文韬武略不落人后。不得已而投靠阎锡山后，之所以十年如一日，奔走效力，只为没齿难忘的知遇之恩。然而就其内心深处言之，事事受制于人又心有不甘，于是，在站稳脚跟之后，寻找机会谋求独立就成为不可避免的了。

早在代理绥远都统之时，商震就做过这方面的尝试。针对晋军久不作战养成的素质低劣、意识陈旧的恶习，为今后的发展计，商震于短期内在归绥创建绥远军事政治学校，自兼校长。学校首期招生 200 余名。北伐完成后，他以为各派势力均已统一于蒋介石的大旗之下，服不服从中央是问题的关键。因此，在河北省主席任上，商震开始表现出与阎锡山的离心倾向：先是把原绥远军事政治学校迁到北平黄寺，易名为河北军事政治学校，高薪聘请学有专长者任教，并扩大招生；后又在南苑成立一个教导师，培训军队中的骨干力量；还开办了党务训练所和训政学院，进行干部培养。同时，他还通过张学良秘密购买了一批枪械，积极准备在适当的时候自己成立一个师。

商震在北平创办河北军事政治学校时，中共顺直省委派中共党员谷雄一以步兵第三中队区队长的身份在学校中秘密开展党的工作。在短短一年时间里，就陆续发展了王兴纲、王启明、陈锐霆、朱静波、程景明等二十余名共产党员，并建立了党支部。那时，商震对校内共产党的活动，并非毫无察觉，但他却佯装不知。在第三十二军的中共地下党负责人王兴纲，深受商震的器重，被逐步提拔为中校副官，主管人事工作。王利用有利条件，发展了不少爱国官兵加入共产党。在《何梅协定》签订后，王兴纲等在军中积极宣传国共合作，一致抗日，反对投降，屡受蒋介石特务的跟踪监视，均被商震保护下来。

商震的做法相对于当时复杂的政治局面显得有些幼稚。他没有看到蒋介石的统一只是表面上的，只是各派政治势力在政治上互相妥协的结果，蒋介石不可能彻底改变其他势力集团的相对独立性。在这种局面下，他的河北省主席实质上是阎锡山在各集团的政治争斗中分得的一杯羹，也就是说仍然属于阎锡山的势力范围，所以对于他的独立企图阎锡山是不会视而不见的。就在商震陶醉于摆脱阎锡山羁绊的美好前景之中的时候，1929 年 8 月 10 日，一纸"调令"把他由河北省主席变成了山西省主席。

调商震改任山西省主席是阎锡山使出的一个撒手锏，其用意显而易见，就是通过这一手，不动声色地把商震置于自己的眼皮底下，使商震过去一个时期的努力化为泡影。但是，另一方面此举又成为阎商关系的转折点，最终导致了商震的离山西而去。商震虽在河北苦心经营一年有余，政治、军事、经济均打下了一定的基础，但对于突如其来的调动，却只有俯首就范的份，阎锡山的能量与影响，确实不可低估。回到山西后的商震虽然仍为省主席，但从一开始就陷入有职无权的困境之中。对于这一段时间里的作为，商震曾牢骚满腹、不无自嘲地说："我现在所要做的，只有盖盖图章，陪陪客。"

中原大战败北，阎锡山出走大连之前，责成徐永昌、杨爱源以晋绥警备司令部正、副司令，负责山西善后，省主席商震反被晾在了一边。山西军队整编，商震虽被任命为第三十二军军长，但却日益处于孤立的境地。第三十二军冯鹏翥师之高鸿文、黄光华两旅系商震旧部，军队整编未竣张学良未予发饷前，各部队均以贬值晋钞维持，商震私心作祟，竭尽省政府所能支配的财力，对该两旅施以现金补助，各将领因此心有不平，王靖国、孙楚等阎锡山嫡系将领更是表示极大的不满，情绪及于对立。商震自知矛盾难以调和，索性使问题表面化，先是提请省府委员会议通过决议，裁撤了阎锡山

就任中国驻日军事代表团团长的商震

"钦定"的村政处，随即一次性撤换了 25 个县长。这样一来，舆情大哗，终于演成了一次太原商民的驱商大会，在文瀛湖畔，群起声讨；军界也同时酝酿驱商。商震不能见容于山西军政界的局面由此形成。歪打正着，早有独立之意的商震就势借口奉蒋介石中央之命，出兵拦截举兵进攻奉张的石友三部，率旧部高、黄两旅及军校学员共 9000 余人，出娘子关，东开河北，脱离了他赖以发迹的山西。

蒋介石赏识商震的才干，早有延揽之意。商震脱离晋系后，在蒋介石、张学良的支持下，仍领有第三十二军军长一职，并迅速将所部扩编为三个师、两万余人。1935 年 4 月 3 日，商震被授予二级上将军衔。同年 12 月，出任河南省主席。抗战爆发后，一度兼任河南省保安司令。1937 年 10 月，被任命为第九战区副司令长官兼第二十集团军总司令、第三十二军军长。

1940 年 5 月，商震奉调重庆任国民政府军事委员会办公厅主任，成了蒋介石的高级幕僚。1941 年年初，商震担任"中缅印马军事考察团"团长，先后赴缅甸、印度、马来西亚进行军事考察；1943 年 11 月下旬，随蒋介石参加开罗会议；1944 年 3 月，任中国驻美军事代表团团长，飞赴华盛顿，为蒋介石争取美援；1947 年年初，奉派去日本任"同盟国对日委员会"中国代表团团长。1949 年 3 月，在中国的政治舞台上奋斗了大半生的商震辞去驻日代表团团长职务，留居日本，弃政从商。

1974 年、1975 年中华人民共和国国庆期间，商震两度回国参观，受到极高的礼遇。1978 年 5 月 15 日，商震病逝于东京，终年 90 岁。

（五）守城名将傅作义

傅作义，字宜生，山西荣河县安昌村（今属临猗县）人，生于 1895 年。安昌村是一个濒临黄河、常遭黄泛灾害的贫穷村庄。傅家世代务农，耕种黄河滩地。父庆泰，年轻时靠在黄河边摆渡维持生计，逢水浅时，背客登岸，挣些脚力钱。后借债租船，贩运煤炭于禹门口至西安之间，稍有积蓄。

傅作义戎装照

1900 年 8 月，八国联军攻陷北京，慈禧太后避难西安，这年冬季特别寒冷，皇室所需取暖用煤骤增，官买民用，煤价飞涨。傅庆泰往返运煤于西安、潼关之间，得利甚厚，家境从此殷实，后来又设立若干商号，渐成富户。

傅作义 6 岁进村塾启蒙，10 岁入县立小学，13 岁入运城河东中学，15 岁考入山西陆军小学堂，负笈省城太原。1911 年参加辛亥起义，任学生军排长。1912 年，17 岁的傅作义被保送到北京清河第一陆军中学学习深造。期间，除学习军事课程外，对历史上的著名战役，如晋楚城濮之战、楚汉城皋之战、孙曹赤壁之战等，产生浓厚兴趣。1915 年，考入保定陆军军官学校第五期步科。和晋军中的大部分高级将领一样，傅作义沿着陆军小学堂、陆军中学、保定军官学校的轨迹，一路走来。

1918 年，傅作义以优异的成绩从保定军校毕业，分配回山西，在基层连队当见习军官。傅作义本人以军事技术见长，训练队伍从难从严要求，并能以身垂范，投身晋军不久，即得到阎锡山的赏识。在阎锡山的着意栽培下，由排长而连长、营长、团长，1926 年官至第四师师长，八年时间连上几个台阶，与保定一期的孙楚并列同一阶级。

1926 年春夏之交与国民军之役发生时，傅作义系第二师第四旅第八团团长。起先，被布置在大同正面。5 月，阎锡山下达撤军命令，晋军大部撤至雁门关一线，少部滞留雁北的部队撤入各县城。傅作义所部在经过与国民军的激烈交锋之后，一团人马仅余七八百人，奉命撤入天镇县城，据险死守。

天镇本属三等小县（为了便于考核管理，当时的山西各县，依规模大小和经济发达程度，划分为一、二、三等），城内只有老百姓千户上下，城大而旷，农田与菜园占其半。傅作义率部进城后，通过实地考察，总结出固守天镇的四大有利条件：其一，城坚。天镇城池在明代时为国防第一线，万历、嘉靖年间多次重修，不仅整齐，而且坚固。其二，地形好。城四周地势开阔，近处没有高山，大炮难以发挥作用。其三，有粮。城内人少粮多，存粮可供军需民用一年。其四，有器。山西兵工厂新制之手榴弹，杀伤力大，储备充足。受其鼓舞，军心安定，士气高涨。于是，傅作义从容布防，在面敌的北城墙设重防，国民军组织多次进攻，均遭败绩。

久攻天镇不下，国民军遂改变策略，派傅作义的同学好友姚骊祥进城劝降。傅作义避而不见劝降者，只派副官出面应付。当姚坚持要与他见面时，他传话给姚："一见面，我的军心涣散了，不降而败。大义灭亲，而况友乎？我不军法从事，已对得住老朋友了，请赶快回去吧！"放姚出城后，傅作义坦诚向全城军民说明情况，没有丝毫的隐瞒。从此军民更加团结，城池安如磐石。进入暑期后，城内发生了严重的流行性痢疾，人心惶惶。傅作义下令军医处，尽城内存药，全力治疗，短期内病情得以控制。8月，围城的国民军奉命撤退，天镇之围得解。就这样，傅作义依靠坚韧的毅力和军民的支持，在劲敌面前死守天镇城整整三个月，为自己赢得了"守城名将"的称誉，晋军因此以善守著称。

天镇守城战，为傅作义不仅赢得了荣誉，而且换来了地位的擢升。战后，阎锡山将晋军改称晋绥军，同时进一步扩充军队，改旅为师。傅作义由团长直升师长。

1927年9月，阎锡山通电讨奉。傅作义所部第四师被编为挺进部队，直捣敌人中部，截断京汉、京绥两铁路间联络，卡住奉军南北咽喉，并相机进据京津。9月29日，各部同时发起进攻，傅作义指挥所部，在蔚县集中，徒步沿涞水、易县辖境，向涿州城进发。10月11日，以迅雷不及掩耳之势，袭占涿州城。涿州位于北京与保定之间，位当京汉路要冲，为北京之南大门，战略地位十分重要。占领了涿州就等于紧紧扼住了京师咽喉。

然而，傅作义还没有来得及欢庆胜利，形势就发生了变化。就在傅部作为奇袭兵团，跋涉于万峰重叠之羊肠小道中的时候，张作霖调整部署，集中兵力，同时从京汉、京绥、陇海三路发动总攻击，迅速切断晋军右（南）路军前线部队与石家庄方面的联系，右路军全线动摇。接着，左（北）路军亦遭遇激烈战斗，伤亡惨重。阎锡山不得不收缩兵力，命令左右两路军分别退守雁门关、娘子关，据险而守，等待时机。转瞬之间，第四师成了一支深入敌后的孤军，预计的增援部队无法赶到；涿州城孤悬于京畿重地，处在奉军重兵的四面包围之中。傅作义电报阎锡山请示机宜，阎锡山复电勉励："该师固守涿州，力撑大局，忠勇奋发，嘉慰良深，所有全师官佐，着一律晋一级待遇，头目则以排长记名，士兵赏银以七万元计，其特别出力之官佐士兵，着该师长择保，阵亡官兵均着进一级给恤，其死事最烈者，并着查报从优恤赏。"并告"即日反攻，望坚忍以待"。奉阎锡山之命，傅作义部署死守，准备长期作战。

傅部攻占涿州出乎张作霖的意料之外，立命张学良限期攻克。小小的涿州城竟吸引了奉军三师之众的兵力。由于守城将士的顽强抵抗，奉军连续发动四次总攻，最多时一日之内即向城中发射炮弹四五千枚，均无功而返。一个多月的攻防战，傅部虽伤亡惨重，阵地却丝毫没有动摇，从而迫使敌人改变战略，变攻为困。张作霖发誓："傅作义不投降，就把他们饿死在城里！"涿州不比天镇，供应问题首先成为瓶颈。在长期的围困中粮食消耗殆尽，12月上旬，城内粮食断绝，军民只好以酒糟、树皮充饥；时值隆冬，士兵穿的还是进城时的单衣。饥寒交迫，城内因饿而死的人越来越多。面对惨死的百姓，傅作义不忍坐视不管。1928年1月5日凌晨，他只身出城赴保定议和。

傅部弹尽援绝，围城奉军也成强弩之末，张作霖、张学良父子钦佩傅作义的为人，故双方接受北京商民代表的调停，商定："1. 涿州之晋奉两军一律停战；2. 涿州人民自战事发生之日所有一切负担及损失完全由奉方清偿；3. 涿州晋军改称国防军，驻防军粮城；4. 国防军开拔前，由奉方交付现洋二十万元作为开拔费。"同时附带一条，傅作义离开部队。1 月 12 日，傅部7000 人接受改编，涿州攻防战结束。

历史惊人地相似，曾几何时，死守天镇三个月，令人惊叹；相同的一幕再次上演，从 1927 年 10 月 11 日攻占涿州城，到 1928 年 1 月 12 日打开城门，接受改编，傅作义在涿州城又是整整坚守了三个月。天镇之战的余烟还未散尽，涿州之战的光焰已经升腾。在涿州城内傅作义建立的防御工事系统，被后来的参观者誉为防御工事的典范，晋军"善守"之名亦因此而扬于天下。

傅作义坚守涿州，对于晋军在整个战场上的转败为胜，以及奉军由主动进攻变为被动挨打，起了关键的作用。在冯玉祥的配合下，晋军在进击京津方面取得节节胜利，傅由此声名大噪，喝彩之声此起彼伏。清末民初的著名人士、81 岁的樊增祥（樊山）曾有诗称赞道："新收涿鹿七千人，百日燕南集大勋。十六年来千百战，英雄我爱傅将军。"鉴于傅作义"坚守涿州，屏藩三晋，锁匙九门，力撑大局"的壮举，受阎锡山保荐，1927 年 12 月 27日，国民政府推定他为军事委员会委员。以师长职务荣膺军事委员会委员，在国民党的历史上尚无先例。

涿州解围后，傅作义婉拒张作霖的延揽，一度被软禁在保定张学良的参谋长鲍文樾（鲍与傅系保定军校五期同学）家中。直到次年 5 月，北伐讨奉之役再起，他才设法逃出保定，到天津与山西负责联络工作的南桂馨接洽。

1928 年 5 月 19 日，傅作义一到天津，即致电阎锡山："职乘监视鲍文樾赴保之隙，潜行来津，已由南处长电秉。涿战丧师辱命，惭愤交集，值此积极北进之秋，谨随南处长之后，努力工作，以俟会师京、津，即当赴辕请罪。"5 月 20 日，阎锡山复电称："执事脱险到津，闻之欣慰。希努力工作，相见不远也。"

　　根据阎锡山的安排，傅作义留在天津，协助南桂馨工作。不久，晋军顺利接管天津，傅作义被任命为第三集团军第五军军长兼天津警备司令。随即，改编为国防军的第四师旧部调驻天津，傅作义仍兼任师长。北伐结束后，傅作义向阎锡山当面报告被困涿州前后的种种情节，包括张作霖的拉拢、蒋介石的贿赂收买，事无巨细一一作了交代。阎锡山听后，曾经动情地与左右亲信说："宜生是咱们的关云长，义重如山。"

　　中原大战爆发，傅作义被任为第二路军总指挥，负责指挥六个军另三个炮兵团，在津浦线作战。起先进展顺利，迅速攻占济南。正当他准备继续扩大战果时，阎锡山忽然命令张荫梧率王靖国、李服膺两军并附炮兵两团组成的第四路军，到济南，成立二、四两路联合军，以张荫梧为联军总指挥。此事起源于张荫梧的一封密告傅作义与张学良等暗中往来的电报，因傅、张素来不睦，阎锡山这样做无疑带有监视牵制之意，傅作义敏感地意识到了这一点。其结果是不仅影响了战局，而且在长官与下属之间生出了芥蒂，这种芥蒂随着时间的推移进一步加深，最终导致了傅作义的离阎而去。

　　涿州之役傅作义与张学良作为战场上的对手，得以彼此相识。傅作义坚韧不拔的精神和人格魅力，给张学良留下深刻的印象。1931 年年初，张学良奉命改编山西军队，力荐傅作义就任第三十五军军长兼第七十三师师长（以军长兼师长在晋军改编中只此一例）。同年 8 月，绥远省主席出缺，张学良又推荐傅作义代理。12 月 28 日，傅作义被正式任命为绥远省主席，从此一直做到 1946 年 10 月。在此期间，尤其是抗战爆发前的一段时间，他清剿土匪、整顿金融、平抑物价、开源节流，开展省政建设，使绥远的面貌大为改观。

　　1931 年，九一八事变爆发，9 月 28 日，傅作义与宋哲元等 50 余名北方将领联名通电，"呼吁全国各方团结一致，同舟共济，群策群力，共同奋斗"，表示"愿为抗日救国，捐躯摩踵"。同时对所部加紧抗日动员，每天早晚带领官兵，齐声高呼："誓保国土，以尽责任，不惜牺牲，以雪耻辱。"

1933 年 1 月 3 日，日军侵占山海关，长城抗战的序幕拉开。1 月 5 日，傅作义分电阎锡山、张学良、蒋介石请缨抗日。15 日，以绥远省主席名义发表《告全省民众书》，号召全省同胞"奋起救国御侮"。25 日，奉命率部由绥远出师东进，开赴抗日前线。2 月上旬，傅部在张家口编组为第七军团，傅作义任总指挥，第三十五军的番号暂改为第五十九军。3 月 4 日，日军侵占承德后向长城各关口进犯，遭到中国军队的顽强抵抗。由于蒋介石谋求对日妥协，长城各关口相继弃守，日军直趋平津。蒋介石担心平津丢失，使华北局面难以收拾，一面派黄郛向日方求和，一面在北平周围布防。

4 月 30 日，傅作义部奉命开往牛栏山西至昌平一线布防。日军为胁迫国民党当局接受苛刻的停战条件，于 5 月 22 日以第八师团西义一部在飞机大炮掩护下向傅部阵地进攻。傅作义亲临指挥，全体官兵抱定有我无敌、有敌无我的牺牲精神，英勇抵抗。董其武团在牛栏山一带，孙兰峰团在怀柔以西阵地，与敌白刃相接，多次打退敌人的进攻，双方形成拉锯态势。正当傅军痛击顽敌、英勇苦战时，23 日晚黄郛在北平接受日方的停战条件。何应钦随即令傅部停止战斗，撤出阵地。傅作义接到停战撤退命令，无比愤慨，质问："怎么抗日还有罪？"坚持"只有日方先撤，我们才能撤，否则我们绝不后撤"。经交涉双方同时后撤，傅才愤然下令撤兵。长城抗战的最后一战，就这样宣告结束。该战役击毙日军 246 名，中国官兵阵亡 367 人，伤 484 人。对阵亡官兵傅作义极感悲痛，特地派员将他们的遗骸护送回归绥（今呼和浩特市），安葬在大青山下，并建立纪念碑，将烈士名字刻于碑上，以寄托哀思。

长城抗战是九一八事变后中国爱国官兵在北方第一次以武力抗击日本侵略者的战争，得到全国上下的支持与赞扬。

1935 年 4 月 3 日，傅作义被授予陆军二级上将军衔；6 月 27 日，获颁二等宝鼎勋章。1936 年 1 月 1 日，获颁二等云麾勋章；5 月 29 日，专任第三十五军（辖两独立旅）上将军长；7 月 9 日，获颁国民革命军誓师十周年纪念勋章；11月12日，获颁一等云麾勋章。1937年3月13日，获颁一等宝鼎勋章。

1936年夏初，驻于察北的德王在满蒙日本特务机关的指使和操纵下，加紧扩军备战，准备侵犯绥远。6月1日，傅作义专程赴太原，向负晋绥绥靖之责的阎锡山请示机宜。阎锡山为确保晋绥地方利益，同时要在外寇入侵前表明立场，令傅作义筑永久性工事"誓保国土"。

在得到阎锡山的支持后，傅作义在绥远多次击退伪蒙军的挑衅性进攻。11月，阎锡山颁布绥远前线战斗序列，任命傅作义为晋绥剿匪军总指挥兼第一路军司令官，负责指挥所部第三十五军及其附属部队。11月中旬，傅作义配合赵承绶所部骑兵一举击溃了进犯绥东北红格尔图的日伪军。11月24日，傅作义指挥所部及骑兵第二师主动出击，毙敌300余人，俘敌400余人，伤敌600余人，收复日伪军盘踞的百灵庙。随后，在策动部分伪军反正的基础上，收复了蒙伪骑兵的重要据点大庙，取得了绥东大捷，是为绥远抗战。

绥远抗战以收复失地的胜利被誉为"中国人民抗日的先声"。傅作义因绥战的胜利而成为民族英雄，阎锡山也因此而声名鹊起，援绥抗日的电报信函雪片般飞来，晋绥一时成为全国关注的焦点。

透过胜利的光环，阎傅之间的矛盾也进一步凸显出来。阎锡山当初对傅作义进行防范，就是相信了傅与张学良有联系的说法。阎锡山出走大连期间，张学良对傅作义的极力提携，无形中成了佐证。因此，阎锡山复出后，即以屯垦戍边的名义先后派嫡系将领赵承绶、王靖国驻绥，对傅进行牵制。绥远抗战初胜，局势略为稳定后，赵承绶、王靖国对傅作义的掣肘更为明显，傅作义为人坚韧刚强有余，折冲转圜不足，满腹委屈，却有苦难言。

七七事变后，傅作义出任第七集团军总司令兼第三十五军军长，参加南口抗战。在腹背受敌的险恶形势下，被迫率部向晋北撤退。随即，奉阎锡山之命撤守阳方口。9月29日茹越口失陷，阎锡山召集前线高级将领会议，商讨对策。傅作义以总部幕僚的身份建议："坚持平型关、团城口阵地，夹击入侵繁峙之敌，驱敌出茹越口后，带动刘茂恩军向团城口方向转进，以主力包围抄袭平型关、灵丘间的敌板垣师团。"阎锡山对傅作义的建议置若罔闻，于举棋不定间，接受了杨爱源"繁峙之敌有可能经峨口直窜五台山"的看法，下令全线撤退，布防忻口，进行太原保卫战。

忻口战役打响，傅作义受命担任前敌副总指挥，协助总指挥卫立煌指挥作战。娘子关失守，太原危急，傅作义挺身而出，自告奋勇，负责太原守城战，想以一死告慰国家，也洗清自己受阎猜忌的委屈。面对强敌，他以必死的决心写下遗书："作义自幼从军，戎马半生，只知为国为民，早置生死于度外，只要一息尚存，誓与日寇血战到底，为国捐躯，义无反顾。生，我所欲也；义，亦我所欲也，二者不可得兼，舍生而取义也。"

11月4日，傅作义所部进入太原城，连续三日与攻城日军激战，伤亡惨重。8日，日军对太原城发动总攻，傅作义指挥守军奋勇抵抗。日军陆空配合协同作战，突进城内。在孤立无援的情况下，遵照蒋介石"相机撤离"的电令，从太原撤军。撤出太原之前，傅作义有意"殉城"，只是由于部下的强行阻止方才作罢。

太原保卫战是傅作义在阎锡山麾下进行的最后一战。撤出太原后，傅作义率领余部转至晋西之中阳、石楼、柳林一带休整，其总部驻于与陕北邻近的离石县柳林镇，随后率军返回绥远驻地。1938年4月，为策应徐州会战，傅作义发动绥南战役，先后收复清水河、和林县城。之后，撤驻山西河曲整顿。是年冬，傅作义参加蒋介石在武功召开的军事会议。1939年

傅作义便装照

1月，接受国民政府第八战区副司令长官的任命，指定在绥西河套地区设立副司令长官部，所部一切供给由中央直接拨给。以此为标志，傅作义脱离了阎锡山的晋系集团。

在接受第八战区副司令长官任命的同时，傅作义率部转至绥西，设副长官部于五原。从此，一直在绥西坚持抗战。抗战胜利前后，他历任第十二战区司令长官（1945年6月）、张垣绥靖公署主任（1946年6月）、察哈尔省主席（1946年10月）、华北"剿匪"总司令部总司令（1947年12月）。1949年1月，傅作义接受中共和平主张，在北平举行起义。

中华人民共和国成立后，担任水利部部长、国防委员会副主席、政协第四届全国委员会副主席等职。

1974年4月，傅作义病逝于北京，终年79岁。

（六）智囊儒将郭宗汾

郭宗汾，字载阳，河北河间人，生于1901年。郭氏书香门第，虽因遭遇天灾，家道中落，但仍设法使子弟读书学习。幼年的郭宗汾依靠兄长务农和母亲纺线所得，在勉强度日的同时，接受启蒙教育，由私塾而县立中学。1915年冬，受生活所迫，郭宗汾在读了一年中学之后，辍学务农。次年春，由于不甘于现状，郭宗汾投身军旅，入同乡、江苏都督冯国璋主持的江苏陆军学兵营。1917年，在入伍一年，具备了初步的军事素养之后，郭宗汾考入清河陆军中学。两年后毕业，入边防军第二师第一工兵营当上等兵。1920年，19岁的郭宗汾考入保定陆军军官学校第九期步科，继续深造。

1923年，郭宗汾以优异的成绩从保定军校毕业。随即，经保定府同乡、时任晋军第一混成旅旅长商震介绍，进入阎锡山的督军署，在参谋处任少尉参谋，负责军事档案的管理。这时的郭宗汾虽然阅历不浅，但却仍是翩翩少年——年仅22岁，既年轻气盛，又满腹兵学。天赐良机，他一出校门即投身于名重一时的地方实力派阎锡山麾下，少年郭宗汾踌躇满志，决心干出一番事业。很快，郭宗汾就凭借他的勤勉、机敏和精于本职，"做甚务甚"，得到了阎锡山的关注和重视。阎锡山习惯于突然索取档案资料，郭宗汾每次都能准确无误地找出来，即使在夜间也不例外。郭宗汾成了阎锡山最可依靠的参谋之一。因此，在一年的时间里连升几级，到1924年已是督军署参谋处的中校参谋兼作战股长。

1925年，郭宗汾奉阎锡山之命负责调查山西省的兵要地理。接受任务后，他跋山涉水，进行实地考察，几乎走遍了山西境内所有的险要关隘，做了详细的考察笔记。郭宗汾以所学军事理论联系考察实际，执笔编写出了《山西兵要地志》，为晋军今后的作战指导提供了可靠的依据。

郭宗汾的突出表现有力地证明这个年轻人是堪担重任的。基于这样的认识，阎锡山对他越来越放手地使用。1925年、1926年山西相继发生两次大的战事，这就是抗击樊钟秀建国军和"讨冯"之役。这两大战事都是以晋军的胜利宣告结束的，而其作战方案的具体制订者就是年轻的作战股长郭宗汾。在参与制订作战方案的过程中，郭宗汾原来从书本上学到的军事理论得到了实践的检验，他的军事才干得到了初步的展示。两次战役下来，崭露头角的郭宗汾在晋军中已经小有名气。1927年，郭宗汾再升一级，成为阎锡山北方国民革命军总司令部参谋处中校处长。两次北伐讨奉，郭宗汾都以参谋处长的身份，随阎锡山在前线指挥作战，出谋划策，并因此而赢得"智囊参谋"的美名。

作为军校毕业的高才生，地道的步兵科班出身，郭宗汾一直向往着带兵打仗，驰骋疆场，而特殊的机缘却使他在参谋的位置上一干就是好几年。中原大战前，阎锡山将晋军扩充为十个军又四个保安纵队。随着编制的扩大，对带兵官的需求也相应增加。适逢其时，郭宗汾终于如愿以偿，出任第七军第十九师少将师长，驻扎晋南运城。在郭宗汾两进军校、三次投军的丰富阅历中，作为领兵官这还是第一次，这年他27岁，初次领兵即身居要职。郭宗汾认为对士兵在军事上严格要求，生活上切实关心，而后士兵方能用命，纪律才得整饬。因此，他治军主张宽严相济，恩威并重。郭宗汾颇具口才，善于演讲，兼之常年手不释卷，读经史、研兵学，时有独到的见解。久而久之，树立起了众人心目中的儒将形象。

中原大战爆发前，有感于阎锡山在过去的作战中常常轻易变更部署，致使将领无所适从，作战计划不能很好贯彻的不良影响，郭宗汾专程赴太原，面见阎锡山，犯颜直谏：在随后可能发生的战争中，一定慎重选择指挥官，建立健全幕僚机构，不要过多干预下级的指挥。令人遗憾的是，阎锡山根本没有听进郭宗汾的忠告，依然我行我素，从而造成了严重的后果。例如加派张荫梧为第二、第四两路联军总指挥，从而激化了傅、张矛盾，在傅作义身上产生了离心力，以致直接影响了战局的发展就是这方面的典型事例。假如当初阎锡山能以郭宗汾的忠告为戒，辅之以用人不疑，那么很有可能是另外一番景象。

1930 年 4 月初，郭宗汾奉命率部作为阎锡山第三方面军先遣师，开赴豫北前线，占领阵地，构筑工事。中原大战打响，蓄势待发的郭部负责进攻曹县，与当面之敌陈调元部激战，锐不可当。正当郭宗汾准备强行攻城、扩大战果之际，接到于次日黄昏撤退的命令。这时蒋介石的增援部队已集结于曹县十几个村庄，恶战在即。次日晨，战斗打响。在奉命负责掩护任务的晋军彭毓斌骑兵师的配合下，郭宗汾指挥所部先以猛烈的炮火压制住敌方的进攻，然后与骑兵两面夹击，打退了敌方从右翼发动的进攻。午后，战况更趋激烈，双方不惜以白刃相见。苦战至黄昏，郭宗汾不敢恋战，乃以总预备队投入，全力拼杀，按照命令撤出阵地，辗转抵达兰封。

在中原作战的整个过程中，郭宗汾师敢打硬仗，伤亡惨重。因阎锡山偏爱肯打仗的部队，所以兵员总能从后方源源不断地得到补充，部队始终保持着高昂的斗志。郭宗汾首次指挥一个建制师作战，着实过了一把前线指挥官的瘾。在实地指挥作战中，郭宗汾临危不惧，指挥若定，儒将、骁将的风范集于一身。

中原大战后，郭宗汾一度兼任运城警备司令。1934 年，在庐山军官训练团受训期间，蒋介石有意留他在南京任职，郭宗汾婉言谢绝。训练结束后，他如期返回山西，在向阎锡山汇报训练情况的同时，将蒋介石所赠之五千元现款及景德镇瓷器一套悉数上缴。阎锡山见他开诚布公，没有丝毫的隐瞒，也就不加计较，一番抚慰之后，又交代赠款赠物不必上缴，留下自用即可。受到阎锡山的礼遇，郭宗汾感念不已，自然是更加尽力地做事。

抗战爆发，郭宗汾在第二战区部队序列内任第七十一师师长，隶属于孙楚第三十三军，同时兼任阎锡山的司令长官部参谋处长。8 月 28 日，阎锡山设长官部行营于代县雁门关东太和岭口，并亲自坐镇行营，部署大同、雁门关、平型关作战。郭宗汾以参谋处长的身份率僚属随行，承担拟定"大同会战"作战计划的任务。阎锡山判断，日军进犯晋北有两种可能：一是"以一部兵力由蔚县向广灵行佯攻。以主力沿平绥路西进夺取大同，以图切断我晋绥之联络线"。二是"以一部兵力向天镇行牵制攻击，以主力向广灵进攻，企图截断我雁门后路"。据此，郭宗汾等进一步确定了具体的作战方针，这就是"以利用山地歼灭敌人为目的。以主力配置于天镇、阳高、广灵、灵丘、平型关各地区，以一部控制于大同、浑源、应县附近，以策应各方之战斗，相机转移攻势"。

战争的发展往往出乎人的意料。向山西方面攻击的日本关东军察哈尔派遣兵团，除在伪蒙军的配合下，继续沿平绥线西进，其先头部队独立混成第十五旅团推进至柴沟堡，直指天镇外，又兵分三路向南向西挺进，对大同乃至晋北形成包围之势。由于敌情的变化，郭宗汾倾注了大量心血的大同会战计划，无法实施，化为泡影。

放弃大同会战计划之后，郭宗汾离开行营，返回所部第七十一师，率部参加平型关会战和忻口战役。随后，奉命在汾河以西策应负责守卫太原城的傅作义部队。

1937 年 11 月 15 日，郭宗汾被授予中将军衔。

此后一个时期，郭宗汾一直率部驻于晋西的临县、离石一带。

1939 年 7 月，郭宗汾在当了 11 年的师长之后，升任第三十三军军长。同年 12 月，十二月事变发生，郭宗汾所部第三十三军配合赵承绶的骑一军与决死四纵队作战。事后，阎锡山为了平息舆情，象征性地处分了几名将领，郭宗汾代人受过，与赵承绶一起被处以撤职留任，其属下六个师旅长一律撤换。

郭宗汾后来在提到他因十二月事变而受处分这件事时，曾愤愤不平地说："阎锡山不信任外省人，一做到军长，就要被卸去兵权。"尽管对阎锡山的不信任外省人，以及由此而产生的对他的不公正待遇有看法，但郭宗汾依然不改初衷，继续追随阎锡山。在此期间，不断有人劝他改换门庭，说："将军满腹经纶，转投蒋先生，前途无量，没有必要在一棵树上吊死。"而他则总是以"追随百公多年，不忍离去"作答。久而久之，自然也就没有人再提了。

郭宗汾的忠诚感动了"上帝"，阎锡山终于得出结论："载阳功大于过，是可以信任的。"司令长官的一句话，就等于特赦令，郭宗汾因此而得以走出低谷。1940 年 4 月，郭宗汾被补进民族革命同志会高干委员会，成为地位显赫的军政高干。是年秋，又出任第二战区长官部参谋长，常驻阎锡山的战时首府山西吉县克难坡，负责处理日常军务和按照阎锡山的旨意起草修订作战计划和作战命令。地位提高的代价是，从此交出军权。这也就应了"一做到军长，就要被卸去军权"的断语。

抗战胜利后，郭宗汾续任第二战区长官部参谋长。1946 年 1 月 13 日，国共停战协定生效后，军事调处执行部太原小组成立，小组由美方代表和礼、国民党中央代表邹陆夫、共产党代表许光达（后改为陈赓），以及阎锡山的代表郭宗汾四人组成。军事调处本来就是国共之间的一种暂时的妥协，没有成效是双方都已料定的。在郭宗汾与其他三方面的代表进行周旋的时候，阎锡山就曾毫不掩饰地说："调处的事让参谋长一个人去应付吧，大家不要等待调处而失去自己应该努力的机会。"在调处工作的后期，郭宗汾日益感觉到阎锡山军队实力过于薄弱，恐怕不足以与日渐强大的共产党力量相抗衡。因此，在介绍共产党代表陈赓与阎锡山会面的基础上，大胆提出与中共谈判，摆脱蒋介石的控制，实现局部和平的建议。阎锡山当时正积极进行内战准备，为了争取足够的时间，默许他与陈赓秘密会谈。不料，机密被国民党代表邹陆夫侦知，一下子就捅到了蒋介石那里，只好不了了之。其结果是郭宗汾的建议落空，山西卷入内战的旋涡之中。

1947 年 6 月，太原绥靖公署恢复，郭宗汾改任绥署参谋长。随即，他奉阎锡山之命赴南京，向蒋介石求援，并兼办理军饷武器等项事宜。次年初，由宁返并，途经北平，与老朋友傅作义会晤，就时局交换意见，幻想着在华北与解放军抗衡，以平津为中心，以山西、察绥为两翼，西南、西北连成一片，保住津沽港口，拟战能战，拟和能和。说得兴起，傅作义提议说："载阳兄，你可以华北'剿总'副总司令兼冀中'清剿'司令，统率新征募的军队，专事冀中军务，以与山西连成一片。有你做我的副手，一切可保无虞。"

傅作义说话算数，等郭宗汾一走，即与曾经的山西同僚、时任河北省主席楚溪春通报情况，商定一起做阎锡山的工作。楚溪春对阎锡山说："平津与山西唇齿相依，而今山西势孤力单，绝非共军对手。我们皆你多年袍泽，情谊深重，一旦山西危殆，自可班师支援。郭附傅两利，你失傅，则难全。"楚溪春的话很有说服力，阎锡山答应予以考虑，但内战方兴，得力的参谋人才难寻，阎正值用人之际，又不愿马上放手，所以迟迟没有安排。郭宗汾见阎锡山不放手，也就不再说什么，继续留下来做阎锡山的参谋长。

郭宗汾自保定军校毕业投身晋军以后，二十余年如一日，追随阎锡山。虽然对阎锡山"不信任外省人"的做法心存不满，却没有起过背离的念头。上述与傅作义的约定主要也是从山西的前途考虑。郭宗汾的最终离阎而去，则事出有因。早在 1945 年秋冬，郭宗汾母亲就在河北老家病故，当时郭宗汾正奉命主持作战小组工作，又要兼顾接收、处理投降日军，阎锡山不愿这些事情受到干扰，便把实情隐瞒了起来。三年以后，郭宗汾才知道事情的真相，认为是阎锡山使他陷于不孝的境地，并因此而情绪低落，不理军务。阎锡山亲自主持补办了隆重的祭奠仪式，也于事无补。阎锡山无奈，于 1948 年 11 月，任命郭宗汾为新组建的第十五兵团司令。第十五兵团只有番号，没有兵员，面对二十多年鞍前马后换来的这个空头司令，郭宗汾失望至极，遂以探望家人为由（其眷属居于北平），请假到了北平，从此离开山西。

1948 年年底到 1949 年 1 月，郭宗汾出任华北"剿总"副总司令。1 月中旬，北平和平解放在即，傅作义召集郭宗汾等高级将领开会分析和战利弊，郭宗汾积极支持和平解放北平。随即，受傅作义委派，郭宗汾与解放军代表苏静等就北平和平解放进行谈判，并于 1 月 19 日达成 14 条和平协议。1 月 22 日，北平宣布和平解放。同年 2 月，成立北平联合办事处，郭宗汾被任命为副主任，协助主任叶剑英处理过渡期间的军政事宜。

从 1950 年开始，郭宗汾先后任华北军政大学高级军事研究室主任、南京军事学院教官。1957 年从军队转业后，重回山西，任省体委主任。

1969 年 10 月，郭宗汾病逝于太原，终年 68 岁。

与对嫡系将领的高度信任、恩宠有加不同，阎锡山对军事外围集团的态度则是利用多于信任，二者形成鲜明的对比。如前所述，这些将领，或满腹韬略、多谋善断，或敢打敢拼、英勇善战，也曾运筹于帷幄之中，也曾决胜于千里之外。这些将领，或帮打天下，功勋卓著，如张树帜、张培梅；或因资历与影响一开始就被委以重任，如朱绶光、商震；或初出茅庐即蒙延揽，进而成长壮大，地位显赫，如傅作义、郭宗汾。即使这样，仍然不能登堂入室进入核心。究其原因，阎锡山用人之道的局限性使然。反过来也就是说，阎锡山在用人之道上的画地为牢，亲疏厚薄，区别对待，反映在军事幕僚之中，才有了嫡系将领与军事外围的区别。

尽管阎锡山在对待幕僚班底的态度上有着严重的任人唯亲的倾向，但是作为幕府中人来说，他们既然加入阎锡山的晋系集团，实际上也就与阎锡山成了利益共同体，一损俱损，一荣俱荣，也就不能不齐心合力大家用命，为了集团的整体利益，为了个人的飞黄腾达，也为了报答主帅的知遇之恩。正因为如此，对于军事外围集团中的每一个成员来说，虽然心中难免有这样那样的想法，不时涌出愤愤不平的念头，但是仍然尽自己所能，建功立业。

张树帜、张培梅作为阎锡山初涉政坛时的见证人，其作用集中体现在阎锡山统治的早期。二张同为崞县人，又均系早年的同盟会员，一样的秉性，一样的经历，是巧合，还是机缘？太原起义的发动张树帜出过一份不小的力，阎锡山得以顺利登上都督宝座，张树帜同样功不可没。太原起义前，张培梅就是阎锡山第八十六标模范队一名排长，起义中率队攻抚署后门，是革命的一个积极参与者。娘子关失守，阎锡山撤出太原，张树帜、张培梅先后追随北上归绥，有"护驾"之功，连在河曲筹饷"做土匪"，都是"伙伙做的"。正是由于有张树帜、张培梅这样敢作敢为、不惜担"做土匪"之名的追随者，阎锡山才能在创业之初一次次走出困境。1917 年，在阎锡山统一军政大权战略的实施中，张树帜、张培梅再次扮演重要角色，分任晋北、晋南两镇守使，一北一南，忠实地守护着山西的南北大门。特别需要指出的是，张树帜、张培梅活跃于山西军界的时代，正值阎锡山幕僚班底形成过程之中，后来的军事幕僚尚没有形成合力，因而，他们的作用就显得更加重要。

商震投阎则正逢其时，一方面阎锡山在渡过袁世凯的信任危机后地位日渐稳固，有了进一步扩大实力的需求；另一方面阎锡山自己栽培的一批新人，亦即后来的嫡系将领羽翼未丰，所以一开始就被委以重

阎锡山

任。多年之中，商震在山西着实打了不少大仗硬仗，讨逆、征湘、抗樊、讨冯……无役不与。在阎锡山统治的中前期，商震无疑在军事上发挥了重要的作用。

后起之秀傅作义既没有资历可凭，也没有地域上的亲缘关系，作为军事将领得以立足，靠的自然是他自己的作为了。傅作义从一个刚刚走出校门的军校毕业生，后来居上，直逼前辈商震，并且有取而代之之势，天镇、涿州两次艰苦卓绝的守城战，名不见经传的傅作义在为自己赢得声誉的同时，也使国人对阎锡山的晋军刮目相看，从而一度赢得阎锡山的信任，其他将领难以望其项背。

但随着以忻定台籍将领为核心的嫡系将领集团的勃起，战功卓著的商震和傅作义很快就因位高权重且时有流言蜚语而遭到阎锡山的猜忌。由于旧中国政坛的通病，他们尽管一度有过"咱们的关云长"之美称，也曾努力向集团的核心靠拢，最终仍免不了与幕主抛情别离的结局。

朱绶光、郭宗汾作为前后两任参谋长，其作用主要在"运筹帷幄"之中，千里之外的决胜他们自然也功不可没。此外，朱绶光在军事教育以及军事学术方面的作为，郭宗汾在指挥作战方面的建树也是有目共睹的。

综上所述，就人才而论，军事外围无疑是一个实力集团，其作用不可忽视。需要说明的是，所谓军事外围只是就其成员在阎锡山幕僚班底中的地位而言，他们之间实质上并没有什么组织联系。因此，这个集团势力所起的作用是全方位的，纵向看，贯穿了从辛亥革命到抗日战争胜利之后这样一个漫长的历史过程；横向说，既涉及作战计划的制订，又涉及军事指挥的实施。

作为军事外围的构成成员，有一点是共同的，这就是在军情紧迫的关键时刻，他们可以统兵出征或襄赞戎机，一展身手；一旦政局相对稳定，他们的权力就受到很大制约。答案很清楚，作为地方实力派代表人物的阎锡山，是绝对不会放心把自身赖以存在的军队指挥权和政治权力长期交付给非嫡系的潜在竞争者的。

九

经济班底——徐一清、贾继英、王尊光、彭士弘、张书田、徐士琪

20世纪30年代，在上海的一家外文报纸上，曾经登载过一幅漫画，画上的人物是一个标准的中国商人，长袍马褂，瓜皮小帽，挺着大肚皮，手里拿着一把算盘，不停地拨动着计算："今天又能赚多少钱？"漫画意在讽刺阎锡山的精于算计，但是另一方面也形象地说明阎锡山作为一个政治人物又是极具经济头脑的。阎锡山注重经济是人所共知的事实，在他执掌山西近四十年中，为了增强地方实力，先后两次掀起大规模的经济建设高潮，有效地推动了山西金融业、轻重工业、军事工业、交通运输业的发展。在开展经济建设的过程中，一大批经营管理人才、术有专攻的工程技术人员，聚集在他的大旗之下，形成阵容可观的经济班底。囊括在这个班底中的主要人物有：徐一清、贾继英、王尊光、彭士弘、张书田、徐士琪等。

（一）实业界的佼佼者徐一清

徐一清，字子澄，山西五台大建安村人。徐氏家族系五台望族，始祖于明洪武年间由马邑（今朔州）迁至五台，从开荒种地做起，勤劳俭朴，耕读传家，代有获取功名者，家业逐渐兴旺。到徐一清出生时，徐家已小有田产，徐氏世家大族的地位基本奠定。徐一清行二，伯仲三人，兄一经，弟一鉴。

徐一清天资聪慧，勤奋好学，23岁时得中秀才，名列"案首"。1904年，徐一清由所在的山西大学堂中斋（原令德堂）推举，作为公派留日学生，入日本宏文师范学习教授管理之法，与赵戴文同窗。1905年，中国同盟会

在东京成立，徐一清很快接受革命思想，成为早期的同盟会员，并"以同盟会员之故，参与了机密，往来聚谈，殆无虚日"，与山西籍的其他同盟会员、革命党人共同策划光复山西之举。

1907年，徐一清完成在日本的学业，返回山西。回国后，依其所学先后参与创办晋阳中学堂和模范小学堂，在教书育人的同时，传播新思想，致力于资产阶级民主革命的思想启蒙。徐一清的学识与才干得到时任山西巡抚丁宝铨的赏识，旋即被任为山西大学堂斋务长，负责管理全校学生的食宿纪律。

1911年10月29日太原光复，徐一清组织山大学生军协助起义军维持新南门四牌楼一带的社会秩序，保护学校内部的安全，起了积极的作用。山西军政府成立后，阎锡山被推举为山西都督，早年参加同盟会且襄助起义得力的徐一清出任军政府财政部副部长兼大汉银行行长，负责为新成立的军政府筹措经费。阎锡山采纳景梅九的提议，决定向太原周围的富户筹借银两，责成徐一清具体负责操作。经过一番周密策划，徐一清派陆军小学堂英文教师王炳寅、测绘学堂学监李大魁，率领学生军星夜出发，首先前往祁县，从远近闻名的巨富渠本翘、乔雨亭两家一次借得银圆40万，充作大汉银行资本金，及时支持了军政开支。不日清军攻晋，娘子关失守，省城太原门户洞开。起义后组成的山西民军由都督阎锡山、副都督温寿泉分别统领向北南撤退。徐一清与赵戴文等一起追随阎锡山转战绥包地区，备尝艰辛。

1912年4月，阎锡山率部返省，正式就任山西都督。省局底定，徐一清就任山西审计处长。督军府下设粮服局，负责山西军队的粮秣服装事宜，局长由南桂馨担任。1914年，南桂馨调任警务处长兼省会警察所长，督军府粮服局改称陆军粮服总局，徐一清任局长（授中将衔）。出任粮服总局局长后，徐一清推荐举人出身、留日学生、同盟会员、五台同宗徐抡元（字鳌峰）担任副局长，协助工作。

1917年，阎锡山进行第一次扩军，晋军扩大到两万余人。粮服局原设的织布厂、军鞋厂、军服厂因规模较小，应付不了迅速增加的军需品供应的需要。鉴于扩大军用品生产厂或成立新厂需要的资金一时尚不能解决的现实，徐一清独辟蹊径，引进竞争机制，采取投标的办法，把一部分军需品的生产包给商人承办。为了保证质量，徐一清责成有关人员将具体的规格要求写进合约之中，大者如总体要求，小者如鞋袜的尺寸、用布多少、布料必须是平山布或是滦城布、每双鞋底用麻绳几两、纳多少针，事无巨细，一一写明，不能有半点含糊。商人承包下来后，再转手分包给附近的农妇。农妇每纳一双鞋底可赚一角银洋，承包商亦可赚一角银洋。这样做的结果，既有效地解决了军队扩充和供应不足的矛盾，又搞活了经济（承包商在转包军用品生产赚了一些钱后，投资商业，开设商号店铺；一些农村的剩余劳动力，得以调动，发挥所长）。徐一清首创的这种承包制，随着晋军的不断扩充，一直延续到二三十年代。

1917 年，为扭转金融混乱的局面，摆脱财政拮据的困境，阎锡山筹设山西省银行。1919 年 1 月 1 日山西省银行正式宣告成立，首任经理阎维藩。阎维藩上任未及一年即去职。是年冬，徐一清以陆军粮服总局局长兼任山西省银行经理。徐一清主持山西省银行一直到中原大战结束，长达 11 年。

山西省银行开办之初，为了广泛筹集资金，采取了公私合办的形式。徐一清出任经理后，贯彻阎锡山"省行不应有私人股本"的意图，努力使其"公有化"。到 1923 年，省银行把所有私股及地方公债票（太原光复之初，徐一清任财政部副部长兼大汉银行行长时，以山西军政府的名义向富商巨贾所借的银两及向地方劝募的款项，于 1913 年以无息公债发还，称为善后公债。后又将此项公债收回折合成以元为单位的股票）所换得的股票，全数以现金照票面额收买，从而变公私合办为完全公营。与此同时，省银行实行董、监事制度，董事会董事、监事会监事均由选举产生。行内组织机构健全，在太原设总管理处，下设总稽核、总文书、总营业、总会计及司券、司库，称为"四总两司"。另设太原分行对外营业。同时在省内主要县城和地区分别设立分行和办事处。以后随着业务的扩大，又在天津、上海、汉口、北京、石家庄、保定、归绥等地设立分支机构。到1929年，分支机构达40余处，形成一个触角四伸的金融组织网。其业务范围包括：

1. 代理省金库，发行统一的纸币和金库券。山西省银行成立之初，对于省财政厅的款项收支，系按一般往来手续办理。到了1923年，太原分行增设省金库，开始代办省财政厅收发的各种款项及收付军政各费事宜。省银行从1919年开始发行"省钞"，起初信用良好，足额兑现。后发行数额不断攀升，到1928年达到900万元，1929年更激增至1300万元，导致了省钞的"毛荒"。金库券是阎锡山发明的一种有价证券。其实施办法是：军政人员每月关发薪饷时按十分之二搭发，六个月后兑现，每月每元六厘利息（当时银行每月放款利息为一分一厘），如到期不兑，利息按月累加。而不到期要想兑换则只有到街市小钱摊上贴现。省财政因此而得到了大约占公务人员薪金五分之一款额的"低息贷款"。

2. 办理存放款和汇兑业务，汇兑方面还包括经营国内进出口押汇。此外，省银行还兼办买卖生金银、折收未满期限的期票及汇票、代人保管贵重物品、经营土地庄园等。

由于阎锡山以政府的力量给予极大支持，山西省银行的各项业务在徐一清任经理期间迅速发展起来，一跃成为山西金融业的"龙头"。据统计，当时山西银行业的总资本额为300余万元，山西省银行一家即达到240万元，占到总额的80%；特别存款1万元，全部为省银行吸收；往来存款130万元，省银行吸收了80余万元，占到60%以上；信用放款总额670余万元，其中有近600万元记在省银行的名下。反过来，阎锡山又通过山西省银行，操控了山西金融，从而将山西经济纳入其政治军事的发展轨道。

徐一清在留学日本时即萌生了实业救国之志，在管了几年省银行，为省财政赚了不少钱后，他开始考虑这样一个问题：如果单纯为了赚钱，那就办银行，因为银行赚钱是最容易的。银行开张，银钱一出一入，都有收入，只要不发生意外的问题，银行总是赚钱的。但是作为一个地方银行，只是对公家有利，对商人有利，对山西地方经济发展并没有起到什么作用。

后来，徐一清看到上海、天津、武昌等地办纱厂很有成效，就向阎锡山提议："银行应该扶植地方办实业，以改变地方面貌。"他说："山西除煤炭外，没有什么实业。山西产棉花，但山西人穿的布都是从外面买进来的。假如自己有纱厂，自己纺纱，把原料变成成品，就把加工费和利润留在山西了，就给山西增加了一大笔财富，还能把一些农人变成工人和围绕工厂工作的人。山西现在主要依靠农业生产，但农业生产变化很小，就是那么些地，就是那么些人，天年好了多收一些，天年不好少收一些。办实业，要从农业上拉一些人，但不会影响农业生产。工业上的收入，是社会上净增加的收入，因此银行应该帮助地方办实业。这样银行就对地方起到实际作用了。"

听了徐一清的话，阎锡山反问道："办实业既然有利，那银行为什么不自己办实业呢？"

徐一清这样回答阎锡山的提问："银行自己办实业，银行可有多少资本！还是老百姓比银行的钱多。我们要想办法，让老百姓看到办实业既有利又可靠，他们就会把箱子里的钱拿出来。这样，社会上的钱就多了。钱这种东西，放在箱子里就是死宝，在社会上流通，就变成活宝了。银行扶植实业，可以解除实业家的顾虑，实际上对双方都有利。实业困难时，银行可以帮助它，反过来工厂的钱有富余时，也可以存在银行得些利息，而银行只要存入的钱多，就可以大赚其钱。这样，银行和工厂就成了湖泊和江河的关系，互相沟通，互相有利，社会就繁荣起来了。"

听了徐一清的一番话，阎锡山茅塞顿开。受徐一清的启发，在1925年2月召开的山西全省实业会议上，阎锡山这样阐述他的实业思想："山西的实业，不能不办，也不能专靠官办，必须人民负责自动办理。若办有成效，则人民直接蒙其惠，而三晋利赖无穷矣。"在这一思想指导下，阎锡山制定了一些有利于实业发展的政策，采取了一些奖掖工业的措施，从而使自辛亥革命到中原大战结束这一个阶段，成为山西私营资本主义近代工业大发展的"黄金时代"。

在向阎锡山建言的同时，徐一清身体力行，投资实业。他经过考察后认为榆次发展纺织业极为有利。其一，交通便利，榆次距太原仅 25 公里，又是正太铁路和同蒲铁路的交汇点。其二，榆次棉纺业生产历史久远，并与棉花产地晋南毗邻，早在明万历的《榆次县志》中便有"布帛其所恒业""蚕织之业甚广，然多为征输所剥"的记载。清乾隆年间的《榆次县志》更有"榆人家事纺织成布至多……专其业者贩之四方，号榆次大布，旁给数郡，自太原而北缘边诸州府皆仰市焉。亦货于京师，其布虽织作未极精好，而宽于边幅，坚密能久，故人咸市之"的称赞。其三，榆次一带属产煤区，煤多价廉。

1919 年，他与榆次的商业资本家贾继英、徐秉臣、郝星三，以及省财政厅长崔文征、榆次县乡绅赵鹤年等集资 150 万元，在榆次城北门外创办晋华纺织股份公司。公司陈请农商部注册立案；股本定为 150 万元，每股 100元；营业为制造棉纱及其附属事业。徐一清以股东出任公司董事长。

经过五年的筹建，晋华纺织股份有限公司于 1924 年开工投产，采用机械纺纱。晋华纺织股份有限公司开工之初，技术尚属幼稚，但是因原料可以就山西本地采购，成品在山西本地又能销尽，也没有外货的倾销、同业的竞争，所以事业蒸蒸日上。到 1928 年，利润较开工之初翻了一番。1929 年秋，股本总额扩充至 400 万元，建第二厂于第一厂之南侧，增添细纱机二万锭。1934 年增设布厂，购置普通织机 180 台，以及自动织布机 300 台。同年，晋华纺纱厂的设备包括细纱机纺 41744 锭，股线机纺 725 锭，织毯机 4 部，织布机 480 台，成为当之无愧的山西纺织第一厂。

1927 年，在晋华纺纱厂稳定发展、初具规模之后，徐一清辞去粮服总局局长职务。中原大战后，不再兼任省银行经理，专心于兴办实业。1928年（另有 1927 年、1929 年两种说法），徐一清倡议集股，兴办晋生染织厂于太原城内晋生路。1934 年，徐一清又以晋华纱厂的名义，租办祁县益晋电气织染厂，易名为晋华祁县染织厂，设董事会，自任董事长；聘斌记五金行经理贾继英、益和银号经理韩湘臣、原山西省银行经理阎维藩等为董事；聘学有专长的五台人杨镇西为电气工程师，实施专家管理，业务日渐发达。1935 年，晋华祁县染织厂与晋生染织厂订立产销合同，形成一条龙生产。同时，于太原设立晋华纺纱厂、晋生织染厂、晋华祁县染织厂三厂总管理处，徐一清总负其责，实行统一管理，统筹安排，具有了工业托拉斯性质。各厂生产又有了一个新的发展。

除投资纺织印染业外，徐一清还涉足电灯、造纸等行业，先后主办新记电灯公司和晋恒造纸厂，且卓有成效。他由阎锡山的经济幕僚转而走上了实业兴省之路，成为山西实业界的佼佼者。

徐一清笃信佛学，曾主持世界红十字会西北主院会务，并在太原、大建安等地搞过一些慈善活动。在大建安出资开办了同生织布厂，所收利润充作村中两小学经费和贫民救济金。又出资兴建了徐氏祠堂，纂修了山西《五台徐氏宗谱》（民国二十三年铅印本，八册）。晚年迷信道家扶乩之术，施舍大方。

七七事变后，徐一清举家避居西安，抗战胜利后返省。1947 年病逝于太原，终年 78 岁。

（二）金融翘楚贾继英

贾继英，字俊臣，山西榆次郝家沟村人，生于 1875 年。贾继英自幼在父亲（秀才出身）教读下，接受启蒙，后入私塾。稍长入大德恒票号学徒（由于晋商发达的关系，山西地方自明清开始，一般殷实人家的子弟多于读完私塾课程后，即外出习商，学习做生意。久而久之，成为一种风俗），得到掌柜（老板）赏识，被提拔为"跑街"（负责对外业务联系），常驻省城太原。

1900 年八国联军侵入北京，慈禧偕光绪以及嫔妃、亲王、文武大臣千余人马仓皇出逃，途经太原时，提出向省城金融界人士借银 30 万两。当时，贾继英任大德恒票号驻并主事。大德恒票号系祁县乔家（闻名全国的商业金融资本"在中堂"）的"财东"，实力雄厚。面对外逃路上前途难卜的"西太后"开出的 30 万两银的借据，在场的各行号经理、主事个个瞠目结舌，不知如何是好。贾继英信奉"自古以来帝王家不会短下庶民百姓的钱"，挺身而出，慨然允诺，表现出了过人的胆识。后来，大德恒因"救驾"有功，甚得朝廷垂青。慈禧"回銮"后，传谕各地补交京饷，并将其中的一部分存于大德恒，票号获得了丰厚的回报。贾继英因此而得到老板的青睐，并在山西金融界崭露头角。

1905 年，清廷开设国家银行——户部银行，总行设在北京西交民巷，并在天津、上海、汉口、太原等 21 个城市设分行。贾继英被指定筹办太原分行。1908 年，户部银行改名为大清银行，贾继英出任太原分行行长。

辛亥革命太原光复时，贾继英已是山西金融界的头面人物。辛亥以还，大清银行倒闭，贾继英随即被阎锡山网罗。民国初年，省财政税收不归督军公署管辖，阎锡山只能领取督军公署编制内的饷项，在经费上受到很大的限制。就在这个时候，河东军政分府的李凤鸣、张士秀为求自立，向蒲、解、绛三州所属 17 县的殷实商民筹集现银 14.5 万余两，设立河东兴业银行（后改称兴业钱局）。而阎锡山作为统领三晋的大都督却没有自己的银行，相形见绌。为了与河东势力相抗衡，也为了在经济上掌握主动，维持编余的属下，阎锡山于 1913 年筹备成立了官商合营的晋胜银行。在阎锡山力邀下，贾继英出任晋胜银行经理。

晋胜银行设总行于太原帽儿巷，同时在大同设分行，在京、津两地设办事处。晋胜银行的资本以私股为主。据南桂馨后来回忆："康佩珩（五台人，早期同盟会员，忻代宁公团副团长）于续桐溪（西峰）去大同后，把在五台东冶镇的忻代宁公团改为保安会。民国元年撤销时，留有四五万元，交阎分肥，作为他们两家的股金，投入了晋胜银行。另外在辛亥革命过程中，因太原败退，向北路逃避，阎在军饷截旷项下拨出两三万元，分给他的亲近人赵戴文、黄国梁、徐一清等，作为晋胜银行的股份，分给了我两股，每股金一千元。同时，阎将每月经费总交银行，调拨支付，作为流动资金，周转运用。"

由于有阎锡山充当"后台老板"的角色，贾继英本人又是票号出身的金融专家，所以晋胜银行开办后，业务进展顺利，迅速成了为阎锡山融通款项的重要机构。晋胜银行成立之前的 1912 年 5 月，袁世凯的总统府秘书长梁士诒兼掌交通银行。梁士诒有意在山西物色一些票号人才，为他办理银行业务。贾继英办理金融的才能称誉山西，因此，梁士诒积极支持由晋胜银行代理交通银行在山西的业务。1923 年，山西省银行的业务有了很大的发展，阎锡山的金融活动范围进一步扩大，晋胜银行退还公私各股，宣告结束。

贾继英为阎锡山主持晋胜银行，大刀阔斧，堪称得力。因此，时人传言："五百年必有王者兴，一千年才出了个贾俊臣。"

1919 年，山西省银行成立，贾继英出任董事。期间，他极力帮助总经理徐一清等人"废两改元"（即废除按白银以"两"为单位，改为以"元"为单位），统一山西货币，将清末民初时混乱不堪的各种货币一律改为晋钞，而且币值坚挺，一元纸币兑换一元银圆，既为工商各界和普通民众日常交易提供了方便，受到了群众的拥护，又为阎锡山积累了大量的硬通货。这一措施比蒋介石国民政府统一全国货币早了 15 年，从而也使山西经济得以初步发展。

"多财善贾"，古有明训。晋胜银行结束后，贾继英接受阎锡山的旨意，以银行的全班人马筹设"斌记五金行"。1926 年，"斌记五金行"正式开办，贾继英出任经理。"斌记"属公营性质，行址位于太原的闹市区钟楼街，启动资金 50 万元。

"斌记五金行"设立后，在贾继英的经营下，开始从德国、美国等国进口钢铁、机械、建材等原料，为山西兵工厂、钢铁厂、水泥厂、纺织厂、卷烟厂、造纸厂、面粉厂以及铁路、煤炭、矿山等新型工业的迅猛发展壮大提供了保障。"斌记"在贾继英的经营管理下不断开拓业务，它通过驻天津办事处，与更多的外商直接做生意，其业务不仅限于供应各种原料、设备，而且还搞外汇买卖，兼做日用百货的进口转销，获利颇丰。十年建设时期，阎锡山又授予"斌记"以更大的经营范围，使"斌记"规模日渐扩大，生意更加兴隆。如西北实业公司各厂所需设备、原料、军需和防空器材，建筑同蒲铁路所需钢轨、枕木、车辆、机械等，绝大部分都是由"斌记"与外商签订合同，一手经办。1933年4月1日，根据阎锡山的指令，"斌记"五金行改组为"斌记"商行，贾继英仍任总经理。1936年9月1日，"斌记"划归公营事业董事会领导，只增聘徐一清为监察，其他人事依旧。在阎锡山的直接操纵下，"斌记"商行的经营范围又有所扩大，从钢铁、煤炭、军火、机械到日用产品无不包括在内，几乎垄断了山西经济的方方面面。

1932年阎锡山复出后，着手省政十年建设。为了重振山西金融，有效地融通资金，首先改组省银行，放弃"毛荒"的旧省钞，发行兑现新省钞。接着，又分别于1932年8月、1934年7月、1935年1月设立"绥西垦业银号""晋绥地方铁路银号""晋北盐业银号"等三个专业银号，与山西省银行一起，统归山西省人民公营事业董事会领导。山西自成一体的金融体系由此形成。然而，好景不长，1935年11月，国民党中央实行"币制改革"。11月3日，财政部颁发紧急法令，宣布自4日起全国施行新货币制度。规定中央、中国、交通三银行发行之货币为法币，白银收归国有，法币不兑现，并限制各省银行发行纸币。法币政策的出台有违于阎锡山设立四银行号的初衷——控制山西金融，通过发行纸币取得建设资金，因而对阎锡山初步形成的金融体系是一个不小的限制。在法币政策的冲击形成之前，阎锡山"未雨绸缪"，在宣布四银行号发行的纸币也停止兑现的同时，宣称"为开辟造产途径，救济农工困难，并维持货币信用，保障人民生活基础起见"，以"山西省银行、晋西垦业银号、晋绥地方铁路银号、晋北盐业银号，共同设置实物十足准备库"。

　　筹建实物准备库，阎锡山又想到了那个"有胆有识，一千年才出一个"的贾俊臣。于是，1935 年 12 月下旬，贾继英被阎锡山召到河边村，一同前往的还有商人出身的郝星三。在河边村阎锡山的老宅里，贾继英与郝星三很快就领会了阎锡山设立"实物十足准备库"的目的——为四银行号发行纸币进行实物准备，并通过买进卖出赚取利润，使准备有充分的保证。因而欣然接受了立即着手筹组实物库的任务。按照阎锡山的意图，贾继英与郝星三一返回太原，即以个人名义派员到榆次、太谷等地，购买粮食和棉花。当时，小麦每石五元上下，棉花每百斤十几元。贾继英在经营方面的胆识又一次起了重要的作用。他瞅准时机，大胆出手，仅以棉花为例，一次就对市面投放价款二三百万元。在当时市面死滞、周转不灵的情况下，这一大规模的购买，不仅没有引起市场混乱和波动，而且大大活跃了市场。因此，最初的实物准备都是以较低的行情成交的。

　　1935 年年末，实物十足准备库在一边购买粮棉、一边紧张筹组中宣告成立，阎锡山自兼督理，为最高决策者。实物库下设总管理处（亦称总库），贾继英被任命为经理。实物库可以说是阎锡山设下的一个"连环套"。当时，因为纸币不兑现，人们珍视现洋，多把现洋储存起来，市面通货筹码不足，交易困难。阎锡山便乘机指示山西省政府和晋绥财政整理处，以空文给四银行号增拨资本 3000 万元。同时，令实物准备库从四银行号借纸币向民间购买实物，购回的实物就是四银行号的准备金，何时想叫省钞回笼，把实物卖出去，即可撤收回来，卖货所得交四银行号陆续存库。也就是说，实物库与四银行号是互为准备的。对此，贾继英心领神会。所以，在实物库成立之后，他充分利用阎锡山所给予的特权：资金由四银行号按需要提供；与中国银行订立汇款合同，按一般汇率的四分之一，一月结算一次；与正太、同蒲铁路局和省外的平汉等路订有优待合同；在买进卖出赚取差额的同时，承揽一些单

徐一清、贾继英等创建的晋华纺织厂旧厂部

位厂矿的代客采购事项和私商的委托代办货运业务，使实物库迅速地发展起来。据统计，截至抗战爆发，短短一年多的时间，实物库的物资及不动产即达到1000万元以上。

阎锡山设立实物准备库的目的，是为了给四银行号进一步发行纸币进行实物准备，然后以所谓十足准备的晋钞与法币相抗衡，同时也通过对实物的买进卖出赚取利润，使准备拥有充分的保证。

在理财能手贾继英的操办下，实物库确实达到了预期的效果。1935年年底以前，鉴于过去滥发晋钞的教训，纸币的发行是很有限的，据统计，山西省银行的发行量是283万余元，垦业、地方铁路、盐业三银号则分别发行74万元、110余万元、32万元。1936年以后，由于实物库的设立，阎锡山开始放手发行纸币，到1937年日军侵入山西时，山西省银行发行的新省币达2500多万元，地方铁路银号发行纸币达1000余万元，垦业、盐业两银号各发行500余万元，四种纸币达4500余万元，从而为山西地方经济建设筹集了大量资金。对此，阎锡山不无得意地称之为"口吹大洋"。而贾继英就是"吹大洋"的"口"。

抗战爆发前一年，贾继英预感到时局之岌岌可危，山西之不保，急流勇退，辞去实物准备库经理一职，赋闲在家。七七事变后，举家避居兰州。随即，由孔祥熙推荐出任中央银行兰州分行经理，并兼在大西北的中央银行、中国银行、交通银行、农民银行四行联合办事处主任，以及甘肃省银行督办。

在投身于票号银行、成就于金融事业的同时，贾继英还涉猎实业，造福桑梓。早在 1919 年他就与时任山西省银行行长的徐一清等共同筹资创办榆次晋华纺织厂。之后，又先后入股魏榆面粉厂和魏榆电灯公司，并参与兴修故里的水利工程"天一渠"。在兰州统揽各大银行的时候，他还责成专业银行贷款，从资金方面支持山西人筹组甘肃矿业公司、兴建窑街水泥厂，安插相关技术人员，开发当地矿产资源。

1944 年，贾继英病逝于兰州，终年 69 岁。

（三）经营里手王尊光

王尊光，名谦，字尊光，以字行，山西大同人，生于 1895 年。1911 年考入县立高等小学，嗣后升入省立第三中学、公立法政专门学校。1922 年考入育才馆。

1923 年，王尊光结束育才馆的学习，开始了他的从政之路。先任山西省村政处办事员，继任浮山县承审员、村政处考核股主任。北伐军兴，调任第三集团军总司令行营秘书、政务组组长。北伐胜利后，升任绥远省府秘书长。

1932 年，王尊光出任山西省政府秘书主任。2 月，阎锡山复出担任太原绥靖公署主任，并着手整理"毛荒"的省钞。他先令省银行用"二五"折收存款，定期五年，到期归还现洋。随后，又用"二五"折收股本办法，要求各存户按"二五"折价入股。虽然当时拿不到现款，但能以每元折价四角入股，较当时市面每元只值四五分钱要合算得多，这样就收回了一部分省钞。

这时，阎锡山因省银行经理高步青系由商震委派，高为讨好商震曾将银行库存 30 万元交商带走，对高心有不满；又察知高有以落价省钞套取省银行库存现金的行为，更是不能容忍。当即派王尊光持手令，向高步青发出最后通牒——限即日交出 100 万元，备作回收省钞之用，否则从严惩处。王尊光到省银行向高步青出示了阎锡山的手令，并强调说："总座怒甚，如凑不足此数，不只你要受处分，连行内所有不干净的人，恐怕也都难免受处分。"听了王尊光一席话，高步青极为紧张，一面承诺筹措，一面亲自出马四处张罗。忙乎了整整一天，总算凑足了现洋 100 万元，交王尊光点清，用省政府封条封存。事情顺利办妥，王尊光当晚即向阎锡山复命。阎锡山甚感满意，当即下手令，"着王尊光兼省银行监理"。

以及时凑到的现洋 100 万元做准备金，新省币得以发行。当时，由于纸币的超量发行和中原大战失败造成的严重后果，旧省钞已跌至现洋 1 元兑换 20 余元到 30 元。新省钞发行后，阎锡山通过省政府布告，以新省钞 1 元兑换旧省钞 20 元。经过半年的时间，将旧省钞全部收清，金融秩序开始恢复。在这个过程中，王尊光又奉阎锡山特派，带领一个查账组进驻省银行，彻底清查往来账目，进一步查出经理高步青和行内几个重要职员确有舞弊情事。据此，阎锡山将高步青、阎子秀（太原分行经理）、郑秉中（总稽核）、乔晋枚（司库）、刘沛（总会计）等撤职关押。随即，为了恢复信用，由省政府下令整顿省银行，修订章程，实行"公营民监"，规定改组后的省银行，由省政府派监理员一人。监理员一职继续由王尊光兼任。

查处整顿省银行显示出王尊光干练的办事能力，有鉴于此，1932 年 10 月，王尊光被阎锡山委派为晋华（卷烟）公司经理。

卷烟虽然清时即已传入山西，但是到 20 世纪 20 年代山西还没有自己的卷烟厂，英美烟草公司生产的卷烟在山西大量销售，传统的山西旱烟制造业日渐萎缩。20 年代末，河南人陈禹祥因与徐永昌有旧，集资在山西榆次开设华北纸烟公司，获利甚厚。从而吸引了一些投资者，紧接着又有德记烟公司、福民烟公司的开设。三家烟公司均系私人经营，资金薄弱，缺乏竞争力。于是省财政厅倡议三公司合并，组成一个公私合营公司，合力经营，以与外烟抗衡。取得三公司同意，连同省财政厅，各出 10 万元（股金或现金），共合 40 万元，于 1930 年组成新公司，定名为"晋记烟公司"，以阎锡山的采运处长边廷淦兼任经理。不久，中原大战爆发，华北、德记两公司观望时局，不肯将原料、机器移交，新公司还没有来得及正式运转，就陷于停顿。

阎锡山复出后，以纸烟利大，决定恢复晋记业务，而德记反悔，不肯加入。乃改晋记烟公司为"晋华卷烟厂"，仍为公私合营，华北、福民、省财政厅各占三分之一的股份，推陈禹祥为厂长。由太原绥靖公署出资15万元，另组"晋华公司"，委祁县人马铎为经理。烟厂专管生产，公司负责营销。烟厂每产一箱烟尽赚手续费2元，一切开支，则均由公司支垫，盈亏归公司。烟厂为多得手续费，不管销售情况，一味扩大生产。马铎经营两个月，除将原有资本垫付外，还背上了银行的债务，即使这样仍不能满足厂方的要求。因资金周转不灵，厂方责难，马铎被迫辞职。马铎辞职后，阎锡山环顾左右，还是决定由王尊光去啃这块硬骨头。

阎锡山之所以把王尊光推到晋华公司经理的位子上，主要是出于以下考虑：其一，王尊光与银钱业素有来往，便于资金的周转。其二，王尊光其时还兼掌禁烟考核处，禁烟考核处在每县有一个监销戒烟药饼委员，借此推销纸烟可取一举两得之功效。令阎锡山没想到的是，王尊光不仅敢作敢为，而且颇具经营管理才能。

王尊光兼任晋华公司经理后，先不动声色地对公司及烟厂情况进行了一番深入细致的了解，掌握了烟厂厂长陈禹祥营私舞弊、以次充好、降低质量、提高成本，自己从中渔利的种种劣行。从而认识到问题的症结在于：生产和经营的严重脱节，不能统筹。然后，他主动找陈禹祥谈了一次话，开门见山地表明："要么我去你干，要么你去我干，绝不再事迁就。"并以"投鼠忌器"暗指陈禹祥倚仗徐永昌的势力为所欲为。徐永昌从旁听到了"投鼠忌器"的话，认为有伤他的体面，强令陈禹祥辞职。

1933年4月，陈禹祥去职后，王尊光顺势将烟厂与公司合二为一，改名为"晋华卷烟厂"。卷烟厂分为工厂和营业两部分，各设一个主任，工厂主任负责生产，营业主任负责销售和银钱往来，王尊光本人则以经理总其成。这样，虽然生产销售依然分立，但最终统一于经理之手，便于协调，有效地抑制了互相扯皮现象的发生。同时，为了充分调动广大职工的生产积极性，拟定了新的分红办法，将职工红利由占纯利的10%提高到15%。其中的50%按职工工资平均分配，作为固定红利；另外的50%根据职工的工作业绩，由大家评议，经理核定，作为奖金，分等级分配。所拟分红办法，连同改组情形，呈请阎锡山批准，并请阎派一个可以信赖的人为监察员，与经理平行，实施监督。改组完成后，购进和自制了五部卷烟机，连同原有设备，工厂的卷烟机达到十三部。为了不受私资牵扯，王尊光向阎锡山请准，把华北、福民两公司的股金20万元全部退还。这样，晋华卷烟厂由公私合营变为完全公营。至此，生产销售相互联系，在生产能力达到日产卷烟200余箱的同时，销售市场也初步打开。

在晋华卷烟厂进入良性发展轨道之后，王尊光又把着眼点放在市场竞争上。当时，在山西和晋华争夺纸烟市场的，一个是德记烟公司，一个是英美烟公司。德记力量薄弱，销路日窄，已不是晋华的对手。而英美烟公司则因其经济力量雄厚，加上烟的质量较高以及人们多年的吸食习惯，占有很大的优势。王尊光认为，晋华的劲敌是英美烟公司，不把英美烟公司打败，晋华前途很难乐观。为了集中力量对付英美烟公司，王尊光不惜以15万元的重金将因为累赔不止请求晋华接办的德记全部收购。

然后，趁阎锡山在山西倡导土货运动，爱国人士一致抵制外货之机，晋华卷烟厂一面整顿内部，极力提高烟质，压低成本，使自己初步具备物美价廉的优势；一面依靠政府的力量，推行省烟，抵制外烟。首先以15万元向山西烟酒事务局把纸烟牌照税包到。照税章规定，销售纸烟的商贩，每年四季均须换领牌照，无照者不得经营。晋华包到牌照税后，以行政手段通知各县委员兼办按期发照事务。同时，将领照限期由10天缩短为5天，并责成委员严查，对无照销外烟者送县重罚，对纳税领照者亦故作留难。这样一来，领照者日少，外烟自不能多销。加上当时山西由阎锡山倡导、服用土货盛行，人们在交际场合以吸本省烟为荣、吸外烟为耻，省烟自然畅销。

在迅速占领本省市场的同时，王尊光又瞄准了邻近省区，派专人到绥远、宁夏、陕西、甘肃等省推销晋华卷烟，由于肯给承包商让利，再加上当地山西商人的支持，销路日好。

英美烟公司面对晋华咄咄逼人的攻势，招架不迭。曾企图通过国民政府实施干涉，从原料运输诸方面对晋华进行制约。如促成国民政府有关部门规定："在河南许昌、山东潍县买的烟叶，天津、上海印的装潢，火车不予起运"；"财政部不批准，不能购买卷烟纸"，如此等等。针对前者，晋华在许昌火车站60里以外，雇大车分批从小车站运输；对于后者，晋华自己出资15万元，由西北实业公司成立西北造纸厂，从日本请来一个技师，研制卷烟纸成功，并制造了大批道林纸，交西北印刷厂，尽先印制纸烟装潢。这样不仅解决了卷烟纸的问题，而且省了到津沪印装潢的费用。从长远计，王尊光还在本省选定太谷、孝义、汾阳、文水、曲沃、临汾、襄陵等7县，试种烟叶。为此，特从河南请来一些传授种烟和土法烘烤烟叶的技术人员，并对种烟叶的农民给予优惠。

到1935年9月，晋华卷烟厂生产的卷烟，分高、中、低三个档次，其品牌有正太、模范、汽车、洗心、太子、云岗、禹门、五台山、大丰包、国术、雁门关、三晋、白鹤、太行山等14种之多。由于产品质量好，价格也低廉，销路很广，本省每月销售2000余箱，外省亦可销售七八百箱。绥远、宁夏销路甚广，青海、陕西、甘肃也逐渐推广。晋华卷烟厂未办之前，英美烟公司每月在山西要销售3000余箱，后经谈判，晋华卷烟厂同意英美烟公司销售600箱，并且只限在同蒲路沿线县份销售，在其他县份英美烟公司的卷烟微乎其微。

由于同英美烟公司斗法取胜，晋华烟畅销，烟厂基础日渐巩固，王尊光萌发了更大的雄心，决心把英美烟彻底逐出华北。为此，1935年9月，他向阎锡山提出，愿意辞去省府委员兼秘书长之职，专办纸烟厂。同时，从便于周转资金，扩大生产出发，要求兼任山西省银行经理。阎锡山认为这样不可行，不予同意。王尊光固执己见，表示："如不让我专办烟厂，我就不兼此职了。"王尊光的强硬和自负惹恼了阎锡山，当即准他辞去卷烟厂经理兼职，晋华卷烟厂交由西北实业公司派人接办。王尊光辛苦经营三年的卷烟厂就这样拱手让人。据统计，一个晋华卷烟厂在王尊光手中，一年可使山西财政收到近 200 万元的统税；晋华卷烟厂在交给西北实业公司接办时，扣除备还外债的数十万元资产外，所有厂房、机具、原料、成品，共值现洋 300 万元，相当于最初投资额 25 万元（财政厅 10 万元，绥署 15 万元）的十几倍。

抗战爆发，阎锡山率领绥省两署撤到晋西后，成立省铁两行联合办事处，以王尊光为监理。办事处的主要业务为：办理军政机关薪饷的领发、保管新印省币及发行。

1938 年 5 月的一天，在驻地吉县中市村，阎锡山对王尊光说："咱们带来的法币，不久要花完了，今后军政费无着，设法印票子吧！"

王尊光不解地问："为抗战，所需军政费，应该向中央要。"

阎锡山解释说："现时不能要，去冬武汉会议时，我站在蒋先生一边说话，说服了大家，蒋甚满意。临别，他很郑重地对我说，你此来关系很大，今后你在西北，我在南方，只要咱二人不倒，一定要打到抗战最后胜利。他叫孔庸之（祥熙）问我要不要钱，可以带些钱回去。我当时回答，抗战还要钱吗？既拍了脯子，这时不好回头，还是咱们自己印票子吧！"

王说："中央不让各省印票子，咱们又没印刷工具和人员，该怎么办？"

阎说："阵中日报社（二战区长官部和太原绥署机关报，创刊于 1938 年 1 月 1 日）有西北印刷厂带出来的印刷机和工人，可作基础，不足的部分，可派人到西安购买些机具和纸张，即可开印。不过这事需秘密进行，只要从西安把应用的东西买回来，开印以后，就什么也不怕了。"

王尊光不好再说什么，遂从阵中日报社派两人秘密赴西安购买机具纸张、招雇技术工人。经过一番准备，是年冬，开始印刷山西省银行 10 元票，接着印铁路银号 5 元票。起初以西北印刷厂名义印刷，不久被中央侦知出面干涉，又改名晋兴出版社，以为掩护。所印钞票，于 1939 年 1 月开始发行，因印刷技术不佳，票面花纹模糊，被时人戏称为"花脸"。这批私印的钞票，除支付军政费外，还从日伪区先后套购小麦两万石。虽一时缓解了战时经济的困难，却增加了人民的负担。在战争环境下，王尊光的经营才干已无法在市场中发挥，只能一味地奉长官命令行事了。

抗战胜利后，王尊光出任太原绥靖公署秘书长。后重操旧业，调任山西经济管理局秘书长兼同蒲铁路管理局局长，继续在经济方面着力。

中华人民共和国成立以后，王尊光先后在政务院（后改为国务院）财政经济委员会与财政部参事室工作，并被山西省人民委员会特邀为山西省政协一、二、三届委员及省文史研究馆馆员。1959 年应邀参加编写《阎锡山统治山西史实》，参与撰写《阎锡山对山西金融的控制与垄断》《阎锡山用干部的手腕》等。1974 年病逝，终年 79 岁。

（四）术有专攻的彭士弘

彭士弘，字毅丞，山西忻县紫岩村人，生于 1899 年。自幼即有良好家教，继上私塾，读四书五经，接受传统教育。1916 年入忻县中学，1920年入山西大学，萌生科学救国思想。1925 年，留学日本，入东京高等工业大学化学系，学习应用化工。1929 年，毕业回国，先受聘于大连化工厂，任工程师。1930 年，就职于上海大华皮革厂（亦说是新华皮革厂），任工程师。1931 年，结识了阎锡山派往上海的代表贾景德。

1931 年 12 月 8 日，日本军舰在南京下关开炮攻击，一时南京大乱。国民政府主席林森率领国府及各院主要官员，前往洛阳办公，蒋、汪留在南京同日本人周旋，图谋和平解决。其时，阎锡山对各方面均未表明态度，只派贾景德在上海同蒋方联系。贾在上海设有秘密电台，由彭士弘掩护。由此奠定了彭士弘回山西后被重用的基础。

　　1932 年初，阎锡山设立西北实业公司（阎锡山的抱负在于，公司成立后，"要由晋绥而发展向陕、甘、宁、新"，顺应国人开发建设西北之要求和自身向外发展的需要。所以冠名"西北"而不称"山西"）筹备处，指定边廷淦为召集人，聘请散在各地的晋籍专家学者为筹备委员，彭士弘应邀回山西服务。

　　1933 年 8 月 1 日，西北实业公司正式成立，阎锡山兼总理，彭士弘被任命为协理，并兼任特产组组长。

　　西北实业公司创办伊始，处于筹划资金和罗织人才之际，阎锡山为了有效地调动下属的工作热情和创业积极性，把责任落实到组长身上，组长可以放手用人，选荐厂长，厂长对组长负责。组长有职有权，极大地便利了工作的开展。彭士弘领导的特产组很快就开设了一些货场商行，以适应山西土特产输出的需要。这些货场商行包括：（1）西北贸易商行。商行在天津、绥远分别设立办事处，办理羊毛、羊绒、大黄、枸杞、甘草、黄芪、胡麻、桃仁等类土特产的输出，并在归绥设立了一个洗毛厂。（2）天镇特产经营场。在山西天镇与毗邻的绥远丰镇、凉城等地种植大麻、黄芪等药材五万余亩。（3）河东联运营业所。因与陇海铁路联运而成立，以输出山西南部特产货物到省外各地为目的。西北实业公司计划的规模是十分宏大的，但是在其初创时期，计划中的毛织厂、卷烟厂、印刷厂、洋灰厂、纺纱织布厂、炼钢厂、电气厂、机械制造厂等尚在建设和筹划之中，因此，特产组开设的这些货场商行就先声夺人，成为西北实业公司最早的赢利企业。

　　山西地层从地质上说，系石灰纪和新生纪，因而遍布可作耐火材料主要原料的各种黏土页岩。太原附近就盛产具有标准品质的耐火页岩。然而，到西北实业公司成立之时，山西耐火材料生产一直是一个空白。1926 年，阎锡山实施厚生计划，设立育才炼钢厂，从德国购进一座 1.5 吨电弧炼钢炉，采用新的冶炼技术。投入生产后，由于没有生产技术，耐火砖作为易耗材料，全靠进口，不仅价格昂贵，增加成本，而且极其不便。

西北实业公司筹备之初，鉴于西北炼钢厂建成后，需用相当数量的耐火砖，从降低成本考虑，阎锡山决定投资 2.3 万元先行建造一个小型窑厂，自己生产耐火材料。同时，责成在化学方面术有专攻的彭士弘着手研制耐火砖。

接受了研制耐火砖的任务后，彭士弘在化学工程师宫占元的协助下，先在育才炼钢厂之东、北沙河之南的一个以生产日用陶瓷料器的小窑厂内迅速建起了一座供试验用的"反射式窑炉"。接着，他们跑遍太原的东西山，甚至深入太行山腹地，勘察页岩，选择耐火材料的原料。当时的试验条件十分简陋，没有专门的成分测定器，为了搞清楚页岩的酸碱度，不得不用舌头去品味。几经反复，终于取得重大突破，试制成功了适用于炼铁高炉的铝砖。以后，再接再厉又试制成功了炼钢用的镁砖和镍铬砖，从而填补了山西耐火砖生产技术的空白。

阎锡山对彭士弘等试制耐火砖获得成功甚感满意，从长远打算，决定追加投资 13 万元，将原定投资 2.3 万元筹建的小型窑厂扩建成为主要生产耐火材料的西北窑厂。1933 年，西北窑厂开工兴建，1935 年建成投产。窑厂建成后，彭士弘一度兼任厂长。在此期间，耐火砖的生产技术在吸收先进技术（曾派员到大连耐火材料厂学习）的基础上，得到了进一步的改进。所产耐火材料包括砂砖、高级耐火砖、上等耐火砖、普通耐火砖等四大类，400 余种。产品除供应西北炼钢厂等省内相关厂家外，还行销全国各地，并有少量出口，其质量与日本、德国等先进生产国相比亦毫不逊色。山西耐火材料依赖进口的历史从此结束。

耐火材料的研制成功并大量生产，在为山西发展钢铁冶炼业提供必不可少的高质量的辅助材料的同时，有效地节省了外汇开支，彭士弘作为负责研制的专家，自然功不可没。为了鼓励技术创新，充分调动工程技术人员发明创造的积极性，阎锡山重奖彭士弘、宫占元等研制有功人员，彭士弘一人得奖金3500 元。这笔奖金如以时价 2 元一袋买面粉计，可买到面粉 1750 袋。

1934 年 9 月，阎锡山将原有的壬申制造厂（原太原修械所）、壬申化学厂（原火药厂）和育才炼钢机器厂（20 年代在"厚生计划"下设立的官办工业）改组成为西北铸造厂、西北机车厂、西北农工器具厂、西北水压机厂、西北机械厂、西北铁工厂、西北汽车修理厂、西北电气厂、西北枪弹厂、西北育才炼钢机器厂、西北化学厂等 11 个专业工厂，划转并入西北实业公司。随即，西北实业公司原有各组撤销，改为总管理处，阎锡山兼总理，彭士弘仍任协理。

1936 年夏，西北实业公司再次改组。西北实业公司筹备及建厂之时，对于各工厂先核定资本，工厂建成资本拨足后，即由厂长主持经营，采取独立经营、各自计算盈亏的办法，年终向公司报告并解交应缴的利润。这次改组，取消总管理处，变为公司总部，弱化了技术领导部门，健全了经营管理部门，实施"中央集权"。改组后，公司分为集中经营和独立经营两部分。彭士弘以协理负责公司的集中经营部分，所辖企业包括：天镇特产经营场、西北机械修理厂、晋华卷烟厂、西北煤矿下属四个厂、太白路管理所、西北电化厂、西北木材厂、西北火柴厂、西北造纸厂、西北印刷厂、西北皮革厂、西北毛织厂、西北窑厂、西北洋灰厂、西北发电厂等。其余部分属独立经营范畴，由西北制造厂总办张书田管辖。

彭士弘以一名训练有素的专业技术人员，在西北实业公司协理的位置上服务多年，颇多心得体会。在谈到增进技术与造产救国的关系时，他说："此时迫不及待的工作，就是增进技术。这一桩工作，好比是一个伟大建筑物的基础，愈是做得彻底，愈将成其伟大。""大家在技术上求进步，创造我们国家工业的基础。要在这一基础上，求产业之发展，才有把握，才有实际。总之，我们要复兴产业，就要造产建设，就要增进技术，进而利用技术。"他所总结的管理企业六提倡：事事要计划，件件有预算，管理科学化，制造合理化，成品标准化，工作责任化，对后来者不无借鉴意义。

抗日战争爆发后，阎锡山决定西北实业公司向后方搬迁，在公司撤离太原后，彭士弘奉命与总部经理梁航标率领少数职员携带账簿、文卷及部分产品，于 1938 年春撤往成都。与此同时，阎锡山在将二战区长官部撤到陕西宜川县秋林镇后，鉴于现实的需要，设立"太原绥靖公署第一室"，专门管理前后方各公营企业。随即，招聘技术人员，在陕西宜川、耀县、泾阳一带筹设一些小型手工业工厂，生产军需民用物品，以图自给。为此，1939 年春，阎锡山电召撤到成都后方的原西北实业公司技术人员到宜川，彭士弘应召率领部分人员到达宜川。

经过紧张的筹备，西北实业公司以"新记西北实业公司"的名称复业，阎锡山仍任总理。因原经理梁航标滞留成都未归，彭士弘出任新记西北实业公司经理，开始了艰难的二次创业。

1939 年 7 月 1 日，新记西北实业公司正式复业，总部设在陕西宜川县官亭镇。1940 年 2 月，转迁至陕西泾阳县鲁桥镇。8 月，新记西北实业公司所属铁工厂、机器厂、纺织厂、毛纺厂大体建成，并相继投产，但产品远远不能满足需要。为解决晋西南地区的军需民用，阎锡山决定建立纺纱厂、织布厂、火柴厂、火药厂、钢铁厂、制造厂等。1944 年 7 月，在隰县建立火柴厂；1945 年 8 月，隰县化学厂建成；同月，在孝义县的钢铁研究所建成。五年中先后建立九个工厂，全公司至日本投降前共有职员 786 人，工人 2700 多人。

囿于战争状态，新记西北实业公司的生产能力较之战前要弱得多，机器厂仅能制造木炭瓦斯发生炉动力机、棉毛纺织机等，纺织厂、毛织厂所纺之纱粗细不均。名义上虽有 9 家工厂，但实际投入生产的只有机器厂、纺织厂、毛织厂、秋林火柴厂、隰县火柴厂、官庄复兴纱厂、化学研究所等 7 个工厂。这其中，有些工厂投产时间很短，产品数量有限。

抗日战争结束，彭士弘以新记西北实业公司经理身份率领随同人员多人，8 月 15 日返回太原。随即，奉阎锡山之命接收日军占领山西期间在各地新建的 13 个工厂，并借机吞并了日军侵占的规模较大的 14 家民营工矿企业。连同原西北实业公司各厂矿 28 个，组成新的西北实业公司，继续担任经理。

1947 年 9 月 11 日，彭士弘偕刘笃恭、秦晓峰一行三人，由太原出发，经北平、上海，于 23 日由上海乘美国西北航空公司飞机到美国。从 9 月 26 日起，在芝加哥参观机械展览会，并到美国各大工业城市参观访问。期间，订购了部分所需工业机械，着重学习了美国工业生产制度。至翌年 1 月 3 日止，共看了 60 余厂，经过地方 50 余处，自东海岸之纽约，至西海岸三藩市，历经百余天。回程时途经日本，在短暂逗留中看到日本战后为全力恢复经济，连东京公交电车、汽车上被炸震碎的玻璃都顾不上安装，感慨万分。

回国后彭士弘便在公司召集全体大会，提出忍受饥饿、争取输出的口号，倡导工作责任化运动。主要做法就是将公司全体职员职务做一个精密的划分，划分后即举行授权典礼，表示公司已将某一职权正式授予受权者，日后这一部分工作计划的完成，就由受权者负完全责任。即所谓"人人负责，个个是公司的经理"。这种做法被视为工厂制度上的一次革命。过去一般工厂处理事务多由上而下，从此由纵的关系变为横的关系，工作全权分由工作者担任，领导者与被领导者很清楚地划分开责任，从而清除了职责混淆或上级事无巨细一手包办的不民主作风。

1948 年夏，彭士弘收到西北实业公司驻青岛办事处的一封专电，内容大意是：美军第七舰队给了傅作义可以装备五个师的武器，将在青岛交货。兹事体大，彭士弘当即向阎锡山作了汇报。得到这个消息后，阎锡山马上意识到这是争取美国军火援助的极好机会，遂决定派彭士弘为代表，到青岛与美军第七舰队司令白吉尔当面交涉。彭士弘奉命乘飞机到北平，转机到青岛，住在西北实业公司驻青岛办事处。然后，通过一位美籍牧师，结识了第七舰队的一名副官。彭士弘以上好的酒筵宴请副官，拜托其将阎锡山的亲笔信转交给舰队司令，并请其代为约定会面时间。

三四天以后，彭士弘一行被接到第七舰队的旗舰上，在舰队司令会议室与白吉尔举行会谈。

会谈开始，彭士弘开门见山表明来意："山西地处与共军作战之前沿，阎锡山将军决心竭尽全力坚守山西。唯缺乏先进的武器装备，迫切需要贵方的援助。希望依照援助傅将军之例，也给山西装备五个师。"

接着，向白吉尔递交了一份事先准备好的武器数量明细表。

白吉尔表现得极不热情，摆出一副公事公办的样子，说："美援军火给谁的决定权在南京国民政府手里，第七舰队只是奉美国军事顾问团的命令，负有运输之责。你们希望得到美国军援，可向你们的南京政府申请，我们也可以把阎将军的意思转达给美国军事顾问团和美国驻华大使。"

彭士弘看到争取美援无望，便转了一个话题，说："山西重工业很发达，有制造军火的能力，希望出售给我们几种新式武器的样品，以便仿制。"并自我介绍，本人就是生产军火的机械公司的经理。

白吉尔答以"武器是美国的国家财产，任何部队不得私相转让，更不许出卖。转让和出卖都是违反美国法律的"，一口回绝了彭士弘的请求。

会谈没有任何结果，彭士弘空手而归。

青岛之行徒劳无功，彭士弘心有不甘，在赴天津对西北实业公司驻津办事处例行视察之后，征得阎锡山的同意，到南京继续活动。在南京，彭士弘利用随行的阴纫斋（燕京大学毕业）与美国驻华大使司徒雷登（曾任燕京大学校长）的师生关系，打通关节，得到了司徒雷登的特许接见。司徒雷登是中国通，可以直接交谈，无须翻译。

在了解了彭士弘等的来意后，司徒雷登明确表示："我和阎先生是老朋友，阎先生要求美援军火，我可以向南京政府提出。但是太原已是陷入重围的孤城，没有坚守的必要。阎先生虽有坚守太原的决心，但太原失守不过是个时间问题。为阎先生计，他最好来南京共图国是。希望诸位转达我对阎先生的关心，请他早日离开太原。"

彭士弘等点头称是。回到住所，即用电报把谈话内容向阎锡山作了汇报，聊以复命。

这时，正值 1948 年年末 1949 年年初，太原城已被解放军团团围住，彭士弘无心返并，便借口向美国善后救济总署求援，转而前往上海。此后，就留在上海，办理西北实业公司向台湾转移财产和在台设厂的有关事宜。

1949 年 4 月，彭士弘离开大陆到了台湾，在台北市怀宁街 34 号，打出"山西西北实业公司台湾分公司"的招牌，主持开创业务，主要从事和日本方面的贸易。同时，接待安置山西到台的有关人员。阎锡山写的《物产证券与按劳分配》一书，抗战时期曾请留美、留英的几位学者、教授译成英文精印，扉页并有阎任督军时的照片。在此期间，由彭士弘带到美国分送政治、经济界人士。

20 世纪 60 年代末，彭士弘在台湾退休；70 年代初定居美国。1973 年，病逝于美国德克萨斯州休斯顿市，终年 74 岁。

（五）兵工"总办"张书田

张书田，字子绅，1917 年毕业于山西大学工科。适逢阎锡山以督军兼了山西省长后，有意培养兵工骨干，以改变山西军火生产（以修配为主，基本没有制造能力）的落后局面。为此，特选派十名工科出身的大学毕业生赴国内军工技术比较先进的汉阳兵工厂学习军火制造技术和军工管理。与阎锡山有姻亲关系的张书田名列其中。

在汉阳兵工厂学习期间，张书田即奉阎锡山之命，暗中联络了一些技术工人，用预付半年工资和安家费的办法把他们挖到太原。1920 年，张书田与同行的刘笃恭等十人学成返省。同年，阎锡山将原山西陆军修械所与铜元局合并，组成"山西军人工艺实习厂"，张书田出任炮厂主任。

1927 年 1 月，山西工艺实习厂改组为太原兵工厂。兵工厂名义上隶属于省署军械处，实际上直接受阎锡山的督办公署领导。兵工厂下设采运、验收、工务、检验、核计、稽查等六处。张书田被任命为工务处处长。工务处分管厂内 20 多个部门，计有处本部、工程师室 、医疗所、制图室，以及枪厂、冲锋枪厂、炮厂、枪弹厂、炮弹厂、机械厂、炸弹厂、双用引信厂、机关枪厂、压药厂、电气厂、压铜壳厂、压钢弹厂、铁工厂、罐头厂、熔炼厂、木样厂等 17 个分厂。在兵工厂各处之中，工务处不仅事务最繁，而且责任最大，因此，工务处长实际上也就等同于兵工厂厂长。张书田的地位显赫一时，被人戏称为兵工"总办"。

1928 年至 1930 年期间，太原兵工厂的月产量为：轻、重炮 35 门，迫击炮 100 门，步枪 3000 支，机枪 15 挺，冲锋枪 900 支，炮弹 1.5 万发，迫击炮弹 9000 发，子弹 420 万发。同 20 年代初相比，炮增加 2.5 倍，步枪增加 6.5 倍，炮弹增加 2.5 倍，子弹增加 6 倍。这其中自然与张书田的努力不无关系。

为了充分调动管理人员的工作积极性，提高生产效率，张书田在兵工厂中推行包工制，实施层层承包。首先由他出面向阎锡山总承包生产任务，然后再分头包给各厂厂长，厂长再向下承包，直到生产工人，环环相接。包工制与"大锅饭"相比较有它积极的一面，对于调动厂长和各级管理人员的工作热情不无裨益。但是，另一方面却开了层层盘剥、管理人员从中发财的先河。以生产一门炮为例，张书田向阎锡山承包的造价是 1800 元，而经过一层一层递包，最后下包到技工手中时，其实际投入就只剩下 900 余元了，其余 800 余元都被中间环节克扣，进了厂长、工长以及各级工头的腰包。这样做的结果，在笼络了一批管理人员的同时，激起了广大下层工人的极大不满，且日益加剧，以致发展为反对包工制的强烈呼声。在一片反对声中，1930年，包工制被取消，张书田辞去工务处处长职务，闲居上海。

1936 年夏，阎锡山对西北实业公司实行改组，取消总管理处和机器厂管理处，改为公司总部，实施集权经营。张书田被增聘为公司协理，负责公司的独立经营部分，与彭士弘各把一口，分庭抗礼。此后不久，鉴于民族危机日益加深——华北事变发生，日伪进犯绥远，阎锡山决定加大军火生产额度（阎锡山出于政治上的考虑，曾向南京政府承诺"不再扩充实力，不造军火"。因此在西北实业公司成立的最初几年，虽然半明半暗地保留了一部分军火的生产，但是，民用品的生产占了很大的比重）。

同年10月，阎锡山将原壬申制造厂的7个分厂与原本不属于兵工系统的炼钢、化学等厂合并，组建成规模庞大的西北制造厂——拥有资金700万元，厂房6100间，各种动力机械设备3100余台，职工8088人。

西北制造厂实行总办制，张书田出任总办。新组成的西北制造厂在行政上隶属于西北实业公司，但其生产、资金、财务则完全自理，直接向阎锡山负责，一切公文及办法径送阎锡山核批。西北制造厂成立之后，按照设备能力和产品性质分成18个分厂。初期生产分为军火和民用品两部分，军火方面有13式山炮、32式迫击炮、捷克式轻机枪、92式重机枪等十余种；民用品有同蒲铁路客车、货车、机车、压道车、铁路桥梁、电动机、面粉机、锅炉、车床等六十余种。军火上缴绥靖公署，民用品则由厂方直接销售。以后，军火生产的比重逐步加大。

七七事变后，日军进逼山西，雁北失守，太原危急。阎锡山紧急召见张书田，部署策划西北制造厂的大搬迁。张书田接受了搬迁任务后，一面派马开衍飞重庆转香港，将在德国订购的钢材转运重庆存放；一面召集厂内各处负责人紧急会议，具体安排搬迁事宜。规定搬迁步骤：第一步迁风陵渡，第二步迁陕，第三步入川。同时决定一般机器如车旋床、钻刨机先搬，钢材材料先搬，过于笨重的如水压机和过于清脆的如枪弹机等缓搬，来不及时可以丢弃不搬。会后，首先派工务处处长孙采南带领一部分职工、稽查兵乘同蒲火车南下，驻扎风陵渡。同时，经阎锡山批准由同蒲路局每日拨给车皮最少20辆，装运机器。各厂、处指定两个负责人，一个先行南下，一个留厂，南下的负责大搬运，留厂的继续督促生产。

从太原搬运出的机器设备等，先运抵风陵渡，堆放在渡口的沙滩和附近村庄，等待过河。

风陵渡位于晋、陕、豫交界之处，黄河在此由西向东奔腾而去，水流湍急，没有码头，仅有一个简易的渡口。而要将数千吨的机器运过黄河，其难度可想而知。为便于渡河，张书田和职工历尽艰辛，建成了临时码头，并在附近各处扣留民船30余只，专运机器、材料，成千职工在黄河两岸，苦战数月。

安排好一切后，张书田轻车简从先行南下，直达西安，与陕西省当局接洽，做第二步渡河迁陕的准备。随即，开始沿陇海线各地勘察设厂地址，以期早日开工。由于预先布置，在日军攻占太原之前，抢运出大小钻、铣、刨、旋等机床1000余部，电机200多部，火车头两部，半成品一万多箱，原材料30余吨，以及办公用品和零星用品等1000余箱，并安全转移到川陕地区。

早在10月间，张书田即与陕西省主席蒋鼎文协商，以代为修理枪械为条件，争取到沿陇海线各地设厂的承诺，并对厂址做了初步的勘察。1937年冬，完成南渡任务后，鉴于缺乏集中设厂的客观条件（没有广阔的厂址），遂采取化整为零、步步推进的办法，先后开设广元、城固、留坝、中部等四个军火生产分厂，以及酒精、皮革、印刷三个附设厂。

建于陕西宜川的新记西北实业公司成立后，西北制造厂仍然保留原来的独立经营性质不变，张书田继续担任总办。十二月事变发生，阎锡山心中为新军决死纵队带走了大批武器懊恼不已，终日寡言少语，拒不见客。这时，张书田从后方驻地到克难坡述职。在经过一番缜密的思考后，他决定趁势向阎锡山提出扩建各分厂的建议。

在克难坡的二战区长官部，张书田接受了阎锡山的单独召见。

在进行了例行的工作汇报之后，张书田郑重地对阎锡山说："听说新军'叛变'，带走些枪，总座有些心痛。我以为不必过虑，咱有厂子，弥补这个损失并不困难。希望总座保重身体。"

克难坡第二战区长官司令部旧址

阎锡山听到弥补损失并不困难的话，立即来了兴趣，忙问："你估计用多少时间可以补上丢掉的这个数目？"

于是，张书田给阎锡山算了一笔账："咱们厂里要是赶一赶，一个月可造3000支步枪，半年工夫就可造出两万支枪。弥补损失还难吗？"

阎锡山对张书田的话表示怀疑："你是不是怕我焦愁，说得好听？果然能照你说的那样，半年就造两万支枪吗？"

张书田一脸严肃地回答："总座面前岂敢戏言，这绝对不是空话。请总座相信我，我一定用尽一切力量，保证用不上半年，就造出两万支步枪交上来。"

阎锡山连声称好，当即答应给张书田拨款80万元法币，用于军火生产。

拿着阎锡山拨给的80万元法币，张书田返回厂里，布置生产。为了争取时间，如期完成月产3000支步枪的定额，宣布实行按件计资。针对红炉打造毛坯总是不赶趟的问题，张书田在各厂厂长、监工、领工参加的会议上宣布：打枪筒毛坯分级包做，用铁道轨面截开捻细打毛坯，三个人一盘炉，一天能出20条，每条工本洋1角，20条以外多打10条，每条按1角5

分算；再多打 5 条，每条按 2 角算；再多打 5 条，每条按 2 角 5 分算；打到 40 条以上时，每 5 条多加一角，如 41 条到 45 条每条 3 角，到 50 条每条 4 角；如能到 50 至 60 条，每条按 7 角算；60 条以上每条按 1 元算。这样，如果一盘炉打 60 条，那么每人所得工资就较平时高出 6 倍多，出货量则相当于平时的 3 倍。反之，一盘炉如果一天打不到 20 条的限额，则按日工扣减工资。有人对这种办法的支付成本提出怀疑，张书田妙语释疑：这好比督促人走路子，1 元钱一条，就像是在很远的地方挂一块肥肉，只起诱惑作用，并不希望人们真能吃上。做不到基本定额的扣资惩罚，则是为防止工人怠工。

由于采取了一些行之有效的措施，西北制造厂的生产能力显著提高，月产步枪达到两千六七百支。虽然与 3000 支的承诺尚有一定的距离，但在当时的具体条件下已属不易。

就这样，张书田在资金和原材料均极其紧张的抗战时期，通过工贸并举和计件管理，设法盘活二战区掌握的资源，不仅满足了阎锡山"自力更生"补充枪械的需求，而且有富余产品和延安做军火生意。为此，阎锡山一气之下便把只顾赚钱不管政治的张书田调回长官部担任闲职。张的"总办"干不成，即于抗战胜利后携带家眷财产跑到香港做了寓公。

（六）后起之秀徐士珙

徐士珙，山西五台人，徐一清之第三子，生于 1912 年。1928 年，赴日本留学，入岩仓铁路学校本科学经济。九一八事变后辍学归国，在其父徐一清任董事长的榆次晋华纺织厂股份有限公司历任稽核、总稽核、代理董事长。抗战爆发后，徐士珙随第二战区长官部到晋西，先任山西省政府建设厅参事，继任第二战区"抗日经济建设运动协会"主任。

1939 年前后的二战区，一方面地处抗日前线，由于日军控制了交通沿线的广大地区，军需民用难以保证，生活用品严重短缺；另一方面一批爱国的工程技术人员满怀拳拳报国之心，相继从沦陷区投奔而来，希望能有用武之地。发展经济的需求和可能同时并存。在上述情况下，利用和发挥现有的技术力量，根据现实的需要，在可能的条件下组建一些小型工业企业，尽快生产出坚持敌后抗战所急需的紧缺物资和军民生活用品，就成为当务之急。有鉴于此，阎锡山将原有的抗日经济运动协会改组成为"第二战区经济建设委员会"（简称经委会），自兼会长，任徐士珙为秘书长。经委会由重庆国民政府批准成立，投资法币 60 万元就地设厂。经委会成立之初，设于陕西宜川县城，次年迁于西安。

徐士珙以秘书长负责经委会的实际工作，阎锡山的会长只是一个名誉职务。经委会设委员若干，分别由原西北炼钢厂工程师梁海峤、原太原化工厂厂长曲廼俊、原太原晋生纺织厂厂长王吉六、原山西农专教授杨黄清等担任，这些人都是学有专长的专家学者。徐士珙吸收各方面专家的意见，坚持从交通运输便利、原料供应便捷、较为隐蔽可以避开敌机轰炸等三个条件出发考虑设厂地址，行之有效地在山西吉县，陕西宜川、泾阳、铜官、耀县一带建立起了十几个小型工厂。建厂之前，为了取得重庆政府的支持，徐士珙亲赴重庆办理了审批手续。

经徐士珙之手建立起来的小型工厂包括：纺织一厂（设于宜川）、纺织四厂（设于宜川）、纺织二厂（设于泾阳）、纺织三厂（设于泾阳）、毛织厂（设于宜川）、卫生材料厂（设于宜川）、铁工厂（设于铜官）、钢铁厂（设于耀县）、皮革一厂（设于宜川）、皮革二厂（设于泾阳）、化学厂（设于泾阳）、面粉厂（设于吉县）、电灯厂（设于吉县）、首善纺织厂（设于吉县），以及农场一所（设于宜川黄龙山，配合阎锡山发动的"人人劳动，人人生产"的生产运动，进行开荒种植）。

由于恪守从实际需要出发和因地制宜两个基本原则进行筹建和组织生产，所以这些小型工厂建成之后，很快起到了改善战区供给状况、发展战时经济的作用。这时的徐士珙年尚不及而立，短时期内即有此业绩，自然被视为阎锡山经济班底的后起之秀。

20世纪40年代以后，由于日军封锁的加强，二战区的食盐供应空前困难，晋南运城盐池控制在日军手中，潞盐断绝；天津长芦海盐则因为运输问题供应不上。食盐供应关系重大，阎锡山责成徐士珙主持的经委会设法通过物资交流，解决这个难题。徐士珙接受了搞食盐的任务后，在经委会中特别组建"食盐采购团"（简称盐团），设团址于吉县，以赵完璧为主任。盐团组建后，遂按照徐士珙的指示，一方面分派特派员深入日军占领区，通过内线秘密购运食盐及其他紧缺物资；另一方面避开重庆政府的秘密监视网，利用旧有关系，往来于黄河各渡口，与对岸的陕甘宁边区进行秘密交易，互通有无，从而使经济贸易在秘密状态下进一步开展起来，食盐供应严重不足的问题得到了一定程度的缓解。

1944年夏，在与陕甘宁边区初步建立起秘密的交易关系之后，徐士珙奉阎锡山之命，以山西省政府建设厅参事的身份，代表省政府陪送中外记者参观团赴延安参观。参观之余，他与边区经济部门多次接触，就继续扩展贸易的计划具体交换了意见；与平渡关西岸边区政府的盐业公司经理本着平等互惠的精神，以照顾双方利益、满足双方需要和两区人民生活需求为原则，进行洽谈，顺利达成协议，共同签订了以二战区所产十万斤熟铁交换陕北花马池食盐的合同。徐士珙的延安之行达到了预期的效果。

1943年，阎锡山将设立于吉县的兵工制造合作社改组成为制造军火的晋兴机械工业公司，任命徐士珙为经理。公司下设四个工厂，主要任务是生产手榴弹和土法试制五〇小步兵电射炮，研制压缩行军粮和飞弹。日本投降后，晋兴机械工业公司迁回太原，接收日伪小型机器厂及日侨机器厂，进行改组扩建，以经营和生产炮为主，徐士珙仍任经理。1947年，徐士珙当选为华北地区工商业界国大代表后，不再兼任晋兴机械工业公司经理，所遗经理一职由协理赵中枢继任。

1944年7月，在抗日战争进入最后阶段的时刻，阎锡山成立"复兴经济委员会"，以徐士珙兼任秘书长，负责研究筹划抗战胜利后的各项经济工作。

1945 年 9 月，徐士珙返回太原，经委会所有原来设在后方的工厂都结束停办。经委会改为"山西贸易公司"，徐士珙任总经理。贸易公司在天津、上海分别设立分公司，负责山西省政府在两地的经济往来。经委会原有资金都拨归贸易公司。

日本投降后，阎锡山将原在晋西及后方的经委会人员组织起来，以经委会所属各厂结束后的剩余资金为资本，组建起晋兴企业公司，专营进出口贸易。公司设总经理，总经理由徐士珙兼任。公司下设两个厂：一为化学厂，试制染料、电木粉制品；一为电机制造厂，计划修造收音机等电器。因有从日伪手中接收的冷冻机和冷库设备，又购得日本松下株式会社制汽水的机器设备，化学厂又兼产人造冰和汽水等。1947 年以后，徐士珙不再兼晋兴企业公司总经理，协理张性忱升任总经理。

徐士珙是山西省工商业联合会理事长，因此当选为华北地区工商业界国大代表。1947 年前后，《山西工商日报》在太原创刊，这份报纸是由山西省工商业联合会与太原市工商业联合会合办的，徐士珙因此又成了这家报纸的创办人之一。行宪国大召开前后，他先后辞去晋兴机械工业公司与晋兴企业公司兼职，只担任山西贸易公司总经理一职。在此期间，徐士珙往来于南京、上海之间，以国大代表身份参加相关活动。1948 年，作为国民政府商务代表团成员，出访日本。之后，常驻上海，为阎锡山处理经济事宜。

1948 年 9 月下旬，阎锡山为了对蒋介石宣布的"黄金国有，限在 9 月底以前，不论公有私有的黄金一律兑换成金圆券，逾期不兑，即予没收"的政策表示拥护，向山西的公民营事业、企业单位提取黄金 10300 两，派专机送到南京，向中央银行兑换了金圆券（一两黄金兑 200 元金圆券）。之后，兑换展期，券值大跌，阎锡山不愿吃此暗亏，一再交涉，要求退还黄金。经蒋介石批准换成外汇，并指定向加拿大购买面粉。阎锡山不得已向加拿大购买利朗牌面粉 4000 吨，用纸袋装，每袋 70 市斤。这批面粉于 1948 年 12 月运到上海，由山西省政府驻沪救济物资购运处保管。

1949 年 4 月 24 日，太原城破的当天，阎锡山从这批面粉中拨出 10000 袋，作为救济之用。其中的 5000 袋，责成徐士珙用作救济驻上海的山西企业部门于 1948 年 11 月 8 日宣布结束而遭遣散的职工及其家属，职工每人 38 袋，家属每人 23 袋。徐士珙接受此项任务后，委托其部下、山西贸易公司上海副理崔楚材具体负责救济事宜。按照徐士珙指定的救济对象，崔楚材首先确切落实了应救济的单位，这些单位包括：山西贸易公司上海分公司、棉联总社上海办事处、山西垦业银号上海办事处、山西运销公司上海办事处、山西合作供销社上海办事处等，其中以山西贸易公司上海分公司为主（人数最多）。然后依照调查结果，分填货单，存在一起待发。

1949 年 5 月初，在处理完阎锡山交办的一些经济事宜后，徐士珙离开上海，随后赴台。

1955 年，徐士珙英年早逝，终年 43 岁。

山西富有经商传统，晋商名闻遐迩，"货通天下""汇通天下"，曾经有过一揽北中国金融和外贸的辉煌。近代以来，随着帝国主义势力的入侵，近代资本主义的兴起，晋商虽然风光不再，但是却把善贾的余韵和理财的传统留在了三晋大地之上。

"野火烧不尽，春风吹又生"，阎锡山执政山西时期先后掀起的两次经济建设高潮，犹如一夜春风，重续传统，造就了一批经济建设的专门人才。也就是说，适应阎锡山两次经济建设的需要，一批在山西独特的人文环境滋养下成长起来的经济人才因缘际会，脱颖而出，在书写自己历史的同时，造就了山西经济建设的一个新时代。

这些经济人才或擅长理财，如贾继英；或精于实业，如徐一清；有的是某一方面的专家，以专家治厂，如彭士弘；有的是接受过西方近代教育，在管理方面有独到之处，如徐士珙；有的颇通经营之道，如王尊光；有的生产技术与生产管理触类旁通，如张书田…… 而这一切则又是昔日的晋商所望尘莫及的。

作为阎锡山的经济班底，前面所列举的这些有代表性的人物，既是一个整体，亦即共同服务于阎锡山的经济；又是相互独立的个体，因为他们亦不是一个有组织的系统，他们的所作所为只向阎锡山个人负责。因此，共性之外又有其特殊性。

徐一清既具有早年留学日本和参加辛亥革命的经历，又是阎锡山的叔岳丈，加上他在太原光复之初筹集军饷的作为、陆军粮服局长任内的建树、主持省银行工作时在资本原始积累方面的贡献，以及开发实业方面的独到见解和身体力行，当之无愧地位居经济幕僚之首。

徐士珙作为徐一清之子，与其父有着承前启后的关系，可以被看作子承父业，时间以抗战前后划分。参与晋华纱厂管理工作，使徐士珙接受了实践的锻炼。这样到加入阎锡山幕僚班底时，徐士珙已初步具备了经济管理人才所应该具备的素质和修养。正因为如此，一上来就被阎锡山委以重任，大有举贤不避亲的味道。在抗战时期的二战区，徐士珙大展拳脚，不仅主管经济建设，而且涉猎商业贸易，在打破日军的经济封锁、建设战时经济文面的作用已经不仅仅局限于阎锡山经济幕僚的范围，而且有了增强抗日力量的意义。

从山西票号走出的贾继英，在为阎锡山主持晋胜银行的过程中，进一步奠定了自己在金融领域的翘楚地位，从而被列入阎锡山的经济班底。因此，贾继英的经济幕僚作用主要体现在金融方面，由晋胜银行，而"实物十足准备库"，贾继英的精明强干和服从精神使阎锡山用起他来既得心应手，又每生奇效。"五百年必有王者兴，一千年才出一个贾继英"的说法就是最好的说明。

王尊光的本职是秘书长，被阎锡山临时抓差，过问银行事务而成了山西省银行监理；在不得已的情况下出长晋华烟厂，而使烟厂蒸蒸日上，成为省财政的盈利大户。真是应了那句"有意栽花花不开，无心插柳柳成荫"的诗文。王尊光，一个不经意间造就出的经营能手。

彭士弘、张书田都是科班出身的专业人才，一个专攻化学，一个擅长兵工制造，后来在西北实业公司里同时以协理身份分别负责集中经营部分和独立经营部分，都是专家治厂的典型。彭士弘以一名训练有素的专业技术人员，先任协理，后任经理，服务于阎锡山经济建设的集大成者——西北实业公司十数年，西北实业公司在发展壮大的过程中迈出的每一步，可以说都有彭士弘的影子。张书田则是和着阎锡山发展军事工业的节拍走过来的，太原兵工厂从小到大发展起来，以至于堪与享誉神州的汉阳兵工厂、沈阳兵工厂相媲美成三足鼎立之势，张书田的努力可以记上一笔。因此，在阎锡山的经济班底中，彭、张亦是佼佼者。

十

名流侍从——郭象升、宁超武、方闻、朱点

阎锡山执政山西近四十年，不但培养了一批侍从文秘，而且吸引和起用了许多名流学者。前者以方闻、朱点为代表，是为执行政务的政治秘书，侧重于交际联络；后者以郭象升、宁超武为代表，其职责是执掌文墨。

（一）文坛重镇郭象升

郭象升，字可阶，号允叔，又号云舒、云叟，别署可斋。山西晋城周村人，生于1881年。郭氏系晋城望族，世居周村"旗杆院"，书香传世。父名焕芝，博学多才，能诗善文；兄象恒，光绪举人，官潞城知县；弟象蒙，自1923年起，先后任解县、稷山、河津、荣河、洪洞等县县长。郭象升，行三，天赋聪颖，有过目不忘之才。其名象升，其字可阶，隐寓"天可阶而升也"。稍长，即拜沁水名士贾耕为师，学业大进。第一次乡试，因僻典充于文词，试官不解其义，未能考中，他因此看清了考官的昏聩，萌生了兴学育人的念头，遂放弃功名，到高平设馆授徒。1906年，经举荐入山西大学堂中斋学习。1909年，再赴乡试，中己酉科拔贡，且名列前茅。提学使汪贻书看了他的试卷《崇文名流论》，惊叹不已，批曰："于一千八百人中得此一卷，令人惊叹欲绝。"誉其为"劬学之士"，保荐为"硕学通儒"。 此后，一度就七品京官任。

郭象升思想开放，关心国事，积极参加社会活动。在山西大学堂就读期间他就与同学武绍先、庞东生共同创办了山西第一份私营报纸《晋学报》，并担任主编，以"发扬旧学，启迪新知，唤醒国魂，以振风化"为办报宗旨，

并附设《晋阳白话报》，提倡白话文。同时，他还与刘懋赏、冯济川等筹设并创办了"山西公立中学堂"。

民国初年，郭象升由京返晋，先后受聘山西优级师范学堂教习，山西医学专门学堂监督，民军通志局局长，山西大学堂历史、国文教员等职，在文化教育界崭露头角。与此同时，郭象升的文名逐渐为先任督军、后兼省长的阎锡山所知悉，并由特聘撰写文稿，进而出任公职。

郭象升长于词章考据，文史造诣很深，作文一挥而就。一时间，官方的许多重要典章、文诰多出其手；一些上层人士和豪绅巨富的题名、碑刻，也多请他撰文。

1913年11月7日是清军第六镇统制、燕晋联军大都督吴禄贞将军遇难两周年纪念日。这一天，阎锡山在石家庄车站附近为吴禄贞将军举行安葬仪式，并树碑纪念。由阎锡山署名的碑文——《故燕晋联军大将军吴公之碑》，就是郭象升的手笔。碑文曰：

呜呼！自民军建义以来，天下雄骏奇男子，断腒陷胸，以殉其夙昔所抱之义者多矣，其成败或局于一隅，其得失或待乎论定；若夫举足右左，禹域大势随之为转移，虽所事不终，而声势砰磷，足以慑敌胆而夺之气；肘腋折挠，亡形成焉。如绥卿吴公者，其志事尤可悲也！

有奇男子，起江汉滨，躯干虽小，气压辈伦。侧足焦原，包天者胆，投龟大呼，缚虎笑瞰。再扦文纲，卒应世儒，鬖鬖白晳，专城以居。人亦有言，授人以柄，彼昏不知，日入吾阱。北风胡马，越鸟南枝，炎耶黄耶，惟寐忘之。合燕晋军，拊京师背，指顾之间，天下两戴。志则大矣，命其奈何！飞蓬之间，以身荐瘥。血食万家，曰酬发难，矧公勋伐，固一时冠。峨峨贞石，刻此铭辞，为天下痛，非以其私。来者为谁，敢告一语，失败英雄，独有千古。

全文洋洋洒洒近两千字，尽述吴禄贞行状事功，工整对仗，令人感佩。

1917 年，阎锡山兼长山西省政。随即，推行"六政三事"，成立天足会等组织。为倡导天足，特发布《山西全省天足总会公告》，这篇公告也是出自郭象升之手。"公告"恣肆汪洋，剖陈利弊，教化作用立现。

在此前后，郭象升还负责起草了《蔡松坡墓石刻文》《黄克强墓石刻文》等，以及阎锡山的其他文稿，诸如《山西各县志书凡例》等，从而赢得了"三晋翘楚""文坛重镇"的称誉。

1918 年 8 月，郭象升被选为安福国会众议院议员，并兼清史馆纂修。1921 年，目睹北洋军阀的黑暗统治和官场腐败，深感失望，遂辞去议员职务，离京返并。以后，历任山西督军府参议、山西省参事会参事、山西党政学院蒙藏问题教授等。1925 年，山西省立国民师范学校高师部成立，校长赵丕廉，郭象升出任教务长。赵丕廉政务繁忙，高师部日常事务由郭象升具体负责。他除了关心学生生活之外，还对家境特困的学生予以个人资助。这期间，郭象升将自己的研究成果进一步整理，编成《古文家别集类案》144 卷。

1926 年 7 月，广东国民政府誓师北伐，郭象升积极策动阎锡山予以响应。1927 年 9 月，阎锡山向南京政府报告"誓师讨奉"，郭象升应贾景德之请起草誓词。因此他曾引以为自豪地说："山西制造民党，我有定策之功。"

1929 年 7 月，高师部成立山西省立教育学院，设文科和教育科，郭象升为文科学长。1930 年 12 月，受省政府之聘，担任了院长。同时还担任"山西善后协进会"委员，为争取山西利益奔走呼号。

1934 年，他倡导成立山西文献委员会，并编辑出版了《山右丛书初编》《山西献征》等，同时编撰了《山右丛书目录提要》。《山右丛书初编》是一部山西学人的学术著作丛书，汇集了唐宋以来迄于清代 28 位著名学者的重要学术著作，囊括文学、历史、地理、哲学等学科门类，共计 38 种，于1937 年正式印行。《山西献征》则保存了山西历史人物的大量史料，由三晋名士常赞春主撰。

1937 年春，阎锡山拨经费 10 万元，要求他们编修《山西通志》。在按何种体例编修的问题上，编委会内部意见不一，为避免把通志写成个人家传，郭象升抱着对山西文化负责的态度，终未动笔。同年 8 月，日机不断轰炸太原，局势日益紧张，省政府下令省城各大专院校向晋南疏散。郭象升随山西教育学院一同撤离，避居太谷县石庄头村。同年 11 月，太原失守，晋中平原落入敌手。郭象升由太谷返回晋城，避居东沟镇峪南村姑母家。

1938 年春，日军得知他的住处，将他押至北平，委以"华北政务委员会"教育署长之伪职，欲借其在学术界的名望，笼络名流学者。郭象升力辞不就。好友贾景德闻讯后曾赋词云：

学问文章，首屈指晋阳名宿。为走避青丝白马，草间偷伏。叹息胡为妻女累，蝮蛇东起来同谷。怎恁教羽翼网罗中，吞声哭。

天上者，难经目，人间世，书尽读。况韩潮书海，撑肠拄腹。凝碧池头弦管奏，知君不受阶前辱。待相逢辛苦敌中来，西窗烛。

同年 9 月，苏体仁就任伪山西省省长，郭象升被迫至太原。1939 年，日伪政府强行授予他伪山西省文化委员会委员长之职。郭象升无计脱身，常托病不出。日以读书批书为事，聊度时光，终因忧愤成疾，卧床不起，饮恨而逝。终年 61 岁。

郭象升一生藏书万卷，先后以"燕超楼""水镜楼""渊照楼"为其藏书室名。他深受儒家思想影响，传统伦理观念十分浓厚。文学上继承了桐城派古文家的精髓，造诣很深。但却从不以学问骄人，而是倡导学术自由，兼收并蓄。毕其一生，著有《郭允叔诗文钞》《渊照楼杂著》《云舒文集》《云舒史怀》《山西历代名贤概况》《山西地理纪要》《晋阳城考》《红白蔷薇战争记》等。

（二）山右才子宁超武

宁超武，字子高，号云中居士，别号朴斋。1896 年，生于山西忻县后河堡乡炮张沟村。曾祖父是五台县人，因家境贫寒，携家逃荒到忻县定居。宁超武 1905 年入上沙沟村私塾通读四书五经；1911 年考入忻县中学堂；1915 年升入山西大学堂。1920 年，保送日本留学，入庆应大学专攻哲学。1927 年，学成归国，就职于南京国民政府，任内政部科长。一年后，回省谋事，被阎锡山延揽于帐下，从省政府参事做起。1932 年，阎锡山就任太原绥靖公署主任，宁超武被任命为绥署少将参事。

宁超武自幼聪颖，加上多年的勤学苦读，可谓学富五车，才高八斗，能书善诗。宁超武早年酷爱颜真卿体，后又欣赏何绍基书，晚年将颜何合二而一，融会贯通，形成独具风格的"宁体"。其字苍劲挺拔，圆润雄伟，自成一体，有山西书法大家之美誉。书法之外亦擅诗文，古典文学基础深厚，遣词造句尤见功力。因此，自入阎锡山幕中，十几年如一日地担当起掌笔执墨的差使，即使担任第二战区长官部和山西省政府秘书长以后，也不例外。在一个长时期中，阎锡山的一应重要文稿、对外发表的诗文，均需经宁超武之手加工润色，以阎锡山的名义做的一些重要题书铭记，均出自宁超武的手笔。

中原大战失败，阎锡山出走大连，宁超武作为随侍秘书，一直陪伴于左右。晨夕漫步于海滨上，看潮涨潮落，观日出日落；参与"各尽所能、各取所需与各尽所能、各取所值，孰好孰坏、孰难孰易之研究"。1931 年春，阎锡山旧属贾景德以下近 30 人陆续到达大连。自 4 月下旬开始，宁超武提请阎锡山决定，每周除一、三、五上午举行"新村制度研究会"外，每天下午二时至五时举行讲学会。自阎锡山起，轮流报告读书心得。内容包括经史，世界各国政治、经济、法律，以及科学进步、新发明等，题目由报告人自由选定。宁超武将此名之为"读书会"。赵戴文则有感而发："我们大家从此在修养上，要重躬行实践。在知识上，非特博闻广见，更要慎取善行。"阎锡山深以为然，每会必到，认真听讲，并不时发表议论。某日下午，读书会报告有关世界最新刑法。报告结束后，阎锡山首先发言："国家刑法，无死刑是假文明；规定死刑，而无犯者，自然无死刑，乃是真文明。为政贵得中道，不可务虚名而受实害。"

自阎锡山避居大连后，不断有旅居旅顺、大连的中、日各方面人士，索请墨宝题词。起先阎锡山多自书酬赠，来者不拒。后来，求者日多，应接不暇，即由宁超武代笔。所书多录阎锡山常用之格言警句，如："天得一以清，地得一以宁，人得一以圣"；"天行健，君子以自强不息"；"日出而作，日入而息，帝力何有于我哉"；"己所不欲，勿施于人，国亦如是"；"人能弘道"；"乐道人之善"；"中为理之极则，对为事之极则"；"日新进步"；"推爱为人生第一要义"等。此外，在阎锡山的授意下，宁超武还写过一些希望中日友善合作、共求进步、互惠两利的对联条幅，如："兄弟同心，家道可兴，中日合作，两国互益，可安东亚，可助世界和平"等。这一时期，为阎锡山代笔题词，成为宁超武的一项日常工作。因而，阎锡山在大连所题的传世墨迹中，凡 1931 年（民国二十年）仲春以往的多为宁超武代笔。

抗日战争期间，阎锡山为了加强内部控制，统一各级干部的认识与行动，从 1941 年夏季开始，在吉县克难坡举办"暑期进步训练班"，名之曰"洪炉训练"。洪炉者，大炼铁炉是也。所谓洪炉训练，就是要像冶炼钢铁一样，对干部进行彻底的铸炼，使受训的"每一个同志去掉自身上必须割除的杂渣，把好的成分锤炼成一块坚硬的钢铁"，成为"警觉、迅速、负责、自动、深入、彻底的革命干部"，也就是成为阎锡山指向哪里就打向哪里的驯服工具。为了使洪炉训练的精神深入人心，阎锡山亲自执笔撰写"洪炉训练歌"，并责成宁超武加工润色。在宁超武的笔下最后完成的"洪炉训练歌"，高屋建瓴，气势磅礴，既贯穿了"抗战、革命"的政治主题，又强调了提高各级干部的整体精神、自觉服从的必要性；既按阎锡山的行文习惯遣词造句，又合

克难坡望河亭

辙押韵，朗朗上口，便于传诵。歌词写道："高山大河，化日熏风。俯仰天地，何始何终。谋国不豫，人物皆空。克难洪炉，人才是宗。万能干部，陶冶其中。人格气节，革命先锋。精神整体，合作分工。组织领导，决议是从。自动彻底，职务唯忠。抗战胜利，复兴成功。"歌词完成后，阎锡山着人谱上曲子，要求受训人员每日必唱，视为座右铭。

也是在抗日战争时期，阎锡山在战时首府山西吉县克难坡建了一座"望河亭"。"望河亭"背靠群山，面临黄河，拔地而起，巍峨挺立。望河亭上，刻有阎锡山署名、宁超武手书的长联："褰带偶登临，看黄河澎湃，直下龙门，走石扬波，淘不尽千古英雄人物；风云莽辽阔，正胡马纵横，欲窥壶口，抽刀断水，誓收复万里破碎山河。"长联内涵淳厚，如唱大风，笔走龙蛇，珠联璧合。登亭望河赏联者，精神无不为之一振。

1932 年，阎锡山复出后，开展"十年建设"，文化建设也被列入计划案中。山西地方的文化名流郭象升、马骏等纷纷向阎锡山提议设立专门机构，着手整理山西文献。理由是：阎锡山自从辛亥革命起就执掌山西，二十多年来在政治上曾以"模范督军"、"模范省长"、"模范省"称誉，使山西人民"安居乐业"，以至"殷富"。这一切历史虽已注定，而评论却在于人。将来编著史籍时，执笔者若非自己的人，则其立论自不能一定符合事实，将会鲁鱼亥豕，是非难辨，见仁见智，各是其是。与其付评判于后人，何如作定论于今朝？因此有必要设立文献机构，一面整理山西旧文献，一面编写现代资料，传之后世。阎锡山平日就热衷于"替造化表功能"，适逢南京政府通令各省要求设立文献委员会。于是，作为文化建设的重点项目，批交省政府拟议通过实施，于1933年元月正式设立山西省文献研究会。研究会委员由阎锡山指定之各大学校、教育会、学术团体及社会知名的文化人担任。为了及时掌握研究会的动态，并直接施加影响，阎锡山指定宁超武作为委员之一，参加文献研究会的具体工作。此后，宁超武在文献整理出版上花费了大量的精力。

明末清初的大学问家，精通音韵与诸子之学，并在书法方面有很深造诣的傅山先生所著《童子佩觽》，集内容与形式的完美于一体，全书为傅山先生亲笔手书，墨迹遒劲，非隶非魏，独具风格；内容涉及文字学，书中将形体相似的文字，集类编写为四言韵语，如"乌鸟莺管""科料莫算"，以便利初学者学习掌握，具有很高的实用价值。宁超武对《童子佩觽》欣赏至极，尤其钟情于傅山先生之手书。因此，参加文献研究会的工作后，一度致力于《童子佩觽》的整理。在他的积极参与和促进下，《童子佩觽》一函十册得以影印出版。

从文献研究会正式成立，到抗日战争爆发，所出版之文献除了《童子佩觽》外，还有元代段氏兄弟所著《二妙集》四册（铅印）、清初晋城人陈午亭所著《午亭山人诗稿》二册（铅印）、《万卷精华楼藏书记》多卷本、《山右丛书》（内收清代山西人名著30余种）等，整理保存了一批珍贵的山西文献。

1936年，阎锡山于山西文献委员会之外，另设一个"要电编辑处"，负责整理他本人自辛亥革命以来与各方面人士的往来电文。意在通过这些电文表现他在各个时期的主张、措施与作用，并由此勾勒出事情发展、演变的经过。要电编辑处始终以宁超武主其事，聘请教育学院教授田玉如和秘书李绪守作为编辑实际执笔，先后编成《阎伯川先生要电录存》百余本。

抗战爆发后，宁超武随阎锡山撤至晋西，随即担任第二战区长官部第一办公室中将主任（负责文秘）。1941年12月，宁超武被正式任命为山西省政府秘书长，接替贾景德之遗缺。

在阎锡山幕僚班底中，宁超武与贾景德虽然是前后任秘书长，但是两者无论资历、地位，还是与阎锡山的个人关系都不可同日而语。因此，做了省政府秘书长并不意味着宁超武可以像贾景德那样参与机密，事实上其权力所及仍然限于文秘范围。宁超武的山西省政府秘书长一直做到1948年4月。

宁超武虽能书善诗，是公认的才子，但有吸食鸦片的嗜好。吸食鸦片被阎锡山列入必须禁止的不良行为——"烟、赌、赃、欺"之首，宁超武却屡戒不绝，因而引起阎锡山（阎锡山本人生活俭朴，既不饮茶，也不吸烟，更无不良嗜好）的极大不满。加之，自1943年赵戴文逝世之后，阎锡山有意使梁化之在政治上有所建树，以便在必要的时候替他负责，因此梁化之常以省政府委员的资格代行省主席的职权。久而久之，梁化之对省府秘书长宁超

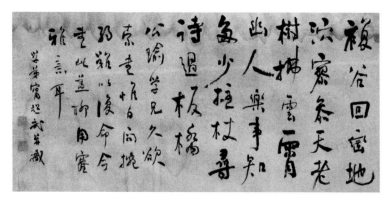

宁超武书法横幅

武产生了资格老、不好指使的看法。于是，阎锡山按照梁化之的意思，以民族革命同志会组织组组长李培德接替宁超武做了省政府秘书长。而宁超武追随阎锡山整整20年，执掌文墨，也算是有功之臣，总得有个适当的位置进行安置。于是，鉴于抗战前宁超武参与山西文献委员会工作的经历，便任命他做了刚刚恢复起来的山西文献委员会主任委员。

宁超武自被免去省府秘书长之后，抚今追昔，体味世态炎凉，心中不免郁郁。每天一角小楼，读书写字，做起了"躲进小楼成一统，不管春夏与秋冬"的闲云野鹤。离开了权势中心，往日以文立世、恣肆纵横的山右才子，已不复存在。

1949年太原解放后，宁超武受到宽大处理，被分配到山西省工业厅工作。1951年，山西省召开第一届各界人民代表大会，宁超武以特邀代表身份参加。

1952年，宁超武病逝于太原，终年56岁。

（三）亲善大使方闻

方闻，字彦光，山西五台人，生于1901年。先后就读于村立小学、东冶镇沱阳高等小学校。1919年春，方闻以优异的成绩考入阎锡山新设于五台河边村的"川至中学校"。1920年秋，阎锡山返里省亲祭祖，顺便视察川至中学校。在川至中学校，阎锡山以"古者一农夫耕田，可养八口之家，今则难能，其故为何"为题，加试于学生，方闻在所有参加考试的12名同学中，名列第一，传为美谈。1923年夏，方闻由川至中学校毕业，入山西省立法政专门学校。在校期间，即承川至中学校长介绍，任山西报社特约通讯员。曾写《西北屯垦刍议》一文，刊于《政法月刊》，引起反响。1927年夏，方闻自山西省立法政专门学校毕业。由于成绩优异，由校长冀贡泉举荐，被任为晋绥军总司令部新设之交际处学习处员。

就在方闻踏上仕途的那年11月，省内招考县知事，报名者近千名，录取百名，入南京政府核准之县长训练班学习。一个月后训练结束，选其中的六名接受阎锡山传见，方闻排名第三在被选之列。 传见中，当阎锡山问到对今后出处的想法时，他直言相答："少不更事，愿在总部继续学习。"阎锡山欣赏方闻的直率与敏捷，遂在其姓名下红笔加圈。此后，方闻果真被留在总部，成为阎锡山的侍从秘书。

1928 年，北伐胜利。6 月 11 日，方闻随阎锡山沿修复后的京汉铁路乘专车进北京，直趋西直门站，悄然入住北海静心斋。随即，南京国民党中央宣布成立京（后改平）津卫戍总司令部，特任阎锡山兼卫戍总司令。起初，方闻以交际处一等科员，专门负责将处中所译英法文报章新闻、评论，每日晨起向阎锡山报告，提供最新信息。不久受命创办民言社，编辑发行《民言日报》《社会晚报》《亚洲通讯》《星期画报》。交际处处长梁巨川（汝舟）以代理董事长主持民言社工作，方闻则具体负责。民言社很快发展起来，一时间《民言日报》与天津《大公报》并称为有力大报。在此期间，方闻还与人筹组三民学社，出刊《三民月刊》，宣扬三民主义，鼓吹社会建设，风靡一时。

正当方闻兼并顺天时报社，准备在新闻领域大展拳脚之际，中原大战爆发。接着，东北军入关，以阎锡山为首的反蒋联军战败。第三集团军撤出平津时责成方闻等顺应时局继续维持各业。方闻与其他相关人士联名奉复："事业如何未可知，立场有关，职等不忍为也。请派人接替。"在得到阎锡山"即行结束返并"的指示后，迅速撤返太原。

阎锡山避居大连后，被聘为私立并州大学法学院新闻学教授、自编讲义开课不久的方闻，以送夫人去北平为由，离开太原，由北平转大沽口搭船赴大连，来到下野韬晦的阎锡山身边。在阎锡山暂住的大连黑石礁小楼前的海滩上，方闻与阎锡山且走且谈，阎锡山若有所思地说："潮来海水起落，其高逾楼，其势甚大。"方闻不假思索地答曰："潮虽大，势虽猛，但水性属平，终仍复原。"阎锡山会意，默然。三天之后，方闻奉阎锡山之命带文件返太原，交给留守的杨爱源。此后，才思敏捷且善于体察上意的方闻作为阎锡山的秘密使者，不断地往返于大连、太原与北平之间，在大连的阎锡山、太原的杨爱源与常驻北平的徐永昌之间传递信息，一直到阎锡山离开大连返回河边村为止。

1932 年，阎锡山复出就任太原绥靖公署主任后，方闻被任命为主任办公室秘书，负责常规承办或临时交办之事。同时担任山西省十年建设计划研究委员，参与计划案的编订工作。期间，奉命赴北平，处理原民言社遗留问题，整理所余物品机件等运回太原，作为后来成立的西北印刷厂之最初家底。

1932 年秋，阎锡山为了推动屯垦事业的进一步发展，组织绥西开发调查团，赴绥远进行实地考察。考虑到方闻早年写过屯垦刍议的长文，对屯垦问题有浓厚的兴趣和初步的探讨，特命他出任调查团团长，率领军需处、建设厅、省银行、农林学校等相关单位的职员六人前往。方闻不辱使命，与他的团员们乘一辆大卡车，自带食物，从包头出发，过五原，深入河套地区进行调查研究。调查结束后，方闻代表调查团向阎锡山建议："绥西地广人稀，宜于农作，若招练军队并及移民，实行自耕自养，可省军费而有武备，且可避日人注意。"同时，为流通资金周转金融计，宜于包头设一专门银号。方闻的这些建议随即一一得到落实，绥西屯垦处、绥西垦业银号先后设立。

1933 年前后，阎锡山因父疾，常于星期六下午回河边村省亲，每逢这个时候，准是方闻与张冠五两秘书随行，除办理日常事务之外，早晚整理"物产证券与按劳分配"著作笔记。1933 年 5 月，同蒲铁路开工之后的一日，阎锡山于批阅完文件以后与方闻、张冠五闲谈，问及他们有什么想法，方闻缓缓而言："长官现在著物产证券与按劳分配，可使人的脑子多一思考对象，修筑同蒲铁路，可使旧地图加新画法。但铁路还可一物有两效用，即以之为基金设立一铁路银行。铁路既有交通之用，银行又有活动金融之效，一举两得是也。"一席话说得阎锡山精神大振。次日即电话与相关人员议定设立铁路银行，派崔廷献赴南京交涉立案。后因中央未准，改设银号。1934

年 7 月，晋绥地方铁路银号由此创设。

1934 年农历腊月，方闻之母病逝，阎锡山特赐"懿德同钦"挽匾，作为对方闻几年来服务左右、勤勉政务的褒奖。

1936 年 7 月，方闻受命兼任山西公报馆馆长，总揽山西公报馆、太原日报馆、山西书局等新闻出版部门，替阎锡山掌管舆论媒体。为报阎锡山的知遇之恩，特向阎锡山请准兼差不兼薪。兼任山西公报馆馆长后，方闻每日上午在绥署做秘书，下午或随时（有事需要处理时）到报馆，一直工作到深夜。新闻工作是方闻的老本行，也是他的兴趣之所在，做起来可谓得心应手。接管不久，他就着手创办太原通讯社，计划增办"现代化月刊"。为此，特聘湖南籍留英参议员、大学教授吴晓芝任总编辑，协助工作，改进计划；并亲赴平、津、沪、宁参观各报社，建立关系，互通信息；责成专人到上海采购万能铸字炉、各种字模及印刷机、照相机等先进设备。同时，严格编校制度，明确规定：大标题编辑有一错字罚两元，校对正大标题一字赏两元，正文写错字校正一字扣赏各一元。后来有一次报纸登各县县长的名单时把一个县长的名字登错了，还把两个人的名字登反了。总之是校对不细心，发生了小小的失误。方闻认为不应该有这样的失误，就引咎辞职了。

抗战爆发，方闻调任后方组长，常驻西安，负责编印了《阎司令长官升降旗训话》《蒋委员长抗战言论选集》《战时国民读本》等各万余册，运送前方。1939 年春，于诸事告一段落后，方闻主动要求调回第二战区长官部。这时，阎锡山接受原文献委员会委员的建议，准备恢复山西文献委员会，便要方闻负责另行计划编写文献的工作。方闻体察阎锡山的心思，提出："晋西处于抗战的最前线，大部分区域已沦陷，征集旧文献不但困难，且不符合实际。不如着眼于编译现代的有关文献，以资军事上、政治上参考应用。长官在抗战中的有关言论，有着重要的历史意义，可以作为现代文献的主要内容编辑出版，传之后世。还可以译成外文，向世界宣传。"这个建议迎合了阎锡山急于树立个人形象的需要，马上付诸实施——由阎锡山亲自批准，"现代化编译局"宣告成立。编译局隶属于阎锡山的长官部第一室，方闻以第一室副主任兼社长，具体主持。编译局成立后，方闻即邀集文化界人士七八人研究战区文化发展，介绍世界最近名著并拟定胜利后山西省文化建设计划案。同时，着手整理阎锡山侍从秘书室记录的阎锡山讲话，编印成《阎伯川先生言论辑要》多卷。

1941 年 12 月，贾景德被任命为国民政府考试院铨叙部部长，常驻陪都重庆。方闻奉命以铨叙部总务司长兼第二战区司令长官部、山西省政府驻重庆办事处处长身份随贾景德驻渝。离开晋西的前一天晚上，省主席赵戴文约方闻交代任务："长官（指阎锡山）着你随贾先生赴渝，要知不是普通随员，先要鼓舞次辰（徐永昌）、芷青（赵丕廉）、林逸（台寿民，老同盟会员，参加过辛亥革命，曾任晋军参谋长，阎锡山军事代表）等兴致。"临行，阎锡山又亲自嘱咐："煜如（贾景德）方面，亦随时特别加以辅助。"方闻心领神会，不辱使命，极力与各方联络，广泛结交。在渝期间，方闻多次长途跋涉，往返于晋西与重庆，在阎蒋与阎贾、阎徐之间传达口信，递送要件，不辞辛苦。不仅使得阎锡山基本可以熟知时局变化尤其是中央各部院动态，还为二战区扩充编制、要粮要饷做了许多具体工作。因为阎锡山用人得当，这一阶段二战区信息灵通，涉及中央方面的军政要务办理顺利，与各方的关系明显得到改善。

鉴于方闻突出的工作业绩，1944 年冬，阎锡山特致电蒋介石，称："查本署秘书处同少将处长方闻，任职以来，热心负责，成绩卓著。自派驻渝兼办本战区与中央一切联络事宜，备著勤劳。复查该员曾在党、政、教育各界服务有年，品端、学粹、经验宏富，且任少将五年有余，资深绩优，拟请特准晋同中将，以资激励。"方闻由此被特准由同少将晋升同中将。

抗战结束，国民政府"还都"，方闻改驻南京，仍以办事处处长负联络之责，并继续兼铨叙部总务司司长，直到 1948 年夏贾景德升任考试院副院长为止。

在南京期间，方闻将多年所集资料，编印成《阎伯川与山西政治客观记述》及《首都记者太原访问录》两书。1949年1月，方闻被行政院院长何应钦聘为参议。同年4月中旬，陪同已于3月底离开太原的阎锡山飞奉化，上妙高台与蒋介石会面，并记录了蒋阎之间关于阎锡山去留问题的谈话。据方闻当时的记载，阎锡山与蒋介石见面后，蒋介石先问起梁化之，阎锡山答："在太原代为办事。"蒋接着说："阎先生还是留在南京好（阎锡山离开太原时，曾表示：等和平谈判有了结果，我就回来）。"阎锡山回答："我与山西父老相处多年，今值大难，不忍遽离，即行回去坚守太原。"蒋说："太原虽重要，而是国家一隅，有中央才能有太原，还是协调大家为要。"阎答："久在边疆，一切不熟，留下恐亦难有大效。"蒋曰："唯其超然，才能有效，还请以中央为重，暂停南京。"上述谈话内容成了阎锡山继续留在南京的重要注脚。

1949年5月，为协调蒋介石与李宗仁之间的关系，方闻随阎锡山两次飞赴桂林。6月13日，阎锡山就任行政院院长。方闻仍以行政院参议服务其间，由广州而重庆，再成都。他先后兼第三、第五、第七组组长，参与机密，综理事务。在成都的最后几天中，人心惶惶，秩序全无。一日在成都西

阎锡山便装照

门军校开会，时值隆冬，天寒地冻，却连一个生火炉的工友都找不着。方闻在秘书之外兼做工友，为怕冷的阎锡山生起了一个大火盆。

12月8日，"行政院"撤退台湾的当天，方闻在遵照阎锡山的吩咐，将"行政院"院会通过之"耕者有其田"提案送交报馆发表后，方与贾景德一起乘飞机飞往台湾。

去台后，方闻先后任"考试院"参事、主任秘书。1958年，出任辅仁大学教授

兼总务长。其后，数度赴美国考察，进而受聘芝加哥中国文化学院教授，定居美国。

1998 年，方闻病逝于美国，终年 97 岁。著有《傅青主（山）先生年谱》《徐松龛（继畲）先生年谱》等。

（四）贴心秘书朱点

朱点，字巽三，山西五台人，生于 1904 年。1917 年与方闻同年投考沱阳高等小学，名列第二，方闻紧追其后，排在第三。在校期间，二人同争榜首，互有得失。两年后，双双考入川至中学校。1922 年夏，川至中学校毕业后，朱点与方闻相约报考山西省立法政专门学校，一试得中。时任法专校长的冀贡泉在新生训练中主讲常识、哲学、科学，讲完之后，要听讲学生将笔记交上，阅毕称：朱生（点）笔记最合我所讲，但更周详。问明家境（父早丧，家中所赖仅五亩水田）后，即安排朱点于学习期间兼做学校出版部英文打字员，月支薪水四元。

从小学到法专，朱点与方闻同学整整十载，一样的学历，一样的成绩优秀。1927 年法专毕业后，又一起被校长冀贡泉推荐到晋绥军总司令部交际处任实习处员，开始了幕僚生涯。此后一个相当长的时期里，朱点与方闻几乎是同升共进，毫无二致。

1928 年北伐结束后，朱点被阎锡山任命为交际处一等科员，与方闻共同负责以处中所译之英法文报章新闻、评论，面报阎锡山，充当阎锡山的信息副官。不久，方闻受命主持民言社，朱点则接任北平日报社总经理。同时，二人联手促成三民学社的筹组和三民半月刊的出刊。中原大战结束后，阎锡山避居大连，方闻由太原到大连，与此同时，朱点亦由广州辗转赴大连。阎锡山下野"韬晦"之际，有方、朱两位青年才俊随侍身边，无异于在昏暗中增加了一丝亮色。

1931 年 5 月上旬，阎锡山命朱点与方闻及侍从秘书曹文昭三人结伴赴江南参观考察，了解政情、民情。朱点一行依事先安排，先乘轮船经青岛，参观德国人所建之炮兵工事，继转上海、杭州、苏州、无锡，再抵南京，谒中山陵、明孝陵。在南京，还遵阎锡山所嘱专门前往拜访了其在日本士官学校时的同窗好友李烈钧。李烈钧向朱点他们谈及昔日留学日本，与唐继尧、阎锡山三人同住一室，参加同盟会，热心于革命工作的往事，不胜感慨，从而更加深了这些后生之辈对阎锡山的崇拜和景仰。

参观考察一个多月，返回大连之后，阎锡山询问："尔等远游，经过港埠等处，有无检查手续？"答曰："未曾经过。唯所苦者，每到各地区花费，所用硬币或纸币，多有不同，须先兑换，既吃亏，又不方便。"阎锡山说："你们知道日本警察对检查服务十分周密的情形。我国如此，共党极易乘隙渗入各处，进而发展。国家极应组织民众自卫，警察训练之改进，尤为切要。至币制不统一，非但行旅不便，实为经济不能发达之一大阻碍。就先力求改进币制，先行统一，进而求财政统一，才好实行全国经济建设。"由币制不统一的话题，引出了阎锡山一番关于政治经济相互关系的议论，朱点等考察所得尽在其中。也正是由于有了上述认识，阎锡山复出之后，下决心以"统一财政"入手，进而推动山西的经济建设。

1932年2月，朱点被任命为阎锡山的太原绥靖公署主任办公室秘书，同时被任命为秘书的还有方闻及张冠五、裴济民等三人，后又加委梁化之等三人。朱点还与方闻一起被委为山西省政十年建设计划研究委员，参加崔廷献主持的编订工作。

《山西省政建设十年计划案》一书，由朱点与方闻共同负责校印。阎锡山交代："此书应如伦敦《泰晤士报》，不许有一错字。"二人唯命是从，以十分的努力为之。一校方念朱看，二校朱念方看，如此反复校对数次，最后由崔廷献进行统校，结果仅错一字，即将"济"误为"剂"。阎锡山曾许诺达到不错一字的要求有奖，只因此一字之错，奖励泡汤。

1932年10月20日，阎锡山在太原绥靖公署下设立晋绥兵工筑路局，专负修筑同蒲铁路之责。兵工筑路局从是年 12 月 22 日起，每周二、周五举行两次例行的筑路会议，朱点受阎锡山委派担任会议记录。1933 年 2 月 21 日，为加强对筑路工作的领导，议定设立晋绥兵工筑路总指挥部，阎锡山自兼总指挥。朱点以绥靖公署主任办公室秘书兼任总指挥部统计组组长，除继续担当会议记录之外，还负责综理会议其他各事项。所作会议记录，由坐办贾景德校阅后，朱点还要亲交阎锡山审阅。若遇阎锡山回河边村省亲，则驱车前往面呈。

从 1932 年晋绥兵工筑路局成立算起，到 1937 年秋撤出太原为止，前后历时五年，筑路会议举行过大小五百次之多，朱点五年如一日，不间断地担任记录，仅因病缺席一次。记录资料累计逾百万字。在此期间，方闻正忙于"物产证券与按劳分配"记录，前后历时五年，完成问答 124 条。巧合至此，有知情者评论说："巽三、彦光，一办物质方面，一办精神方面，事各有所成，可谓同有始终者。"

抗战爆发后，朱点奉阎锡山之命，与方闻、杨思诚先行南下临汾预作安排。阎锡山撤至临汾后，为避敌机轰炸，每日晨起即赴尧庙（临汾系尧都所在地）土门办公，三个秘书将一间无门窗的旧羊圈辟为暂栖之地，备尝艰辛。

1937 年 12 月 29 日，阎锡山由临汾赴汉口出席国防会议，商讨抗战形势及"新决策"，朱点随行左右，负文字之责。所录阎锡山感赋三首，广为流传。偶感一："立国全凭未雨绸，饥餐渴饮舍无求。当国必须此为务，国家民族蒙福麻。"偶感二："立国全凭未雨绸，御侮舍此别无由。六十年前如变法，今可并驾齐美欧。"偶感三："立国全凭未雨绸，地大物博四百州。史年五千人四亿，睡狮久睡反招谋。"

1938 年春，朱点紧随方闻之后到西安，在战乱中发起编印《阎伯川先生救国言论选集》。不久，奉阎锡山电报，"速返"前方，所遗编印之事，由方闻负责完成。次年春，朱点与方闻、刘杰、裴济民一起被任命为山西省政府参事。刘主理论研究，裴主财政，方主秘书处，朱点分工负责建设事宜。

1940 年前后，为适应战争需要，山西省政府改组，第二战区司令长官部、太原绥靖公署、山西省政府实行集体联合办公，分为第一、第二两室，杨爱源以第二战区副长官兼任总主席，朱点被任命为交通处处长，方闻则随贾景德常驻重庆。之后几年中两人一南一北，各遵职守。这是朱点与方闻自1917 年订交以来，唯一的一次长时间分离。

1947 年春，方闻由重庆转驻南京后，即请以贾景德的名义电阎，要朱点南下，接替他的铨叙部总务司司长之兼职。阎锡山不置可否。不久，朱点被任命为太原绥靖公署、山西省政府驻沪救济物资购运处处长，常驻上海，以处理救济物资的名义，为阎锡山进行经济善后。后为方便联络，加强合作，加派方闻为副处长。朱点与方闻又在上海相会。

因插手经济，朱点于撤出上海后即先行赴台。

1952 年，贾景德出长"考试院"，委方闻为"考试院"参事。与此同时，朱点被补为"立法"委员。在此前后的一个长时期中，朱点与方闻两人约定每周六同上菁山谒见阎锡山，陪老长官谈天说地，以慰寂寥。每每上山都要在山上留宿一夜，周日晚下山，习以为常，经年不辍。方闻、朱点在晋系属于后生之辈，没有前述军政大员的权位威仪，却成为阎锡山这位下野政要晚年最为亲近的忘年之交。

在阎锡山为数众多的侍从文秘中，宁超武、方闻、朱点三人作为后起之秀之所以被列为阎锡山幕僚的传主，除了考虑到他们的代表性之外，还鉴于他们在阎幕中所起的重要作用。

宁、方、朱三人均系阎锡山的忻定台小同乡，因此他们之于阎锡山也就自然平添了几分亲近和信任。此外，他们几乎是在同一时间段（北伐前后）进入阎锡山幕僚班底之中（方、朱是同时，宁则稍晚一些），而其时又正值阎锡山加盟南京国民政府，着力于扩充势力范围之际。这个时期，由于形势的变化，阎锡山对于人才的需求就显得更为迫切，也正因为如此，他们进入阎幕之后很快就成为独当一面的角色，并逐渐形成一个幕僚群体。在这个幕僚群体中，宁超武为其长，方闻、朱点是难得的两员战将。这个幕僚群体活跃于山西政坛20余年（1927年到1948年），经历了阎锡山的势力由鼎盛到衰落的全过程。

留日出身、精于文墨的宁超武是阎锡山幕僚班底中公认的一支笔。在此之前，阎锡山的一些重要文本先后由景梅九、赵戴文、贾景德执笔。阎锡山之所以将宁超武延揽于其帐下，很大程度上是看中了他的文才。因此，宁超武一经入幕，即被委以少将参议，成为继贾景德之后的又一掌笔幕僚，这一掌就是20年。20年中，宁超武呕心沥血，为阎锡山起草、润色的文稿难以计数，以阎锡山的名义题写的赠言、牌匾汗牛充栋。正是逐渐形成的以宁超武为首的幕僚群体为阎锡山统治山西的后20年撑起了政坛文牍的大梁，可以说没有宁超武就没有阎锡山这个时期的那些"锦绣文章"。宁超武之于阎锡山就好比陈布雷之于蒋介石。

在阎锡山的侍从文秘之中，像方闻、朱点这样以同乡、同学、契友，同始共终的可以说绝无仅有，而阎锡山对他们的信任始终如一则也是不多见的，这也就奠定了他们独特的地位。方闻、朱点是所谓"家门、校门、机关门"的三门干部，得益于有利的主客观因素——主观上学习努力、成绩优异，客观上与阎锡山的五台小同乡关系——一走出校门就被罗织于阎锡山的幕僚班底之中。方、朱不辱使命，凭借其学养和处事能力，很快就得到了阎锡山的青睐，成为其侍从文秘中的中坚。在北伐胜利后的北平时期，初出茅庐的方闻、朱点分别奉命掌管"民言社"和"北平日报馆"两大新闻机构，以新闻官的角色为阎锡山把守着舆论阵地。期间，他们利用手中的舆论工具，在"弘扬三民主义，鼓吹经济建设"的同时，竭力宣传阎锡山的理论和主张，为阎锡山"华北王"的合理性制造舆论，从而起到了普通的侍从文秘所起不到的作用。之后的漫长岁月里，方闻、朱点的重要作用进一步显露，前者侧重于对外联络，堪称"亲善大使"；后者继续随侍阎锡山左右，以"贴心秘书"，先分工负责建设事宜，后又出任交通处处长，侧重于经济建设的督导乃至撤离大陆的经济善后。对于阎锡山而言，方闻、朱点的可贵之处不仅仅在于他在位时的忠诚和勤勉，更在于他从政治舞台上淡出之后的不离不弃，定期陪伴，经年不辍。在桑榆晚景中，正是由于有了方闻和朱点的往来相伴，传递政坛信息，阎锡山才得以摆脱沉寂，奋发著述，走完了"党国政要"的人生。

与前列之阎锡山幕僚相比，郭象升是一个例外。他虽也曾在阎锡山的治下担任过公职，如山西督军府参议、山西省参事会参事等。但其角色定位主要在文化教育领域。之所以在这里记上一笔，完全是考虑到他在文辞方面对阎锡山的贡献。

后 记

阎锡山自辛亥起义就任山西都督起，历经军阀混战、北伐诸役、中原大战、省政建设、抗日战争等重大事变，在云谲波诡的旧中国政治舞台上，肆应自如，以山西一隅，相对独立于中央，主持山西省政38年而不堕，成为与中华民国相始终的绝无仅有的地方实力派领袖，这在民国历史上可属一个特例，其作为是无人企及的。这一独特的历史现象之所以能够产生，不仅取决于阎锡山特有的政治经济天赋和山西独特的封闭型行政地理环境，而且与阎锡山的"善用人为"，在身边积聚了一批党、政、军、经、教各方面的人才不无关系。

山西在民国时期的相对独立，与阎锡山政治上另搞一套、经济上自成体系、军事上广泛结盟的"地方发展战略"有着不可分割的联系。而在贯彻这一"战略"的过程中，干部的使用就成了决定的因素。阎锡山作为民国初期政坛上的一颗新星，以符合当时主流社会政治诉求的"中庸"面貌出现，吸引了不少有志于民族革命和改造中国的青年知识分子加入其幕僚班底，逐步形成了组织、经济、军事等各有所专的幕僚集团，终于在山西这块贫瘠的土壤上演出了一幕有声有色的活剧。

作为一个政治家，阎锡山深谙人才的重要，竭力延揽可用之才，"宁可楚材晋用，不能晋材楚用"。辛亥前后，一批具有民族意识的革命知识分子在"驱除鞑虏，恢复中华"的旗帜下聚集起来，为阎锡山所用，因此不仅成功地发动了太原起义，而且在袁世凯的严密控制下平安过渡，并得以独掌山西军政大权；在寇氛日深，面临在"日、蒋、共三个鸡蛋上跳舞"的尴尬境地之际，阎锡山乾纲独断，率先在山西地方实现了与共产党合作抗日，为全国树立了榜样，一时声誉鹊起。这一切的一切无疑是阎锡山用人之道的成功运用。

但是，作为生于斯地长于斯时的地方实力派领袖，阎锡山又不可避免地存在着人才认知上的先天不足。当时山西一句民谣"学会五台话，能把洋刀挎"道尽了其中意味。不可忽视的问题在于，大权在握之后，阎锡山一方面继续倡导"善用人为"的用人之道，另一方面则把着眼点逐渐转移到同乡亲近一边。正因为如此，"任人唯亲"也就成为其用人之道的必然走向。这样，一些人才的最终离他而去也就成为必然的了。看籍贯用人是当时政坛的通病，蒋介石难出其右，阎锡山不脱窠臼。因此，"宁可楚材晋用，不能晋材楚用"，也就只能是一种良好的愿望。

阎锡山熟读经书，了解中国社会，也通晓用人之道。但是，受山西地方财力的限制，重金吸引人才之策难以施行。因而，阎锡山所惯用的是以"主义""理想"相号召，"保境安民""新村制度""造产救国""物产证券""守土抗战"等一个接一个主张，标新立异，独树一帜，吸引着一些有志于社会改革的人才加入他的幕僚班底之中，成为政治、组织、经济诸方面的骨干。而对于统兵将领他则侧重于以同乡同学等亲缘关系相维系。也正因为如此，军事幕僚以其忻定台小同乡及其外围为主干，有一定军事学术造诣的朱绶光、郭宗汾等以外省籍人入幕时间虽较长，但也只能担任不直接带兵的参谋长职位。

尽管阎锡山的用人路线存在着种种局限，但是在他执掌山西的38年中，仍然有数以百计的各类人才先后聚集在他的麾下，在政治、军事、经济诸方面起着不可替代的襄赞作用。没有他们的参与，也就不会有这段历史。因史料和篇幅所限，这里所介绍的只是其中有代表性的人物，难免挂一漏万，是为遗憾之一。同时需要说明的是，阎锡山主政山西期间，经济建设的成就有目共睹。环顾阎锡山幕僚之中，擅长经济的人才比比皆是，经济班底颇具规模，但是由于资料的欠缺，未能进一步展开，是为遗憾之二。

纵观阎锡山幕僚班底，总结阎锡山在用人方面的得失成败及其缘由，能对今人有几分启迪，余所愿也。

主要参考书目

（1）中国史学会主编：中国近代史资料丛刊——《辛亥革命》（六），上海人民出版社1957年版。

（2）《阎锡山和山西省银行》，中国社会科学出版社1980年版。

（3）郭彬蔚译编：《日阎勾结实录》，人民出版社1983年版。

（4）山西省政协文史资料研究委员会编：《阎锡山统治山西史实》，山西人民出版社1984年版。

（5）《傅作义生平》，中国文史出版社1985年版。

（6）沁水县志编纂办公室编：《沁水县志》，山西人民出版社1987年版。

（7）《民国高级将领列传》第一集，解放军出版社1988年版。

（8）《民国高级将领列传》第二集，解放军出版社1988年版。

（9）李松林 齐福麟等编：《中国国民党大事记》，解放军出版社1988年版。

（10）五台县志编纂委员会编：《五台县志》，山西人民出版社1988年版。

（11）《民国高级将领列传》第四集，解放军出版社1989年版。

（12）刘国铭主编：《中华民国国民政府军政职官人物志》，春秋出版社1989年版。

（13）《民国高级将领列传》第五集，解放军出版社1990年版。

（14）[美]唐纳德·G.季林：《阎锡山研究》中译本，黑龙江教育出版社1990年版。

（15）蒋兴顺 李良玉：《山西王阎锡山》，河南人民出版社1990年版。

（16）王庭栋主编：《山西人名大辞典》，山西人民出版社1991年版。

（17）中共中央党校本书编写组：《阎锡山评传》，中共中央党校出版社1991年版。

（18）刘继曾 张葆华主编：《中国国民党名人录》，湖北人民出版社1991年版。

（19）刘存善：《山西辛亥革命史》，山西人民出版社1991年版。

（20）景占魁：《阎锡山与西北实业公司》，山西经济出版社 1991 年版。

（21）乔希章：《大三角中的阎锡山》，济南出版社 1991 年版。

（22）《民国高级将领列传》第六集，解放军出版社 1993 年版。

（23）忻县地方志编纂委员会编：《忻县志》，中国科学技术出版社 1993 年版。

（24）刘贯文等主编：《三晋历史人物》第四册（民国时期），书目文献出版社 1994 年版。

（25）朱建华：《蒋介石与阎锡山》，吉林文史出版社 1994 年版。

（26）山西文史资料编辑部：《中原大战内幕》，山西人民出版社 1994 年版。

（27）刘建生 刘鹏生：《山西近代经济史》，山西经济出版社 1995 年版。

（28）相从智主编：《中外学者论张学良杨虎城和阎锡山》，人民出版社 1995 年版。

（29）张建新：《阎锡山轶闻趣事》，山西古籍出版社 1995 年版。

（30）李茂盛：《阎锡山晚年》，安徽人民出版社 1995 年版。

（31）薄一波：《七十年奋斗与思考》（上卷），中共党史出版社 1996 年版。

（32）山西省史志研究院编：《山西牺牲救国同盟会历史资料选编》，山西人民出版社 1996 年版。

（33）李茂盛 雒春普 杨建中：《阎锡山全传》，当代中国出版社 1997 年版。

（34）史法根主编：《阎锡山特工内幕》，群众出版社 1997 年版。

（35）王振华：《阎锡山传》，团结出版社 1998 年版。

（36）王翔：《阎锡山与晋系》，江苏古籍出版社 1999 年版。

（37）丁天顺 徐冰编著：《山西近现代人物辞典》，山西古籍出版社 1999 年版。

（38）李茂盛：《阎锡山大传》，山西人民出版社 2010 年版。

（39）山西省地方志办公室 山西省政协文史资料委员会编：《阎锡山日记》，社会科学文献出版社 2011 年版。

（40）山西省地方志办公室编：《民国山西史》，山西人民出版社 2011 年版。

（41）中国人民政治协商会议全国委员会文史资料研究委员会编：《文史资料选辑》第16、52 辑。

（42）山西省地方志编纂委员会办公室：山西地方史志资料丛书之一《民国时期山西

省各种组织机构简编》。

（43）山西省地方志编纂委员会办公室：山西地方史志资料丛书之三《近现代山西政权机构概况》。

（44）政协山西省委员会文史资料委员会编：《山西文史资料》第2、4、5、8、9、13、10、16、21、32、35、38、41、43、44、46、47、51、55、58、60、63、66、74、76、77、107辑。

（45）山西文史资料编辑部：《山西文史精选——阎锡山垄断经济》，山西高校联合出版社。

（46）山西文史资料编辑部：《山西文史精选——建国前的山西教育》，山西高校联合出版社。

（47）《绥远抗战》，《内蒙古文史资料》第25辑。

（48）太原市政协文史资料研究委员会编：《太原文史资料》第2、5、7、14、16、20、24辑。

（49）《文史研究》总第5、6、8、9、11、12期。

（50）《赵戴文先生百年诞辰纪念刊》，（台）赵戴文先生百年诞辰纪念筹备会1967年印。

（51）《阎锡山早年回忆录》，台湾传记文学出版社1968年版。

（52）中国国民党中央委员会党史史料编纂委员会编：《革命人物志》第3集，1969年版，（台）中央文物供应处经销。

（53）中国国民党中央委员会党史史料编纂委员会编：《革命人物志》第4集，1970年版，（台）中央文物供应处经销。

（54）中国国民党中央委员会党史史料编纂委员会编：《革命人物志》第9集，1972年版，（台）中央文物供应处经销。

（55）曾华璧：《民初时期的阎锡山》，台湾大学出版委员会1981年版。

（56）阎伯川先生百年诞辰纪念：《道范流长》，（台）阎伯川先生纪念会1982年编印。

（57）赵正楷：《徐永昌传》，（台）山西文献社1989年版。

（58）徐永昌：《求己斋回忆录》，（台）传记文学社1989年版。

（59）《徐永昌日记》第 1-12 册,（台）"中央研究院"近代史研究所 1991 年编印发行。

（60）阎伯川先生纪念会编:《民国阎伯川先生锡山年谱长编初稿》（一）（二）（三）（四）（五）（六）,台湾商务印书馆发行。

（61）（台）阎伯川先生纪念会编印:《阎伯川先生要电录》。

（62）（台）阎伯川先生纪念会编印:《阎伯川先生感想录》。

（63）《阎伯川先生庐墓治学录》,台湾中华书局发行。

（64）《阎锡山传记资料》（一）（二）（三）（四）（五）,（台）天一出版社版。

（65）吴文蔚:《民国史上一个伟人——阎锡山》,（台）《艺文志》第 177 期。

（66）（台）《山西文献》第 2、36、40、41、46、48、49、50、52 期。